부동산을 다시 생각한다
Rethinking Real Estate

RETHINKING REAL ESTATE

First published in English under the title

Rethinking Real Estate; A Roadmap to Technology's Impact on the World's Largest Asset Class

by Dror Poleg, edition: 1

Copyright © Dror Poleg, under exclusive licence to Springer Nature Switzerland AG, 2020.

Korean translation rights (c) Knowledge & Sensitivity, 2021.

This edition has been translated and published under licence from Springer Nature Switzerland AG., through Shinwon Agency.

Springer Nature Switzerland AG takes no responsibility and shall not be made liable for the accuracy of the translation.

이 책은 신원에이전시를 통해 저작권자와 독점계약으로 도서출판 지식과감성#에서 출간되었습니다. 저작권법에 의해 보호를 받는 저작물이므로 무단전재와 복제를 금합니다.

부동산을 다시 생각한다

| 혁신기술은 부동산을 어떻게 변화시키는가 |

드로르 폴렉 지음 | 강재준 · 문은경 옮김

Rethinking Real Estate

A Roadmap to Technology's Impact on the World's Largest Asset Class

Dror Poleg

일러두기

- 외국 인명과 지명, 회사명, 제품명 등은 국립국어원 외래어 표기법과 현대 매체에서 쓰이는 관용적 표기를 따랐고, 일부 용어의 경우에도 현대 매체의 관용적 표기를 따랐다.
- 면적, 거리, 속도 등의 단위는 원서의 미국식 단위 표기인 제곱피트, 피트, 마일 등을 그대로 쓰고 그 뒤의 괄호 속에 제곱미터, 미터, 킬로미터를 역자가 환산하여 같이 표기했다.
- 각 페이지 하단에서 "역자 주"로 표시된 각주들은 독자의 이해를 돕기 위해 역자가 추가한 것이고, *, **로 표시된 명조 폰트의 각주는 원서에 있는 저자의 각주이다.
- 단행본, 정기간행물은 「」로, TV 방송프로그램, SNS 계정명 등은 〈 〉로 표시했다.

한국의 독자들에게

「Rethinking Real Estate」 한국어판이 완벽한 시점에 출간된다고 생각합니다.

처음 이 책은 소수의 투자자들과 기업가들에게 구축환경(built world) 전환에 대한 기회를 안내하기 위해 시작되었습니다. 새로운 기회를 얻기 위해서 기존의 생각과 관행에서 탈피하고자 하는 사람들을 위한 것이었습니다.

「Rethinking Real Estate」의 바탕이 되는 기본적 전제는 기술이 우리가 구축환경에 대해 알고 있는 모든 것을 재정의한다는 것입니다. 즉, 입지(location)의 중요도, 가시성(visibility)의 의미, 접근성(accessibility)의 가치, 그리고 정보, 자본, 심지어 토지의 희소성에 대해 재정의하는 것입니다.

그런데 2021년 현재는 오래된 생각과 관행에서 탈피하고자 노력할 필요가 없는 상황이 되었습니다. 그리고 기존과는 다른 세계를 구축할 필요성이 더 이상 소수에게만 해당되지 않게 되었습니다.

코로나 팬데믹은 우리가 가지고 있던 많은 오래된 가정들이 더 이상 쓸모가 없어졌다는 것을 보여주고 있습니다. 전 세계 수많은 사람들이 갑자기 오피스에서 원격근무로 전환하게 되었고, 온라인 쇼핑은 더 많은 새로운 제품 카테고리를 확장하고 있습니다. 교육, 의료와 같은 필수적인 서비스도 원격으로 제공되고 있습니다. 드론과 자율주행 배송과 같은 실험적 기술들도 규제기관의 특례를 통해 현실 세계에 배치되고 있습니다. 아티스트들과 작품활동을 하는 사람들도 가상의 행사와 비디오게임 속의 새로운 "장소"에서 자신들의 팬들과 상호작용할 수 있는 방법을 찾아내고 있습니다.

현재 글로벌 경제가 전례 없는 위기를 겪고 있는 와중에도 투자자들의 관심은 과거의 비효율적인 산업을 변환시키려는 시도를 하고 있는 혁신기업들로 향하고 있습니다.

가장 중요하게는, 코로나 팬데믹을 통해 사회 자체가 우선순위를 다시 생각하게 만들었다는 것입니다. "모든 사람들"이 주거, 일, 교육, 사회생활의 새로운 방식에 노출되었습니다. "모든 사람들"이 전체 도시와 국가 그리고 글로벌 공동체가 같이 공유하게 된 문제를 극복하기 위해 함께 협력할 수 있다는 것을 경험했습니다. 그리고 "모든 사람들"이 우리가 과거 당연하게 생각했던 많은 것들이 다시 검토될 수 있고 개선될 수 있다는 것을 확인했습니다. 다시 말해, "모든 사람들"이 이제 우리가 어떤 선택을 할 수 있는지를 이해하고 있습니다.

「Rethinking Real Estate」는 이러한 선택을 하고자 하는 모든 사람들을 위한 안내서입니다. 이 책은 우리의 주택, 오피스, 매장, 호텔, 물류센터 그리고 도시가 왜 현재와 같은 방식으로 되어있는지를 이해할 수 있도록 도와줄 것입니다. 이 책은 고객들에게 매력적이고 투자자들의 흥미를 끌며 사회 전체를 위해 이익이 될 수 있는 새로운 장소를 만들어낼 수 있는 지식과 자신감을 제공할 것입니다.

　이 책에서 설명한 바 있는 몇몇 기업들과 사례들은 영문판이 출간된 이후 엄청난 성장을 해왔습니다. 에어비앤비(Airbnb)와 오픈도어(Opendoor)와 같은 기업들은 현재 상장을 했고, 손더(Sonder)와 커먼(Common) 등은 팬데믹 중에도 투자를 유치하고 기업규모를 확장했습니다. 2019년 IPO에 실패했던 위워크(WeWork)조차도 살아남아 성장하면서 포스트 코로나 세계에서 번창할 수 있는 우위를 점하고 있습니다. (부분적으로는 이 책의 안내를 따라 이루어졌습니다.) 반면, 오요(OYO)와 같은 몇몇 회사들은 영문판이 출간된 이후 지금까지 힘겨운 노력을 해오고 있습니다. 그러나 이러한 기업들이 채택했던 전략들과 투자유치 모델은 여전히 중요합니다.

　개인적으로 「Rethinking Real Estate」의 한국어판이 나오게 되어 대단히 기쁩니다. 저는 아시아태평양 지역에서 15년을 지내며 경력을 쌓았고 한국을 여러 번 방문했습니다. 런던정경대 대학원에서 제가 진행했던 연구의 많은 부분이 동아시아 경제체제의 전환에 관한 것이었습니다.

　한국은 한 사회가 대단히 짧은 기간 동안에 얼마나 많은 긍정적 변화를 성취할 수 있는지 하는 것과 도시의 미래에 관한 저의 생각을 형성하는 데 많은 도움을 주었습니다. 이 책이 한국의 지속적인 발전에 작게나마 기여하게 된다면 좋겠습니다. 그리고 더 중요하게는, 이 책이 한국의 독자 여러분에게 성공을 가져다주는 새로운 부동산 상품과 사업들을 만들어낼 수 있는 영감을 줄 수 있기를 바랍니다.

2021년 1월
Dror Poleg

위기가 곧 기회인 새로운 부동산 시장의 변화

　최근 4차 산업혁명에 의한 전 산업분야의 디지털 전환이 코로나 팬데믹 이후 더욱 가속화되고 있습니다. 코로나 이후의 세계는 그 이전과는 결코 같지 않을 것입니다. 부동산 업계에서도 코로나19가 장기화되면서 밀집·밀접·밀폐를 피할 수 없는 대도시의 매력도가 점차 낮아지고, 넓은 공간과 녹지이용이 가능하면서도 방역에 효율적인 중규모 도시로 관심이 옮겨갈 것이란 전망이 나옵니다.

　이미 오래전부터 전문가들은 산업화 시대가 가고 새로운 4차 산업혁명 기반의 지식경제 시대에서는 공동주택, 대중교통, 대형 사무실처럼 인구가 고도로 밀집해 최대한의 생산력을 도출해내는 방식의 대도시 형태는 수명을 다했다고 합니다. 감염병 팬데믹과 기후변화는 물론, 인구감소와 저성장까지 고려하면 도시형태는 변화할 수밖에 없고 대도시는 30~50만 명 단위의 '생활권 도시'로 분산될 것이라고 합니다. 포스트 코로나 시대가 요구하는 도시형태는 일·주거·여가를 근거리에서 해결하는 직장주거 일치형 생활권 도시라는 것입니다.

추천사

이 책은 이러한 코로나 이후 달라질 부동산 시장에 대한 의미 있는 통찰을 제공하고 있습니다. 이미 코로나 팬데믹 이전부터 4차 산업혁명의 영향으로 급격하게 전환되고 있는 부동산 시장의 변화를 파악하여 독자들이 이해하기 쉽게 설명하고 있습니다.

이제 부동산 시장에서 과거에 작동했던 것들은 포스트 코로나 시대에는 더 이상 유효하지 않을 것입니다. 이 책은 부동산이 어떻게 변하고 있는가와 그에 대비하기 위해 우리가 할 수 있는 것은 무엇인가에 대한 명확한 식견을 주고 있습니다.

위기는 기회의 다른 말이라고 합니다. 저자가 적절히 지적한 것처럼 부동산 산업이 지금처럼 역동적이었던 적이 없었고, 지금처럼 새로운 아이디어들에 개방적인 적도 없었습니다. 포스트 코로나 시대의 향후 10년은 우리가 당연하게 생각했던 모든 것들을 다시 생각하게 하는 전례 없는 기회를 제공할 것이며, 이 책은 이를 위한 훌륭한 안내서가 될 것입니다. 어떤 방식으로든 부동산 업계에 관여하고 있다면 반드시 읽어야 할 필독서입니다.

태려건설산업/이지스프라이빗에쿼티 회장 김 동 석

완전히 새롭게 이해하는 부동산의 가치

　코로나 팬데믹! 전 세계를 뒤흔들면서 위기와 불안이 가득한 상황이 되어버린 현재. 부동산 시장에서도 코로나19의 급습이 과거의 전통적 개념, 가치관, 문화 등 모든 것을 송두리째 흔들고 변화와 혁신을 더욱 가속화시키고 있습니다.

　이 책의 저자는 미국의 유명한 부동산 컨설팅 전문가로 IT기술이 부동산에 미치는 영향에 대해 세계 유수의 투자자들을 자문하고 있으며, 수많은 기업들을 대상으로 강연과 워크숍을 진행해오고 있습니다. 저자는 이 책을 통해 현재까지의 부동산의 역사와 전략을 설명하고, 자신이 직접 부동산 업계의 여러 기업 및 전문가들과 일해본 경험을 바탕으로 세계 최대의 자산군인 부동산이 현재 어디에 와있으며, 미래에는 어디를 향해 나아갈지를 상세하게 묘사하면서 부동산의 가치를 완전히 새롭게 이해할 수 있도록 도와주고 있습니다.

　무엇보다도 이 책은 리테일과 오피스 빌딩에서부터 주거와 숙박용 부동산, 산업시설에 이르기까지 모든 부동산 자산 유형들에 관해 그리고 이러한 부동산 자산 유형들에 미치고 있는 혁신기술의 영향을 깊이 있게 탐색하고 있습니다. 또한, 이 책은 부동산 기업들이 새로운 환경에서 살아남기 위해 선택한 결정들에 관한 사실적 분석을 바탕으로 역사적 맥락을 제시하면서 혁신기술을 통한 변화가 부동산 시장에 어떤 영향을 미칠지에 대해 설득력 있게 설명하고 있습니다.

저자는 에어비앤비나 위워크와 같이 현재 부동산의 법칙을 다시 쓰고 있는 새로운 기업들이 전형적인 부동산 기업이나 기술기업들은 아니라고 합니다. 이러한 거대기업들과 같이 새로운 부동산 시장에서 성공하기 위해서는 고객과 경쟁사, 적용 가능한 기술, 조직의 구조에 대해 다르게 생각해야 한다고 말합니다. 특히, 부동산 분야의 대표기업들이 처해있는 전략적 맥락을 이해하고 기술변화의 역사적, 사회적 맥락을 파악할 수 있어야 한다고 조언하고 있습니다.

'새로운 시장에서 낮게 매달리는 열매는 이미 누군가 따간 것'이라는 저자의 탁월한 지적에 공감하면서 일독을 추천드립니다.

수목디자인그룹 대표 서 용 식

글로벌 업계 리더들의 헌사

"급격하게 진화하고 있는 업계의 복합적인 속성을 파악하여 다른 사람들이 이해하기 쉽게 설명하는 Dror 특유의 능력은 대단하다. 이 책은 세계 최대 자산군을 와해시키고 있는 거시적 트렌드에 관해 공부하고자 하는 부동산 전문가, 투자 전문가 또는 기업가라면 반드시 읽어야 할 필독서이다."

– Convene(미국 공유오피스 및 공간 플랫폼)
CEO 및 공동창업자 Ryan Simonetti

"상업부동산의 사용, 운영, 가치평가에 기술이 어떻게 영향을 미치는가에 관해 깊이 생각해 볼 수 있게 하는 탐색적 독서가 될 것."

– Silverstein Properties(미국 부동산 개발, 투자 및 관리기업)
최고혁신책임자 Guy Vardi

"업계 전반에 걸쳐 기술이 부동산을 어떻게 근본적 차원에서 변화시키고 있는가를 설명하는 완벽한 개요서. 부동산을 이용하거나, 운영, 투자하는 모든 사람들에게 이 책은 우리를 둘러싼 물리적 세계가 앞으로 어떻게 변화할지에 관한 맥락을 비판적으로 짚어주고 있다. 이 책은 꼭 읽어야 한다!"

– Tamarisc Ventures(미국 창업벤처캐피털사)
총괄파트너 Ed Walters

"「Rethinking Real Estate」는 지식을 전달하면서도 너무나 재미있는 흔치 않은 책이다. Dror는 부동산의 역사, 전략, 그리고 그 자신이 직접 부동산 업계의 여러 대기업 및 전문가들과 일해본 경험을 훌륭하게 엮어서 세계 최대 자산군이 지금 현재 어디에 와있는지 그리고 미래에는 어디로 향해 나아갈지를 묘사하고 있다. 나는 매일 부동산의 미래를 구축하는 현업에 종사하고 있음에도 이 책의 모든 페이지를 넘기면서 새로운 것을 계속 배웠다."

– Breather(캐나다 공유오피스 기업)
부사장 Packy McCormick

"최고의 테넌트 경험을 창출하고 수익을 최대화하는 것에 관심 있는 부동산 소유주들을 위한 필독서. 테넌트가 필요로 하는 것에 관해 더 깊은 이해를 하고 부동산의 가치를 완전히 새로운 방식으로 바라볼 준비를 하라."

- Harbor Group Management Company(미국 부동산 중개 및 관리회사)
사장 Robert S. Friedman

"이 책은 와해(disruption)의 역학관계를 탐색하는 역작이다. Dror는 부동산 기업들이 새로운 경제에서 살아남기 위해 취해온 의사결정들에 관한 사실적 분석을 바탕으로 한 역사적 맥락을 짚고 있다. 이 책은 혁신에 관한 책이며, 기술을 통한 변화가 우리 업계의 미래에 어떤 결정적 역할을 할지에 관해 말해주는 책이다."

- Ollie(미국 공유주거 플랫폼)
공동창업자 및 CEO Christopher Bledsoe

"부동산 세계에서, 과거에 작동했던 것은 미래에 더 이상 유효하지 않을 것이다. 이 책은 부동산이 어떻게 변하고 있으며, 그에 대비하기 위해 우리가 할 수 있는 것은 무엇인지에 관한 명확한 식견을 주고 있다."

- Revolution Ventures(미국 벤처캐피털사) 내
시드펀드사 Rise of the Rest의 파트너 Clint Myers

"Dror Poleg는 이 역동적인 업계 내의 복잡한 컨셉을 파악하는 선천적 능력이 최고임을 다시 한번 증명했다. 어떠한 저자도 부동산의 서로 다른 자산군들의 과거, 현재, 미래를 이보다 더 훌륭하게 엮어낼 수 없다. Dror는 다른 업계에서의 중요한 대비점을 뽑아내고 프롭테크 내의 혁신의 속도가 전례 없이 가속화되고 있는 이 시점에 우리 선배들의 실수를 되풀이하지 말 것을 강하게 주장하고 있다. 「Rethinking Real Estate」는 우리 책 「PropTech 101」의 완벽한 후속작 역할을 하고 있다. 이 생태계에 지적으로 더 깊이 탐구하고 싶은 사람들에게 Dror Poleg보다 더 훌륭한 안내자는 없다."

- MetaProp Ventures(미국 벤처캐피털사) 공동창업자 및 파트너 겸
「PropTech 101(프롭테크 개론)」 공동저자 Zach Aarons

"온라인과 오프라인 세계 사이의 진화하는 관계에 대해 공부하는 것에 관심 있는 모든 사람들을 위한 필독서."

- RXR Properties(미국 부동산 자산 중개 및 관리사)
투자자 Matthew Boras

"많은 부동산 및 프롭테크 논의들이 부동산 자산의 건설, 운영, 마케팅 등의 활동들에 대해서만 너무 좁게 초점을 맞추고 있다. Dror는 그런 실수를 범하지 않고 있다. 그는 기존의 익숙한 부동산 섹터들의 관점에서 부동산을 설명하면서도 부동산 수요를 형성하는 활동들에 기술이 미치는 영향, 즉 효율적인 고객 유치와 로보틱스에서부터 현재 부상하고 있는 대규모 자본에 이르기까지 모든 것에 관해 너무나도 잘 설명하고 있다. Dror는 기술이 얼마나 빠르게 기존의 추정을 뒤집을 수 있는지에 관한 이해의 틀을 잡아주고 있다. 그는 자율주행 트럭 및 마이크로 모빌리티 등 SF처럼 들렸던 이야기들이 바로 이 부동산 가치에 관한 핵심적 가정을 흔들지도 모른다는 생각을 이제 시작해야 한다는 것이 유용함을 증명해주고 있다."

— Urban US Ventures(미국 벤처캐피털사)
경영 파트너 Shaun Abrahamson

"나는 지난 30여 년간 부동산이 '절대로' 변하지 않던 바위 같은 견고한 제도로부터 거대한 와해(disruption)의 한가운데 있는 산업으로 변해가는 것을 지켜봐왔다. Dror는 부동산 업계에 영향을 미치는 극적인 변화들을 이해한 최초의 사람들 중 한 명이다. 나는 내가 운영하고 있는 Real Estate Philosopher 뉴스레터의 수만 명의 구독자들과 Dror의 생각들을 공유한 바 있다. Dror는 이제 부동산 산업에 관한 자신의 지적능력, 창의성, 지식, 식견을 이 한 권의 책 속에 응집해 넣었다. 누군가에게 이 책은 읽어야 할 유용한 책일 수도 있고, 누군가에게는 이 책이 '반드시' 읽어야 되는 필독서일 수 있다. 만일 당신이 어떤 방식으로든 부동산 업계에 관여하고 있다면 이 책은 반드시 읽어야 되는 필독서이다."

— Duval & Stachenfeld LLP(미국 부동산전문 로펌)
회장 Bruce Stachenfeld

"만일 당신이 상업부동산에 아주 조금이라도 관심이 있다면, 이 책은 부동산 부문에 관해 완전히 새로운 시각에서 다시 생각하게 만들 것이다. 모든 자산 유형에 걸쳐 발생하고 있는 패러다임 전환이 여기서 Dror에 의해 산산이 부서지고 있다. Dror는 프롭테크에 대한 탁월하고 글로벌한 식견을 보여주고 있다. 이 책은 매우 시의적절하고 식견 높은 출판물이다. Dror는 혁신, 와해, 그리고 주거와 일의 미래 전반에 걸쳐 수많은 질문을 던지고 있다."

— Eastdil Secured(미국 부동산 투자금융사)
전략마케팅 부사장 Marcin Pokorski

"기술이 현재 그리고 미래의 부동산에 영향을 미치는 많은 방식들에 대해 기가 막히게 상세한 전망을 펼치고 있다. 업계 종사자라면 반드시 읽어야 할 필독서."

— 미국 콜로라도 볼더대학교 교수 Mike DelPrete

"부동산 자산으로 돈을 만들고자 하는 임대인, 투자자, 기업가를 위한 필독서."

— Carson Living(미국의 주거 및 건물관리 앱개발사)
창업자 및 CEO, Guy Blachman

"지금은 부동산 전문가들에게 혼돈의 시기이다. 업계의 거의 모든 분야가 엄청난 사회적·경제적·기술적 변화에 의해 뒤집히고 있다. 「Rethinking Real Estate」는 이러한 계속 변화하는 세계에 대한 로드맵을 제시한다. Dror는 명확하게 글을 쓰는 저자이고 그의 책은 현실 상황에서 추상적 개념들이 어떻게 구현되는지를 보여주는 수많은 사례들을 제공한다. 나는 이 책을 나의 클라이언트들에게 주고 있다. 그리고 단기적·중장기적으로 이러한 변화들이 업계에 어떤 영향을 미치는가를 이해하고자 하는 모든 사람들에게 추천한다."

— 미국의 혁신컨설턴트 및 Change Order 팟캐스트 진행자
David Friedlander

저자 서문

혁신기술은 부동산 자산가치의 기반을 서서히 약화시키고 있다. 리테일, 오피스, 주거, 숙박 및 산업공간이 사용되는 방식 자체를 변화시키고 있다. 또한 부동산의 입지, 가시성, 접근성의 의미도 다시 정의하고 있다. 기술로 인해 자본, 관계, 정보에 대한 접근이 누구에게나 자유로워지고 있다. 기술은 규제의 힘과 토지용도제한법의 정당성도 약화시키고 있으며, 심지어 토지가 희소하고 한정적인 자원이라는 개념에도 의문을 제기하고 있는 것이다.

안전한 자산이라는 것은 없다. 런던 도심의 건물주나, 뉴욕 5번가(Fifth Avenue)의 리테일러들, 디즈니랜드 인근의 호텔 운영자, 상하이 외곽의 물류시설 모두가 새로운 유형의 경쟁자들과 소비자 행동에 의해 도전을 받고 있는 중이다. 부동산 그 자체로 자산가치가 되었던 것에서 이제는 특정 최종 소비자들의 니즈를 이해하고 종합적인 수요중심 솔루션(on-demand solution)을 제공하는 부동산 사업으로 가치가 이동하고 있다.

산업의 구조 자체가 변하고 있다. 벤처캐피털 펀드는 부동산 관리회사에 투자하고 있고, 부동산 개발회사는 스타트업에 투자하고 있으며, 공유오피스 운영자들은 건물을 사들이고, 건물주들은 공유오피스 운영자가 되고 있다. 중개사이트들은 부동산 디벨로퍼들과 파트너를 맺고, 호텔 운영자들은 공유주택 사이트들을 인수한다. 빅데이터 기업들은 중개인들을 고용하고, 리테일 투자자들은 대규모 상업시설 프로젝트에 투자하고, 기관투자자들이 단독주택을 사들이고 있으며, 가구디자인 회사들이 자체 브랜드의 호텔을 론칭하고 있다. 스타트업들이 건축가를 고용하고, 레스토랑이 오피스로 사용되기도 하며, 많은 아파트먼트 건물들이 사실상 호텔의 역할을 하고 있다. 한편 고객들은 점점 더 까다로워지고, 요구는 많아지며 변덕스러워지고 있다.

경쟁은 더 이상 제로섬 게임이 아니다. 더 이상 부동산 자산이 고정가치를 가지고 있지 않으며, 모노폴리[1] 보드게임에서 네모 칸을 차지하기 위해 경쟁하는 식으로 부동산 시장이 움직이지 않는다는 것이다. 이 시장에서 살아남으려면 계속적인 실험이 요구되고, 특정 고객의 니즈에 초점을 맞춰야 하며, 새로운 도구와 관리기법에 친숙해져야 한다. 또한, "와해(disruption)", "네트워크 효과(network effects)", "가치활동(value

---

[1] 모노폴리(Monopoly): 1930년대 미국 대공황 시기에 찰스 대로우가 개발한 보드게임. 주사위를 굴려 보드판을 이동하면서 부동산을 구입하고 임대료를 받거나 부동산 개발을 하여 다른 사람들을 모두 파산시키고 게임의 이름처럼 독점(monopoly)하게 되면 게임에서 승리한다. 한국의 모노폴리 공급사인 해즈브로코리아는 2020년 10월 한국의 부동산 실정을 현실적으로 반영한 '모노폴리 확장팩 K부동산 카드'를 출시했는데, 모노폴리에서 한 나라의 상황에 맞는 확장팩을 만든 사례는 처음이라고 한다. - 역자 주.

activities)", "거래비용(transaction costs)", "롱테일(the long tail)" 등과 같은 전략적 개념들에 대한 이해도 가지고 있어야 한다.

기술은 서로 다른 업종과 다양한 규모의 기업들이 각자 직접적으로 경쟁할 수 있게 하고 있다. 경쟁환경은 새로운 가치의 원천으로 확장되고 있다. 데이터, 파트너십, 부가가치 서비스, 브랜드 경험, 단기적 이용, 커뮤니티 등이 그 새로운 원천이 되고 있다. 이를 통해 돈을 벌 수도 있고 잃을 수도 있는 다양하고 새로운 방식들이 도입될 것이다.

긍정적 측면으로 생각하면, 에어비앤비(Airbnb), 위워크(WeWork), 커먼(Common), 오픈도어(Opendoor), 인비테이션홈즈(Invitation Homes), 그리고 심지어 우버(Uber)에 이르기까지 현재 부동산의 법칙을 새로 쓰고 있는 거대 신기업들은 전형적인 테크기업이 아니라는 것이다. 이 기업들의 초기 성장은 신기술을 개발하거나 복잡한 공학적 과제를 해결한 것에 기반을 두고 있지 않다. 오히려 전통적 시장 속에서 기회요소를 파악하고 거기에 새로운 프로세스나 새로운 경험을 채워 넣으면서 시장에 진입하는 것이다. 이는 전통적 임대인들은 도저히 할 수 없는 일을 그들이 한 것이 아니라는 것이다. 최소한 이론적으로는 그렇다.

부정적 측면으로 생각하면, 부동산 비즈니스의 미래를 보장하기 위해 구매할 수 있는 단일의 기술이 없다는 것이다. 즉, 묘책이 정해져있지 않다. 새로운 세계에서 성공하기 위해서 여러분은 고객, 경쟁사, 이용 가능한 도구, 조직의 구조에 대해 다르게 생각해야만 한다. 여러분은 기술 주도직 업계가 지배하는 전략적 역학관계를 이해하고 기술변화의 역사적이고 사회적인 맥락을 이해할 수 있어야 한다. 이 책은 이를 돕기 위한 것이다.

이 책은 누구를 위한 것인가

이 책은 산업으로서의 부동산의 진화, 금융자산 상품으로서의 부동산의 진화, 그리고 소비자 상품으로서의 부동산의 진화에 관심 있는 모든 사람들을 대상으로 하고 있다. 이 책에서는 리테일과 오피스 빌딩에서부터, 주거 및 숙박용 부동산, 산업시설 그리고 심지어 농업용지에 이르기까지의 모든 자산 유형들에 미치고 있는 혁신기술의 영향을 탐색하고 있다. 이러한 통찰은 부동산 투자자들과 임대인, 건축가, 디벨로퍼, 소유주, 운영자, 규제 담당자, 중개인, 변호사, 회계사, 그리고 그 밖에도 부동산을 이용하거나 관련 업무에 종사하는 모든 사람들과 연관이 있다. 또한, 이 책은 부동산 기술기업, 벤처캐피털 투자자, 그리고 부동산 업계로 첫발을 내딛는 학생들을 위한 안내서가 될 것이다.

이 책은 3가지의 목표를 가지고 있다. (1) 다양한 부동산 자산의 가치와 유용성 그리고 산업 전체에 기술이 미칠 수 있는 잠재적 영향력을 독자들이 빠르게 이해할 수 있게 하고, (2) 다음 세대의 부동산 업계를 지배할 수 있는 전략적 역학관계 및 비즈니스 모델과 도구에 관해 독자들이 확실한 이해를 할 수 있게 하며, (3) 위험요인을 파악하여 다가오는 기회를 극대화하고 새로운 경쟁자들을 분석하며, 자신의 조직과 프로젝트, 사업 혹은 경력을 변화시킬 수 있도록 독자들이 사용할 수 있는 실용적 전략들을 제공하는 것이다.

이 책은 3년간의 연구와 세계 굴지의 부동산 기업, 벤처캐피털 펀드, 기술기업 임원들과의 1,000여 건의 대화, 인터뷰, 컨설팅을 기반으로 한 것이다. 따라서 이 책의 일부 아이디어나 분석들은 공개적으로 발표된 것도 있지만 개인적으로 여러 기업의 임원들과 의견을 나눴던 내용들을 바탕으로 했다. 그 기업들은 블랙스톤그룹(Blackstone Group), 스타우드캐피털(Starwood Capital), 브리티시랜드컴퍼니(British Land Company), 누빈(Nuveen), 아발론베이커뮤니티(AvalonBay Communities), 브룩필드애셋매니지먼트(Brookfield Asset Management), 두바이홀딩(Dubai Holding), 메타프롭(MetaProp), 랜드시큐리티즈그룹(Land Securities Group), 웨스트필드(Westfield), RXR, JLL(Jones Lang LaSalle), 아이반호캠브리지(Ivanhoe Cambridge), 티시먼스파이어프로퍼티즈(Tishman Speyer Properties), JP모건애셋매니지먼트(J.P. Mogran Asset Management), 캐피타랜드(CapitaLand) 등이다. 이 책에 나타난 의견은 모두 필자의 것이며, 혹시 오류가 있다면 그 역시 필자의 몫이다.

이 책에서 알려주지 않는 것

이 책은 "빨리 부자가 되기 위한" 안내서이거나 마법의 수정구슬이 아니다. 이 책은 모든 부동산 스타트업이나 혁신을 전부 다루고 있지는 않으며 특정의 솔루션이나 투자방법을 채택하라고 권유하지도 않는다.

이 책은 독자들이 확신을 가지고 새로운 솔루션과 투자기회를 평가하고 의사결정을 할 수 있는 통찰과 근거를 제공하는 것을 목적으로 한다. 이 책은 핵심적으로 부동산에 관한 생각의 방식을 소개하고 이를 통해 독자들이 자신의 전문성을 키우면서 앞으로 계속 나아갈 수 있도록 돕고 격려하는 것이다.

이 책을 읽는 방법

각각의 섹션들은 특화된 부동산 용도와 자산 유형에 초점을 두고 있다. 각 섹션에서는 주요 카테고리별로 역사적 맥락을 담고 있다. 즉, 투자자들에게 중요한 것은 무엇인가에 관해 먼저 탐구하고, 기술이 공급, 수요, 설계, 운영, 가치의 개별 측면들에 어떤 영향을 미치는가에 관한 분석을 한다. 그리고 임대인, 투자자, 기업가들을 위한 도전과 기회에 관한 제언 등을 다룬다.

각 섹션은 독립적으로 되어있어서 각각 따로 읽어도 좋다. 그러나 각 섹션에서 담고 있는 통찰, 전략적 컨셉과 사례들은 다른 부동산 유형들에도 해당이 되고 이 책의 마지막에 있는 결론 부분을 위한 근거가 된다. 리테일 섹션은 모든 유형의 부동산 기업들에 적용되는 혁신에 대한 구조적 장벽에 대해 다루고 있다. 오피스 섹션과 주거 섹션에서는 모든 종사자들이 철저히 이해하고 식견을 가져야 하는 와해적 혁신, 가치사슬, 융합, 운영모델에 관한 통찰을 다룬다. 물류와 산업 섹션은 용도구분의 진화와 자율주행차의 미래, 모든 유형의 부동산 자산에 영향을 미치는 주제들을 다룬다. 간단히 말하자면, 이 책 전부를 모두 읽는 것을 추천한다!

뉴욕 브루클린에서
Dror Poleg

한국의 독자들에게 | 5
추천사 | 8
글로벌 업계 리더들의 헌사 | 12
저자 서문 | 16

1 서론: 변화하는 세계와 부동산의 가치   29

특별한 자산, 부동산   30
부동산 가치학 개론   32
부동산의 실질적 고객들   35
대체자산 내에 있는 대체자산   37
벤처캐피털의 높이 매달린 열매   39

섹션 I   리테일

2 리테일 자산의 맥락   47

숫자로 본 리테일 부동산   54
규모와 전망   57

3 오프라인 리테일의 미래   59

거래비용, 번들링과 언번들링   60
음악산업에서 얻는 시사점   61
누가 백화점을 죽였는가?   65

4 오프라인 리테일을 바꾸는 힘   69

디지털 네이티브 브랜드의 등장   69
클라우드 내의 물리적 공간   74
온라인 비즈니스 모델이 오프라인으로   78
리테일이 집 안으로 들어오다   80
대안적 고객 공간   82
마찰로서의 풍요   83
큐레이터로서의 임대인   87
서비스형 리테일 공간   90
판매에서 모네타이제이션으로   91
매장에서 생태계로   94

5 리테일 임대인 혁신의 도전과제들   99

임대인과 테크의 경제학   99
제한적 구조와 잘못 배정된 인센티브   102
부동산 자산과 브랜드화된 운영 플랫폼의 분리   105
리테일과 호스피탈리티 사업에서의 거래비용   106

6 미래의 임대인   109

공모시장에서의 혁신   113

7 오프라인 리테일을 다시 생각한다 117

섹션 II 오피스

8 오피스의 맥락 123

숫자로 본 오피스 빌딩들 129
간단히 살펴보는 오피스 공간의 역사 133
오피스의 산업화 135

9 오피스 공간의 공급을 바꾸는 힘 139

임대인의 먹거리 뺏기 145
와해적 혁신학 개론 148
고밀도화: 좁은 공간을 넓게 활용하기 154
집약화: 기존 공간을 더 많이 활용하기 156
리포지셔닝: 오래된 공간을 매력적으로 만들기 159
믹싱: 어메니티형 업무공간 161
교체: 파트타임 업무공간 164
어디든 나의 데스크를 놓을 수 있다 166

10 오피스 공간의 수요를 바꾸는 힘 169

전통적 상장기업의 불안정성 170
비공개기업의 불투명성 171
신규 상장기업들의 급변하는 특성 174
자동화와 AI 175

개념화 시대의 태동	178
기업의 언번들링	179
오피스 일자리 시장의 양분화	182
더욱 다변화되고 있는 인력	184
유연근무와 원격근무의 부상	186
가장 까다로운 오피스	189

11 21세기의 오피스 임대권자   191

비상을 꿈꾸는 임대권자들	193
시장을 파고드는 유연형 오피스 운영자들	197
임대권자와 "스타트업"의 융합	203

12 오피스 빌딩을 다시 생각한다   205

섹션 III   주거와 숙박

13 주거와 숙박의 맥락   211

아파트먼트 빌딩의 과거와 현재	213
도시주거: 과거회귀와 미래진화	218
숫자로 보는 주거와 숙박	221
호텔에 관한 점검	224
분사 후에 더 커지는 호텔 비즈니스	228
호텔 브랜드: 물리적 자산과 지적 자산	230
프랜차이즈는 테넌트와 어떻게 다른가	232

14 숙박부동산을 변화시키는 힘 — 237

숙박과 모빌리티 이용의 민주화	239
자동차와 체인점	241
온라인 여행사: 호텔 예약은 온라인으로	244
자산 경량화와 테크의 경제학	246
에어비앤비: 호텔보다 집	248
집합적 경험의 한계	250
가치사슬, 모듈화, 통합의 이해	251
통합보존의 법칙과 수익보존의 법칙	254
손더(Sonder): 하이브리드형 주택공유 호텔	257
오요(OYO) 호텔의 부상	260
프랜차이저, 주택공유 사이트, 온라인·여행사의 융합	263
에어비앤비: 오프라인으로 가다	266
에어비앤비: 호텔의 와해인가, 주거의 와해인가?	269

15 주거부동산을 변화시키는 힘 — 273

올리(Ollie): 공동주택 부동산의 호텔화	273
커먼(Common): 가치를 만들어내는 디지털 유통	278
공유주거의 와해적 궤도	282
벤(Venn): 어메니티와 새로운 자본구조	284
인비테이션홈즈: 단독주택의 새로운 강자	288
오픈도어(Opendoor): 부동산 인수의 자동화	291

16 주거와 숙박을 다시 생각한다 — 299

섹션 IV　물류와 산업

17　물류와 산업부동산의 맥락　307

숫자로 본 산업부동산　309

18　산업부동산의 수요와 공급에 영향을 미치는 힘　315

움직이는 미국, 노면전차부터 트럭까지　316
용도구분: 복합용도와 복합적 인종　319
아마존: 3억 제곱피트의 거대기업　320
물류 자동화의 부상　326
수요의 파편화　329
바이어에서 메이커로　330
메이커의 미래　333

19　21세기의 산업부동산 임대권자　335

물류회사 GLP의 벤처투자와 부동산 매각　336
프로로지스의 기술실험과 인재양성　337
콜드스토리지를 재창조하는 리니지로지스틱스　339
리테일과 물류를 합병하는 릴레이티드그룹　342

20 사물, 사람, 도시의 해방　345

하늘을 나는 택배와 택시　347
지상의 새로운 모빌리티　350
트럭의 미래　354

21 물류와 산업부동산을 다시 생각한다　357

22 결론: 부동산의 비현실적 미래　363

부동산의 10가지 전염병　364
운영 효과성: 필요와 와해　370
좋은 전략의 5가지 속성　372
부동산 전략의 난제들　378
두 세계 이야기　386

저자 참고문헌(Bibliography) | 388
감사의 글 | 414
역자 후기 | 419
저자 및 역자 소개 | 424

1
서론: 변화하는 세계와 부동산의 가치

"나는 이집트 땅 어디에서도 그렇게 흉측한 암소를 본 적이 없었다"고 파라오가 말했다. "흉측하고 야윈 암소들이 먼저 와있던 살찐 암소 일곱 마리를 삼켜버렸다. 그런데 그렇게 잡아먹고 나서도… 그 암소들은 그 전과 똑같이 흉측해 보였다. 그러다 난 잠에서 깨어났다."

요셉은 골똘히 듣고 나서 파라오의 꿈을 이렇게 해석했다. 왕국의 농지에 7년간 전례 없는 풍년이 있을 것이고 그다음에 7년간의 가뭄이 이어질 것이라고. 그는 파라오에게 "토지의 비옥함은 기억되지 못할 것인데, 그 이유는 그다음에 오는 기근이 너무 심하기 때문"이라고 했다. 요셉은 이에 대비하기 위해 "다가올 풍년 동안 곡식을 모두 거두어… 식량으로 도시에 저장해두시라"고 파라오에게 충고했다.

이 성경 이야기에서도 보는 바와 같이, 인간은 태고부터 부동산의 수익에 집착하고 있었다. 3,500년 전 고대 이집트에서도 당찬 젊은이들은 권력자들에게 더 지속 가능한 정책을 채택하게 하거나, 수익을 새로운 시스템에 재투자하고, 전략적으로 생각하도록 유도하려 했다. 이집트 영토의 주인인 파라오조차도 자신이 이해하지 못하거나 통제하지 못하는 힘에 의한 와해(disruption)의 영향권 안에 있었던 것이다.

농지는 가장 전형적인 부동산 자산이다. 농지는 그 내재적 특성에 근거하여 가치가 결정되고 상대적으로 안정적이고 예측 가능한 수익을 창출한다. 다른 부동산 자산과 달리 농지는 유지보수 비용이 많이 들거나 복잡한 환기장치와 전기 시스템이 필요하지 않다. 그리고 그 평가액도 감소되지 않는다. 최소한 미 국세청(IRS)에 의하면 그러하다. 또한 농지는 희소상품이고 그 소유권은 소비자와의 상호작용이 거의 또는 전혀 필요 없다.

우리가 현재 모든 부동산 자산들을 설명하기 위해 사용하고 있는 많은 영어 단어들이 농사가 중심이던 세상에서 유래한 것이다. 예를 들이, 임대인(landlord)[2], 수익(yield)[3], 테넌트(tenant)[4], 부동산 부가서비스(improvements)[5] 등이 그러하다. 우리가 부동산에 대해 가지고 있는 태도나 생각의 많은 부분들 역시 그와 비슷하게 아주 오래된 것들이다.

특별한 자산, 부동산

어떤 것은 왜 가치가 높은 것인가? 그에 대한 해답은 어느 정도 합리적인 사람이라면 누구나 다 명확하게 알고 있을 것이다. 그러나 경제학자들은 이에 관해 수백 년 동안 논쟁해왔다. 애덤 스미스와 칼 마르크스는 서

---

2 landlord는 봉건시대 장원의 영주(lord)에서 유래. - 역자 주.
3 yield: 농작물 등의 수확량의 의미. - 역자 주.
4 tenant: 영주에게 토지를 빌려 농사짓던 소작농의 의미. - 역자 주.
5 improvements: 영국 노르만 왕조에서 사용한 프랑스어 emprower(수입을 증가시키다)에서 유래. - 역자 주.

로 동의하는 바가 많지는 않았지만, 두 사람 모두 어떤 사물의 가치는 그것을 생산하기 위해 필요한 노동의 총량과 상관이 있다고 생각했다.

그러나 토지를 생산하기 위해서는 얼마나 많은 노동이 투입되어야 하는가? 부동산의 가치를 산정하는 것은, 토지 위에 구축되는 부가서비스까지 포함하여, 쉬운 문제가 아니다. 마르크스는 토지가 모든 것의 "생산에 필수적"이지만 토지 자체가 "생산되지는 않는다"는 관념에 대해 고심했다. 만약에 토지가 "생산"되지 않는다면, 토지의 가치는 그 생산에 투입된 노동의 가치와 동일할 수 없다. 그렇다면 왜 토지를 위해 돈을 내야 할까?

애덤 스미스는 임대는 토지주의 권력의 결과이지 특별한 노력의 결과가 아닌 것으로 보았다. 그리고 "토지 사용을 위해 지불하는 가격은 당연히 독점가격이다. 그 가격은 토지주가 토지의 개량을 위해서 지출하는 것에 결코 비례하지 않고 토지주가 받을 수 있는 만큼에 비례하지도 않는다. 단지 농부가 지불할 수 있는 만큼에 비례한다"고 했다.

애덤 스미스는 토지주가 하는 일은 너무 쉬운 일이라고 생각했다. 그가 「국부론」에 기술한 바와 같이, 토지주들은 "노동이나 관리를 하지 않고도 그 자체로, 어떠한 계획이나 사업이 없이도 그들에게는 수익이 발생한다." 결과적으로 토지주들은 "나태해지는데, 이는 토지주들의 상황이 편하고 안전하기 때문에 발생하는 당연한 결과이다." 1844년 칼 마르크스는 「경제철학논고(Economic and Philosophical Manuscripts)」에서 애덤 스미스의 토지주에 관한 견해를 인용했다.

애덤 스미스 사후 한 세기가 지나고 마르크스가 사망한 지 얼마 지나지 않았을 때, 경제학에서 가치의 개념이 완전히 변화되는 혁명을 거치게 된다. 새로운 사상가 집단이 등장하여 사물에 투여되는 노동의 비용을 근거로 하는 고정된 객관적 가치는 없다는 결론을 내렸다. 오히려, 사물의 가치는 주관적인 것이며 개별 구매자에게 제공되는 효용의 결과라는 것이다. 그리고 사물의 가치는 구매자마다 각자 다르기 때문에 어떤 사물이 어떤 사람에게는 다른 사람보다 더 가치가 높다고 했다.

이 말은 단지 어떤 것을 소유하는 것만으로 충분하지 않다는 것이다. 자산의 가치를 최대화하기 위해서는 다른 사람들보다 더 많이 지불할 의사가 있는 사람에게 내놓아야 하는 것이다. 이른바 이 혁명적 개념은 비즈니스를 하는 사람이라면 누구에게나 직관적으로 다가온다. 그러나 여전히 많은 사람들이 이 말은 부동산 자산에 적용되지 않는다고 생각한다. 혹은 최소한 완전하게 적용되지는 않는다고 생각한다.

옥스퍼드대학교 사이드 비즈니스 스쿨(Saïd Business School)의 앤드류 바움(Andrew Baum) 교수가 지적한 바와 같이, 실물자산은 다른 비즈니스들과 달리 고객이 없어도, 수입을 발생시키지 않아도 가치를 가진다. 토지주가 영어로 랜드로드(landlord) 즉, 토지의 영주로 불리는 것에는 이유가 있다. 그들은 토지를 소유하고 있고, 토지는 내재적으로 희소하다. 그렇기 때문에 내재적으로 가치가 높은 것이다. 이러한 내재적 가치라는 추정이 많은 부동산 소유주 및 운영자들로 하여금 애덤 스미스와 칼 마르크스가 주장하는 "나태함"에 이르게 하는 것이다.

부동산 가치학 개론

부동산 자산의 가치는 무엇이 결정하는가? 감정평가 전문가들은 공통적으로 다음의 4가지 특성들을 꼽는다.

1. **수요**: 부동산을 위해 지불할 의사나 능력이 있는 사람 또는 사업주체의 수
2. **효용**: 부동산 자산이 잠재적 소유주(그리고 임차인)의 니즈를 충족할 수 있는 능력. 자산이 여러 니즈를 충족할 수 있는 능력이 클수록 그 효용은 커진다.
3. **희소성**: 자산에 대한 수요와 비교하여 자산의 대체물을 구할 수 있는 정도
4. **거래가능성**: 자산을 매입, 임대, 거래제한 또는 매각할 권리

위의 내용을 근거로 할 때, 이상적인 자산은 대다수의 사람들의 니즈를 충족하고, 대체할 수 있는 것이 제한적이며, 그 소유주가 자유롭게 거래할 수 있고, 합리적으로 유동적인 시장에 존재하는 것이다. 독자 여러분도 "효용"과 "희소성"사이에 긴장감이 있다는 것을 눈치챘을 것이다. 만일 모든 임대인들이 최대한 많은 사람들의 니즈를 충족하고자 한다면 그 결과는 비슷한 유형의 자산들이 증가하게 될 것이다. 이는 희소성과 반대가 된다.

부동산 소유주들은 지금까지 이러한 긴장감을 어떻게 다루어왔는가? 간단히 말하면, 소유주들은 대부분 그렇게 하지 않았다는 것이다. 부동산 자산은 특별하다. 부동산 자산은 토지 위에 건립되는데, 이로 인해 내재적으로 희소성과 부동(不動)의 속성이 부여되는 것이다. 토지의 희소성은 "대체물"로부터 토지주들을 보호하고 광범위한 최종고객들이 선호하는 자산으로 개발하게 만든다. 다시 말하면, 자연적 제약이 임대인들로 하여금 일반적인 테넌트들을 위한 평균적인 자산으로 개발하게 만든다는 것이다.

그러나 희소성은 양날의 칼이다. 희소성은 경쟁자들이 당신의 시장으로 진입하는 것을 어렵게 한다. (건물은 움직일 수가 없다.) 그렇지만, 당신의

자산을 다른 곳으로 이동하는 것도 불가능하게 한다. 석유나 귀금속 같은 다른 희소재들은 가장 높은 가격을 지불하는 가장 이상적인 고객에게 유통될 수 있다. 반면, 부동산은 공급의 형식이기도 하고 유통의 형식이기도 하다. 가장 이상적인 고객은 우연히도 그 시점에 그 입지를 이용하는 것이 필요한 사람이다. 부동산 기업이 어느 한 입지에 투자를 하면 자산을 묶어 두는 것이다.

자산을 묶어두면 다양한 테넌트의 니즈를 충족할 수 있는 자산으로 개발할 때 추가적인 인센티브가 임대인들에게 제공된다. 건물이 움직일 수 없다면, 이에 적응할 필요가 있다. 예를 들어, 맨해튼 미드타운의 전형적인 오피스 공간은 어떤 시기의 10년 동안은 로펌이 자리를 잡았고, 그다음 10년은 미니어 회사가 그리고 또 그다음 10년은 금융서비스 기업이 자리를 잡았다. 사실상 많은 오피스 빌딩들은 아마도 이 모든 테넌트들을 동시에 가지고 있을 것이다. 그러한 빌딩들에서의 공용공간, 바닥판, 기술적 사양들은 모든 업종의 테넌트들을 충족할 수 있도록 설계된다. 오피스 "엘리베이터 음악"이라는 말이 "지루함", "재미없음", "가식적임"과 동의어라는 사실은 우연이 아니다. 개성이 없는 것은 버그가 아니고 특성이다.[6]

이 책에서 논의하고자 하는 것은 (1) 기술혁신이 부동산 자산의 자연적 희소성을 약화시킨다는 것과 (2) 평균을 유지하는 것이 더 이상 성공 가능한 전략이 아니라는 것, 그리고 (3) 적응 가능한 부동산 자산을 개발하는

---

6 버그가 아니고 특성이다(It's not a bug, it's a feature).: 영어에서 이 표현은, 사용자들이 소프트웨어 개발자들에게 프로그램의 오류나 문제를 지적하면 개발자들이 그것은 프로그램의 특성이라고 변명한다는 의미인데, 한국에서는 약간의 맥락은 다르지만 "버그가 아니고 스킬인데"라는 말을 스타크래프트 프로게이머 김창희가 유행시킨 적이 있다. – 역자 주.

것이 21세기에는 전혀 다른 것이 될 것이라는 것이다. 이 책의 뒷부분에서 우리는 부동산 자산(그리고 소유주 및 운영자들)이 테넌트들의 변화하는 니즈에 따라 어떻게 진화할 수 있을지를 살펴볼 것이다. 그러나 먼저, 완전히 다른 어느 한 이해당사자 그룹에 대응하는 부동산의 역할에 대해 이해하는 것이 중요하다.

부동산의 실질적 고객들

빌딩은 단순히 물리적 자산일 뿐만 아니라 금융자산이기도 하다. 이는 대형 투자자들이 소유하는 상업적 부동산 프로젝트의 경우 특히 그러하다. 또한 소형 주택의 경우에도 개인들이 소유는 하고 있지만 모기지(mortgage)가 있는 경우도 이에 해당되는데, 모기지는 여러 금융상품들과 같은 취급을 받는다.

부동산은 단순히 자산의 집합이 아니다. 부동산은 하나의 자산군(asset class)이다. 연금, 펀드, 보험회사, 기금 등과 같은 기관투자자들은 대부분의 자금을 주식, 채권, 현금 등과 같은 전통적 자산에 배정한다. 그 나머지를 대체자산(alternative assets)에 투자하는데, 여기에는 부동산, 벤처캐피털, 헤지펀드, 프라이빗 에쿼티(private equity), 사모대출펀드(private debt), 원자재(commodities) 등이 포함된다.

"대체(alternative)"의 의미는 이러한 자산들이 고유의 특성을 가지고 있으며, 그 금융성과는 다른 자산들과는 낮은 (또는 심지어 정반대의) 상관관계를 갖는다는 말이다. 대체상품들은 기관투자자들에게 경제위기의 상황에는 완충제의 역할을 하고, 보통의 성장기에는 부양책의 역할을 하며, 인플레이션 시기에는 가치보존의 역할을 하면서 투자 사이클을 완만하게 하는 예측 가능한 수익 또는 일반적 투자경로를 제공하는 것으로 예상되고 있다.

윌리스타워스왓슨(Willis Towers Watson)[7]에서 실시한 글로벌 대체상품 조사(Global Alternatives Survey)에 따르면, 2017년 100대 대체투자 운용회사에서 보유한 부동산 자산이 약 1.4조 달러에 달하는 것으로 나타났다.* 이는 모든 대체투자 중 부동산이 차지하는 비율이 최대(35%)라는 것을 말한다. 또한 기관투자자들이 부동산에 투자하게 되는 경로는 다른 비즈니스(소비재, 제조, 헬스케어 등)에 대한 투자나 부동산 담보 기업대출을 통한 것으로 나타났다. 기관투자자들 사이에서 상업부동산의 인기가 높아지자, 부동산은 더 이상 "대체상품"이 아니며, 주식, 채권, 현금과 함께 대형 포트폴리오의 중요한 부분이라는 주장이 나오기도 했다.

전통적으로, 기관투자자들은 대부분의 부동산 투자를 "낮은 오차범위에서 장기적으로 예측 가능한 현금흐름이 있는" 핵심자산에 배정했다. JP모건이 지적한 바와 같이 이러한 자산이 매력적인 이유는 성과의 변동성이 낮고, 주식이나 채권과 상관관계가 없으며, 소득의 흐름, 즉 임대료가 인플레이션과 연동되기 때문이다. 전형적인 핵심자산은 런던이나 뉴욕과 같은 도시의 중심 위치에 잘 지어진 오피스 빌딩으로 자본이 풍부한 테넌트와 장기임대계약을 맺고 있으면서 소비자 물가지수 같은 메커니즘이 적용되어 임대료가 매년 상승하는 것이다.

---

7 윌리스타워스왓슨(Willis Towers Watson): 영국 런던에 본사를 둔 자문, 보험중개 및 위험 관리 솔루션을 제공하는 글로벌 기업. - 역자 주.

* 이 데이터는 조금 오래된 것이지만, 투자자들의 보수적 특성과 그 자산이 유동적이지 않다는 특성 때문에, 이렇게 한번 배정된 것은 매우 느리게 변화한다.

이러한 핵심자산(core) 외에도 부동산 기관투자 전략에는 다음과 같은 것들이 있다.

- **코어 플러스(Core plus)**: 가격하락 리스크는 제한적이면서 작은 부가서비스를 통해 이익을 얻을 수 있는 안정자산에 투자하는 것
- **가치증대형(Value add)**: 개선된 임대율, 보다 효율적인 운영, 금융 구조조정, 또는 약간의 "외관개조(face lift)"를 통해 수익을 얻을 수 있는 자산에 투자하는 것
- **기회추구형(Opportunistic)**: 새로운 개발사업, 재생건축, 신생시장, 부실자산의 리포지셔닝, 상당한 리스크와 함께 높은 수익의 가능성이 있는 비활성 부채 등에 투자하는 것

결론적으로, 상업부동산은 두 주인을 섬기는 하인이다. 다시 말해, 건물 내에서 거주하거나 일하는 사람들과 그 지분이나 부채를 소유하는 금융 투자자들이라는 두 주인을 섬긴다. 이러한 투자자들은 예측 가능한 수익을 발생시키고 회수하기 쉬운 안정자산을 선호한다. 그러나 최근에는 대형 투자자들도 투기성이 높은 투자를 해야 하는 상황이 되고 있다.

대체자산 내에 있는 대체자산

2019년 1/4분기 기준으로 세계는 자금으로 넘쳐나고 있다. 프라이빗 에쿼티 매니저들은 1조 달러의 약정된 자금을 기반으로 투자할 곳을 찾고 있다. 그중에서 거의 3천억 달러가 부동산 전용으로 배정되어있다. 더 공격적인 추정은 부동산에 배정된 "미투자자금(dry powder)"의 액수가 1.5조 달러가 넘을 것으로 보고 있다. 투자자금의 과잉은 투자자들 간의 경쟁을

만들어내고 품질 좋은 자산의 가격을 빠르게 상승시키고 있다.

결과적으로, 과거에는 주로 핵심자산 전략에만 초점을 맞췄던 투자자들이 낮은 수익에 안주하거나 높은 수익을 위해서는 높은 리스크의 베팅을 하게 되는 상황으로 몰리고 있다. 연금펀드가 그 적절한 예시를 보여준다. 연금펀드는 은퇴자들에게 정기적으로 지급되어야 한다. 이러한 지급은 어느 정도 고정되어있거나 사전에 잘 고지되어있다. 지급책무를 이행하기 위해서 연금펀드는 그 수익이 지급책무의 규모 및 시점이 적절하기를 기대하면서 구성원들의 예금을 투자한다. 여기서 규모와 시점 모두 중요하다. 연금펀드가 좋은 투자를 하는 것만으로는 충분하지가 않다. 이 투자는 은퇴자들에게 월별 지급이 가능하도록 동시발생적 현금흐름을 창출시킬 필요가 있다.

2018년 4/4분기 기준, 정부 연금펀드들이 가입자들에게 약속한 기금이 없는(unfunded) 약정액은 1.6조 달러에서 4조 달러 사이의 어디쯤 될 것으로 추정되고 있다. 이러한 지급책무에 대응하기 위해서 미국의 공적연금은 "2006년에서 2016년 사이에 6배에 달하는 기회추구형 투자의 배정을 증가시킨 반면, 핵심자산에 대한 투자는 변동이 없었던" 것으로 나타났다. 기관투자자들은 오피스나 공동주택 같은 매입후 보유(buy-and-hold) 자산에서 학생 기숙사나 양로원, 물품보관시설, 저온 물류센터, 학교, 데이터센터 등과 같은 운영의 강도가 더 높은 대체자산으로 옮겨가고 있다.

UBS[9] 백서에서 지적하는 바와 같이, "역사적으로, 많은 핵심자산 투자자들은 운영 리스크가 있으면 대체자산 부문으로 진입하는 것을 미루

---

9 UBS: 1998년 스위스 양대 금융그룹인 스위스연방은행(UBS)과 스위스은행(SBC)의 합병으로 탄생한 글로벌 금융기업. - 역자 주.

어왔다." 그러나 이제는 선택의 여지가 거의 없다. 이러한 과정이 과거에는 대형 투자자들에게 지나치게 소규모로 치부되던 실물자산의 "기관화(institutionalization)"를 더욱 촉진하기도 했다. 예를 들어, 단독주택이 이제는 상업부동산에도 포함되는데, 수만 개의 작은 주택들을 중앙집중적으로 관리하는 대형 포트폴리오로 결합시키고 있다. 콜드스토리지(저온 물류센터)나 특정 유형의 농지 등을 포함하는 다른 틈새상품들도 대형 투자자들이 소유를 더욱 늘려가고 있는 중이다.

여기서 주목할 점은, 대체 부동산으로 투자가 이동된 것이 단순히 투자자들의 돈이 비핵심(non-core) 자산으로 이동한 결과만이 아니라는 것이다. 이는 전통적 핵심자산 자체가 안정성이 떨어진 결과이기도 하다. 이 책의 핵심 주제는 기술적·문화적 변화가 모든 부동산 자산의 리스크를 더 높인다는 것을 다루고 있다. 더 정확히 말해, 이러한 변화들은 부동산 자산의 내재가치를 감소시키고 자산을 그 운영자 및 유통자에게 더 의존적이 되도록 만든다. 이 말의 의미는 부동산 자산의 가치가 떨어지고 있다는 것이 아니라, 부동산의 가치를 보존하고 높이려면 더 적극적인 관리가 필요하다는 것이다. 그리고 관리의 문제는 점점 더 기술에 의존하게 될 것이다.

벤처캐피털의 높이 매달린 열매

이 책을 쓰고 있는 현 시점은 기술에 대한 투자가 어느 때보다도 높은 시기이다. 2018년 벤처캐피털은 미국에서 8,948개의 벤처사업에 1,309억 달러를 투자했다. 처음으로 2000년 닷컴 열풍 때 도달했던 최고 수위선을 넘어섰다. 그러나 이번에는 다르다고 그들은 말한다.

그리고 정말로 다르다. 최소한 한 가지는 의미 있는 방식으로 다르다. 닷컴시대는 그 이름이 함축하는 바와 같이 온라인 세계에 관한 것이었다. 모두가 웹사이트를 만들고, 회사들은 클릭수와 페이지뷰를 기반으로 평가되었고, 소비자들은 디지털 음악과 비디오 파일들을 공유하고 있었다. 당시 세계 억만장자 리스트의 상위 3명은 소프트웨어 회사들에서 일했던 사람들이 차지했고, 그중 둘은 마이크로소프트에서 일했었다.[10] 그 리스트에서 여덟 번째로 이름을 올린 사람은 손정의(Masayoshi Son) 소프트뱅크그룹 창업자로, 그 당시 야후(Yahoo!)의 일본 파트너로 가장 잘 알려져 있었다.

이번에는 오프라인이다. 2019년 기준 세계 상위 10대 기술 "유니콘"- 즉, 기업평가액이 10억 달러가 넘는 벤처 기반의 상장하지 않은 기업 중 7개가 유형사산(hard asset)과 복잡한 규제를 가진 오프라인 산업에서 경쟁을 하고 있다. 즉, 부동산 분야의 위워크(WeWork)와 에어비앤비(Airbnb), 담배 분야의 쥴랩스(JUUL Labs), 우주개발 분야의 스페이스X(SpaceX) 그리고 물류 및 교통 분야의 디디추싱(Didi Chuxing), 그랩(Grab), 도어대시(DoorDash)가 그 7개 기업이다. 이 카테고리에 해당하는 두 개의 또 다른 기업인 우버(Uber)와 리프트(Lyft)는 2019년 초 상장을 하면서 유니콘 클럽을 졸업했다.

오늘날의 유니콘들은 닷컴 선배들처럼 가상의 서부 개척시대를 살아가는 것이 아니다. 그때는 중력의 법칙도 적용되지 않았고 정부의 법규도 아

---

10 2000년 세계 억만장자 리스트(World's Billionaire List 2000)에서 1위는 빌 게이츠(Bill Gates), 2위는 로렌스 엘리슨(Lawrence Ellison), 3위는 폴 앨런(Paul Allen)인데, 빌 게이츠와 폴 앨런이 함께 마이크로소프트를 창업했다. - 역자 주.

직 제정되지 않았던 세상이었다. 그러나 지금의 많은 유니콘들은 치열한 경쟁과 복잡한 규제가 있는 성숙산업을 변화시키려 하고 있다. 그것은 어려운 일이다. 그리고 많은 자본을 필요로 한다. 그 기업들이 성공한다고 해도, 이 많은 유니콘들 중 얼마나 많은 기업이 벤처투자자들이 요구하고 기대하는 유형의 수익을 발생시킬지는 명확하지 않다. 그렇기 때문에 벤처 투자자들이 과거 이런 산업들을 피했던 것이다.

그러나 이제 투자자들에게 선택의 여지가 없다. 더 정확히 말하자면, 투자자들의 선택권은 제한되어있다. 낮게 매달리는 열매(low-hanging fruits)는 이미 누군가 따간 상태이다. 즉, 쉽게 전환될 수 있는 산업들은 이미 변환되었다. 투자자들은 리스크를 정당화할 수 있을 만큼 충분히 큰 새로운 산업을 찾아야 한다.

부동산이 그중 하나의 이상적 후보군이다. 부동산은 수조 달러의 자산이 관련되고, 세분화가 잘되어 있으며, 비효율과 측정되지 않은 가치로 넘쳐난다. 최근 몇 년간 벤처캐피털의 큰손들은 부동산 관련 벤처에 눈독을 들이고 있다. 세쿼이아캐피털(Sequoia Capital), 앤드리센호로위츠(Andreessen Horowitz), 그레이록파트너스(Greylock Partners), 코슬라벤처스(Khosla Ventures) 등이 모두 공간에 대해 여러 형태의 투자를 했다. 그중 가장 높이 우뚝 서있는 사람이 소프트뱅크 손정의 회장으로 위워크, 카테라(Katerra), 오픈도어(OpenDoor), 오요(OYO), 콤파스(Compass)에 수십억 달러를 투자했다. 소프트뱅크는 물류, 교통, 손해보험, 공급설비 등과 같은 다른 관련 분야에서도 최대 투자자이다.

이와 동시에, 새로운 종류의 펀드들이 나타나 부동산과 구축환경(built

environment)을 목적사업으로 하는 벤처들에 전문적으로 투자하고 있다. 이러한 벤처들은 흔히 프롭테크(Prop Tech)[11]나 CREtech[12], 어반테크(Urban Tech)[13]와 같은 용어로 분류된다. 2015년 이후로 FWV(Fifth Wall Ventures), 메타프롭(MetaProp), 코리진(Corigin), 테머리스크벤처스(Tamarisc Ventures), 어반유에스(Urban.US) 등과 같은 신생 투자사들이 모두 10억 달러가 넘는 자금을 조달하였다. 이들의 재원을 뒷받침하는 부동산 거대기업들이 하인즈(Hines), 프로로지스(Prologis), 제시나(Gecina), PGIM, CBRE, 쿠시먼 & 웨이크필드(Cushman & Wakefield), 미쓰이부동산(Mitsui Fudosan) 등이다. 한편, 브룩필드(Brookfield), 블랙스톤(Blackstone), 캐피타랜드(CapitaLand), 아이반호캠브리지(Ivanhoe Cambridge), JLL과 같은 대형 부동산 기업들도 그들만의 전용 벤처펀드를 조성하거나 기술기업에 직접 투자를 하고 있다.

아론 블록(Aaron Block)과 재커리 아론스(Zachary Aarons)가 「프롭테크 개론(PropTech 101)」에서 지적한 바와 같이 부동산 산업은 마침내 "기술을 장착한 혁신의 파도에 직면하고 있으며, 이는 부동산이 어떻게 매매, 임대, 금융조달, 설계, 건축, 관리, 마케팅이 되는지에 대한 방식을 재편하고 있다." 부동산 테크의 동향과 정보를 전문으로 하는 기업인 CREtech,

---

11 프롭테크(Prop Tech): 부동산(property)과 기술(technology)을 결합한 용어로, 정보기술을 결합한 부동산 서비스 기술을 말한다. – 역자 주.
12 CREtech: 기업부동산 기술(corporate real estate technology) 또는 상업부동산 기술(commercial real estate technology)의 약자이다. – 역자 주.
13 어반테크(Urban Tech): 도시(urban)와 기술(technology)을 결합한 용어로, 도시의 삶과 지속 가능성을 직접적으로 개선하는 기술을 말한다. – 역자 주.

com의 데이터가 추정하는 바는 2010년 이후로 비상장 프롭테크 기업에 500억 달러가 넘게 투자되었다는 것이다. 런던에 본사를 두고 있는 프롭테크 데이터 및 서비스 제공기업인 유니수(Unissu)가 실시한 별도의 분석에 따르면 2000년 이후 투자금이 총 700억 달러에 달하고, 그중 대다수가 최근에 이루어진 활동들이라는 것이다.

이 숫자들은 매우 중요하다. 그러나 부동산 자산이 어떻게 사용, 운영, 평가되는지에 미치는 주요 영향은 부동산 테크로부터 나오지 않을 것이다. 오히려, 다른 산업을 탈바꿈시키는 혁신으로부터 나오고, 사람들이 어울리고, 이동하고, 먹고, 의미를 찾는 방식을 변화시키는 혁신들로부터 나오게 될 것이다. 어떻게 변화시키는가를 살펴보자.

섹션 I

리테일

2

리테일 자산의 맥락

한 여성이 매장 안으로 걸어 들어간다. 그곳은 그녀가 지금까지 봐왔던 다른 매장과는 전혀 다르다. 전혀 매장이 아니라고도 할 수 있을 것 같은 그런 곳이다. 그 공간은 물건들이 쌓여있는 선반과 바쁘게 움직이는 매장 종업원들 대신에 마치 어떤 고급 저택의 응접실처럼 배치되어있다.

그 매장은 전통적인 의미의 판매를 위해 디자인된 것처럼 보이지 않았다. 그곳은 정서적 반응을 이끌어내고, 즐거움을 주며, 경험을 창출하도록 디자인되었다. 더 이전 세대의 종업원들은 매장 안에 "무슨 객석, 식당, 전시장, 옥상정원이 있느냐"며 혼란스러워 했을 것이다.

쇼핑이 이처럼 자유로운 적은 없었다. 처음으로 그 여성은 다른 사람의 방해 없이 혼자서 돌아볼 수 있었다. 그녀의 눈길이 장갑에 머문다. 그녀는 손을 뻗어 선반에서 장갑을 꺼내서 손에 껴본다. 촉감이 좋다. 그녀는 뒤로 돌아서 걸어 나온다. 아무 말도 하지 않고 가져간 물건에 대해 계산도 하지 않은 채로. 거리는 걷거나 자전거를 타는 사람들로 가득하다. 자동차는 하나도 보이지 않는다. 이것은 도시 리테일의 미래인가? 그럴 수도 있다. 그러나 위의 장면은 1890년대 런던, 파리, 뉴욕의 백화점을 묘사한 것이다.

그 여성은 도둑이었다. 그리고 그녀만 그런 것이 아니었다. 부유한 여성들이 상점에서 저지르는 절도는 근대적 백화점의 시작과 함께 폭발적으로 증가했다.* 왜 쉽게 살 수 있는 물건을 훔치는 모험을 감행한 것일까? 그 당시 전문가들은 소매상들 때문이라고 했다. 1901년 폴 두비슨(Paul Dubuisson) 박사는 상점들이 디자인되어있는 방식에 관한 논문을 발표했고, "한 여성이 대형 백화점의 문턱을 넘어서는 순간 그녀를 압도하는 특이하고 어리석은 행동"에 대해 기술했다. 두비슨은 이 현상을 백화점병(Department Store Disease)이라고 불렀는데, "여성의 히스테리아"나 무의식적 행동의 한 형태라고 했다. 제1회 노벨 문학상 후보에 올렸던 에밀 졸라는 "절도벽을 가진 여성들이 백화점에 의해 자행되는 유혹" 때문에 어떻게 피해자가 되는가에 관한 글을 썼다.

이러한 이론들은 21세기 독자들에게는 성차별적이고, 계급차별적이거나, 그냥 터무니없는 것처럼 보일 수 있다. 그러나 그 당시에는 그런 일이 흔했고** 지식인들은 새로운 소비자 행동을 이해하려 애썼다. 유명한 사례

---

* 이와 같은 사례들을 더 보려면 Elain S. Abelson의 저서 「여성이 절도를 할 때: 빅토리아 시대 백화점의 중산층 절도범들(When Ladies Go A-Thieving: Middle-Class Shoplifters in the Victorian Department Store)」(Oxford University Press, 1989) 참고.

** 이 사례를 보려면, Tammy Witlock의 논문 "빅토리아 시대 영국의 성, 의학, 소비문화: 도벽의 탄생(Gender, Medicine, and Consumer Culture in Victorian England: Creating the Kleptomaniac)", 「Albion: A Quarterly Journal Concerned with British Studies 31, no 3」(1999) 참고.

하나가 엘라 캐슬이라는 미국의 부유한 여성이 1896년 런던에서 모피로 된 핸드워머를 훔치다가 현행범으로 붙잡힌 사건이었다. 정신적 문제라는 이유로 그녀가 석방된 후, 「뉴욕타임즈」는 "모든 합리적이고 인정이 있는 사람들은 크게 기뻐할 것"이라고 주장했다. 셜록 홈즈 탐정 시리즈의 작가인 아서 코난 도일 경(Sir Arthur Conan Doyle)도 「런던타임즈」에 기고한 글에서 캐슬 부인은 "감옥이 아닌 상담소로" 보내져야 한다고 했다.

새로운 리테일의 경험들은 오감을 자극한다. 그러나 사람들은 쇼핑을 하기 위해 집을 나설 필요가 없었다. 경제학자인 존 메이너드 케인즈가 20세기 초의 생활상에 대해 쓴 바와 같이 "런던 거주자들은 침대에서 차를 마시면서 전화로 온 세상의 다양한 제품들을 주문할 수 있었고, 적당하다고 생각되는 수량을 집 앞에서 빠른 배송으로 받을 수 있다고 합리적으로 기대할 수 있었다." 중산층 이상에 해당하는 사람들은 "낮은 가격으로 수고로움 없이" 모든 "편의와 안락, 쾌적함"을 누릴 수 있었는데, 이것은 과거에는 "가장 돈이 많고 가장 권력이 많은 왕족"도 누릴 수 없는 것이었다.

이는 2차 산업혁명의 시기인 1870년대부터 1914년까지를 나타낸 것이었다. 이 시기는 판매상들과 소비자들에게 혼돈의 시간이었다. 부와 계급을 나타내는 전통적 표식은 빠르게 약화되고 있었다. 정교한 광고물들은 새로운 사회적 불안을 야기시켜 일부 소비자들로 하여금 자신들이 돈을 쓸 수 있다는 것을 남에게 보여주기 위한 소비를 하도록 부추겼다. 이 현상은 사회학자이며 경제학자인 소스타인 베블런(Thorstein Veblen)이 1899년 "과시적 소비(conspicuous consumption)"라는 용어를 만드는 데 영감을 주었다. 지출할 돈이 충분하지 않은 사람들은 신용이나 할부 프로그램이라는 새로운 형식을 이용할 수 있었다.* 쇼핑은 경험이 되고 대중적인 취미가 되었다. 글로벌 무역이 폭증했고, 새로운 번영과 위험한 무역 긴장을 불러왔다. 세계는 더 좋아지는 것 같은 느낌과 더 나빠지는 것 같은 느낌을 동시에 들게 했다. 그리고 모든 것들이 가속화되고 있었다.

많이 익숙하게 느껴지지 않는가?

그 당시 새로운 소매업의 등장은 제조, 매스미디어, 교통의 혁신을 통해 촉진되었다. 기차는 선적비용을 감소시켰을 뿐만 아니라, 도시의 중심에 분주한 중앙역과 함께 쇼핑구역을 만들어냈다. 말과 전기를 동력으로 한 트램이 다니는 길을 따라 시내 중심가가 만들어지고 상점들이 집결했다. 지역과 전국에 걸쳐 판매부수가 높은 신문과 잡지들이 있기에 브랜딩과 표준화에 투자할 만한 가치가 있었다. 금전등록기의 등장은 가족 소유의 소매점들이 새로운 상점을 열고 가족이 아닌 종업원을 신뢰할 수 있게 해 주었다. 무료 또는 저가의 지역우편은 카탈로그와 상품들을 새로운 지역의 소비자들에게 유통하는 것을 가능하게 했다. 그리고 새로운 생산방식은 소비상품의 폭증을 불러오고 농부들은 도시를 향해 떠났다.

이 시기 동안 여러 가지 리테일 컨셉들이 등장하기 시작했다. 브랜드 체인, 우편주문 카탈로그, 시내 중심의 쇼핑가, 그리고 유명한 브랜드들 - 예

---

* 신용(credit)에 관해 살펴보면, 채무를 갚지 않는 고객에 관한 정보를 추적하고 공유하는 맨체스터신용관리협회(Manchester Guardian Society)가 1826년 설립되었다. 1899년 소매신용회사(Retail Credit Company)가 애틀랜타에 설립되어 신용도가 높은 고객들의 리스트를 집계하기 시작했다. 이 회사는 현재 에퀴팩스(Equifax)로 불리고 있다. 1919년 제너럴모터스 할부금융회사(General Motors Acceptance Corporation)가 설립되어 자동차 구매자들에게 할부로 지불할 수 있는 선택권을 제공하기 시작했다.

를 들어, 메이시스(Macy's), 삭스(Saks), 블루밍데일스(Bloomingdales), 르봉마르쉐(Le Bon Marché), 반스앤노블(Barnes & Noble) 등이 이때 생겨난 것들이다. 1차 세계대전 후 그리고 시간이 더 흘러서 2차 세계대전이 끝난 후에는 자동차 소유의 증가, 도시화의 급성장, 라디오 도달범위의 확대, 그리고 더 이후에는 TV가 더 다양한 리테일 컨셉들의 등장을 촉진시켰다. 날씨에 상관없이 쇼핑을 즐길 수 있는 몰, 슈퍼마켓, 하이퍼마켓, 편의점, 특화된 카테고리 킬러들[17], 패스트 패션 체인, 그리고 새로운 리테일 거대기업들 – 예를 들어 월마트(Walmart), 크로거(Kroger), 메이스리치(Macerich), 토이저러스(Toys R Us), 이케아(IKEA), 인디텍스(Inditex), H&M, 베스트바이(Best Buy) 등도 등장했다.

그리고 백화점은 그중에서도 우뚝 솟아있는 존재였다. (최소한 처음에는 그랬다.) 사실상 백화점의 등장이 소비자 사회의 역사에서 분수령이었다고 해도 과장이 아니다. 오늘날 단순한 컨셉으로 보이는 것이 당시에는 대담함과 혁신의 승리였고, 많은 경우, 엘리베이터, 에스컬레이터, 대형 유리창, 조작 가능한 마네킹, 복합조명, 난방, 전기시스템, 그리고 심지어 차가운 청량음료를 파는 장치에 이르기까지 다양한 부동산 테크놀로지들이 도입되었다.

또한 백화점은 고객 데이터 사용에 있어서도 선도적 역할을 했다. 무료

---

17 카테고리 킬러(category killer): 백화점이나 슈퍼마켓과 달리 상품 카테고리별로 전문적으로 특화한 상품을 판매하는 대형매장으로 규모, 가격, 편의성 등을 내세워 같은 카테고리의 소규모 매장들을 경쟁에서 죽이기(kill) 때문에 이러한 명칭이 사용된다. 미국의 경우 반스앤노블(서점), CompUSA(컴퓨터 및 전자매장), Staples(문구매장)와 같은 대형 체인이 이에 해당한다. – 역자 주.

놀이터를 이용하는 어린이들의 주소를 수집하여 그 부모들에게 다이렉트 우편을 보내는 후속조치를 취하기도 했다. 백화점들은 지속적으로 미디어의 관심을 끌었고 고객들에게 백화점이 제공하는 모든 것을 경험해 볼 수 있게 했다. 백화점들은 또한 문화센터의 역할도 수행하면서 판매용이 아닌 새로운 발명품을 전시하기도 했다. 예를 들어, 영국해협을 건넜던 최초의 비행기나 최초의 컬러TV 등도 백화점에 전시되었다.

이렇게 백화점은 기술 및 과학적 혁신을 소개하는 역할 외에도 문화의 선도자이기도 했다. 런던의 셀프리지(Selfridges)는 여성 고객 전용 화장실을 도입한 최초의 백화점으로 알려져 있다. 도쿄의 마쓰자카야 백화점은 고객들이 길에서 신고 다니던 신발을 그대로 신은 채 백화점 안으로 걸어들어올 수 있게 허용했는데, 이는 다른 일본 상점들에서는 무례가 되는 일이었다.

북아메리카, 유럽, 아시아 등 전 세계 대도시의 심장부에 백화점들이 존재한다는 것은 뜨거운 논쟁거리가 되었고 20세기를 정의하게 된 여러 이슈들 – 즉, 여성과 소수자들의 권리와 행동, 전통적 중산층 직업의 파괴, 사회주의와 자본주의 간의 이념투쟁, 지역문화에 미치는 글로벌화의 영향을 둘러싼 폭력문제가 발생하기도 했다. 독일에서 발생한 극단적 사례를 보면, 유대인 소유의 백화점 건물에 대한 기물파손과 방화에 이어 유대인들 자체를 제거하려는 시도도 있었다.

오늘날 리테일은 19세기 말에 있었던 것과 비슷한 변곡점에 와있다. 미국에서 백화점들은 오랫동안 여러 도전들을 극복하고 살아남았다. 특히, 1950년대와 1960년대에 부자 (또한 대부분 백인들인) 쇼핑객들은 도심에서 근교로 이동했고, 1980년대 초부터는 대형 할인점과 슈퍼스토어 같은 새로운 도시근교의 경쟁자들이 등장했다.

2019년 세계에서 가장 흥미롭고 경이로우며 위협적인 리테일러는 전혀 다른 종류의 것이다. 이는 바로 방대한 물류 네트워크를 운영하는 기술기업으로서 세계에서 가장 인기 있는 쇼핑 웹사이트를 운영하는 아마존닷컴(Amazon.com)이다. 그리고 이 "모든 것을 파는 매장(everything store)"은 시작에 불과하다. 더 큰 도전은 다른 극단에 있는 디지털에 능숙한 소규모 리테일러들이 보내고 있다. 이들은 백화점 사업의 단일 카테고리인 화장품이나, 가정용품, 의류 등을 소량으로 판매하고 있다.

살아남기 위해 애쓰는 것은 백화점만이 아니다. 지난 150여 년간 번창해온 다른 리테일 컨셉과 기업들도 그 인기를 유지하기 위해 애쓰고 있다. 다양한 종류의 몰, 슈퍼마켓, 의류점, 전자기기나 사무용품 같은 카테고리 킬러들, 그리고 도심 주요 위치를 선점한 적지 않은 숫자의 소규모 스토어들이 그들이다. 다음에 이어지는 장들에서 살펴볼 것은 (1) 모든 오프라인 스토어의 변신을 이끄는 주요 동력들, (2) 새로이 등장하는 리테일 용도와 테넌트 카테고리들, (3) 비전통적인 리테일 공간으로 흐르는 리테일 소비, (4) 리테일 임대인을 혁신하는 것에 대한 구조적 난제들, (5) 온라인 및 다채널 판매 세상 속의 오프라인 공간에서 돈을 만드는 방법, (6) 세계 최대 리테일 임대권자들의 혁신 노력에 관한 것이다.

그러나 먼저, 부동산 산업 전반에서의 리테일의 중요성에 대해 이해하는 것이 필요하다.

숫자로 본 리테일 부동산

리테일 부동산은 세계 최대 부동산 포트폴리오의 주요 구성요소이다. 미국부동산투자수탁자협회 자산지수(NPI)는 비과세 기관투자자들이 소유 또는 대리소유하고 있는 오피스, 아파트먼트, 호텔, 산업 및 리테일 부동산의 가치와 성과를 추적한다. 2019년 1/4분기에 NPI 가치의 22% 즉 1,409억 달러가 리테일 자산으로 나타났는데, 오피스(35%)와 아파트먼트 건물(26%)에 이어 3위에 올랐다. 리테일 창고나 풀필먼트센터(fulfillment center)[18]로 사용되는 산업자산과 합하면 총 비중은 39%에 달한다.

리테일은 상장된 부동산 세계에서는 더욱 중요한 역할을 한다. 상장된 부동산은 비기관 소형 투자자들이 리츠(REITs)의 지분으로 매입할 수 있다. 2019년 1/4분기 기준 미국 리테일 리츠의 시상 자본규모는 1,715억 달러로, 오피스(937억 달러)나 아파트먼트(1,213억 달러)보다 유의미하게 높았다. 리츠에 대한 투자는 일반 대중들에게 개방되어 있기도 하지만, 대형 기관투자자들에게도 인기 품목인 것이다. 소매점의 판매사원은 (아직까지도) 미국에서 가장 흔한 직업이고, 그 뒤를 잇는 카테고리도 리테일 관련으로 캐셔나 패스트푸드 종업원, 배송기사 등이 여기에 해당한다. 결과적으로 리테일 부동산 자산의 성과는 사회 전반의 안정적 금융기반에 중요한 것이다.

이 숫자들이 놀랍기도 하지만 이것이 전부는 아니다. 위 숫자에 포함된 대부분의 리테일 자산들은 자체적으로 모든 시설을 갖추고 있는 프로젝트

---

18 풀필먼트센터(fulfillment center): 기존의 단순 보관 및 입고/출하에 한정하지 않고, 분류, 보관, 배송, CS관리, 회수 및 반품까지 물류 관련 모든 업무를 일괄처리하는 물류센터. - 역자 주.

들로, 예를 들어 단일의 건물로 된 쇼핑몰, 다수의 빌딩으로 된 쇼핑센터, 또는 별도의 대형매장으로 된 리테일 구조물들이다. 그러나 상당수의 리테일 공간이 오피스 및 주거 공간의 도로변 1층에 위치하고 있다. 그리고 이러한 부동산의 자산가치는 다른 카테고리들의 총합에 포함되어 산출되는 경우가 많다. 어떤 경우에는 시내 중심가의 연이은 리테일들을 단일의 임대인이 소유하고 단일의 리테일 회사에서 관리하기도 한다. 영국 엘리자베스 여왕은 크라운에스테이트(Crown Estate)[19]를 통해 런던 리젠트 가(街) 쇼핑지구에 수십 개의 스토어들을 소유하고 있다. 이곳은 세계에서 가장 평가액이 높은 상업공간으로 그 면적은 수백만 제곱피트(ft^2)에 달한다.

리테일러 자체도 세계 최대 임대권자들에 이름을 올리고 있다. 월마트는 2018년 1월 현재 전 세계 6,869개 매장을 소유하고 있다. 그 포트폴리오의 대부분은 미국의 리테일 매장으로 구성되어있지만, 아프리카, 아시아 및 유럽의 물류시설과 자산도 포함된다. 월마트는 포트폴리오의 명세를 게시하고 있지는 않지만 2,000억 달러에 달하는 것으로 추정되고 있다. 이 말은 월마트의 부동산 포트폴리오가 최대 리츠의 10배나 된다는 것을 의미한다.

월마트의 포트폴리오 규모가 특이하지만, 다른 리테일러들도 상당한 부동산을 보유하고 있다. 2017년 말 기준 맥도날드는 수천 개의 패스트푸드점이 설치된 토지의 45% 그리고 건물의 70%를 넘게 소유하여, 부동산 가치가 300억 달러에 달하는 것으로 나타났다. 이케아의 부동산 부문 조직인 잉카센터(Ingka Centres)는 2018년 11월 기준 95억 유로 상당의 부동

---

19 크라운에스테이트(Crown Estate): 영국 왕실이 소유하고 있는 부동산 및 자산관리회사로, 영국 의회법을 근거로 하는 독립적인 상거래 사업체이다. - 역자 주.

산을 소유하고 있다. 이케아는 유럽, 아시아, 북아메리카에 걸쳐 포트폴리오를 계속 성장시킬 계획을 가지고 있다. 이케아의 부동산은 자체 매장들뿐만 아니라 다른 테넌트가 있는 쇼핑몰들까지 포함한다. 열심히 노력하고 있는 또 다른 백화점 운영사인 시어스(Sears)는 2015년 거의 250개의 매장들을 하나의 별도 리츠로 분사시켰는데, 그 부동산 자산이 수십억 달러에 달한다. 아마존도 물리적 부동산의 주요 소유주인데, 대부분 물류시설이다. 이에 관해서는 섹션 IV(물류와 산업)에서 더 자세히 다룰 것이다.

다수의 개인 투자자들로 이루어진 리츠에 의해 소유되는 자산이나 몇몇 대형 리테일러들은 세계의 전체 리테일 공간의 일부분을 차지할 뿐이다. 전 세계 모든 리테일 부동산의 가치에 관한 정확한 수치는 없지만, 간단히 추정해볼 때 내략적으로 전체적인 글로벌 부동산의 규모는 200조 달러가 넘을 것으로 추산된다.* 오피스, 산업부동산 및 호스피탈리티 시설을 포함한 상업부동산은 전체의 30% 미만이고 상당 부분이 주거용 부동산으로 추정된다. 리테일 프로젝트가 모든 상업부동산의 20~30%를 차지한다고 가정할 때, 이는 12조 달러에서 18조 달러에 달하는 가치로 해석된다.

---

* 글로벌 부동산 가치의 평가액은 연구기관에 따라 조금씩 다르다. 참고자료를 보려면, Bert Teuben & Hanskumar Bothra의 저서 「부동산 시장규모 2017(Real Estate Market Size 2017)」(MSCI, 2018); Savills World Research가 출간한 「글로벌 부동산: 세계 최대 자산군의 트렌드(Global Real Estate: Trends in the World's Largest Asset Class)」(HSBC Group, 2017); Paul Tostevin이 세빌스(Savills) 블로그에 기고한 "세계 상업부동산의 가치액은 얼마인가?(How much is the world's commerical property worth?)" https://www.savills.co.uk/blog/article/246253/commercial-property/how-much-is-the-world-s-commercial-property-worth.aspx 참고.

규모와 전망

기술과 혁신이 물리적(오프라인) 자산에 미치는 영향을 고려할 때 리테일 부동산은 그 규모 외에도 중요한 것이 3가지 더 있다.

첫째, 리테일 부동산은 다른 부동산 자산의 미래에 관해 우리에게 시사점을 제시할 수 있는 독특한 포지셔닝을 하고 있다. 상업부동산은 전체적으로 지형변동 수준의 변화가 진행 중에 있다. 리테일 부동산이 첫 번째로 그 진동을 느끼고 있다. 혹은 크랙 사이에 끼어있다고 할 수 있다. 리테일 임대권자들은 자본력이 강한 디지털 경쟁자들의 영향을 가장 먼저 느끼고 있다. 그러나 이것은 이들에서 끝나지 않는다. 물리적 리테일을 탈바꿈시키는 많은 역학관계들이 산업부동산에 직접적인 영향력을 가지고 있다. 비슷한 영향력이 오피스, 주거, 숙박으로도 이동하고 있는 것이다. 각각의 자산 유형들은 서로 다른 방식으로 영향을 받을 것이지만, 리테일은 모두와 관련되는 시사점을 제공한다.

리테일 임대인들에게 당연시되고 있는 많은 전략들은 다른 자산 유형의 성공적 운영에도 점점 더 필수적이 되고 있는데, 그 내용은 다음과 같다.

- 개별공간을 임대하는 대신에 포괄적 경험을 창출할 것
- 시너지를 창출하기 위한 테넌트 믹스를 큐레이트하고 이 과정을 반복하여 방문객 분석지표를 추적할 것(예: 방문고객수, 인구통계적 특성 등)
- 탄력적 기간의 임대방식과 프로모션 활동을 통한 유의미한 수익을 창출할 것
- 여러 자산에 걸쳐 의미 있는 브랜드와 회원제 이용시스템을 구축할 것
- 테넌트, 테넌트 소속 종업원들, 테넌트의 고객들, 지역사회 전체 등 임대차 계약을 체결한 법적 실체뿐만 아니라 다양한 이해관계자에 초점을 맞출 것

둘째로, 리테일은 기술도 중요하지만 부동산 자산이 어떻게 이용되고 궁극적으로 가치를 높일 수 있는가에 영향을 미치는 다른 요소들도 있다는 중요한 메시지를 제공한다. 전반적인 경제지표들, 인구통계적 변화, 이동의 패턴, 문화적 선호 등이 이에 해당된다. 예를 들어, 미국 내 소득불균형이 저가 판매점과 기타 체인형 할인매장에 미치는 역할에 관해 생각해볼 수 있다. 또는 노령인구가 일본의 쇼핑몰과 편의점 또는 미국의 교외 쇼핑몰들의 디자인, 위치, 실적에 어떤 영향을 미치는가도 생각해볼 수 있다. 또한, 소득의 지출에서 의류 등과 같은 "물건"에 소비되는 비중이 줄고 "경험"에 대한 소비가 증가하는 문화현상의 효과에 대해서도 생각해볼 수 있다.

마지막으로, 잘 관리되는 기업들은 어떠한 상황에서도 번창할 수 있다는 명확한 예시를 리테일은 제공한다. 같은 맥락에서, 잘 관리되지 않는 기업들은 기술과 전혀 관련 없는 이유로 도산할 수 있다. 잘못된 시점에 잘못된 위치에서 확장을 하거나 지나치게 많은 대출을 하는 경우도 있고, 잘못된 사람들을 고용하거나 새로운 방법에 대한 시도에서 실패하기도 한다. 가장 중요한 것은 고객을 잃는 경우이다.

다음에 이어지는 장들에서는 기술의 힘이 물리적(오프라인) 리테일을 어떻게 분리시키고, 그것이 다시 결합되었을 때에는 어떤 모습일지에 대해 살펴보고자 한다.

3
오프라인 리테일의 미래

리테일이 어디를 향해 가고 있는지, 또한 심지어 지금 어디에 있는지를 설명하는 것은 거의 불가능에 가깝다. 세계 최고 컨설팅사들의 보고서들을 읽다 보면, 우리가 쇼핑하는 방식을 즉시 바꾸게 할 신기술에 대한 설명들이 쏟아져 나온다. 가상현실(virtual reality), 증강현실(augmented reality), 혼합현실(mixed reality), 스마트 거울, 스마트 결제, 스마트 선반, 그리고 식품이나 소모품이 더 필요할 때 자동으로 구매해주는 스마트 가전, 3D 바디스캐너, 3D 프린터, 로봇 판매원, 인공지능(AI) 기반의 쇼핑 안내에 이르기까지 끝도 없이 이어진다. 이렇게 많고 다양한 예측들 속에서 그 모든 것들을 이해한다는 것은 어려운 일이다. 그렇다면 우리는 숲을 볼 것인가 아니면 나무를 볼 것인가?

아니, 대신에 땅을 보자. 새로운 리테일 컨셉의 길을 열고 다른 것들을 와해시키는 구조적 힘은 무엇인가? 그리고 – 실제로 땅과 관련하여 – 물리적 공간의 소유주 및 운영자들에게 중요한 시사점은 무엇인가? 이러한 질문들에 답하기 위해서 우리는 경제학에서 가장 영향력 있는 이론 중 하나를 살펴보고 새로운 컨셉과 산업에 베팅하여 사업을 하는 사람들의 통찰에 관해 알아보고자 한다.

거래비용, 번들링과 언번들링

1991년 로널드 코스(Ronald H. Coase)는 "경제의 제도적 구조와 기능을 위한 거래비용 및 재산권의 중요성을 발견하고 설명"한 업적으로 노벨경제학상을 받았다. "거래비용(transaction cost)"은 비즈니스를 하는 사람들이 자주 사용하는 용어로, 중개료, 세금, 신용카드 수수료 등 모든 것을 지칭한다. 경제학에서 이 용어는 좀 더 구체적인 의미를 갖는다. 거래비용은 둘 이상의 의사를 가진 당사자들 간의 거래를 성사시키기 위해 필요한 자원을 나타낸다.

예를 들어, 당사자 A는 팔아야 할 TV가 있고, 당사자 B는 TV를 사고 싶어 한다. 여기서 거래비용에는 당사자들이 서로를 찾고, 상대방을 신뢰할 수 있는지를 결정하며, 물건을 검사하고, 거래의 조건(가격, 지불조건, 보증 등)을 논의하여 결정하며, 관련 서류작업을 하고, 비용을 지불하는 모든 것이 포함된다. 그리고 거래가 이루어질 경우 양측 모두의 조건이 충족되었는지를 확인하기 위해 소요되는 시간, 노력, 돈 등도 모두 거래비용에 포함된다. 로널드 코스의 소비시장(consumer market) 이론을 적용하여 경제학자인 마이크 멍거(Mike Munger)는 거래비용을 다음의 3가지 주요 난제들로 구분했다.

1. **삼각검증(triangulation)**[21]: 당사자들이 서로를 찾아내고 가격 및 기타 조건들에 동의하는 데 소요되는 비용
2. **이송(transfer)**: 제품의 이송과 대금지급에 소요되는 비용
3. **신뢰(trust)**: 각 당사자가 보증 및 A/S를 포함하여 거래조건의 준수를 확실시 하는 데 소요되는 비용

이 단순한 전제는 전체 시장, 산업, 기업 및 제품의 구조와 경쟁력에 매우 큰 함의를 갖는다. 사실상 로널드 코스는 기업들이 존재하는 주요 이유 중 하나가 거래비용이라고 주장했다. 만일 기업들이 언제든지 수요에 따라 무료로 쓸 수 있는 종업원이나 수단, 공급물량을 가지고 있다면, 누군가를 고용하거나 장비에 투자할 필요가 전혀 없을 것이다. 로널드 코스는 1930년대에 자신의 이론을 전개했고 기업에 초점을 맞춘 것이었다. 대부분의 경제학이 그렇듯이 이 이론도 과학적이지는 않다. 그러나 이 이론은 우리가 이 책 전체를 통해 이용하게 될 하나의 중요한 틀을 제시한다.

음악산업에서 얻는 시사점

로널드 코스의 거래비용 이론이 현대 비즈니스에 어떻게 적용되는지를 이해하기 위해서 사례를 하나 살펴보도록 하겠다. 2003년 4월 스티브 잡

---

21 Triangulation: 이 용어는 Mike Munger가 「미래 3.0: 거래비용과 공유경제(Tomorrow 3.0: Transaction Costs and the Sharing Economy)」(Cambridge University Press, 2018)에서 사용했다. 지구(토지) 표면 위에 위치지점을 정할 때 기하학적 방법(삼각형의 성질)을 이용하는 관행에서 그 이름을 땄다고 Munger는 밝히고 있다. Triangulation의 우리말 번역어는 다양하게 사용되고 있는데, 건축에서는 '삼각측량'으로 사용하고 있고, 사회과학에서는 단일한 관점이 아닌 다중의 관점에서 교차검증하는 것을 '삼각검증'이라고 한다. 이 책에서는 문맥상 '삼각검증'으로 번역하였다. - 역자 주.

스는 애플의 아이튠즈 뮤직스토어를 론칭했다. 뮤직스토어를 통해 처음으로, 음악을 좋아하는 사람들은 개별 음원에 대해 99센트 내고 다운로드할 수 있었다. 이 말은 노래 한 곡만 듣고 싶은 사람이 앨범 전체를 구매할 필요가 없어졌다는 뜻이 된다. 음악앨범을 나눠 파는 것(unbundle)이 시작된 것이었다. 사실, 소비자들은 아이튠즈 스토어가 나오기 전부터 이미 개별 노래들을 다운받고 있었지만 그렇게 하는 것은 불법이었다. 스티브 잡스가 그랬다. 소비자들은 범죄자 취급받기 싫어한다고. 소비자들의 다운로드를 막는 대신에 그는 합법적 통로를 열어주었다. 그리고 그다음 10년 동안 애플의 뮤직스토어는 250억 개의 음원을 판매했다.

소비자들은 개별 음원을 사고 싶어 하는데 왜 음악업계는 처음부터 그렇게 팔 생각을 안 했을까? 그 답은 거래비용에 있다. 역사적으로 99센트의 돈으로 하나의 물리적 레코드판을 디자인하고 제조하여 배송·저장·판매하는 비용을 모두 충당하기에는 충분하지 않았다. 또한, 개별 음원을 사기 위해 상점까지 가서 지갑을 열기까지의 과정이 너무 번거로웠다. 여러 개의 노래들을 모으고 하나로 묶어서(bundle), 즉 음악앨범으로 발매하는 것이 더 합리적이었다. 기술이 특정한 거래비용을 지휘하고, 거래비용은 다시 아티스트들이 창작하는 생산물의 형식을 지휘했다.

스티브 잡스는 기술이 근본적인 거래비용을 변화시킨다는 것과 그로 인해 경제적으로 타당할 수 있다는 것에 대한 기본적 가정을 이해하고 있었다. 아이튠즈 스토어는 소비자들이 좋아하는 노래를 쉽게 찾을 수 있게 했다. 또한, 대금지불과 "상품"을 이송(transfer)하는 비용이 적게 들었고, 디지털 재산권을 집행하는 레이블도 더 적은 비용으로 가능했다. 아이튠즈의 성공은 유료 다운로드를 통해 고객 경험을 더 우수하게 제공한다면 무료 다운로드와 성공적으로 경쟁할 수 있다는 것을 증명해냈다. 많은 고객들이 냅스터(Napster)나 카자(Kazza)와 같은 해적 플랫폼에서의 무료이면서 번거로운 경험보다는 아이튠즈에서의 마찰이 없는 구매를 더 선호했다.

그러나 아이튠즈의 나눠 팔기(unbundling) 혁명은 오래가지 못했다. 2019년 1/4분기 기준, 세계 1위의 뮤직 프로바이더는 조금 색다른 비즈니스 모델을 적용하고 있는 스포티파이(Spotify)이다. 스포티파이는 정액제의 구독료를 부과하고 전 세계의 모든 음악을 들을 수 있는 스트리밍 서비스를 제공하고 있다. 음원을 구매한다는 것은 그것이 99센트라도 더 이상 인기가 없어졌다. 대부분의 소비자들은 이제 무제한 서비스를 위해 돈을 내는 것을 선호한다. 그렇다면 스티브 잡스가 틀린 모델을 선택했던 것일까? 구독 서비스는 애플이 아이튠즈 스토어를 론칭하기 전에도 존재하고 있었다. 스포티파이 자체도 2006년에 론칭했고 마침내 수익성이 높아진 것은 2019년이다.

2003년 스티브 잡스가 밝힌 견해는, 소비자들은 "인터넷에서 음악을 다운로드로 구매할 때는, 과거 LP판을 샀을 때나 카세트를 샀을 때 그리고 CD를 샀을 때처럼 구매하고 싶어 한다"는 것이었다. 그럼 그가 이전에는 틀렸었던가? 아니다. 그는 실제 이용자들로부터의 피드백에 의존하고 있었다. 그들은 단호하게 "구독"을 원하지 않고 소유권을 원하고 있었다. 그렇다면 고객들이 변한 것인가? 아니다. 거래비용이 변한 것이다. 오늘날의 초고속 모바일 연결성은 빠르고 어디서든지 가능하다. 결과적으로 인터넷에서 음원 하나를 스트리밍하는 것이 핸드폰에서 파일을 재생하는 것만큼 빨라졌다. 이러한 마찰이 제거되자 좋아하는 트랙을 소유하는 이점이 사라졌다. 전 세계 모든 음악에 대한 온디맨드(on-demand) 이용은 대부분의 이용자들에게 인기가 더 높아지고 있다. 기술은 음악앨범을 개별 노래별로 음악을 나눠 듣는 것, 즉 언번들링(unbundling)을 가능하게 했고, 그 다음 다시 하나의 구독 패키지로 모든 노래들을 묶어 파는 것, 즉 번들링(bundling)을 촉진시켰다.

온라인에서 이용 가능한 음악이 많다는 것은 소비자들에게 새로운 "비용"을 만들어냈다. 모든 새로운 콘텐츠들을 살펴보고 무엇을 들을지를 알아내는 시간과 수고가 바로 그것이다. 스포티파이는 단순히 음악의 뷔페를 선보인 것이 아니었다. 소비자들이 좋아하는 음악을 발견하기 쉽게 해주는 복잡한 알고리즘과 새로운 인터페이스를 사용했다. 혁신은 마찰을 감소시키지만, 때로는 이것이 거래의 용량을 증가시키고 새로운 마찰을 만들어내기도 한다. 성공을 유지하기 위해서 플랫폼은 판매자와 소비자 양쪽의 마찰을 줄일 수 있는 서비스에 계속적으로 적응해 나갈 필요가 있다. 물론 애플은 2015년 스포티파이 플레이북과 유사한 뮤직(Music)을 론칭했다. 추천 알고리즘을 장착한 구독 서비스인 것이다.

번들링과 언번들링의 사이클은 기술의 변화에 영향을 받는 어느 업계에서나 일어날 수 있는 특성이다. 벤처캐피털 투자자들과 기술직 임원들 사이에서 흔하게 회자되는 말은 어느 비즈니스에서든 돈을 만드는 방법은 딱 두 가지라는 것이다. 번들링을 통하든가 아니면 언번들링을 통하든가. 이 말은 마크 앤드리슨(Marc Andreesen)에 의해 유명해졌는데, 그는 넷스케이프(Netscape)의 공동창업자이자 AT&T 무선통신의 CEO였던 짐 박스

데일(Jim Barksdale)의 말을 인용한 것이었다. 이러한 역학관계의 예시들은 이 책 전반에 걸쳐 다시 살펴볼 것이다.

앞에서 살펴본 바와 같이, 거래비용은 시장, 기업, 제품 구조의 뒤에 깔려있는 가정을 이해하는 데 도움이 된다. 이러한 비용의 변화가 어떻게 새로운 번들링과 언번들링 기회를 가능하게 하는지에 대한 이해를 갖는 것은 기존 비즈니스 아이디어들의 취약성과 새로운 아이디어의 타당성을 평가하는 데 강력한 도구가 될 수 있다. 이제 이것이 물리적(오프라인) 리테일에는 어떻게 적용되는지 살펴보도록 하자.

누가 백화점을 죽였는가?

리테일 상점은 역사상 가장 오래되고 성공적인 플랫폼에 속하고, 판매자와 구매자 양쪽 모두의 마찰을 줄이기 위한 것이다. 로널드 코스가 지적한 바와 같이, 중세 영국에서는 왕의 사용권하에서 상인들에게 물리적 시설과 안전 그리고 분쟁을 해결할 법정을 제공하는 마을 축제와 시장이 설치되었다. 왜 각각의 상인들은 그냥 원하는 아무 곳에나 가판대를 설치하고 판매를 하지 못했는가? 그 이유는 사람들이 흩어져 살고 있는 시골 전체를 다니며 "광고"를 한다는 것이 너무 돈이 많이 들었기 때문이다. 사방에 있는 고객의 신뢰도를 검증할 방법이 없었고, 또한 주변에 항상 강도와 도둑이 있었다. 다시 말해 거래비용이 존재했기 때문이다.

소비자들 역시 축제와 시장을 선호했는데, 그 이유는 여러 상인들의 가격을 비교해볼 수 있고, 다양한 대체품들의 품질에 대해서도 알아볼 수가 있으며, 다른 구매자들과도 의견을 교환할 수 있었기 때문이다. 마을이 점점 커지기 시작하자 사법시스템은 더 강건해지고 지역의 정책도 더욱 효율적이 되면서, 소매상인들은 더 이상 정부가 제공하는 장터에 의존하지 않게 되었다. 기존의 거래비용이 줄어들자, 흩어져있던 개별 상점들은 전통적 시장과 축제 주변에 등장했고, 궁극적으로는 상점들이 그 중요도에서 앞서게 되었다.

  근대 백화점들은 19세기에 등장하여 상품 수의 증가와 도시 중산층 소비자들의 등장에 의해 생겨난 새로운 저항을 해결하게 되었다. 백화점은 모든 최신 상품들을 여유롭게 살펴볼 수 있는 도심에 위치함으로써 **삼각검증(triangulation)**의 문제를 해결했다. 정찰제 정책은 흥정하기 싫어하는 (주로) 여성들이 쇼핑을 쉽게 할 수 있게 해주었고, 고도의 협상가가 아닌 제한된 훈련만 받은 종업원들도 채용할 수 있었기 때문에 매장 소유주들 입장에서는 비용이 적게 드는 것이었다. 또한 백화점은 중앙집중화된 출납 시스템을 운영하고, 소비자들에게 신용을 확대하며, 가정 배송 및 기타 물류지원을 제공함으로써 **이송(transfer)**의 문제를 해결했다. 그리고 품질 좋은 상품들만 입점시키고, 자사 상표 브랜드를 론칭하며, 너그러운 반송 및 환불 정책을 실시함으로써 **신뢰(trust)**를 더했다. 간단히 말해, 백화점은 거래비용을 낮추는 방식으로 제품과 서비스를 같이 번들링한 것이었다.

  근교 (그리고 도심의 많은) 백화점들의 위기는 전자상거래(e-commerce)가 도입되기 훨씬 이전부터 시작되었다. 더 저렴하고 대량생산된 제품들은 할인소매점의 등장을 촉발시켰다. 새로운 광고 형식은 제조업체의 내셔널 브랜드들이 백화점의 독자 브랜드를 능가할 수 있게 해주었다. 자동차는 소비자들로 하여금 쉽게 새로운 위치로 갈 수 있게 해줬지만 도심에서 쇼핑을 하는 사람들에게는 교통체증과 주차공간 부족이라는 새로운 마찰을 발생시켰다. 신용카드와 기타 금융 혁신들은 소비자들이 어느 곳에서나 쉽게 돈을 쓸 수 있게 해줬다. 멀티플렉스 영화관은 소비자들이 남는 시간을 보낼 수 있는 새로운 방식을 제공했다. 간단히 말해서, 백화점은 개별 구성요소들로 언번들링되었는데, 그것이 결과적으로는 소비자들에게 저항이 없는 쇼핑 경험을 제공하는 대형의 쇼핑몰로 번들링된 것이었다. 소비자들은 한 지붕 아래에서 넓은 주차장을 포함해 다양한 먹거리와 최신의 엔터테인먼트 시설에 이르기까지 모든 것을 누릴 수 있게 되었다.

물리적 리테일 공간은 핵심적으로 판매자와 구매자 간의 거래를 촉진하는 플랫폼이다. 플랫폼이 계속 인기를 유지하려면 신기술의 등장에 계속적으로 적응할 필요가 있다. 이를 성공적으로 잘 하려면 소유주들은 기술이 어떻게 예전의 거래비용을 제거하고 새로운 거래비용을 발생시키는지에 대해 이해해야 한다. 가격이나 결정에 영향을 미치는 모든 변화를 수용한다는 이 "거래비용"에 대한 정의가 지나치게 모호하고 비논리적으로 느껴질 수도 있다. 그러나 이는 버그가 아니고 특성이다. 현실에서 거래는 서로 전혀 다른 종류들의 "비용"에 영향을 받는 경우가 있다. 어느 한 시기에는 구매자와 판매자에게 전혀 문제가 되지 않았던 요소들이 다른 시기에는 치명적이 되기도 한다. 다음에 이어지는 내용에서는 신기술과 비즈니스 모델이 향후 오프라인 리테일을 어떤 모습으로 만들게 되는지를 논의해볼 것이다.

4
오프라인 리테일을 바꾸는 힘

거래비용(transaction cost)은 여전히 중요한가? 삼각검증(triangulation), 이송(transfer), 신뢰(trust)의 렌즈를 통해 볼 때, 과거 리테일 플랫폼의 모습을 형성했던 난제들은 많은 부분 극복된 것으로 보일 수 있다. 우리는 풍요의 시대에 살고 있다. 리테일러들이 "모든 것"을 온디맨드(on-demand)로 제공하고, 소비자들은 실시간 가격비교와 리뷰에 접근할 수 있으며, 매끄러운 쇼핑 경험들은 거래를 완결하는 것을 너무도 쉽게 만들고 있다. 디지털을 동력으로 이루어진 풍요는 오프라인 리테일의 필요성에 의문을 제기한다. 그와 동시에, 오프라인 공간을 그 어느 때보다 더욱 가치 있게 만들 수 있는 새로운 형식의 희소성과 마찰이 만들어지고 있다.

디지털 네이티브 브랜드의 등장

지금처럼 새로운 리테일 브랜드를 시작하기 쉬운 적도 없었다. SNS와 검색엔진은 신규 사업자들이 전례 없이 손쉽게 대상 고객에 도달할 수 있게 하고 있다. 온라인의 영향력은 오프라인 판매를 촉발시킨다. 에밀리 와이스는 〈Into the Gloss〉라는 뷰티 블로그를 2010년 시작했다. 4년 후 그녀는 블로그의 독자들과 인스타그램의 팔로잉을 지렛대 삼아 글로시에(Glossier)라는 이커머스 화장품 라인을 론칭했다. 2018년 이 회사는 첫 번째 플래그십 리테일 스토어를 열었다. 뉴욕시 소호 쇼핑지구에 위치한 이 공간은 매장이라기보다는 완벽한 셀카를 찍을 수 있는 배경을 제공하는 공간에 더 가깝다. 글로시에는 팝업 매장과 작은 쇼룸들로 이루어진 실험을 감행했다. 2019년 3/4분기 기준 글로시에는 세쿼이아캐피털(Sequoia Capital), 인덱스벤처스(Index Ventures), 레러히포벤처스(Lerer Hippeau Ventures), 그리고 앤디 던(Andy Dunn)과 같은 투자자들로부터 1억 8,500만 달러가 넘는 벤처자금을 투자받았다.

앤디 던은 2017년 또 다른 디지털 네이티브 리테일 비즈니스를 월마트(Walmart)에 3억 1천만 달러에 팔아서 큰돈을 챙긴 바 있다. 앤디 던은 2007년 남성의류 브랜드 보노보스(Bonobos)를 공동창업했었다. 이 기업은 "가이드숍(guideshop)"이라는 개념을 개척한 회사이다. 이 가이드숍이란 고객들이 옷을 입어보고 스타일링이나 사이즈에 관한 전문가 조언을 받을 수 있고 보노보스 계정을 만들 수 있는 오프라인 매장이다. 매장은 오프라인이지만 모든 거래는 온라인상에서 이루어지며, 주문제작 형태로 컷이나, 넓이, 길이, 옷감 등을 다양하게 선택할 수 있다.

가이드숍에서 고객들은 원하는 제품을 바로 들고 상점을 나설 수는 없다. 그러나 일반적으로 전통적 매장들이 모든 재고를 가지고 있을 수 없는 반면, 가이드숍에서는 훨씬 더 많은 품목들에 접근할 수 있다. 주문된 제품은 무료로 빠르게 배송된다. 가이드숍은 배송 후의 반품이나 교환을 할 수 있는 물류센터의 역할도 한다. 전자상거래의 등장 이후 특히, 디지털 네이티브 버티컬 브랜드(digitally native vertical brands, DNVB)의 등장 이후, 반품은 리테일러와 소비자 모두에게 물류 및 운영상의 단점이 되어왔다. 미국 우체국에서는 2017년 1,130억 달러가 넘는 온라인 구매상품들이 반품되었다. 대부분의 소비자들은 마음에 들지 않는 물건을 포장해서 택배로 돌려보내는 것보다는 가까운 매장에 가지고 가는 것을 더 선호한다.

보노보스는 전통적 의류매장을 하나의 디지털 레이어[22]로 연결된 개별 요소들로 언번들링(unbundling)했다. 즉, "무궁무진한" 제품이 진열된 온라인 매장, 물류망 그리고 기존 고객에 대해서는 서비스를 제공하고 신규 고객은 온라인에 가입할 수 있게 돕는 오프라인 매장을 하나의 시스템으로 연결한 것이다. 앤디 던은 이 비즈니스 모델을 태생부터 디지털로 이루어진 버티컬 브랜드(DNVB)라고 불렀다. 그가 자신의 블로그에서 지적한 바와 같이 DNVB는 단순히 오프라인 매장을 가진 온라인 리테일러를 말하는 것이 아니다. DNVB는 확실히 다른 비즈니스 모델이고 확연히 다른 경제개념이다. "DNVB의 매출 총이익은 전자상거래의 최소한 2배이고, 공헌 이익은 4~5배 더 높을 수 있다." 2019년 2월, 보노보스는 미국 전역에 61개 매장을 확보했다. 월마트의 지원에 힘입어 매장의 수는 계속 늘어날 것으로 예상된다.

---

[22] 디지털 레이어(digital layer): 물리적 경험과 독립적으로 존재하면서 물리적 경험과 함께 작동할 수 있도록 설계된 디지털 경험을 말한다. 즉, 물리적(아날로그) 제품 및 서비스에 디지털화된 레이어(층위)가 추가된 것이다. 예를 들어, 온라인 상거래에서는 물리적인 제품을 사기 위해 (물리적 매장에 가서 사지 않고) 온라인 검색, 추천, 주문, 지불 등의 디지털 레이어를 이용한 후 택배기사를 통해 물건을 전달받는다. - 역자 주.

앤디 던이 지적한 바와 같이, DNVB의 주요 특성 중 하나는 고객 경험에 "매니아적으로 집중"하는 것이다. 이 말은 다소 진부하게 느껴질 수도 있다. 고객에 집중하지 않는 비즈니스가 한 번이라도 있기나 했다는 말인가? 물론 그렇지만, 부동산은 DNVB에 완벽한 차이를 제공한다. 디지털 브랜드의 경우, 고객의 니즈와 관심이 어떻게 흘러가는지 놓치는 것을 단순히 선택의 문제라고 할 수 없다. DNVB는 관심을 받는 시간이 짧고 대체품들이 무궁무진하며 고객이 언제든지 클릭 한 번으로 떠나버릴 수 있는 온라인 세계에서 능력을 발휘하는 것이다. 이것을 전통적인 임대인의 시나리오와 비교해보자. 특정한 물리적 장소에 들어와서 쉽게 그 자리를 뜨기 어려운 고객을 상대하는 것이다. 오프라인 리테일 사업들이 전혀 경쟁에 직면하지 않는다는 말이 아니다. 단지 그 속도와 강도가 완전히 다른 것이다. 임대인의 경우, 고객들은 말 그대로 자신의 영역 안으로 들어온다. DNVB의 경우에는 고객을 사로잡지 못하면 존재의 의미가 없어지는 것이다.

보노보스만 그런 것이 아니다. JLL[23]의 예측에 따르면, DNVB들이 2023년에는 미국 전역에 850개나 넘는 오프라인 매장을 열고, 의류에서부터 신발, 화장품, 안경, 속옷에 이르기까지 모든 것을 팔게 될 것이다. 이 예측은 이미 잘 알려져있으면서 투자를 많이 받은 브랜드들만 고려한 것이다. 그 유명한 브랜드들을 열거해보면, 캐스퍼(Casper, 매트리스), 올버즈(Allbirds, 신발), 달러쉐이브클럽(Dollar Shave Club, 면도기), 와비

23　JLL(Jones Lang LaSalle Incorporated): 글로벌 종합 부동산 서비스 회사. - 역자 주.

파커(Warby Parker, 안경), 어웨이(Away, 여행가방), 에버레인(Everlane, 의류), 그리고 글로시에(Glossier, 화장품) 등이 이에 해당된다. 다음 10년 간 온라인 채널들은 대단히 많은 리테일 브랜드들을 탄생시킬 것으로 예상되는데, 그 브랜드들도 결국에는 오프라인 공간을 필요로 하게 될 것이다. 2018년 최고 수입을 올린 유튜브 스타는 장난감 리뷰를 직업적으로 하는 일곱 살짜리였다는 사실을 생각해보라.

새로운 브랜드들이 그 어느 때보다도 빠르게 증가하는 데에는 SNS만 기여한 것이 아니다. 운영, 금융, 물류 역시 신기술 솔루션을 통해 간소화되고 있다. 아마존 웹서비스의 디지털 인프라는 디지털 비즈니스들이 빠르게 그리고 적은 리스크로 규모를 확장할 수 있게 도와준다. 쇼피파이(Shopfify), 빅커머스(BigCommerce), 마젠토(Magento) 등과 같은 서비스형 소프트웨어(Software as a Service, SaaS)[24] 제공자들은 세련된 온라인 매장을 쉽게 설치할 수 있게 만들어준다. 또한 플렉스(Flexe)와 포스트메이트(Postmates)와 같은 온디맨드 물류 제공회사들도 빠르고 상대적으로 저렴한 배송을 쉽게 제공할 수 있도록 하고 있다. AppearHere.com과 TheStoreFront.com과 같은 중개사이트들은 그 어느 때보다도 팝업 리테일 공간을 예약하기 쉽게 해주고 있다. 킥스타터(Kickstarter)와 인디고고(Indiegogo) 등의 크라우드펀딩 플랫폼은 디자이너와 발명자들이 제품 및 리테일 컨셉 개발에 대한 펀딩을 받기 쉽게 해주고 있다. 수십 개에 달하

---

24 SaaS(Software as a Service): 하드웨어나 소프트웨어 등 각종 IT 자원을 소유하지 않고 인터넷에 접속해서 사용하는 클라우드 서비스로, 사용자(개발자)가 필요로 하는 서비스, 기능, 기간, 규모에 따라 구독 형식으로 빌려 쓸 수 있다. - 역자 주.

는 세계 굴지의 벤처캐피털 투자자들은 DNVB와 그 성장을 돕는 툴에 투자하기를 원하고 있다.

클라우드 내의 물리적 공간

레스토랑 역시 기술에 의해 언번들링되고 있다. 온라인 마케팅 채널은 유명한 맛집들이 단일한 위치를 훨씬 넘어서 잠재고객들에게 도달하는 것을 가능하게 해준다. 그러나 의류나 화장품과 달리 신선식품은 단순히 박스에 담아서 배송한다고 되는 일이 아니고 배달지역이 가까워야 한다. 그러나 만약 하나의 레스토랑이 서로 다른 지역들에 여러 개의 주방을 가지고 있다면 어떨까? 식당 전체가 다 필요한 것이 아니라 음식배달을 할 수 있는 주방만 있는 것이다. 또한, 식당은 전혀 없는데, 온라인 브랜드 "이름"만 가지고 고객들을 유인하고 주문을 받으면서 주방은 임대료가 덜 비싼 지역에 둔다면 어떨까? 이런 일들이 지금 일어나고 있는 것들이다.

키친유나이티드(Kitchen United)와 클라우드키친스(CloudKitchens)와 같은 공유주방 기업들은 식품기업들에게 턴키(turnkey)[25] 방식의 주방을 다양한 지역에서 제공한다. 이러한 주방들은 직원들과 재료까지 완전하게 갖추어놓고, 우버이츠(UberEats), 도어대시(DoorDash), 그럽허브(GrubHub), 포스트메이트와 같은 주문 및 배송 서비스와도 완벽하게 통합되어있다. 공유주방들은 빠르게 확장 가능하면서도 비용이 많이 소요되지 않는 중요 인프라를 온디맨드로 이용하는 서비스를 제공함으로써, 음

---

25 턴키(turnkey): 말 그대로 열쇠를 돌리기만 하면 사용할 수 있다는 뜻으로, 제품을 구매자가 바로 사용할 수 있도록 필요한 모든 것을 공급자가 일괄로 공급하는 방식을 말한다. – 역자 주.

식세계의 아마존웹서비스(AWS)나 마이크로소프트의 애저(Azure)가 되고 싶어 하는 것이다.[26]

클라우드키친스를 통해 새로운 사업장을 개설하는 데는 약 2만 달러와 두 달 임대료가 소요된다. 이를 완전한 레스토랑을 개설할 때 소요되는 몇십만 달러에서 몇백만 달러에 달하는 비용과 비교해보라. 2018년 3월 우버(Uber)의 공동창업자인 트래비스 칼라닉은 클라우드키친스에 1억 5천만 달러를 투자함으로써 대부분의 기존 투자자들의 주식을 인수했다. 칼라닉은 이 회사를 다양한 사업들을 하는 지주회사로 만들 계획을 가지고 있다. 그 다양한 사업들은 교통과 소프트웨어의 혁신을 이용하여 부동산 자산의 용도를 바꾸는 것이다.

칼라닉은 이 새로운 플랫폼을 시티스토리지시스템즈(City Storage Systems)라고 부르고 있다. 이 회사는 디지털 능력을 갖춘 비즈니스에만 투자하는 것이 아니라 이 비즈니스들의 가치를 더 높이는 부동산을 인수하는 일도 한다. 2019년 2월 현재, 이 회사는 블랙스톤(Blackstone)의 파이낸싱을 통해 뉴욕에 4천만 달러 상당의 부동산을 이미 인수했다.

리테일의 미래를 위한 전쟁은 온라인과 오프라인(웹이냐 매장이냐)의 문제에만 그치지 않는다. 리테일 거래는 다양한 새로운 환경과 위치에서 생겨날 수 있다. 무인양품(MUJI), 웨스트엘름(West Elm), 시놀라(Shinola)와 같은 브랜드들은 의류, 가정용품, 액세서리 등을 전시하는 쇼룸의 역할

---

26 AWS와 MS Azure는 기업용 클라우드 서비스로, SaaS(Software as a Service) 등을 제공하여 기업들이 서버나 소프트웨어 등 IT 자원을 직접 소유하지 않고 인터넷에 접속해서 빌려 쓸 수 있게 해준다. – 역자 주.

도 하는 숙박 컨셉을 론칭하기 위해 호텔 디벨로퍼들과 제휴하고 있다. 그리고 오피스 운영자들은 리테일을 건물 내로 통합하고 있다. 2018년 위워크(WeWork)는 전 세계 회원들의 제품을 프로모션하고 판매하는 플랫폼인 위마켓(WeMRKT)을 론칭했다. 고급형 유연 오피스 공간 운영사인 컨빈(Convene)도 브룩필드(Brookfield)와 RXR의 파이낸싱을 통해 부티크 편의점 체인인 뉴스토어(New Store)를 인수하여, 리테일 컨셉을 오피스 건물 내에 통합하는 계획을 가지고 있다.

2019년 초 위워크는 메이드바이위(Made by We)라는 독립형 카페/리테일 매장을 제공하는 서비스를 론칭했다. 위워크가 메이드바이위를 통해 추구하는 바는 "프로젝트형 제품들과 소상공인들을 지원하며, 사람들이 연결과 목적성을 가진 삶을 민드는 행사를 개최할 때 모일 수 있는 새로운 타운 광장의 역할을 하는 것"이다.

메이드바이위는 판매를 위한 공간 외에도 캐주얼한 업무 및 행사를 위한 공간이기도 하다. 방문자들은 분 단위로 비용을 지불하고 그냥 테이블에 앉아서 빠른 와이파이와 영감을 주는 환경을 즐기는 것이다. 이것은 위워크의 초기 공유오피스 모델과 비슷한 측면이 있지만, 2가지 측면에서 차이가 있다. 첫 번째는 오피스 공간이 아닌 대로변의 리테일 매장에서 가능하다는 것이고, 두 번째는 위워크 회원뿐만 아니라 예약 없이 방문하는 누구나 이용이 가능하다는 것이다.

업무를 위해 필요시 리테일 공간을 이용하는 것은 다른 곳에서도 나타나고 있다. 위워크의 경쟁업체인 인더스트리어스(Industrious)는 미국 전역의 여러 몰에 공유오피스 공간을 추가하는 프로젝트를 통해 메이스리치

(Macerich)와 파트너십을 맺었다. 이러한 몰과 공유오피스의 조합을 통해 오피스 근무자들에게는 더 활기찬 환경이 만들어지고, 몰 입장에서는 젊은 고학력 소비자들을 단골로 얻게 되는 것이다. 인더스트리어스 역시 중규모 리테일 매장(3만 ft^2, 2,787㎡)에 상응하는 높은 임대료를 지불한다.

또 다른 예시로, 뉴욕에서 창업한 스페이셔스(Spacious)는 낮 시간 동안 문을 닫는 레스토랑 내에서 팝업 공유오피스 공간을 운영하고 있다. 고객들은 1일권이나 월정액 패스를 구입해서 자리를 잡고 앉아서 인터넷을 이용하고 화장실과 커피머신을 이용한다. 스타벅스에 앉아서 일을 할 때와는 다르게 고객들은 먹거나 마시는 척을 해야 하는 압박감에서 벗어나 머물고 싶은 만큼 앉아있을 수 있다. 2019년 8월, 위워크는 스페이셔스를 인수하고 위워크 서비스로 통합한다는 계획을 발표했다.

모든 사람이 일만 하고 싶어 하지는 않는다. 어떤 고객들은 그냥 쉬고 싶어 할 수도 있다. 도쿄의 서점인 분키츠(Bunkitsu)는 입장료를 받고, 고객들이 그냥 의자에 앉아서 책에 둘러싸여 있는 환경을 즐기게 하고 있다. 손님들이 책을 살펴보거나 구매를 할 수 있지만, 이 매장의 기본 제품은 시간이다. 최근 몇 년 사이 전 세계 여러 곳에 이러한 타임카페들이 등장했는데, 치앙마이의 마야 C.A.M.P나 맨체스터의 지페르블라트(Ziferblat)도 이에 해당된다.

어떤 운영자들은 정반대의 접근법을 시도한다. 시루카페(Shiru Cafe)에서는 커피와 좌석은 무료이고, 고객들은 자신의 개인정보를 공유하는 것으로 지불을 대신한다. 로드아일랜드에 있는 브라운대학교 옆에 위치한 이 카페는 고객들에게 학생증 번호, 이메일 주소, 학위, 생년월일, 직업적 관심 등을 공유하도록 요청한다. 고객들은 이 공간 내의 광고에 노출되고, 카페의 기업 스폰서들로부터 추가적 마케팅 정보를 받는 것에 동의한다. 간단히 말해, 이 카페는 디지털 광고주들을 위한 신규고객 유치채널인 것이다. 무료는 가장 낮은 거래비용이다. 그러나 과연 그럴까? 이 회사가 목적을 이루는 데는 실패하게 될지도 모르지만, 리테일 공간이 돈을 만들 수 있는 방식에서 "무료"의 진정한 비용에 관한 광범위한 전환을 보여주고 있다.

온라인 비즈니스 모델이 오프라인으로

몇 시간이고 앉아서 인터넷을 하고, 쇼핑을 하고, 일을 하고, 사람을 만나고, 쉬고, 친구들과 놀 수 있는 프라이빗한 공간을 무료로 이용할 수 있다고 상상해보자. 그리고 매일 몇 년에 걸쳐서 많은 다른 위치에서 비용을 지불하지 않으면서 이런 활동을 한다고 상상해보자. 또한, 원하는 것을 아무 곳에서나 얻고, 그 개발과 유지, 안전에 대한 비용 걱정은 다른 사람이 대신 하는 상황을 상상해보자.

반면, 이런 상황도 상상해보자. 소유하고 있지도 않고 통제할 수도 없는 어떤 공간에서 거래에 대한 공식적 선택을 한 적이 없는 회사의 감시를 받으면서 보고 싶지도 않은 광고에 노출이 되고, 전혀 읽지도 않은 법적 동의에 의해 지배를 받으면서 시간을 보낸다는 것의 진정한 비용에 대해 생각해보자.

이것이 웹이 작동하는 방식이다. 지난 20년간 온라인 비즈니스들은 사이트에서 보낸 시간이 현금화되는 방법을 완성해냈다. 그들의 비즈니스 모델은 대부분의 앱과 웹사이트에서 다양한 서비스를 무료로 제공할 수 있을 만큼 효능감이 있다. 가장 많은 비즈니스 모델들은 아래와 같은 것들이다.

- **광고가 붙는 이용권**: 고객들이 원하는 만큼 시간을 보내는 대가로 정기적으로 광고에 노출되는 것
- **무료 프리미엄 구독권**: 상품의 일부분에 대한 접근(또는 상품 전체에 대한 제한적인 접근)을 제공하고 완전한 접근에 대해서는 비용을 부과하는 것
- **제휴적 고객창출**: 서드파티(third party)에게 판매를 촉진하는 콘텐츠나 툴을 제공하고, 그 결과 발생되는 고객의 창출에 대해 지불하는 것
- **부가적 판매**: 핵심 상품을 무료로 제공하면서 고객들이 가상의 아이템이나 사용권, 특별한 기능 등과 같은 부가적 요소들에 더 많은 시간을 보내도록 강력한 인센티브를 포함하는 것
- **비대칭적 가격제**: 일부 고객에게 접속을 하게 하고 그들을 다른 유료 고객들을 유인하기 위한 "미끼"로 사용하는 것. 이 비즈니스 모델은 일부 데이팅 앱에서 암암리에 사용된다. 이는 오프라인 세계에서도 흔히 사용되는 방법으로 나이트클럽에서 봉사료를 지불하고 술값에 더 많은 돈을 쓰는 (것으로 알려진) 남성 고객들을 유인하기 위해 여성 고객들을 무료로 입장시키는 것 등이 있다.

이러한 비즈니스 모델들을 성공적으로 사용하기 위해서, 온라인 회사들은 고객에 대한 깊은 이해를 중요시한다. 이 회사들은 데이터를 수집하고 분석하여 각각의 새로운 고객의 유형별 생애가치(lifetime value)와 확보비용을 예측한다. 이 회사들은 또한 무엇이 고객행동을 다르게 촉발하는지와 고객 경험의 어떤 요소들에 의해 방문자가 떠나거나, 관여 또는 구매결정을 하는지도 파악한다.

고객 데이터가 풍부하고, 온라인 공간, 콘텐츠, 거래가 잘 통합되어있으면 각각의 개별 "방문자"에게 금전적 가치를 배정할 수 있다. 구글과 페이

스북은 각각의 페이지뷰, 방문, 클릭에 대해 광고주들이 가격을 제시할 수 있게 하여 수십억 달러를 벌어들였다. 온라인에서 모든 방문은 기록되고 쿠키 데이터를 통해 운영자들이 고객들을 추적할 수 있다. 그리고 모든 데이터는 디지털화되고 분석하기 쉬운 방식으로 구조화된다.

부동산 현장은 웹사이트가 아니다. 그러나 곧 부동산 운영자들도 마찬가지로 상세한 데이터에 접근할 수 있게 될 것이다. 인공지능은 기존 CCTV를 "무기로 삼아" 방문자들이 무슨 옷을 입고 있는지, 손에 무엇을 들고 있는지, 방문자가 혼자 왔는지 또는 다른 사람과 이야기하는지, 방문자들이 기분이 좋은지, 나쁜지, 혹은 불편한지 등을 추정할 수 있다. 그리고 온라인 방식과 마찬가지로 고객들에게 자기증명 데이터를 제공하도록 요청하지 않고도 많은 것을 얻을 수 있다. 인공지능은 사람들의 얼굴이나 ID를 스캔하지 않고도 고객들이 그 공간 안으로 걸어 들어올 때 고객의 신발 이미지를 분석함으로써 방문자의 성별, 소득수준, 지출습관 등을 이미 추정할 수 있다.

리테일이 집 안으로 들어오다

집은 배송되는 도착지의 역할을 넘어 제품을 고르고, 선택하고, 사용해볼 수 있는 장소, 즉 일종의 리테일 공간이 되고 있다. 와비 파커의 "홈 트라이온(Home Try-on)" 프로그램은 고객들에게 5개의 안경을 박스에 넣어서 보내주고 5일 동안 착용해볼 수 있게 해준다. 고객들은 원하는 것은 자신이 가지고 나머지는 다시 박스에 넣어서 반송할 수 있다. 스티치픽스(Stitch Fix)와 버치박스(BirchBox)는 큐레이션 샘플이나 테스트해볼 수 있는 품목 자체를 패키지로 소비자들에게 보낸다. 화장품 거대기업인 세포라(Sephora)도 비슷하게 "구독 박스"서비스를 운영하여 매달 새로운 샘플과 특별 상품을 소비자들에게 보낸다.

이러한 일종의 "작은 박스 리테일링(small box retailing)"은 단순해 보일 수 있다. 그러나 고객들을 미리 만나보지도 않고 그들이 좋아하고 간직하기로 선택할 품목을 고객들에게 보낸다는 것은 복잡하고 어려운 문제로, 많은 데이터 사이언티스트들이 밤을 지새우며 일한 결과이다. 이 박스들은 작지만 이 카테고리의 매출은 성장하고 있다. 스티치픽스는 2018년 12억 달러의 매출을 실현했다.

가정집도 이전에 리테일 장소에서 이루어졌던 활동들을 할 수 있는 공간이 되고 있다. 펠로톤(Peloton)은 피트니스 바이크 및 러닝머신을 디지털 구독 서비스와 결합상품으로 판매하고 있는데, 이 구독 서비스는 라이브 및 온디맨드 강의, 활동기록, 온라인 지원 서비스를 제공한다. 이 회사는 2012년 창업하여 지금까지 거의 10억 달러의 벤처캐피털을 투자받았다. 2019년 9월에는 상장기업이 되었는데, 기업공개 시 16억 달러를 증자했다.

피트니스 기계를 통째로 아파트에 들여놓을 수 없는 고객들은 다른 선택을 할 수 있다. 2016년 창업한 스타트업인 미러닷코(Mirror.co)는 어느 집에나 들어갈 수 있는 연결형 피트니스 디바이스를 제공하고 있다. 이 디바이스는 바로 거울이다. 이 기업의 반사형 유리 스크린은 벽에 걸 수 있는 것으로 피트니스 강사와 같은 홀로그램이 나타나 코칭과 실시간 피드백을 제공한다. 미러(Mirror)는 쌍방향 강좌의 온라인 데이터베이스에 연결되고 웨어러블 디바이스와 동기화되어 이용자의 심박수, 움직임, 영양, 음악적 취향 등을 고려한다. 매년 870억 달러가 넘게 헬스클럽 회원권에 지출되는 것을 고려할 때 헬스클럽을 언번들링하는 시도는 확실히 가치가 있다. 그리고 일단 고객들이 연결된 디바이스, 특히 거울을 집에 가지고 있으면, 다른 상품들을 발견하여 테스트해보고 구매하는 채널의 역할도 하게 되는 것이다.

그러나, 리테일러들이 집을 쇼핑 장소로 만들기 위해 값비싼 거울이나 러닝머신을 배송할 필요도 없다. 더 작고 더 저렴한 디바이스들 - 예를 들어 작은 스피커만으로도 충분하다. 아마존, 구글, 애플, 페이스북은 모두 거실로 진출하여 정기적인 구매를 주문받고 질문에 답하기 위해 경쟁하고 있다. 2017년 아마존은 에코룩(Echo Look)이라는 카메라 겸 스마트 스피커를 출시했는데, 이것은 매일 입는 옷을 추적하고 고객의 스타일을 근거로 새로운 것을 추천한다. 아마존은 또한 "혼합현실 거울(blended-reality mirror)"로 특허를 받았다. 이 거울은 고객들이 가상의 옷을 입어보고 바닷가나 클럽 같은 다양한 장소에서 어떻게 보일지를 보여주는 것이다.

대안적 고객 공간

기술은 단지 새로운 경쟁자들을 강화시키고 고객들이 새로운 오프라인 장소에서 지출하게 하는 역할만 하는 것이 아니다. 기술은 또한 소비자들을 완전히 새로운 세계로 유인하고 있다. 2018년 비디오게임 포트나이트(Fortnite)는 총 24억 달러 매출을 달성했는데, 이는 역사상 컴퓨터 게임업체의 연간 수익 중 최대치이다. 이 수익은 게임 자체를 판매하여 만들어진 것이 아니다. (게임은 무료이다.) 대신, 가상 아바타를 위한 "스킨"이나 "이모티콘", 가상 캐릭터의 의상, 액세서리, 머리스타일, 메이크업, 춤추는 동작 등을 통해 엄청난 돈을 벌어들였다.

가상제품을 게임 안에서 파는 것은 새로운 것이 아니지만, 보통 게임 자체 내에서 게임을 더 잘하게 도와주는 도구나 스킬, 생명연장 등이었다. 포트나이트의 경우, 판매되는 제품들은 이용자들을 더 멋지게 보이고 지출능력을 자랑하기 위한 목적밖에 없는 것으로 보인다. 일종의 강력한 과시적 소비인 셈이다. 포트나이트는 "물건"에 대한 지출의 대안일 뿐만 아니라 "경험"- 새로 사귀거나 기존 친구들과의 공유된 추억들을 축적하는 것 - 에 대한 지출의 대안이기도 하다. 2019년 2월 실제 인물인 DJ 마시멜로가 포트나이트 안에서 라이브 뮤직 공연을 펼쳤다. 이 이벤트에 1천만 명이 참가했는데, 그들은 디지털 아바타를 이용하여 음악에 맞춰 춤을 추기도 하고 다른 사람들과 이야기를 나누기도 했다.

위에서 살펴본 바와 같이, 기술은 새로운 리테일의 등장을 가능하게 하고 소비자 지출을 비전통적 리테일 자산 및 환경으로 분산시키고 있다. 이는 더욱 정교한 디지털 마케팅 툴과, 무인 차량 및 드론을 통한 새로운 배송방법, 가정 내에 추가적으로 연결된 디바이스들, 그리고 더 몰입감 있는 가상현실 경험 등의 도입으로 보다 더 강화될 가능성이 있다. 이러한 발전은 많은 오프라인 리테일 장소의 필요성에 의문을 제기한다. 그러나 이러한 발전이 새로운 기회들을 창출하기 때문에 리테일 임대인들과 운영자들은 서비스를 다른 모습으로 바꾸면서 계속 승승장구할 수 있다.

마찰로서의 풍요

기술이 거래비용을 없앨 수는 없다. 소비자 경험의 어느 한 부분에서의 마찰을 줄이면 새로운 마찰이 다른 곳에서 생겨난다. 하나의 단점을 제거하면 다른 단점이 더 선명해진다. 이 말이 추상적으로 여겨질지 모르지만 여기에는 분명한 비즈니스적 함의가 있다. 현업에서 이것이 의미하는 바가 무엇인지 그리고 오프라인 매장의 운영자들은 어떻게 이를 장점으로 이용하는지 살펴보자.

소비자들은 천문학적 숫자의 제품들로부터 클릭 한 번만큼 떨어져 있다. 아마존 한 곳만 해도 전 세계 11개 온라인 장터에서 30억 개가 넘는 물품들을 진열하고 있다. 어느 시점에 가서는 무엇을 구매할지를 결정하는 일 자체가 비용이 된다. 여러 검색어를 입력해보고, 수많은 리뷰들을 읽어보고, 사실상 동일하게 보이는 수십 가지 물건들을 들여다보는 것은 시간이 많이 걸린다. 그리고 몇 분이라는 시간도 온라인 쇼핑객들에게는 영겁과 같은 것이다. 풍요의 세계에서 **큐레이션(curation)**은 그 어느 때보다도 중요해지고 있다.

2018년 세계 최대 온라인 리테일러는 아마존 4-스타(Amazon 4-Star)라는 오프라인 매장 체인을 론칭했다. 아마존 온라인의 "모든 것을 파는 상점(everything store)"과 다르게, 이 오프라인 매장들은 별 4개 이상으로 평가받은 제품이나, 가장 잘 팔리는 제품, 또는 아마존닷컴(Amazon.com)에서 신상품으로 유행하는 제품들만 진열한다. 이러한 프로덕트 믹스는 가전, 주방용품, 가정용품, 장난감, 게임, 책 등과 같은 인기 카테고리들을 망라한다. 제품들은 온라인의 거대한 데이터를 통해 선별되는데, 가까운 지역의 소비자들에게 인기 있는 아이템들도 포함된다. 그리고 온라인 매장과 마찬가지로 모든 제품은 디지털 태그를 가지고 있어서 실시간 별점이나 아마존 프라임 회원 및 단골들을 위한 각기 다른 가격정책을 보여주기도 한다.

2019년 1/4분기 현재, 뉴욕, 캘리포니아, 콜로라도에 4-스타 매장들이 개장했다. 2018년 9월에 필자는 아내와 뉴욕시 매장을 방문한 적이 있는데, 평범해 보이는 매장이었다. 많은 제품들이 진열되어있고 아마존의 온라인 매장과 상당히 비슷했다. 그런데 나중에 보니 적지 않은 물건을 사 가지고 나오게 되었다. 온라인상에서 우리가 아마존을 이용할 때는 필요한 물건만 사게 된다. 목적을 가지고 쇼핑하는 것이다. 그러나 오프라인에서 우리는 새로운 물건을 발견해서 구매하게 되는 경향이 있다. 또한 배송되어 올 때까지 기다리지 않고 물건을 직접 손에 들고 매장을 나오는 것이 더 기분도 좋고 만족스럽게 느껴졌다.

그러나 모든 소비자들이 우리처럼 만만한 고객은 아니다. 어떤 사람들은 훨씬 더 깊은 안목을 가지고 쇼핑을 한다. 세포라의 경우, 다양한 온라인으로 인한 문제를 해결하기 위한 큐레이션을 사용한다. 1970년 프랑스 파리에서 창업한 세포라는 세계에서 가장 잘나가는 리테일러 중 하나로, LVMH가 100% 소유하고 있다. LVMH는 루이비통, 크리스챤 디올, 마크 제이콥스, 불가리 등의 브랜드를 보유한 럭셔리 브랜드 그룹이다. 세포라는 화장품 섹션을 독립 스토어 체인으로 언번들링함으로써 많은 전통적 백화점들의 몰락에 기여했다. 그러나 그것은 오래된 뉴스이다.

최근에 세포라는 새로운 경쟁자를 직면하고 있다. 앞서 설명했던 글로시에를 기억하는가? 온라인 뷰티 리테일러의 매출은 2017년 23% 넘게 성장하여 전반적인 온라인 상거래 시장의 성장률을 앞지르고 있다. 아마존조차도 파인드(Find)라는 자사 뷰티브랜드를 론칭하여 메이크업과 비타민 제품들을 팔고 있다. 뷰티 제품들은 배송이 쉽지만, 이론적으로 온라인 구매에 잘 맞지는 않는다. 소비자들이 제품을 테스트해보도록 허용하면서 소비자들을 유인하는 방식을 세포라가 처음으로 시도했다. 백화점에서 관습적으로 판매원에게 의존하는 그런 방식을 대신한 것이다. 이러한 실험적 구매 프로세스는 온라인에서는 가능하지 않다. 소비자들은 화장품을 사기 전에 제품을 테스트해보고 싶어 한다. 그렇다. 그러나 그것이 온라인 구매를 방해할 필요는 없는 것이다.

리서치 기업인 닐슨(Nielsen)에 따르면, 소비자들은 최근 "화장품 성분이 단순할수록 그 뷰티 제품으로 더 많이 몰리는 경향을 보이고 있다." 세포라는 소비자들이 오프라인 매장에서 마음에 드는 제품을 발견하고 스마트폰을 이용해 그 성분을 검색해본다는 사실을 눈치챘다. 그렇게 하는 동안 소비자들은 온라인에서 더 좋은 가격을 찾아낼 수도 있고 오프라인 구매를 포기할 수도 있다. 2018년 이 회사는 Clean at Sephora를 론칭했는데, 이것은 유해한 성분을 사용하지 않은 화장품 제품의 품질을 나타내는 증표이다. 소비자들이 신경 쓰는 기준을 근거로 제품들을 큐레이팅함으로써 세포라는 매장에서 매출의 "누수"를 줄였다. 세포라는 또한 앱을 출시하여 추천과 조언을 제공함으로써 오프라인 구매 프로세스를 돕고 있다.

이는 디지털 시대에서 번창하는 데 필요한 사고방식에 관한 훌륭한 예시이다. 때로는 단순한 종이 표지나 출력된 아이콘이 큰 차이를 만들기도 한다. 오프라인 공간의 운영자들은 기술이 사용자 행동에 어떤 영향을 미치는지를 이해해야 하고, 그 이해를 바탕으로 고객들을 즐겁게 하고 비즈니스적으로 의미가 있는 경험들을 설계해야 한다. 세포라는 덜 알려진 온라인 라이벌과의 경쟁에 직면해서 가격을 더 내리거나 구글의 노출을 더 높이려는 시도를 하지 않고, 대신에 물리적인 품질보증 증표를 사용하여 구글을 검색할 필요 자체를 차단했다. 세포라가 인터넷에서의 무한한 선택가능성과 경쟁할 수는 없다. 대신에 큐레이션을 통해 가치를 창출하는 것이다. 소비자들의 선택가능성을 제한하여 자신에게 맞는 제품을 선택하기 쉽게 만들어주는 것이다. 이러한 과정을 통해, 품질 조정자로서의 브랜드 파워를 강화시키는 것이다.

큐레이터로서의 임대인

큐레이션의 영향력은 리테일러에게만 한정되는 것이 아니다. 임대인이나 전체 리테일 사업 운영자들도 큐레이션을 사용할 수 있다. 2018년 세계 최대 부동산 임대권자 중 하나인 브룩필드프로퍼티(Brookfield Properties)는 뉴욕의 웨스트 빌리지에서 하나의 실험을 시작했다. 이 회사가 소유하고 있는 여러 매장들을 이용하여 "Love, Bleecker"[27]라는 프로젝트를 론칭했는데, 이것은 "신예 아티스트, 디자이너, 그리고 웰니스에 조예가 깊은 사람들"을 위한 주거 프로그램이다. 실질적으로는 온라인 리테일러들과 인플루언서들에게 첫 번째 오프라인 매장을 여는 기회를 제공하는 것이다. 이곳에서의 주거기간은 1년인데, 이 기간 동안 신규 브랜드들은 실험을 하고 자신들의 비즈니스가 오프라인에서 반응이 좋은지 그래

---

27 뉴욕 Bleecker Street에서 이 프로젝트가 진행되고 있다. – 역자 주.

서 더 오랜 기간의 임대차를 유지할 수 있는지 또는 다른 위치로 확장해갈 것인지 등을 살펴볼 수 있다.

브룩필드만 이런 실험을 하는 것이 아니다. 미국 최대의 쇼핑몰 소유주인 메이스리치는 2018년 브랜드박스(BrandBox)를 론칭했다. 이것은 디지털 네이티브 브랜드들이 오프라인 매장을 열 수 있게 도와주는 서비스와 물리적 공간을 결합한 솔루션이다. 메이스리치 몰 내에 브랜드박스로 배정된 공간들은 신속한 공사와 테넌트 회전율을 높일 수 있도록 모듈식의 벽체와 특수 선반 유닛들로 설계되었다. 각 브랜드는 500~2,500ft^2(46~232m^2) 정도를 차지할 수 있고, 3가지 메인 스토어 포맷과 여러 개의 디자인 테마 중에서 선택할 수 있다.

메이스리치의 담당팀은 브랜드들이 건축가들과 협업하면서 인테리어 작업, 직원 채용 및 훈련, 개업 준비 등을 할 수 있도록 돕는다. 이 매장들이 운영되기 시작하면, 브랜드박스 리테일러들은 온라인 매장에서 측정하던 것과 비슷하게 유동인구 규모, 고객 동선, 매출 등에 관한 데이터를 바로 볼 수 있는 대시보드에 접속할 수 있다. 첫 번째 브랜드박스 구역은 메이스리치 포트폴리오의 최고매출 쇼핑몰 중 하나인 버지니아의 타이슨스 코너센터(Tysons Corner Center)에 위치하고 있다. 이는 메이스리치가 이러한 새로운 프로젝트를 아주 중요한 사업으로 다루고 있으며, 비어있는 공간을 재단장하기 위한 단기적인 노력이 아니라는 것을 말해준다.

다른 임대권자들도 비슷한 프로그램으로 실험을 하고 있다. 세계 최대 리테일 부동산투자신탁인 사이먼프로퍼티그룹(Simon Property Group)과 킴코리얼티(Kimco Realty)는 그 기업들이 운영하는 쇼핑몰들의 상설 공간을 신규 브랜드의 임시 라인업 쇼케이스 전용공간으로 할애하고 있다. 릴레이티드프로퍼티스(Related Properties)는 세계 최대 복합용도 프로젝트 중 하나인 허드슨야드(Hudson Yards)의 리테일 층에 "발견의 층"을 만들었다. 이 층에는 디지털 네이티브 브랜드들과 새로운 먹거리 및 판매장 등이 구비되어있다.

리테일 임대인들은 항상 큐레이터 역할을 해왔다. 그들은 브랜드들과 상품들을 믹스하고 매치하여 성공적인 리테일 목적지로 상승시킨다. 그러나 임대인들의 관여 정도가 변하고 있다. 브랜드들은 더 자주 회전될 필요가 있고, 임대인들에게는 신규 브랜드들이 오프라인 세계에 첫발을 내딛는 것을 돕는 다수의 서비스를 제공할 것이 기대되고 있다.

어피어히어(AppearHere.com)와 같은 팝업 마켓플레이스 역시 전체 프로젝트를 관리하기 위해 애쓰고 있다. 2019년 2월 어피어히어의 CEO는 백화점을 통째로 인수하는 계획을 선언했다. 또 다른 스타트업인 쇼필드(Showfields)는 디지털 네이티브 브랜드가 주를 이루는 새로운 종류의 백화점을 건립하는 것을 목적으로 한다. 이 회사는 2019년 3월 뉴욕의 패션가 노호(NoHo) 인근지역에 1호점을 개장했다.

어피어히어 및 쇼필드 같은 기업들은 신규 브랜드들과 연대하고 고객들이 무엇을 원하는지를 이해하는 것이 전통적 백화점이나 개별 임대인들보다 물리적 리테일 공간을 더 잘 사용할 수 있게 해준다고 믿고 있다. 이러한 기업들이 취할 다음 단계는 기존 기업들보다 자신들이 더 제대로 운영할 능력이 있다고 믿는 투자자들로부터 투자를 받아 빌딩을 인수하는 것이다. 에어비앤비(Airbnb), 위워크, 클러터(Clutter), 커먼(Common), 스타시티(Starcity)와 같은 혁신적 숙박, 오피스, 물류, 주거 기업들도 이미 비슷한 전략들을 가지고 실험 중에 있다.

과거 임대인들은 브랜드가 장기임대계약을 체결할 만큼 충분히 커지고 대출기관 및 서드파티 투자자들을 만족시킬 만큼 신용도가 높아지는 것을 기다리기도 했었다. 오늘날의 임대인들은 기다릴 수 있는 여력이 없다. 기술은 리테일 시장을 더 작고 빠르게 움직이는 브랜드들로 파편화했다. 누군가는 여기에 개입하여 소비자의 편익을 위해 좋은 브랜드를 큐레이팅하고 신규 리테일러들의 매장 설립비용을 줄여주는 플랫폼을 만들 필요가 있다. 이 상황은 19세기 백화점들과 크게 달라 보이지 않는다.

서비스형 리테일 공간[28]

마찰을 발생시키는 또 다른 원인은 새롭거나 잘 알려지지 않은 소비자 제품이 많다는 것에 있다. 다양하고 새로운 소비가전 발명품들은 인간이 음악을 듣는 방식, 화장실을 사용하거나 양치질하는 방법을 바꾸려 하고 있다. 소비자들은 그 제품들을 구매할지 결정하기 전에 숙련된 판매원들로부터 안내를 받고 제품을 경험해볼 필요가 있다. B8TA(베타)[29]는 소비자들이 혁신적인 제품들을 찾아내고 테스트해보고 제품에 대해 배우기 쉽게

---

28 서비스형 리테일 공간(Retail Space as a Service): 리테일 공간이 단순한 공간이 아닌 통합적인 서비스를 받을 수 있는 공간이 된다는 의미이고 Saas(Software as a Service)처럼 IT환경과 리테일 자산을 소유하지 않고 필요한 자원만 빌려 쓰는 특성을 가지기도 한다. – 역자 주.
29 B8TA의 회사마크는 β이고 베타로 발음한다. 소프트웨어나 하드웨어의 베타버전(beta version)은 제품의 테스트와 오류수정에 사용되는 제품을 말하는데, 이 회사에서는 B8TA에서 일하는 직원들을 베타테스터(B8TA tester)라고 부른다. – 역자 주.

해주는 오프라인 매장 운영사이다. 또한 이 회사에서는 메이커와 디자이너들에게 좋은 위치의 온디맨드형 판매공간을 제공한다.

B8TA의 오프라인 매장들은 최적의 리테일 경험을 창출할 수 있도록 최신기술들로 설계와 인테리어 디자인이 되어있다. 또한 혁신적 제품들을 잠재고객들에게 소개하는 각 브랜드의 소프트웨어 및 툴들을 활용할 수 있는 잘 훈련된 직원들도 갖추고 있다. 이 회사는 온라인 매장도 운영하고 있는데, 계속해서 확장해 나갈 계획이다. 리테일 매장의 관리가 점점 더 복잡해지고 온라인 판매채널과의 통합이 필요해지자, 많은 브랜드들은 이제 독자적으로 매장을 개설하는 것이 힘들어질 것이다. B8TA는 임대인들이야말로 잘 해결할 수 있는 이러한 중요한 간극을 메우고 있다.

오피스 업계에서도 비슷한 역학관계가 발생하고 있다. 많은 테넌트들이 더 이상 업무공간을 설치하고 운영하는 복잡성을 따라가기 어려워진 것이다. 그 대안으로 이들은 위워크, 브리더(Breather), 컨빈과 같은 운영사들의 일괄공급(turnkey) 솔루션을 선택하고 있다. 이러한 변화에 관해서는 섹션 Ⅱ(오피스)에서 자세히 다루기로 한다.

판매에서 모네타이제이션[30]으로

전통적으로 리테일 공간은 구매자와 판매자 사이의 거래를 맺어주는 역

---

30 모네타이제이션(monetization)은 돈으로 전환하는 것을 말하는데, 하이테크나 마케팅 분야에서는 원래는 수익을 발생시키지 않던 자산을 수익이 발생하도록 전환하는 것을 의미한다. 예를 들어, 유튜브의 광고수익이나 블로그의 상품링크로 수익을 발생시키는 것 등이 이에 해당한다. - 역자 주.

할을 해왔다. 따라서 공간의 가치는 공간이 발생시킬 수 있는 판매 수익의 부산물이었다. 임대료는 매출의 몇 퍼센트로 부과되거나 매장 내 판매가 보장할 수 있는 금액을 반영하는 고정금액으로 부과되었다. 부동산은 이제 공간이 돈을 만드는 방식이 재편되는 혁명에 직면하고 있다.

이미 점점 더 많은 리테일 공간들이 직접 판매 용도로는 사용되지 않고 있다. 대신에 브랜드들은 매장을 이용하여 새로운 디지털 고객들을 만들고 가입시키며, 온라인에서 구매한 물건을 반품하거나 서비스를 처리하고, 기존 고객들의 브랜드 충성도와 관여도를 증가시키는 일을 하고 있다. 리테일 컨설팅기업 라이오네스크(Lionesque)의 창업자 멜리사 곤잘레스(Melissa Gonzalez)가 지적한 바와 같이 "오프라인 리테일 경험은 브랜드 및 리테일러 채널 전체의 후광효과를 몰고 오는 앵커 매장인 경우가 많다." 여기서 "후광효과"라는 것은 오프라인 매장을 열고 나서 온라인 매출이 증가하는 것을 말한다.

온라인 공간은 종종 무료이거나 내재적으로 풍부한 것으로 보인다. 특히, 희소한 부동산 공간과 비교했을 때 그러하다. 그러나 웹 온라인 "공간"은 비용이 미미한 반면 온라인 트래픽의 비용은 그렇지가 않다. 벤처캐피털의 투자를 받은 디지털 네이티브 브랜드의 폭발적 증가는 온라인 광고비를 상승시켰다. 디지털 채널들은 또한 다양한 형태의 "클릭 사기"를 하는 경향이 있는데, 그 결과 브랜드들은 실제로 존재하지 않는 고객들의 웹사이트 "방문"에 대해 돈을 지불하게 된다. 많은 경우, 오프라인에서 가게를 열고 고객을 확보하는 것이 온라인에서 할 때보다 비용이 적게 들기도 한다. 지금처럼 오프라인의 임대료가 정체되어있거나 하락하는 경우에 특히 더 그러하다.

　오프라인 매장은 또한 브랜드에 안정성과 신뢰도를 더해준다. 이는 온라인에서만 활동하면서 언제든지 사라질 수 있고 신뢰할 수 없는 수많은 경쟁자들 가운데서 두각을 나타내려 할 때 특히 중요하다. 온라인 매트리스 리테일러 캐스퍼(Casper)의 공동창업자인 필립 크림(Philip Krim)은 회사가 오프라인 매장을 열었을 때 매출이 더 빨리 성장한다고 지적했다. 이 회사의 신규고객 유치비용은 시간이 지남에 따라 감소했는데, 그 이유는 부분적으로 오프라인 매장을 개장한 덕분이다. 캐스퍼는 또한 타깃(Target)과 협력관계를 맺고, 타깃의 대형마트에서 매트리스를 전시하기도 했다. 캐스퍼는 2022년까지 200개의 자체 오프라인 매장을 개설할 계획을 가지고 있다.

　캐스퍼는 새로운 서비스들에 대해서도 실험 중에 있다. 2018년에 이 회사는 고객들이 45분 동안 낮잠을 잘 수 있는 오프라인 공간인 더 드리머리(The Dreamery)를 개장했다. 25달러를 내면 고객들은 음료와 잠옷, 그리고 캐스퍼 매트리스에서 쉴 수 있는 프라이빗 공간을 제공받는다. 잠재적인 "호스피탈리티" 수익을 넘어서 캐스퍼는 이 공간을 잠재고객들이 매트리스를 테스트해볼 수 있는 공간으로 이용하고 있다.

　프랑스 여성의류 브랜드인 BA&SH는 심지어 더 급진적인 접근법을 사용한다. 매주 금요일 오후마다 BA&SH의 뉴욕시 매장을 방문하는 고객들은 디스플레이 되어있는 의상의 일부를 무료로 빌릴 수 있다. 월요일까지 반납한다는 조건만 있을 뿐이다. 그 목적은 소비자들에게 자신들이 신뢰를 받고 있다는 느낌을 주고, 그 회사의 제품을 입어보게 함으로써 "참여"하고 있다는 느낌을 가지게 하여 장기고객이 되게 하는 것이다. 또한 배송과 반품의 비용을 감소시키는 측면도 있다.

고객 확보비용(customer acquisition costs)이 강조되는 것은 현대의 리테일러들이 비즈니스에 대해 생각하는 방식을 드러내고 있다. 리테일은 더 이상 제품 중심이 아니며, 물건을 생산하는 비용과 그 물건이 매장에서 팔리는 가격 사이의 차익에 초점을 두지도 않는다. 이제 리테일은 소비자 중심이 되었고 신규고객 확보비용 대비 고객 생애가치(customer lifetime value)에 초점을 둔다.

고객 생애가치 모형에서, 고객관계의 전체 생애가치는 다양한 채널들과의 접점들에 퍼져있다. 21세기의 리테일 거대기업들은 이러한 접점들을 단일 생태계로 연결시켜 고객에게 온라인과 오프라인 그리고 다양한 물리적 자산을 통해 서비스할 수 있는 사업자들이다.

매장에서 생태계로

오프라인 매장을 온라인 생태계로 통합시키는 것은 중국에서 가장 흔하게 볼 수 있다. 지난 15년간 중국에서 온라인 상거래의 등장은 중산층의 등장 및 정부의 내수소비 진흥 노력과 동시발생적으로 이루어졌다. 많은 중국 소비자들은 브랜드 제품의 첫 구매를 온라인으로 했고, 이후에 물리적 매장이 도시에 등장했다. 많은 국제적인 리테일러들은 중국 내의 물리적 확장에 참고하기 위해 온라인 매출 데이터를 활용했다. 중국에서 전자상거래는 와해적 동력(disruptive force)이기에 앞서 중국의 전반적인 리테일 산업을 형성하는 기여자가 되어왔다고 할 수 있다. 그 결과로, 중국의 전자상거래 거대기업들은 오프라인 리테일 시장과 밀접한 관계가 있다.

중국 최대 온라인 리테일러인 알리바바는 다양한 규모와 형태의 오프라인 매장을 수백 개 운영하는 회사의 지분을 보유하고 있거나 자회사를 가지고 있다. 또한 기존의 오프라인 리테일러들을 알리바바의 생태계로 통합하려는 목적의 여러 계획을 가지고 있다. 알리바바의 리테일 미래 비전은 자신들의 "뉴리테일(New Retail)" 계획을 설명하는 동영상에 잘 요약되어 있다. 이 동영상에 따르면, 알리바바는 오프라인 리테일을 살리기 위해서는 "모든 거래의 디지털화를 완성"해야 하고, 그를 통해 온라인 및 오프라인 상거래가 원활하게 통합된다고 한다.

실제적으로, 알리바바그룹의 뉴리테일 계획은 다음의 내용을 담고 있다. (1) 캐셔가 없는 슈퍼마켓이면서 동시에 3km 이내에 살고 있는 누구에게나 30분 배송이 가능한 물류허브의 역할도 하는 매장 체인 설치. (2) 가족 운영 편의점주들이 최신의 분석자료, 지불시스템, 공급관리 서비스를 이용할 수 있는 플랫폼 개발. (3) 스타벅스와 파트너십을 맺고 중국 대도시 전역에서 커피나 간식을 주문, 지불, 배송하는 시스템을 통합하는 것. (4) 오프라인 슈퍼마켓, 영화관, 가구점 운영사에 투자하는 것 등이다.

알리바바는 온라인과 오프라인 리테일을 잘 융합하는 계획도 수십 가지를 가지고 있다. 특히 관심이 가는 부분은 2017년 인타임(InTime)의 지배지분을 알리바바그룹이 인수한 것이다. 인타임은 중국 전역에 쇼핑몰과 백화점 수십 개를 운영하고 있다. 알리바바그룹은 인타임을 새로운 아이디어들을 위한 테스트베드로 활용하였다. 그 새로운 아이디어들은 다음의 내용들을 포함한다. (1) 알리바바의 브랜드 제품 포털사이트인 티몰닷컴(Tmall.com)과 직접적으로 통합되는 스마트 거울, (2) 다양한 센서 및 분석 툴, (3) 매장을 온라인 주문용 풀필먼트센터(fulfillment center)로 활용하는 방안, (4) 온라인과 오프라인 채널을 오가며 할인과 혜택을 제공하는 유료 멤버십 프로그램 등이다. 제이디닷컴(JD.com)과 텐센트(Tencent)와 같은 중국의 다른 기술 거대기업들도 비슷한 계획을 가지고 협업 중에 있다.

알리바바의 멤버십 프로그램은 아마존이 2005년 론칭한 프라임(Prime) 멤버십을 상기시킨다. 아마존은 물리적 경험과 디지털 경험을 원활하게 오가는 시스템을 구축하고 있다. 프라임 멤버십은 2019년 3/4분기 현재 회원이 1억 명에 달하고 있는데, 원래는 아주 단순한 가치제안으로, 온라인 주문을 2일 내 무료 배송하는 서비스였다. 몇 년에 걸쳐 아마존은 이 프로그램에 음악 스트리밍, 비디오 스트리밍, 클라우드 공간, 일부 제품에 대한 1일 배송 등의 다양한 혜택들을 추가했다.

2018년 아마존은 2시간 식품 배송 서비스를 도입했다. 이 배송 서비스는 아마존이 2017년 인수한 식품·잡화 체인 홀푸드(Whole Foods)의 지점들을 기반으로 했다. 고객들은 아마존 계정을 이용하여 450개 홀푸드 지점에서 물건을 살 수 있고, 프라임 멤버들은 오프라인 구매에 대해 특별 할인을 받을 수 있다. 또한, 아마존닷컴에서 구매한 다른 물품들을 홀푸드 매장에서 받을 수 있는 창구로도 활용하고 있다. 아마존이 잡화와 신선식품 시장으로 진출한 것에 대한 결과는 아직 복합적이고, 수익을 내기까지 수십억 달러의 추가적 투자가 필요할지도 모른다.* 그러나 아마존은 결과

---

* 신선식품(쉽게 상할 수 있는 제품)을 아마존이 현재 구조하에서 다루기 어려운 이유에 관한 분석을 보려면, Ben Thompson이 Stratechery 웹사이트에 기고한 "가치사슬의 제약(The Value Chain Constraint)" https://stratechery.com/2019/the-value-chain-constraint/ 참고.

가 나타날 때까지 포기하지 않을 것으로 보인다.

　아마존이 오프라인 식품·잡화 매장들을 디지털 왕국으로 통합하려고 애쓰는 반면, 월마트는 반대방향에서 미래를 향한 준비를 하고 있다. 세계 최대 리테일러인 월마트는 2018년에 온라인 상거래 소비지출의 5% 미만을 차지한 반면, 아마존의 경우는 48%였다. 월마트는 식품잡화 배송에서 성공하기 더 좋은 포지셔닝을 가지고 있고, 모든 리테일 카테고리와 관련된 물류 및 리테일 기술에 수십억 달러를 투자하고 있다. 2017년 월마트는 전형적인 DNVB 의류 브랜드인 보노보스를 3억 1천만 달러에 인수했다.

　위에서 언급한 바와 같이 월마트는 이미 세계 최대 부동산 소유주 중 하나이다. 아마존, 알리바바, JD.com 및 다른 거대기업들도 오프라인 자산을 증가시키고 있어, 대규모의 리테일 및 산업공간을 자신들의 생태계로 끌어들이고 있다. 그들은 더 이상 단순한 "리테일러"나 "웹사이트"가 아니다. 그들은 임대인, 물리적 공간의 운영자, 그리고 다른 리테일 브랜드들이 소비자에 다가갈 수 있게 해주는 플랫폼인 것이다. 그들은 부동산을 자신들의 생태계로 가져옴으로써 서로 이질적인 부동산 자산들의 가치를 높이는 능력을 가지고 있다. 이것은 대부분의 전통적인 임대인들이 보유하지 못했던 능력이다.

　좋은 소식은 대형 온라인 리테일러들도 물리적 공간이 필요하다는 것이다. 나쁜 소식은 물리적 리테일 공간이 완전하게 디지털 세계로 대체되지 않고 예속된다는 것이다. 물리적 리테일 공간의 가치는 다른 물리적 공간뿐만 아니라 다른 디지털 채널까지 포함하는 더 거대한 리테일 생태계로 통합되는 것에 점점 더 의존하게 될 것이다. 미래를 전망할 때, 문제는 소비자들이 과연 계속 물리적 공간으로 쇼핑하러 가고 온라인에서 산 물건을 가지러 가거나 또는 새로운 것을 계속 경험할 것인가 하는 것이 아니다. 문제는 어느 기업이 이 과정에서 창출된 가치를 점유하는가 하는 것이다.

이러한 새로운 생태계는 임대인들에게 단순히 혁신의 도전과제만 주는 것이 아니다. 이 생태계는 임대인의 존재 전체에 대해 의문을 제기한다. 과연 "부동산 회사"가 물리적 리테일 공간을 개발 및 운영할 수 있고, 테넌트 믹스와 공간 프로그래밍을 결정할 수 있으며, 쇼핑객들을 유인할 수 있는 적절한 주체인가 하는 것이다. 그 답은 명확하지 않다.

모든 리테일 임대인들이 자체적인 하드웨어와 소프트웨어를 반드시 개발해서 물류를 운영하고 브랜드 리테일러들과 수직적으로 통합되어야 한다는 말을 하고사 하는 것이 아니다. 그렇지만, 임대인들이 계속 성공적으로 살아남고 다른 사람들이 조종하는 생태계의 부속물로 전락하지 않으려면 이러한 비즈니스들과 기술에 대해 이해해야 한다. 한편 그 과정에서 임대인들은 구조적, 금융적, 문화적 도전과제들에 마주하게 된다.

5
리테일 임대인 혁신의 도전과제들

임대인과 테크의 경제학

2017년 대형 리테일 임대권자인 웨스트필드(Westfield Corporation)는 원마켓(OneMarket)을 설립했다. 원마켓은 리테일러, 브랜드, 공간 그리고 기타 파트너들 간의 데이터와 노하우 공유를 돕는 플랫폼이다. 웨스트필드의 미국과 영국의 주요 포트폴리오는 그 후 유니베일-로담코(Unibail-Rodamco)에 합병되어 유럽 최대 상업부동산 기업이자 세계 최대 리테일 임대권자 중의 하나가 되었다. 합병 후에 원마켓은 독립된 기업으로 분사되었다. 2019년 7월 현재, 유의미한 견인효과를 발생시키지 못하고 빠르게 현금을 날려버리고 있는 것으로 보인다. 이 사업은 모기업에서의 소유권과 경영진의 교체로 인해 발생하게 된 아무도 책임지지 않는 상태에 빠져있는 것으로 보인다.

원마켓의 정착 실패가 보여주는 것은 임대인들이 혁신기술 플랫폼 개발에 장기적인 투자를 유지하는 것이 얼마나 어려운가 하는 것이다. 기술로 경쟁적 우위를 확보한다는 것은 인내심과 상당한 비용을 필요로 하는 길고 고단한 과정이다. 아마존이 지난 20년 가까이 새로운 사업의 연구개발에 투자하면서 발생시킨 금융손실을 생각해보라. 부동산 기업이 비슷한 해법을 보인다는 것은 상상하기 어렵다. 주식시장에서 거래되고 정기적인 배당금을 발생시켜야 하는 리츠 기업의 경우 더욱 그러하다.

아마존의 미래형 편의점 컨셉인 아마존고(AmazonGo)를 생각해보자. 시애틀, 시카고, 샌프란시스코 그리고 곧 뉴욕시의 소비자들은 매장에 걸어 들어가서 원하는 것을 집어서 그냥 가지고 나올 수 있게 된다. 19세기 백화점에서 어느 여성이 그랬던 것처럼. 그러나 이번에는 "히스테리아"나 불법적 행동이 아니다. 매장 곳곳에 있는 여러 대의 스캐너와 카메라, 센서들이 어떤 제품을 선택했는지 알아내고 고객의 아마존 계정에서 자동으로 결제된다. 마치 마술처럼.

테크전략가 벤 톰슨이 지적한 비와 같이 아마존고는 기술이 무엇을 할 수 있는지를 보여주는 단순한 사례가 아니라 하나의 "테크의 경제학(economics of tech)"인 것이다. 이 경제학에서는 고정비용과 한계비용의 차이가 핵심이다. 예를 들어, 편의점은 시급을 받는 종업원을 채용한다. 이 사람들은 일정한 시간을 각각의 고객들에게 사용한다. 결과적으로 고객이 많아질수록 업무가 많아지고, 그에 따라 비용이 더 높아진다. 이 말은 전통적 리테일 운영자들이 규모의 경제를 누리지 않았다는 것을 의미하는 것이 아니다. 규모의 경제에서도 비용의 상당 부분이 매출과 함께 동시에 상승한다. 전통적인 리테일 규모가 의미하는 것은 유통의 효율성, 공급자 및 제공자에 대한 영향력, 통합적인 마케팅 비용 등이다. 그러나 종업원 한 명당 시급은 매장이 하나이든 천 개이든 거의 같다.

이제 테크의 경제학을 살펴보자. 기술기업들은 하드웨어, 소프트웨어,

그리고 제품 개발 등에 매우 큰 규모의 선투자를 하지만, 그 후에는 비즈니스가 성장함에 따라 더 많은 고객들에게 서비스하는 데 있어 훨씬 더 낮은 한계비용이 발생한다. 이는 기술기업에 대한 벤처캐피털 투자의 논리이기도 하다. "제품을 개발하고 만드는 데 먼저 많은 돈을 쓰고, 최저 한계비용을 이용하여 규모를 키운다."

아마존의 사례에서 무인 결제시스템의 운영비용은 그 시스템이 5분을 일하든 5시간을 일하든, 매일 얼마나 많은 품목이 팔렸는지와 상관없이 거의 동일하다. 결과적으로 아마존의 물리적 매장은 "전통적" 경쟁자들보다 훨씬 더 높은 운영마진을 달성할 수 있다. 기술개발에 큰 규모의 선투자가 필요하다는 것의 의미는 아마존이 수백, 수천 개의 매장을 열지 않는 한, 최초 기술 개발에 투자한 것을 절대로 되찾을 수 없다는 것을 말한다. 그리고 블룸버그 보도에 따르면 아마존은 2021년까지 미국 전역에 3,000개의 이러한 매장을 개설할 계획을 가지고 있다.

부동산 기업들 역시 큰 투자를 할 수 있고 사람들이 오랫동안 그 공간을 사용하는 것에 따른 배당금을 거둘 수 있다는 주장도 가능하다. 게다가, 소프트웨어, 데이터베이스, 하드웨어는 계속적인 유지보수와 업데이트가 필요하기 때문에 기술은 결코 일회성 선투자에 그치는 것이 아니다. 맞는 말이다. 그러나 전통적 부동산 투자와 기술 투자는 차이가 있다. 기술 투자가 잘 되었을 때 기술은 개별 매장을 오픈하고 운영하는 비용의 절감과 효율성의 증가를 통해서도 훨씬 더 큰 배당금을 거둘 수 있고, 같은 수익을 발생시키기 위해 필요한 공간의 규모 측면에서도 이익이다. 수익의 자릿수가 달라지지만, 리스크 역시 마찬가지이다.

아마존은 오프라인 경제를 재정의하고 빠르고 효율적으로 확장 가능한 서비스를 구축하기 위하여 대규모의 선투자에 돈을 걸 의사를 가지고 있다. 여기서 "돈을 걸 의사"라는 표현을 사용한 이유는 아마존이 무인 리테일 매장을 확장할 수 있을지가 아직 명확하지 않기 때문이다. 대부분의 전통적 임대인과 리테일러들은 비교우위를 구축할 대담함이나 자본을 가지고 있지 않다.* 그러나 필요한 비전과 금융자원을 가지고 있는 임대인들조차도 자신들의 혁신능력을 제한하는 구조적 한계에 직면하고 있다.

제한적 구조와 잘못 배정된 인센티브

세계의 대형 리테일 임대권자들은 상장된 리츠(public REITs) 또는 프라이빗 에쿼티 펀드(private equity funds)로 조직되어있다. 리츠는 정기적인 배당금을 발생시켜야 하기 때문에, 몇 년간 선손실이 발생하는 벤처에 투자하기 위한 이상적인 투자자는 아니다. 더욱이 미국의 리츠는 그 자산의 75%를 실제 부동산에 투자해야 하고 수입의 90%를 주주들에게 다시 배분해야 한다는 규제요건을 가지고 있다. 이 말은 투자할 현금이 있다고 하더라도 새로운 사업에 투자할 능력이 제한된다는 것이다.

블랙스톤(Blackstone)이나 브룩필드(Brookfield)와 같은 프라이빗 에쿼티 회사들은 최종적인 회수액을 기다리는 동안 손실을 감당할 능력이 훨씬 크다. 사실상 많은 프라이빗 에쿼티 부동산 펀드의 구조는 벤처캐피털 펀드의 구조와

---

* 이 말의 의미는 임대인들이 자체적인 편의점을 열기 시작해야 한다는 말이 아니라, 임대인들이 필요한 기술 투자를 하는 것에 있어 힘들어 하는 이유를 아마존의 사례를 들어서 설명한 것이다.

거의 동일하다. 그 이름이 나타내는 바와 같이 이러한 펀드는 사적인(private) 것이다. 즉, 언론이나 리테일 투자자들로부터의 철저한 검증이 지속되는 경우가 적은 편이고, 여론의 장에서 정당화하기 어려울 수 있는 장기적인 베팅도 가능하다. 그러나 프라이빗 에쿼티 부동산 펀드도 자체적인 제한점을 가지고 있다. 이들은 보통 그들이 투자할 수 있는 자산의 유형이 규정된 투자지침서가 있다. 결과적으로, 이들은 "기술"이나 "서비스" 투자에 집중할 수가 없고, 유형적 가치를 가지고 있으면서 차환이 가능한 실제 건물에만 투자가 가능하다.

전통적 비즈니스와 달리, 펀드는 각 건물 자체의 가치에 집중하는 방식으로 조직되어있다. 각각의 자산은 서로 다른 시점에 인수될 수 있고, 파트너들이 서로 다를 수 있으며, 서로 다른 대출기관에서 금융조달을 하기도 한다. 결과적으로, 각 자산의 현금흐름은 서로 다른 이해관계에 종속되고, 펀드매니저는 전체 포트폴리오나 기업의 장기적 관점에서 행동하도록 그 능력이 제한된다. 이 말은 기술에 대한 투자는 (또는 그 어떤 것이든) 개별 건물에 대한 긍정적이고 즉각적인 영향이 있을 때에만 정당화될 수 있다는 말이다.

개별 자산의 소유권 구조 역시 많은 임대권자들이 생각보다 규모가 작다는 사실을 나타낸다. 예를 들어, 한 기업이 50억 달러 가치의 포트폴리오를 관리하고, 여기서 매년 순영업소득(net operating income, NOI)으로 2억 달러를 발생시킬 수 있다고 가정하자. 이 수입 중 상당 부분은 자금조달, 펀드관리 수수료 및 기타 수수료로 지불된다. 결과적으로 "50억 달러 임대권자"는 매년 쓸 수 있는 돈이 몇백만 달러에 불과할 수 있다. 또한 많은 부동산 펀드들이 제한된 기한(7~10년 정도)을 가지고 있고 대부분의 수익이 마지막 연도에서 그 자산이 프리미엄을 받고 팔릴 때 발생한다. 이러한 상황이 재량에 의한 선투자를 할 수 없게 제한하는 것이다.

많은 프라이빗 에쿼티 회사들은 여러 개의 개별펀드를 동시에 운영하고, 비슷한 자산과 지역에 집중된 펀드들도 있다. 여기서도 각각의 개별펀드는 서로 다른 투자자가 있고, 같은 기업 내에서도 서로 다른 파트너들에 의해 운용될 수 있다. 그렇기 때문에 모든 펀드매니저들과 투자자들의 이해관계를 포트폴리오 전체의 장기적 관점에 이익이 되는 하나의 전략으로 할당하는 것이 어려운 것이다. 각각의 개별펀드는 각자의 수익에 대한 책임이 있고, 그 안에 있는 자산은 다소 좁은 시각을 근거로 사고팔리는 것이다.

대부분의 프라이빗 에쿼티 회사의 파트너들은 그들이 현재 운용하고 있는 자산과 펀드로부터의 수익을 근거로 인센티브를 받는다.* 전통적 기업들과 달리, 펀드는 그 수익의 일부를 운용 파트너들에게 수수료로 지불하는 방식으로 조직되어있다. 미래펀드의 자산에 이익이 될 수도 있는 투기적 혁신사업이나 다른 파트너들에 의해 운영되는 펀드에 투자하기 위하여 오늘의 수수료를 희생할 이점이 이 파트너들에게는 없는 것이다. 리츠는 대형 포트폴리오의 장기 소유권에 있어 더 나은 구조를 가지고 있고 더 중앙집중화된 자원의 배정을 허용한다. 그러나 위에서 언급한 바와 같이 이들은 자신들만의 한계를 가지고 있다.

다시 말해, 대형 부동산 기업들의 구조와 투자지침은 (기술과 서비스 플랫폼에 반대되는) 실제 건물 외의 다른 것에는 유의미한 투자를 집행할 능력이 제한되는 경우가 많다. 이러한 구조가 매니저들로 하여금 더 긴 기간

---

* 제대로 된 기술을 갖춘 기업을 구축하려면 몇십 년 이상이 걸리는데, 그에 비교하면 단기적인 투자이다.

동안 여러 건물들을 포괄할 수 있는 기술 및 서비스 플랫폼에 장기 투자하지 않고 개별 건물의 즉각적인 운영수입에 집중하게 만든다.

이러한 문제를 해결하는 방법 중 하나는 임대권자들을 서로 다른 투자지침, 운용팀, 투자자들로 이루어진 개별 개체들로 나누는 것이다. 이러한 방식은 숙박산업에서는 흔하게 사용되는 전략이다. 그러나 호텔과 리테일 자산은 주요한 차이가 있다. 리테일 자산은 단일의 브랜드 및 서비스 플랫폼 하의 수백 개 또는 수천 개의 자산들을 하나로 모을 수 있는 리테일 임대권자와 운영사의 능력을 제한한다.

부동산 자산과 브랜드화된 운영 플랫폼의 분리

호텔 업계에서 사업을 '실제 부동산을 소유하는 회사(PropCo)'와 '마케팅 및 고객 관련 운영을 하는 회사(OpCo)'로 분리하는 것이 이제는 일반적인 것이 되었다. OpCo는 매출을 통해 수익을 창출하는 운영회사이고, PropCo는 OpCo가 지불하는 임대료나 관리비에서 수익을 발생시키는 자산 소유주이다. 예를 들어 스타우드(Starwood), 아코르(Accor), IHG 호텔들은 서드파티 임대인을 대신하거나 실제 부동산을 소유하는 제휴업체를 대신하여 이 브랜드들로 운영된다. 호텔 브랜드들은 프랜차이즈로 운영되는 경우가 많다. 즉, 빌딩의 소유주나 매니저에게 가이던스와 브랜드 사용권 그리고 마케팅 지원을 해주는 것이다. 호텔 소유권 구조에 관해서는 섹션 Ⅲ(주거 및 숙박)에서 더 자세히 다루기로 하겠다.

이러한 모형이 호스피털리티 산업에서 일반적인 이유는 크게 5가지가 있다. 첫째, 리스크 선호도나 투자지침에 따라 서로 다른 투자자들을 개별 상품에 접근하게 할 수 있다. 어떤 투자자는 부동산에만 투자하고 싶어 할 수도 있고 다른 투자자는 운영사업에 투자하는 것을 좋아할 수도 있다. 둘째, 부동산을 장부에서 제외하면, 운영자가 브랜드나 전체적 마케팅, 기술, 전반적 관리, 그리고 각 건물별로 고객을 유치하고 서비스하는 능력을 개선시킬 수 있는 다른 활동들에 투자할 수 있는 현금이 자유로워진다. 셋째, 자산과 운영을 서로 다른 회사로 분리해야 세금을 절감할 수 있다. 넷째, 별도의 OpCo와 PropCo는 다양한 세제혜택 및 회계관리를 위한 여지를 만들 수 있다.

위의 4가지 이유들은 리테일과 호스피탈리티 자산에 대해 동일하게 타당성이 있다. 이 두 가지 자산 유형 간의 차이는 다섯 번째 이유, 즉 거래비용(transaction costs)에 있다. 그러면 어떻게 다른지 살펴보자.

리테일과 호스피탈리티 사업에서의 거래비용

호텔과 고객 사이의 거래를 완성하는 것은 매우 높은 거래비용을 수반한다. 여행자는 때로 낯선 곳에서 숙박할 장소를 찾아야 하고(삼각검증), 미리 예약을 하고 계약금 등으로 그것을 보증할 필요가 있으며(이송), 실제로 도착하면 그 호텔과 객실이 거기에 존재하고 그곳에서 하룻밤을 묵거나 샤워를 해도 안전하다는 믿음이 필요하다(신뢰).* 이러한 거래비용들 때문에 호텔들은 알기 쉽고 신뢰가 가는 브랜드명과 중앙집중화된 마케팅, 유통

---

* 호스피탈리티 플랫폼이 어떻게 "상품화(commoditize)"되는가에 관한 더 자세한 분석은 Ben Thompson이 Stratechery에 기고한 "에어비앤비와 인터넷 혁명(Airbnb and the Internet Revolution)" https://stratechery.com/2015/airbnb-and-the-internet-revolution/ 참고.

플랫폼을 갖는 것을 중요하게 생각한다.**

리테일 자산의 경우는 상황이 더 복잡하다. 잠재고객은 특정의 제품을 찾는 것이지 특정의 장소를 찾는 것이 아니다("새로운 폰을 하나 사려고 한다" 대비 "런던 도심에 있는 객실을 찾고 있다"). 이는 삼각검증이 주로 제품이 어디에 있는지를 알아내는 비용에 적용된다는 것을 의미한다. 다시 말해, 리테일 매장의 위치가 상관없다는 것이 아니라 고객 행동의 배경이 되는 주요 동인이 제품이라는 것이다. 호텔을 예약하는 것과 비교하면, 고객은 런던 도심에 가야 할 때 어떤 숙박상품에 돈을 지불할지를 선택할 수 있다. 리테일의 경우는, 고객이 새로운 폰을 사려고 할 때 어느 장소로 가거나 어디서 주문할지를 선택할 수 있다.

다른 사례에서, 리테일 고객들이 특별히 어떤 것을 찾고 있는 것이 아니라 시간을 보낼 곳을 찾는 경우가 있다. 어느 한 잠재고객이 한 리테일 공간에 가기로 선택하는 이유가 걷거나 차를 타거나 대중교통으로 접근이 쉽기 때문일 수 있다. 여기서 삼각검증은 덜 어려운 문제가 될 수 있다는 의미가 되는데, 그 이유는 고객이 단순히 가까운 매장으로 갈 뿐, 선택의 여지가 적기 때문이다. 더 정확하게는, 여기서의 삼각검증은 대단히 지역적인 문제로, 고객이 어느 쪽 길을 갈지를 결정하게 도와주는 것이다. 이는 다른 기회를 창출하는 것이기도 하지만, 여기서는 호텔 사업과 리테일 사업은 서로 다른 삼각검증(triangulation) 비용에 직면한다는 사실에 집중하기로 하자.

이송(transfer) 비용은 역사적으로 리테일 사업에서 크게 어렵지 않은 문

** 호텔 운영자들은 이제 새로운 유형으로 브랜드화된 예약 플랫폼들과 경쟁하고 있다. 이 역학관계에 관해서는 섹션 Ⅲ(주거와 숙박)에서 다룬다.

제였다. 왜냐하면 물리적 매장에서 구매하는 상품은 보통 예약이 되거나 사전에 지불되는 일이 없었기 때문이다. (최소한 최근까지는 그랬다.) 그리고 신뢰(trust) 문제 역시 리테일 소비자가 몇 분 동안만 매장을 방문하는 것이기 때문에 덜 치명적이다. (호텔에서 하룻밤을 묵어야 하고 샤워를 하는 상황과 다르다.) 더 중요하게는, 대부분의 리테일 사업들이 여러 제품 브랜드들을 결집시킨다. 호텔이 정문에 호텔명(예를 들어, 힐튼호텔)을 내걸어서 가치를 전달하고 고객을 유인하는 반면, 리테일 사업은 자라, H&M, 유니클로, 세포라 등의 이름을 외벽에 붙여서 쇼핑객들을 유인한다. 고객들은 임대인의 프로젝트 내에 있는 브랜드 리테일러로부터 제품을 구매하는 것이고, 임대인 자체로부터 구매하는 것이 아닌 경우가 많다.

간단히 말해, 리테일에서 건물은 제품들을 찾아볼 수 있는 곳이다. 숙박에서는 건물이 상품 그 자체이다. 결과적으로 삼각검증, 이송, 신뢰의 비용을 낮추기 위해 등장하는 리테일 플랫폼들은 제품을 찾아내고 지불하고 배송하는 것에 초점을 맞추는 것이지 건물에 초점을 맞추는 것이 아니다. 이러한 플랫폼들은 고객들이 원하는 제품을 찾는 것을 도와줌으로써 임대인을 대체할 수 있다. 예를 들어, 아마존이나 타오바오에서 물건을 구입하는 고객은 매장을 전혀 방문할 필요가 없다. 반면, 익스피디아에서 예약을 한 고객은 호텔의 실제 물리적 객실을 방문하고 지불하는 것이다.

결과적으로, 계속 생존하려는 리테일 임대인은 더 복잡한 도전과제에 직면한다. 그들은 실패할 경우 더 심각한 결과에 직면하기도 한다. 여러 대형 리테일 임대권자들은 이미 자신의 조직을 재편하고, 혁신기술 및 기업들에 투자하고 새로운 역량을 얻기 위해 노력하고 있다.

6
미래의 임대인

 2019년 3월 릴레이티드프로퍼티스(Related Properties)의 스티븐 로스(Stephen Ross) 회장은 맨해튼 웨스트사이드에 100만 ft^2(9만 2,903㎡)에 달하는 쇼핑몰인 The Shops & Restaurants at Hudson Yards[36]를 공식 개장했다. 뉴욕시는 쇼핑몰로 유명한 지역이 아니다. 또한 리테일 프로젝트는 2019년 1/4분기 현재 인기 있는 투자도 아니다. 이 쇼핑몰이 성공할지는 더 두고 봐야 하겠지만, 로스 회장은 다소 다른 접근법을 적용하고 있으며, 그 접근법은 그 공간의 다른 회사들에게 또 다른 가능성을 보여주고 있다.

 먼저, 허드슨야드의 이 쇼핑몰은 약 250억 달러가 투자된 미국 역사상 최대 부동산 개발 프로젝트의 중심에 위치하고 있고 1,700만 ft^2(158만 ㎡)의 오피스, 아파트먼트, 리테일 공간에 둘러싸여있다. 일반적으로, 미국의

---

36 The Shops & Restaurants at Hudson Yards가 쇼핑몰의 이름이고, 뉴욕 미드타운 맨해튼의 Hudson Yards 복합단지 내에 33rd Street와 10th Avenue가 교차하는 위치에 있다. - 역자 주.

쇼핑몰들은 도시외곽에 자리 잡고 있다. 미국 전역에 있는 1,500여 쇼핑몰들은 1956년에서 2005년 사이에 대부분 건립되었고, 주거지역이 별로 없는 고속도로변에 거대한 주차장을 둔 쇼핑활동의 섬과 같은 모습을 하고 있다. 2005년 이후로는 신축 쇼핑몰은 별로 없고 최근에는 많은 쇼핑몰들이 문을 닫았다.

전통적인 쇼핑몰은 주로 하나 이상의 대형 백화점이 앵커시설로 들어오고 가장 좋은 위치를 차지한다. 반면 허드슨야드의 쇼핑몰은 소규모 매장들로 나눠져있고, 유일한 럭셔리 백화점인 니만마커스(Neiman Marcus)가 5층에 자리 잡고 있다. 앞에서 언급했던 바와 같이, 이 쇼핑몰은 한 층 전체를 디지털 네이티브 브랜드와 새로운 리테일 컨셉 전용의 "발견의 층(Floor of Discovery)"으로 할애하고 있다. 그리고 이 쇼핑몰은 그 이름(The Shops & Restaurants at Hudson Yards)이 반영하고 있는 것처럼 다이닝에 방점을 두고 있다. "레스토랑"이란 말은 릴레이티드의 예전 뉴욕 쇼핑몰인 The Shops at Columbus Circle[37]에는 없던 것으로, 그 몰이 개장했던 2003년 당시에는 쇼핑만으로도 충분한 매력시설이었던 것이다.

릴레이티드의 접근법에서 가장 흥미로운 점은 이 새로운 몰과 주변 빌딩들을 강화시키는 인프라와 브랜드와의 관계이다. 릴레이티드는 부동산 개발 및 운영사업 외에도 릴레이티드펀드매니지먼트(Related Fund Management)라는 펀드 운용회사도 가지고 있으면서 서드파티 자본을 부동산 프로젝트 및 기타 관련 운영 및 서비스 회사들에 배정한다. 또한 릴

---

37 The Shops at Columbus Circle이 쇼핑몰의 이름이고, 뉴욕 맨해튼의 Columbus Circle에 위치하고 있으며, 2003년 오픈했다. - 역자 주.

레이티드는 기술, 미디어, 다이닝, 엔터테인먼트 벤처들에 투자하는 민간 투자회사인 RSE와도 제휴하고 있다. RSE는 별도의 투자회사이지만, 그 포트폴리오 기업들은 릴레이티드의 홈페이지에 회사의 "패밀리 브랜드"로 등록되어있다.

이러한 여러 투자 플랫폼들은 릴레이티드가 다른 부동산 회사의 프로젝트와 차별화되는 유연성을 부여하고, 운영에서 발생하는 가치를 더 많이 가져갈 수 있는 잠재성이 있다. RSE는 블루스톤레인카페(Bluestone Lane Cafe)[38], 가위(KĀWI)[39], 푸쿠(Fuku)[40] 등 허드슨야드 쇼핑몰의 여러 테넌트에도 투자하고 있다. RSE는 또한 허드슨야드 방문자들이 다양한 레스토랑의 테이블을 예약하기 위해 사용되는 예약관리 시스템인 레시(Resy)에도 투자했다.

RSE의 투자는 릴레이티드의 핵심사업에 시너지를 주고 있다. 그러면서도 RSE는 부동산과 브랜드화한 운영 플랫폼을 더욱 긴밀하게 통합하기 위하여 자체 펀드 매니지먼트 사업체(RFM)를 이용하고 있다. 예를 들어, 2019년 3월 릴레이티드는 콰이엇로지스틱스(Quiet Logistics)를 인수했는데, 콰이엇로지스틱스는 보노보스(Bonobos), 맥웰던(Mack Weldon), 어

---

38 블루스톤레인카페(Bluestone Lane Cafe): 호주 스타일 커피와 분위기의 카페 브랜드. - 역자 주.
39 가위(KĀWI): 재미교포 사업가이자 셰프인 데이비드 장(David Chang)이 설립한 요식업 기업인 모모푸쿠(Momofuku) 그룹의 브랜드 중 하나로, 박은조 셰프가 한식 퓨전 요리를 제공하고 있다. 데이비드 장이 회사 이름을 모모푸쿠로 지은 이유는 인스턴트 라멘을 발명한 대만계 일본 사업가인 Momofuku Ando(安藤 百福)에 대한 존경의 표현이라고 한 바 있다. - 역자 주.
40 푸쿠(Fuku): 모모푸쿠(Momofuku) 그룹의 캐주얼 다이닝 컨셉 레스토랑으로 주로 프라이드 치킨과 맥주 등을 판매한다. - 역자 주.

웨이러기지(Away Luggage) 등의 디지털 네이티브 브랜드에 풀필먼트 서비스를 제공하고 있다. 콰이엇로지스틱스의 인수는 물류투자 전문회사인 그린필드파트너스(Greenfield Partners)와 파트너십으로 이루어졌다. 릴레이티드는 이 새로운 플랫폼을 이용하여 더 종합적인 솔루션을 테넌트들에게 제공할 계획을 가지고 있다. 이 종합적인 솔루션에는 오프라인 리테일 매장, 오프라인 풀필먼트센터 그리고 여러 채널을 통해 판매할 수 있게 하는 서비스 시스템 등이 포함된다.

 리테일 애널리스트인 리치 시걸(Richie Siegel)이 지적한 바와 같이, 많은 독립 브랜드들이 "아마존 풀필먼트 서비스를 거부하는데 그 주된 이유는 잠재적 경쟁자인 아마존과 자신들의 데이터를 공유하고 싶지 않아서"이나. (아마존은 사신의 웹사이트에서 가상 잘 팔리는 제품들에 대해 자사 상표 대체품을 론칭하는 것으로 악명이 높다.) 리치 시걸이 생각하는 것은 결론적으로 콰이엇과 같은 독립적 물류회사들이 더 많은 가능성을 열어준다는 것이다. 아마존이나 월마트와 달리 임대권자들은 브랜드 리테일러들과의 이해관계를 설정하는 데 있어서 보다 좋은 위치에 있다.

 2005년 릴레이티드는 고급형 헬스클럽 운영사인 이쿼녹스(Equinox)를 인수했다. 릴레이티드는 이쿼녹스가 미국 전역의 여러 곳의 좋은 위치로 확장하는 것을 도왔고, 새로운 시장세분화와 서비스 카테고리를 확대할 수 있게 도와주었다. 결과적으로, 이쿼녹스의 브랜드와 굳건한 멤버십 기반은 릴레이티드의 주거 및 상업시설 프로젝트들의 차별화와 앵커시설 유치에 도움이 되었다. 2019년 이쿼녹스는 허드슨야드 쇼핑몰 맞은편에 첫 번째 호텔을 열었다. 이 호텔은 웰니스에 초점을 두고 있고, 고객들에게 전문적 수준의 스포츠 시설(한냉요법 시설), 특화된 식사 옵션(시차적응 음료), 수면 컨설팅 등의 프로그램을 제공한다. 이쿼녹스는 향후 주요 글로벌 대도시들에 더 많은 호텔을 지을 계획을 가지고 있다.

릴레이티드의 부동산 개발, 펀드 매니지먼트, 벤처투자 대상들 간의 관계가 항상 명확한 것은 아니지만, 이들은 자주 관련(related!)되어 있다. 투자지침, 비즈니스, 운영팀의 다양성은 부동산투자신탁(REITs)이나 전통적 프라이빗 에쿼티 펀드에서 하기 어려운 사업들을 이 릴레이티드(Related)라는 회사가 가능하게 하고 있다.

공모시장에서의 혁신

비공개기업들은 월스트리트 분석가들과 개미 투자자들의 까다로운 검증 없이 오랫동안 실험을 할 수 있다. 그러나 세계 최대 리테일 포트폴리오들은 (여전히) 공모시장에서 거래되는 리츠(REITs)가 소유하고 있다. 앞에서 언급한 바와 같이, 이러한 리츠는 대부분의 자본을 실제 부동산 자산에 투자해야 하고 정기적으로 수입의 대부분을 주주들에게 배분해야 한다. 이런 제약 속에서 리츠는 혁신할 수 있을까? 이들은 분명히 혁신을 위해 노력하고 있다.

리츠 기업인 사이먼프로퍼티그룹(Simon Property Group)은 창업벤처 캐피털 펀드인 사이먼벤처스(Simon Ventures)에 투자하고 있다. 사이먼벤처스는 주로 리테일과 기술의 교차점에 있는 스타트업들에 투자하고 있는데, 주요 투자처로는 리테일 공간 단기임대 중개사이트인 어피어히어(AppearHere), 위치 데이터 플랫폼인 포스퀘어(Foursquare), 전기스쿠터 공유회사인 버드(Bird), 화장품 구독박스 서비스인 팹핏펀(FabFitFun), 음료회사인 더티레몬(Dirty Lemon), 속옷 제조 및 유통회사인 미언디스(MeUndies) 등이 있다. 더티레몬과 미언디스는 디지털 네이티브 브랜드로 새로운 판매 방식을 시도 중이다. 더티레몬은 고객이 건강음료를 주문할 때 문자 메시지를 보내서 주문하는 방법을 사용하고 있고, 미언디스는 소비자들에게 매월 새로운 속옷을 보내는 구독 서비스를 제공하고 있다.

사이먼벤처스는 또한 리테일러들의 라스트마일(last-mile)[41] 풀필먼트 처리를 돕는 스타트업인 딜리브(Deliv)에도 투자했다. 이것은 릴레이티드가 콰이엇로지스틱스에 투자한 것과 비슷해 보이지만 2가지 점에서 주요하게 다르다. (1) 사이먼은 금융투자만 하고 회사 전체를 인수하지 않았고, (2) 다른 리테일 리즈인 메이스리치(Macerich), 웨스트필드(Westfield), GGP 등도 딜리브에 투자했다. 이것이 의미하는 바는 어느 임대인도 독창적인 기술이나 운영 플랫폼을 컨트롤하려 들지 않는다는 것이다. 다른 한편으로 리테일러들은 세계 최대 4대 리즈가 소유한 수백 개의 쇼핑몰들을 통해 동일한 풀필먼트 솔루션을 쉽게 이용할 수 있게 되는 것이다.

사이먼은 온라인과 오프라인 리테일을 통합하려는 노력을 하고 있다. 사이먼은 쇼핑객들이 짐을 쇼핑몰에 맡기면 집으로 배달해주는 드롭잇(Dropit)이라는 스타트업과 제휴하고 있다. 사이먼은 새로운 "서비스형 풀필먼트(fulfillment as a service)" 솔루션인 리테일커넥트(RetailConnect)를 발

---

41 라스트마일(last-mile)은 고객에게 직접 배송되기 바로 직전의 마지막 거리라는 의미로, 퍼스트마일(first-mile)이 제조사가 풀필먼트센터까지 인도하는 단계이고 라스트마일은 풀필먼트센터에서 최종고객까지 제품을 인도하는 단계를 말한다. - 역자 주.

표했다. 이 솔루션은 쇼핑몰 기반의 리테일러들이 "추가적인 공간과 직원, 하드웨어, 소프트웨어 등을 투입하지 않아도 온라인 상거래 주문의 풀필먼트를 가능하게" 도와주는 것이다. 이 서비스는 댈러스포트워스(Dallas-Fort Worth) 지역부터 시작해서, 선별된 사이먼 쇼핑몰들 내의 특화된 창고를 통해 운영될 것이다. 이 서비스는 점차 브랜드들이 당일배송, 매장픽업, 드라이브스루 배송을 가능하게 할 계획이다.

사이먼은 또한 소비자들이 일부 온라인 매장에서 구매한 물건을 반품할 수 있게 하는 프로그램도 운영하고 있다. 포장, 배송 후 환불까지 기다리는 과정 대신에 소비자들은 직접 사이먼몰에 물건을 가져와서 바로 환불을 받을 수 있다. 아마존이나 알리바바와 마찬가지로, 사이먼도 온라인과 오프라인의 원활한 통합을 위해 애쓰고 있다. 아마존은 오프라인 매장을 론칭하고 있고 사이먼은 2019년 새로운 소비자 대면 디지털 플랫폼을 준비하고 있다.

사이먼은 회사규모 덕분에 리츠의 한계 내에서도 이러한 혁신에 대해 투자를 할 수 있는 것이다. 이 회사는 118개의 쇼핑몰을 포함해 200여 개의 리테일 매장을 소유하거나 운영하고 있으며, 2019년 4월 기준 시가총액이 570억 달러를 넘고 있다. 수익의 일부를 혁신에 할애함으로써 매년 수천만 달러에서 억대의 가치를 추가할 수 있다. 사이먼의 포트폴리오 규모 역시 이러한 투자결정을 쉽게 정당화하고 있다. 성공적일 경우, 사이먼은 수백여 개의 부동산 자산으로 빠르게 배치될 수 있을 것이다. 미국 주요 대도시들에 기반을 가지고 있는 것 역시 물류 솔루션을 온라인 리테일러에게 제공하는 것을 타당하게 하고 있다.

규모의 중요성이 점점 커지는 것 역시 최근 주요 리츠를 휩쓸고 있는 합병의 유행을 설명할 수 있을 것이다. 2017년 유니베일-로담코(Unibail-Rodamco SE)는 웨스트필드사(Westfield Corporation)를 인수하여 세계에서 두 번째로 큰 쇼핑몰의 소유주 겸 운영사가 되었다. 2018년 미국에서 가장 오래되고 가장 큰 리테일 리츠 중 하나인 GGP는 세계 최대 상업부동산 소유주 겸 운영사 중 하나인 브룩필드프로퍼티파트너스(Brookfield Property Partners)에 인수되었다. 또한 브룩필드는 영국 굴지의 리테일 리츠인 인투(Intu)를 인수하려 하고 있다. 브룩필드는 다양한 상장 및 비상장 투자회사들을 가지고 있고, 운영사업뿐만 아니라 리테일, 오피스, 산업 및 기타 실물자산에 투자를 가능하게 하는 투자지침을 가지고 있다. 이론상, 이는 브룩필드를 온라인 및 오프라인 리테일과 풀필먼트, 기타 관련 서비스들을 통합하는 플랫폼을 구축할 수 있게 자리매김하고 있다.

# 7
오프라인 리테일을 다시 생각한다

    온라인과 오프라인 채널의 융합이 의미하는 것은 리테일 임대인의 사업이 점점 더 테크의 경제학(economics of tech)의 지배를 받고 있다는 것이다. 앞에서 지적한 바와 같이, 테크의 경제학은 상당한 선투자를 수반하고, 이는 각각의 새로운 고객들에게 서비스하는 것에 대한 한계비용을 대폭 감소시키게 될 것이다. 다시 말해, 기술의 역할이 증가하면서 오프라인 리테일 산업의 규모에 대한 수익도 커지고 있다. 결과적으로, 몸집을 키우고 통합하는 것이 생존경쟁에서 유리해지고 있다. 소규모 임대인들이 없어지지는 않겠지만, 그들은 서드파티 운영자들에 의존해야 하거나 운영 및 마케팅 자원에 기여할 수 있는 회사들과 파트너십을 맺는 새로운 방법들을 찾아야 한다.

    기술은 모든 부동산 자산들을 뒤흔들고 있지만, 오프라인 리테일이 받고 있는 도전은 특이하다. 기술은 리테일 공간이 설계, 운영, 평가되는 방식만 단순히 바꾸는 것이 아니라, 그 공간 자체가 과연 존재할 필요가 있는지에 대해 의문을 제기한다. 사람들은 주거할 집이 필요하고, 일할 오피스 공간이 필요하다. 상품들은 제조 및 저장 시설이 필요하다. 그러나 디지털 매장과 언제 어디서나 가능한 물류 네트워크가 있는 세상에서 물리적 매장이 필요할까? 이론상으로 그 답은 "필요하지 않다"이다.

다르게 말하면, 물리적 리테일은 더 이상 존재하지 않게 될 수도 있는 일련의 일시적 문제들을 해결하기 위해 등장했다. 과거에는 판매자와 구매자가 서로를 찾고 신뢰하는 데 높은 비용이 소요되었다. 제품의 이송과 지불에 높은 비용이 들었다. 양 당사자들이 매매조건을 지키는지를 확실시하기 위해서도 높은 비용이 소요되었다. 기술은 이러한 비용들을 감소시키거나 없애준다.

이는 물리적 리테일이 더 이상 존재하지 않게 될 것이라는 의미가 아니다. 또한, 궁극적으로 가치가 낮아지고, 공간도 적게 차지할 것이라는 의미도 아니다. 이 현상이 의미하는 바는, 다른 부동산 유형들과 비교할 때, 물리적 리테일의 진화는 예측하기 어렵다는 것이다. 기술은 이 진화를 가능하게 할 뿐만 아니라 필수적인 것으로 만들고 있다.

리테일 임대인과 공간을 번들링(bundling)하거나 언번들링(unbundling)하는 것은 20세기에 지배적이었던 비즈니스와는 전혀 다른 비즈니스를 만들어낼 것이다. 단순히 다른 것뿐만 아니라 카테고리를 정하고 정의하는 것도 점점 더 어려워진다. "임대인(landlord)"이라는 말조차 적절치 않게 될지도 모른다. 성공하고자 하는 소유주는 여러 자산들을 더 강화된 서비스 시스템과 결합하고, 새로운 자산과 역량을 혼합하며, 모든 것을 함께 연결하는 인프라를 갖춘 사업체가 되어야 한다. 많은 경우, 이를 달성하려면 둘 이상의 개별적으로 특화된 개체로 나누는 것이 수반된다. 운영 시스템에서는 새로운 유형의 거래비용(transaction cost)들을 해결하고 새로운 유형의 마찰들을 줄여야 할 것이다.

고객 측면에서 그 의미는 아래와 같다.

- 무한히 많은 옵션을 추려내는 데 필요한 시간을 줄여주는 큐레이션 사용
- 어떤 제품이 매장에 재고가 있는지에 관한 실시간 정보 제공
- 온라인과 매장에서 구매 및 금융 옵션을 다양하게 제공
- 배송 및 픽업 옵션 제공, 손쉬운 반송과 환불방법 제공
- 새로운 발명품을 발견하고 새로운 생활기능을 배울 수 있는 장소 제공
- 기술지배적 세계에서 점점 사라지는 것들을 풍부하게 하는 환경 조성: 즉 인간의 상호작용, 자연요소, 모든 오감을 통해 경험할 수 있는 사물과 활동 등

리테일러 측면에서는 아래와 같은 의미가 된다.

- 브랜드들이 최소한의 선투자비용과 의무사항을 가지고 오프라인 매장을 열기 쉽게 해주는 것
- 브랜드들이 대형 리테일러들과 거의 비슷한 서비스를 제공하면서 최선을 다할 수 있도록 집중하게 해주는 물류 및 금융서비스의 제공
- 브랜드들이 오프라인 매장을 개선할 수 있도록 돕는 데이터 및 분석 제공
- 다른 판매 및 마케팅 채널을 관리할 때 사용하던 시스템과 통합함으로써 브랜드들이 고객여정에 관한 전체적인 그림을 얻을 수 있게 하는 것
- 브랜드들이 잘 팔리는 제품이 있을 때 빠르게 규모를 확장할 수 있는 추가적인 오프라인 (및 온라인) 매장의 네트워크에 쉽게 접근할 수 있게 하는 것
- 자유 시간을 다양하게 보낼 수 있는 고객들을 유인할 수 있는 환경을 조성하고 이벤트 일정을 계획하는 것

여기에 열거된 많은 항목들이 초기 백화점을 묘사한 것과 비슷하다는 것은 우연이 아니다. 이러한 매장들은 "건물"과 "브랜드" 사이의 간격을 메우고, 21세기에 살아남는 데 필요한 많은 전략들을 사용했다. 이들은 예기치 않은 놀라움과 기쁨을 주는 환경을 조성했고, 새로운 문화와 다이닝 경험들을 도입했으며, 대규모 기술들을 사용했고, 비운영적 관리 기능을 집중화했으며, 무료 배송을 제공하고, 기존 및 잠재 고객들의 열망과 가치에 다가섰다.

20세기 말까지 리테일은 모두 비슷하게 닮아있었다. 주변과 격리되어 있었고, 같은 브랜드들로 채워져 있었다. 이러한 쇼핑몰들은 대량생산과 대중매체 시대의 정점을 반영했다. 섹션 Ⅳ(물류와 산업)에서 살펴보게 되겠지만, 우리는 소량생산과 파편화된 유통의 시대에 살고 있다. 이는 리테일 부동산 회사들이 리테일 자산을 그 어느 때보다도 더 흥미롭고 가치 있게 만들 수 있는 기회를 제공한다.

섹션 II

오피스

8
오피스의 맥락

제이 차이엇(Jay Chiat)은 늘 괴짜였다. 그의 회사인 차이엇/데이(Chiat/Day)는 1984년 그 유명한 매킨토시 컴퓨터의 첫 광고를 제작했고, 그 광고가 슈퍼볼을 중계하는 도중에 나가야 한다고 스티브 잡스를 설득했다. 아니, 더 정확하게는 애플 이사진을 압박했다.

광고에서는 청회색 유니폼을 입은 창백한 노동자들이 청회색 건물로 행진해 들어간다. 그리고는 모두 자리에 앉아 권위적인 빅브라더가 미래에 관해 강력한 연설을 하는 것을 보고 있다. 갑자기 흰 셔츠와 오렌지색 반바지를 입은 운동선수 여성이 뛰어 들어와 빅브라더의 디지털 이미지에 망치를 던진다. 노동자들은 해방되었다!

이 광고는 조지 오웰의 디스토피아적 소설인 「1984년」을 참고한 것으로, 현대 직장의 억압적 단조로움에 대한 메타포였고, 당시 지배적 컴퓨터 제조사이며, "빅블루(Big Blue)"라고도 불렸던 IBM에 한 방 날린 것이었다. 이 광고는 곧바로 고전작품처럼 되었고 광고계의 각종 상을 휩쓸었다.

매킨토시는 처음에는 잘 팔렸지만, 나중에는 애플을 위기로 몰고 갔다.

위의 광고가 방송을 탄 지 1년 후, 스티브 잡스는 회사와 결별했다. 스티브 잡스가 애플로 다시 돌아오기까지 10년이 넘게 걸렸고, 아이폰이라는 진정한 개인용 컴퓨팅을 가능하게 해준 제품을 출시하기까지는 20년이 넘게 걸렸다.

1993년 제이 차이엇은 자신의 직원들을 해방시킬 때가 되었다고 생각했다. 그는 자신의 회사가 새로운 모바일 시대를 선도하는 계획을 세웠다. "아침 9시까지 사무실에 나올 필요도 없고, 사무실에 계속 있을 필요도 없습니다"하고 그는 직원들에게 말했다. "마찬가지로, 사무실에서 야근해서 이득이 될 것도 없습니다."

자신의 계획을 언론에 설명하면서 차이엇은 이렇게 말했다. "대부분의 회사들이 마치 초등학교처럼 운영됩니다. 회사에 가서 화장실 갈 때 말고는 계속 사무실에 있지요. 이런 종류의 것들은 편협성과 공포심만 조장합니다. 비생산적입니다." 이와 다르게 그의 계획은 "초등학교가 아닌 대학과 좀 더 비슷하게 구조화"하는 것이었다.

차이엇/데이의 캘리포니아 오피스인 베니스비치(Venice Beach)는 열린 생각과 자유로운 움직임을 권장하도록 다시 설계되었다. 사무실 안의 개인 공간을 없앴다. 가족이나 애완동물의 사진을 붙일 곳도 없었다. 종이 문서는 권장하지 않았다. 굳이 프린트를 하거나 손으로 써야겠다는 사람들은 자신의 파일들을 벽에 설치된 사물함에 둘 수 있었다. 직급의 표시도 없애고, 명함에서 직책도 없앴다. 각자 자신의 전화를 받고, 커피를 직접 타서 마시고, 자신의 컴퓨터를 들고 다니도록 했다.

차이엇/데이 오피스는 슈퍼스타 크리에이티브 팀을 수용하기 위해 슈퍼스타 건축가에게 설계를 맡겼다. 오피스는 다채롭고, 개방적이며, 아방가르드적 가구들로 빛이 났다. 심지어 놀이공원의 탑승용 놀이기구를 리모델링하기도 했다. 중앙에 도서관을 만들고 직원들이 매일 빌려 쓸 수 있는 디지털 기기들도 가져다 놓았다.

새로운 계획에 따르면, 직원들은 오피스에 앉아있을 필요가 없었다. 직원들은 집에 있어도 되고, 새로운 영감을 찾아 여행을 가도 되고, 카페에 하루 종일 있어도 괜찮았다. 원격근무를 하면서 특수목적으로 구축된 소프트웨어를 통해 전 세계 어디서든지 동료들과 이야기하고, 파일을 공유하고, 중앙의 클라이언트 데이터베이스에 접속할 수 있었다.

차이엇의 비전은 멋진 것이었다. 선견지명이 있었다. 그런데 성공하지 못했다. 직원들은 프라이버시의 부족, 조직구조의 부족, 전용공간의 부족에 대해 항의했다. 한 직원은 "마치 편두통 속에서 일하는 것 같다"고 말했다. 2년도 채 되지 않아 오피스에 "좀 더 형식적인 구조"가 되돌아왔다. 5년이 되지 않아 모든 것이 망가졌고, 차이엇/데이는 새로운 건물의 새로운 공간으로 옮겨갔다.

1999년 「와이어드(Wired)」 잡지는 이렇게 썼다. "미래의 오피스를 창안해보는 대담한 실험이었다. 사무실도, 책상도, 개인용품도 없었다. 그리고 생존자도 없었다." 차이엇의 다음 오피스 역시 미래의 업무공간을 창안하는 또 다른 시도였다. 이번에는 대형 창고를 개조하여 구축된 자립형 캠퍼스였다. 「LA타임즈」의 건축비평은 이를 두고 "유토피아적 공동체와 조지 오웰적인 악몽"의 하이브리드라고 묘사했다.

* * *

스티브 잡스와 마찬가지로, 제이 차이엇의 타이밍과 실행력도 어긋났다. 그러나 대학 캠퍼스와 같은 업무공간에 관한 그의 비전은 타당한 것이었다. 차이엇/데이의 새로운 오피스가 실패한 후 약 10년이 지나고 구글은 구글플렉스(Googleplex)를 건립했다. 캠퍼스와 같은 업무환경에서 직원들은 자유롭게 돌아다니고 다양한 환경에서 일하며 의사소통과 자원공유를 위해 소프트웨어를 사용한다.

구글플렉스의 첫 건물을 설계한 건축회사 CWa(Clive Wilkinson Architects)의 프로젝트 요약자료를 보면, 이 프로젝트의 첫 번째 비전은 "업무공간의 개념을 교육적 환경에서 찾을 수 있는 경험들과 어우러지게 하는 것"이다. 니킬 서발(Nikil Saval)이 그의 저서 「큐브, 칸막이 사무실의 은밀한 역사」[42](Cubed: A Secret History of the Workplace)에서 지적한 바와 같이 구글플렉스는 스탠포드대학교에서 영감을 받았고, 그 목적은 "대학생활에서 기업생활로의 전이과정이 고통스럽게 느껴지는 경우가 많은데, 이를 최대한 물 흐르듯 자연스럽게" 하는 것이었다.

구글플렉스가 세계 최초의 기업 캠퍼스는 아니었지만, 그 자체로 새로운 경제의 상징이 되었다. 전 세계에서 최고의 그리고 가장 똑똑한 지식 노동자들을 유인하고 자율적으로 일하게 하고 심지어 그들의 마음까지 사로잡았으니 말이다. 이 프로젝트는 수천 개 다른 회사들에 영감을 제공하여,

---

42 니킬 서발(Nikil Saval)의 *Cubed: A Secret History of the Workplace*는 국내에서 「큐브, 칸막이 사무실의 은밀한 역사」라는 제목으로 2015년 이마 출판사에서 출간. – 역자 주.

회사 본사를 농구대, 탁구대, 스낵바, 유리 파티션, 재미있는 회의실, 개방형 업무공간 등으로 채우게 만들었다. 또한 혁신적 제품과 서비스를 창안하기 위해 서로 "의견이 충돌하는(colliding)" 개인들의 커뮤니티로서의 오피스의 개념을 유행시켰다. 이 "커뮤니티"라는 말은 CWa의 구글플렉스 요약자료 원본에 몇 번이고 반복되어 나온다.

그러나 모든 회사가 구글플렉스 같은 업무공간을 만들 능력이 되는 것은 아니다. 그리고 회사에서 전혀 일을 하지 않는 지식 노동자들이 점점 많아지고 있다. 그들은 프리랜서 또는 계약직 노동자로 일하거나 벤처회사를 창업하여 작은 팀에서 일하고 있다.

2010년 위워크(WeWork)는 로어 맨해튼(Lower Manhattan)에 첫 지점을 열었다. 위워크는 개인과 소기업들이 나란히 앉아서 일을 하고 맥주 및 음료를 마시면서 같이 어울리고, 지식과 경험을 공유하게 해주었다. 초기 위워크 지점들은 구글플렉스와는 전혀 달랐다. 사실 위워크는 대학교보다는 프래터니티 하우스(fraternity house)[43]에서 더 많은 영감을 얻었다고 할 수 있다. 이러한 공유오피스 공간들은 수천 명의 사람들이 과거에는 가닿을 수 없었던 그 어떤 것에 접근할 수 있게 해주었다. 오피스는 이제 더 이상 기업적인 것이 아니었다. 개인적인 것이었다.

공유오피스는 수십 년 전부터 있어왔다. 그러나 위워크는 커뮤니티와 의견충돌을 가치제안(value proposition)의 중심부에 놓은 1세대 중 하나이

---

43 Fraternity house: 북미 지역 대학에 자리 잡고 있는 공동체 문화로, 남학생은 fraternity, 여학생은 sorority로 지칭된다. 고급 기숙사에 함께 살면서 대학문화와 사교, 파티를 즐기는 공동체 특성을 가지고 있다. 이 공동체는 결속력이 매우 높고 향후 직업을 구하거나 인맥을 쌓는 데에도 중요한 역할을 한다. – 역자 주.

다. 오피스를 공유하는 것은 단순히 비용을 줄이거나 전체 임대료를 내지 않는 방법으로서가 아니라 하나의 라이프스타일에 대한 선택으로 재편되었다. 다른 사람들이 있다는 것, 개인공간이 없다는 것, 산만하다는 것은 불편한 점이 아니고 즐길 거리였다. 개별 소비자들의 니즈와 열망에 초점을 맞춤으로써, 위워크는 수백만에게 인정받는 의미 있는 브랜드를 구축할 수 있었다. 그 과정에서 위워크는 현대의 오피스라는 것을 다시 정의했고, 더욱 중요하게는 현대의 임대인라는 것을 재정의했다. 위워크가 안정적인 기업으로 성장할 능력이 있을지 여부는 아직 의문이지만, 그에 대한 수요는 그렇지가 않다. 이 섹션 뒷부분에서 위워크의 비즈니스 모델에 대해 좀 더 자세히 다루도록 하겠다.

제이 차이엇이 오피스를 새로 만들려고 했던 1990년대 중반에는 왜 위워크 같은 회사가 나타나지 않았을까? 그 답의 하나는 그것을 가능하게 하는 기술이 준비되지 않았다는 것이다. 클라우드 스토리지나, 클라우드 컴퓨팅 자원, 클라우드 협업 소프트웨어를 온디맨드로 저렴하게 이용하는 것이 예전에는 불가능했다. 직원들은 고성능의 컴퓨터와 카메라, GPS 장비 등을 주머니에 넣고 다닐 수가 없었다. 그리고 그 당시 사람들은 오피스에서의 일상을 사진이나 동영상으로 끊임없이 공유하고자 하는 강박도 없었다.

간단히 말하자면, 위워크는 아이폰 이전에는 존재할 수가 없었다. 차이엇의 개인적인 오피스 혁명도 스티브 잡스의 개인용 컴퓨터 혁명이 정점에 이르고 나서야 가능해졌다.

다음 장들에서 우리가 살펴볼 내용은 (1) 기술은 오피스 공간의 전반적 공급에 어떤 영향을 미치는가, (2) 기술은 사람들이 일하는 방식을 어떻게 변화시키고 오피스 공간에 대한 전반적 수요에 어떤 영향을 미치는가, (3) 21세기의 성공적인 오피스 임대권자가 된다는 것은 무엇을 말하는가, (4) 이러한 새로운 현실에서 성공하기 위해 전통적인 임대권자들이 극복해야 할 도전과제들은 무엇인가에 관한 것이다. 그러나 먼저, 오피스 빌딩들이 부동산 산업 전체에서 갖는 의미에 대해 이해하는 것이 중요할 것이다.

숫자로 본 오피스 빌딩들

오피스 빌딩들은 많은 세계적 부동산 투자자들의 포트폴리오를 뒷받침한다. 2019년 1/4분기 기준 미국부동산투자수탁자협회 자산지수(NPI) 가치의 35% 또는 2,189억 달러 상당이 오피스 자산에서 파생된 것으로, 아파트먼트(25%)나 리테일 프로젝트들(22%)을 포함하여 다른 어떤 기관급 부동산 카테고리보다 높은 비중을 차지하고 있다.

또한 오피스 빌딩들은 비기관 소형 투자자들이 리츠(REITs)를 통해 주식을 살 수 있는 부동산 상장세계에서도 중요한 역할을 하고 있다. 2019년 1/4분기 기준, 미국 오피스 리츠의 시가총액은 937억 달러로, 리테일 프로젝트(1,715억 달러)와 아파트먼트(1,213억 달러)에 이어 3위였다. 리츠 투자가 일반인들에게도 공개되어있지만, 대형 기관투자자들에게도 인기가 있다는 점을 여기서 주목해야 한다.

CoStar와 CBRE에 따르면, 미국은 105억 ft^2(9억 7,548만 m^2)가 넘는 오피스 물량을 가지고 있다. 지구상에 있는 모든 오피스들의 가치에 대한 정확한 수치는 없지만, 간단히 추산해보면, 글로벌 부동산 전체의 가치는 200조 달러가 넘는다.* 이 중 오피스, 산업부동산, 호스피탈리티, 전문적으로 관리되는 공동주택 자산 등을 포함한 상업부동산은 전체의 30%가 안 된다. 오피스 빌딩들이 모든 상업부동산의 40% 정도라고 가정할 때 약 22조 달러의 가치로 추산된다.

지난 몇십 년간, 도시에 위치한 오피스 빌딩들은 모든 부동산 자산들 중 가장 인기가 있었다. 그런 빌딩들은 순영업소득(NOI)의 몇 배로 높게 평가되었고, 따라서 리테일이나, 산업부동산, 호텔 건물들과 비교하여 낮은 자본환원율을 보였다.** 이는 이 빌딩들에서 발생하는 수입의 안정적 성장에 대한 확신을 반영한다고 볼 수 있다.

이러한 확신의 근거에는 많은 오피스 빌딩들이 자본금이 많은 대형 기업 테넌트들이 장기임대를 하고 임대료 상승이 명확하게 확정되어있다는 사실에 있다. 임대료 외에도, 테넌트들은 빌딩의 유지보수 분담, 보험료, 세금 등을 낸다. 결과적으로 오피스 빌딩의 NOI에 예측 불가능한 비용은 별

---

* 글로벌 부동산 가치의 평가액은 연구기관마다 조금씩 다르다. 예를 들어, Bert Teuben & Hanskumar Bothra의 저서 「부동산 시장규모 2017(*Real Estate Market Size 2017*)」(MSCI, 2018); Savills World Research가 출간한 「글로벌 부동산: 세계 최대 자산군의 트렌드(*Global Real Estate: Trends in the World's Largest Asset Class*)」(HSBC Group, 2017); Paul Tostevin이 세빌스(Savills) 블로그에 기고한 "세계 상업부동산의 가치액은 얼마인가?(How much is the world's commerical property worth?)" https://www.savills.co.uk/blog/article/246253/commercial-property/how-much-is-the-world-s-commercial-property-worth.aspx 참고.

** 자본환원율(cap rate)이 어떻게 계산되는지에 대한 설명과 자본환원율이 수요, 성장, 리스크에 어떻게 반영되는지에 대한 자세한 설명은 David Geltner 외 「상업부동산 분석 및 투자, 제2판(*Commercial Real Estate Analysis and Investments 2nd ed.*)」(Thompson South-Western, 2007) 14-15쪽 참고.

로 없다. NOI는 총수입에서 모든 운영비용을 뺀 것이다.

예측 가능한 수입은 퇴직연금이나 노령연금, 보험회사 등과 같은 기관투자자들에게 오피스 빌딩의 인기가 상대적으로 높은 또 다른 이유가 되고 있다. 이러한 기관투자자들은 투자 포트폴리오를 미래 채무에 맞춰서 구성한다.

퇴직연금 관리자는 200만 명의 회원이 2022년에 65세가 되고 은퇴를 할 거라는 것을 미리 알고, 그 투자가 그해(그리고 그 이후)에 필요한 연금 지급액을 충당할 수 있게 충분히 수입을 발생시키는지를 확실하게 해야 할 필요가 있다. 매년 정기적이고 예측 가능한 수익을 창출하는 오피스 빌딩들은, 수익성은 더 높아도 변동성이 많은 자산들보다 그러한 투자자들의 니즈에 더 잘 맞는다.

동일한 금액에 인수된 호텔 건물과 오피스 빌딩이 있다고 가정해보자. 호텔은 10년의 기간을 놓고 볼 때 더 많은 수입을 창출할 수 있지만, 어떤 해에는 수입이 훨씬 더 적을 수도 있다. 그 이유는 대부분의 브랜드호텔들이 경영계약을 통해 운영되고 고정 임대료를 지불하는 테넌트 겸 운영자가 없기 때문이다. 어떤 해에는 호텔 포트폴리오의 수입이 연금이나 보험펀드에서 회원들에게 지불할 금액이나 그 빌딩의 상업부동산 대출금을 충당하지 못할 수도 있다.

호텔 운영자가 고정 임대료를 낼 경우에도 그 임차권은 오피스 빌딩의 임차권보다 리스크가 높은 것으로 간주된다. 오피스 빌딩의 경우는 단일의 테넌트가 아닌 다양한 양질의 테넌트와 계약할 수 있기 때문이다. 호텔 운영자가 임대료 납부를 하지 않을 경우, 임대인은 모든 소득을 잃게 된다. 오피스의 경우는 한 테넌트가 임대료를 내지 못할 때에도 다른 테넌트들은 계속 소득을 발생시키고, 심지어 새로 생기는 공간을 다시 계약할 수도 있다.

테넌트의 대체가능성은 오피스 빌딩의 또 다른 매력적 특성이다. 호텔은 특정 운영자를 위해 맞춤형으로 설계된 경우가 많다. 쇼핑몰의 테넌트들은 건물의 환기, 전기, 하역 시스템 등 고유의 니즈를 가지고 있다. 공동주택 디벨로퍼들은 가구당 방의 숫자나 전체적인 개별 공간구조를 쉽게 바꿀 수가 없다.

반면, 오피스 공간들은 여러 유형 및 규모의 테넌트들을 상대적으로 쉽게 수용할 수 있도록 충분히 표준화되어있는 경우가 많다. 테넌트들은 임차하는 공간 내에서 상당한 공사를 필요로 하는 경우도 있는데, 관련 비용은 예로부터 긴 임대기간에 걸쳐 분할상환을 하거나 테넌트 스스로 지불해왔다.

이러한 대체가능성은 오피스 빌딩의 운영자들에게도 마찬가지이다. 호텔은 브랜드에 따라서 잘 되기도 하고 망하기도 한다. (이에 관해서는 섹션 Ⅲ. 주거와 숙박에서 살펴볼 것이다.) 쇼핑몰을 운영하는 것은 과학이면서 예술이기도 하다. 공동주택 부동산은 연간 재임대계약으로 이루어진다. 반면, 오피스 빌딩의 테넌트들은 빌딩을 누가 관리하거나 운영하는지 모를 수도 있고, 테넌트 비즈니스의 마케팅을 임대인이 도와주기를 기대하지도 않는다. 그러면서 장기임대계약을 한다. 결과적으로, 오피스 빌딩은 소극적 유형의 투자로 간주된다. 빌딩이 잘 유지보수되고 제대로 된 중개인이 대리하는 한, 그 수입은 상대적으로 안전할 것으로 예상된다.

위의 사례가 일부 호텔 자산은 가치평가 배수를 높게 달성할 수 없다거나 리테일 프로젝트의 NOI가 일부 장소에서는 안정적이지 못하고 예측 가능하지 못하다는 것을 말하는 것은 아니다. 또한, 오피스 운영자와 시설관리자가 중요하지 않다는 것도 아니다. 그들은 중요하다. 그러나 이러한 오피스 서비스 제공자들은 교체 가능할 수 있고, 오피스의 성공 여부가 소비자 마케팅 역량이나 디자인의 미적 요소, 멤버십 보상 프로그램 또는 기술 플랫폼에 의해 좌우되지 않는다. (호텔이나 리테일, 그리고 심지어 물류 시설들과 비교해도 그런 특성이 있다.)

간단히 말해, 양질의 오피스 빌딩들은 기관투자자들이 가장 선호하는 투자처이다. 최고의 부동산 자산이기 때문이다. 안정적이고 내재적인 가치를 가지고 있으며 누가 임차, 소유, 운영을 하든 상관없이 채권과 같은 수익을 발생시키는 것이다.

이 모든 것들은 이제 변화하려 하고 있다. 이 섹션의 시작부분에서 살펴본 바와 같이 개인용 오피스 혁명은 25년 넘게 진행되어왔다. 다음 10년간 이 혁명은 "임대인", "테넌트", "장소", "일", "자산", "리스크"라는 단어들의 의미를 다시 정의하게 되는 비등점에 도달할 것이다. 기술이 미래의 오피스 빌딩들을 어떻게 재편하는가를 이해하기 위해서 과거에는 기술이 어떤 영향을 미쳤는지를 살펴보도록 하자.

간단히 살펴보는 오피스 공간의 역사

인간은 언제 그리고 왜 오피스에 처음 발을 들이게 되었을까? 혹자는 고대 이집트 시대라고도 한다. 행정관이 곡식의 공급을 관리하거나 피라미드와 같은 거대한 공공 프로젝트를 감독할 때부터라는 것이다. 기원전 2700년경 파라오 시대의 오피스 업무는 "마치 현대의 일반적인 오피스 업무공간에서와 같이" 회계, 등록, 장부관리 등의 일이 "다양한 직책에 배정된 특정 공간에서" 수행되었다.

기원전 5세기부터 대규모의 행정 건물들이 로마제국과 그리스의 민주적으로 조직화된 도시국가들에 등장하기 시작했다. 이 건물들은 선박관세, 세금, 공공 및 개인 금융, 그리고 수로나 아치형 다리와 같은 프로젝트 기획을 담당하는 대규모의 관료들을 수용했다. 비슷한 시기에 중국의 진나라와 한나라 역시 새로운 형태의 중앙집권형 관료주의를 정립했고 이를 위한 자체 건물이 필요하게 되었다.

공유 업무공간도 완전히 새로운 컨셉은 아니다. 「하버드 비즈니스 리뷰」에서는 공유오피스와 15세기 플로렌스에 있던 공방들과의 유사성을 지적했는데, 다양한 분야의 장인들이 디자인, 엔지니어링, 그리고 "새로운 미디어" 프로젝트에 대해 같이 협업했다는 면에서 비슷하다. 15세기에는 인쇄, 금융, 부기, 해상운송의 혁신이 점점 더 복잡해지는 관료주의를 수용하기 위해 공유하지 않는 오피스의 수요를 증가시켰다. 산업화 이전 세계에서도 업무가 많았던 기관들은 17세기 암스테르담, 스톡홀름, 런던의 대형 중앙은행의 등장 그리고 네덜란드와 영국의 동인도회사와 같은 대규모 무역회사의 설립과 함께 최정점에 이르렀다.

이러한 발전은 다른 많은 진전과 더불어 19세기 미국 철도회사와 같은 진정한 의미의 "대기업"들이 세계에 처음 등장하는 계기가 되었다. 철도는 수백 년간 존재해왔지만 1820년 영국 엔지니어들이 최초의 증기기관 여객열차를 도입했고, 곧이어 그 기술은 미국에 도입되었다.

1850년대 증기기관차는 미국의 동부해안과 중서부 그리고 서부의 새로운 개척지를 연결하는 금융 및 산업 거점들의 성장을 견인했다. 알프레드 챈들러(Alfred B. Chandler)가 그의 저서 「전략과 구조(Strategy and

Structure)』에서 지적한 바와 같이, 철도회사들은 명확하고 세부적인 위계와 보고체계를 갖는 "완전히 새로운 방식의 경영"을 해야 했다. 또한 운영자들은 전보통신(telegraph) 그리고 이후에는 전화와 같은 완전히 새로운 통신기술도 사용하게 되었다.

철도회사들은 미국에서의 빠른 성장에 이어 세계에게 가장 크고 가장 돈이 많은 조직으로 성장했다. 그들의 규모와 구조는 다른 주요 산업의 선도적 회사들에 영감을 주었고 20세기까지 많은 미국의 종업원들이 일하는 방식을 형성했다. 철도는 또한 보험업, 은행업, 광고업, 리테일, 신문 등의 다른 산업들의 성장과 강화에도 기여했다. 철도는 심지어 미국을 횡단하는 시간대의 표준화에도 영향을 미쳤다.

신뢰할 수 있는 교통과 통신 네트워크를 이용할 수 있다는 것은 대형 기업들의 출현을 가능하게 했다. 이 대형 기업들은 많은 시장으로 확장해 나갔고 수천 명을 고용했는데, 결과적으로 지역의 소상공인들을 고사시키거나 흡수하게 되었다. 예일대학교 사회학자인 찰스 페로우(Charles Perrow)가 지적한 바와 같이, 19세기 초에 500명 이상의 직원을 고용한 조직은 0%였는데, 2000년에 그 조직의 수는 50%가 되었다.

오피스의 산업화

증기기관 및 철도는 오피스 공간의 수요를 증대시켰을 뿐만 아니라 빌딩 자체의 가치도 상승시켰다. 뉴욕시에는 1850년대에 증기로 작동하는 승강기와 곧이어 전기로 작동하는 승강기가 부유한 가정에 등장하기 시작했다. 엘리샤 오티스(Elisha Otis)가 특허를 낸 안전승강기(safety elevator)가

1854년 등장하여 고층에 대한 접근성이 좋아지고 선호도가 높아졌다.

1885년 세계 최초로 철골조의 고층빌딩이 시카고에 건립되어 주택보험회사(Home Insurance Company)의 본부로 사용되었다. 10층 건물에 4개의 승강기를 자랑하는 이 건물은 세계 최초의 근대적 마천루(skyscraper)로 널리 알려지고 있다. 백열등과 새로운 환기시스템 등의 혁신들은 자연채광이나 공기흐름에 의존할 필요 없이 더 넓은 층에 더 많은 사람들을 수용 가능하게 했다. 오피스 빌딩들은 점차 세계 주요 도시들의 스카이라인을 지배하고 특징짓게 되었다.

그러나 산업화의 가장 큰 영향은 오피스 내의 사람들이었다. 대기업들은 단순히 혁신적 기계들을 이용하여 대형 비즈니스를 창출한 것만이 아니었다. 이 회사들 자체가 기계화되었다. 더 구조화되고, 인력 및 기타 자원의 배분에서 더욱 정확성을 기했다. 저명한 사회학자 막스 베버(Max Weber)가 지적한 바와 같이, 이 기간 동안 등장한 회사들의 "관료주의적 장치들"은 마치 산업화 기계들이 구식의 비기계적 생산수단을 능가하는 것과 같은 방식으로 다른 조직들을 앞서 나갔다.

그리고 업무 자체도 "산업화"되어가고 있었다. 19세기 후반 프레드릭 테일러(Frederick W. Taylor)라는 기계공학자가 베들레헴철강(Bethlehem Steel, 당시 회사명은 Bethlehem Iron Company)이라는 공업회사에서 스스로에 대해 경영컨설턴트라는 직책을 처음 만들어냈다. 프레드릭 테일러는 인력효율에 대한 접근법을 "과학적 경영"으로 이름 붙였는데, 업무는 어떻게 조직화되어야 하고, 직원들은 어떻게 훈련해야 하는가에 관한 실증적 근거를 제시했다.

프레드릭 테일러는 처음에는 공장의 작업현장에 초점을 맞췄지만, 그의 사상은 특히 1920년대 이후에 이르러서는 화이트칼라 노동자들과 오피스 설계에 지배적인 영향을 미쳤다. 그는 복잡한 과업을 직원들이 쉽게 수행할 수 있는 개별 활동들로 분류하는 것을 주장했고, 그렇게 함으로써 고용주들은 직원들의 활동을 쉽게 측정할 수 있었다. 이 "테일러주의(Taylorism)"는 개방형으로 배치된 오피스에 데스크들이 줄지어 있고, 수학 같은 운영의 사슬로 조직되며, 직원들이 감독을 받으면서 일하는 것을 상징했다. 이 오피스에서 일하는 직원들은 다른 사람들과 잡담을 하거나 어울리지 말고 주어진 업무에만 집중하도록 권장되었다.

2차 세계대전 이후에 기업의 오피스는 기계적인 것이 어느 정도 완화되었다. 새로운 배치와 가구 시스템 그리고 프로세스들이 도입되었다. 기업들은 회사를 더 쾌적하게 만들었는데, 그 이유는 임금인상이 되지 않거나 직업안정성이 줄어드는 것에 대한 일종의 보상이기도 했다. 그러나 신기술의 등장 역시 중요한 역할을 했다. 1960년대에는 컴퓨터가 많은 산업에서 더 큰 역할을 하기 시작했다. 많은 직원들이 서버 컴퓨터를 사내에서 또는 전화선으로 접속 가능한 시분할(timeshare) 단위로 이용했다. 기본적 인지 과제(cognitive task)는 이제 자동화되거나 기계에 맡겨질 수 있었다.

요약하면, 증기기관차, 전보통신, 안전승강기, 전기램프 등의 19세기와 20세기 초의 혁신들은 정해진 업무흐름과 반복적 과업에 적합하도록 설계된 오피스에 사람들을 고용하는 위계적 구조를 가진 대기업의 세계를 만들어냈다. 한편, 이러한 관련 기술들은 건물을 더 높고 크게, 그리고 단일 부지 내에 전체 회사를 수용하는 것도 가능하게 했다. 사람들은 계속해서 수

많은 반복적인 과업들을 수행했다. 그러나 몇몇 사람들은 무언가 큰 변화가 오고 있다는 것을 느끼고 있었다.

20세기 후반에 이르자, 오피스 업무의 파편화로 인해 그 방향이 역전되기 시작하는 징후들이 나타나기 시작했다. 마샬 맥루한(Marshall McLuhan)은 1964년 쓴 글에서, "인간의 업무가 어떻게 조직화되는가에 미치는 영향의 측면에서 볼 때 자동화의 본질은 산업적 기계의 본질과는 정반대"가 된다고 했다. 그 말이 현업에서 어떤 의미인가에 관해서는 이 섹션 뒷부분에서 오피스 공간의 수요를 바꾸는 힘에 대해 살펴볼 때 알게 될 것이다. 그럼에도 불구하고, 프레드릭 테일러의 과학적 경영의 영향은 오늘날까지 널리 유지되고 있다. 기술전략가 안토니 슬럼버스(Antony Slumbers)가 지적한 바와 같이, 많은 오피스들이 여전히 엑셀 스프레드시트처럼 설계되어 모든 사람들이 무엇인가 "구조화되고, 반복적이며, 예측 가능한" 일들을 하고 있다.

21세기 최고의 회사 그리고 최고의 오피스는 다른 시대들과는 전혀 다르게 이미 구조화되고 있다. 이제는 다양한 혁신들이 기업을 더 민첩하게 그리고 덜 위계적으로 만들고 있다. 혁신은 직원들이 더 창의적이면서 조직화가 약해진 과업들을 수행하도록 밀어붙이고 있다. 혁신은 부동산 기업들이 기술기업이 되어야 하는 도전과제를 던져주고 있다. 그리고 기술기업들이 부동산 자산을 인수하여 임대권자가 될 수 있는 기회를 기술이 만들어내고 있다.

9

오피스 공간의 공급을 바꾸는 힘

아래는 4개의 오피스 공간 제공기업의 웹사이트들에서 가져온 표현들이다(표 9.1). 나머지 3개와 다른 하나를 골라낼 수 있는가?

표 9.1 오피스 임대권자들의 "회사소개"

1. 우리는 "오피스 및 리테일 자산의 소유, 관리, 개발에 있어 탁월한 실력을 가지고 있습니다."
2. 우리 회사는 "A등급 오피스 자산을 소유, 관리, 개발하는 국내 최대 회사 가운데 하나입니다."
3. 우리는 "상업용 부동산의 매입, 매각, 관리를…"
4. 우리 회사의 사명은 "세계의 의식수준을 높이는 것입니다."

1번부터 3번까지는 상장된 리츠(REITs) 회사 3곳의 "회사소개"로, 이들의 시가총액을 합하면 400억 달러가 넘는다. 이러한 설명은 업계에서 상당히 표준화되어있는 것으로, 수십 개의 주요 임대권자들도 비슷한 용어들을 사용하고 있다. 4번은 2019년 7월 470억 달러로 평가받은 위워크(WeWork)의 모기업인 위컴퍼니(We Company)의 서문에서 가져온 것이다. 위컴퍼니는 "회사소개" 페이지가 없고, 웹사이트가 3명의 창업자들이 쓴 블로그 글들과 링크되어있다.

그럼 이 네 회사들의 차이점을 살펴보자. 리츠 회사 3곳은 자신들이 무엇을 하고 무엇을 소유하고 있는지를 설명한다. 그들은 비즈니스 자산에 관해 비즈니스 용어로 말하고 있다. 반면, 위컴퍼니는 다른 사람들에게 무엇을 하게 할 수 있는지를 설명한다. 마치 소비자 브랜드처럼 설명하고, 개별 사람들의 열망에 다가서려 한다. 리츠 회사의 설명은 구체적이고, 위컴퍼니는 추상적이다. 이 회사들 각각의 가치와 장점에 대해서 서로 이견을 가질 수 있지만, 한 가지는 명확하다. 첫 3개 회사는 자산에 초점을 두고 있고, 마지막 회사는 고객에 초점을 두고 있다.

임대권자들이 고객에 대해 신경 쓰지 않는다는 것인가? 물론 신경 쓴다. 그러나 두 가지 중요한 주의사항이 있다. 첫째, 전형적인 오피스 임대권자에게 고객은 공간을 임대계약하고 "점유"하는 기업이라는 존재다. 테넌트 또는 세입자로 알려진 이 존재는 임대료를 지불하고, 그 신용도가 빌딩의 가치에 기여한다. 이 부분이 두 번째 주의사항과 연결된다. 테넌트들은 대체 가능하고, 자산(빌딩)의 가치에 기여하는 능력과 관련해서만 가치가 있다. 앞에서도 지적한 바와 같이 자산은 그 테넌트들이 교체될 수 있기 때문에 가치가 있다.

그러나 이는 어느 사업에서도 마찬가지 아닌가? 스타벅스, H&M, 힐튼, KPMG[46]의 고객들도 교체 가능하고 각각의 사업 가치에 기여할 때만 중요하다. 그러나 오피스 빌딩은 "사업"이 아니고 실물자산이다. 이 둘의 차이를 이해하는 것이 중요하다.

---

46 KPMG(Klynveld Peat Marwick Goerdeler): 회계 및 컨설팅 다국적 기업. - 역자 주. .

옥스퍼드대학교 사이드 비즈니스 스쿨(Saïd Business School)의 앤드류 바움(Andrew Baum) 교수가 지적한 바와 같이 "실물자산은 빈 공간이거나 소득을 생산하지 못할 때도 가치를 갖는다." 다시 말해, 실물자산이 특별한 이유는 고객이 없거나 아무런 수입을 창출하지 못해도 가치가 있기 때문이다. 임대권자(landlord)가 영어로 토지의 영주(landlord)로 불리는 데에는 이유가 있다. 그들은 토지를 소유하고, 토지는 내재적으로 희소하며, 따라서 내재적으로 가치가 있다.

위워크가 다른 이유는 임대권자가 아니기 때문이다. 비즈니스인 것이다. 위워크는 (아직까지) 부동산을 거의 소유하고 있지 않다. 더 심하게 말하면, 위워크는 대체로 테넌트로 있다. 이 말은 빌딩에서 수입을 창출하지 못해도 임대료를 낼 의무가 있다는 뜻이다. 그리고 정확히 그것이 요지이다. 위워크의 구조는 고객에 초점을 맞추지 않으면 안 된다. 고객이 없으면 그 비즈니스는 아무 가치가 없는 것이다.

반면, 리츠나 다른 전통적 부동산 투자회사의 구조는 가장 먼저 그리고 가장 중요하게 물리적 자산에 초점을 맞추도록 장려된다. 다시 말하면, 전통적 임대권자의 주요 자산은 건물이지만, 위워크의 주요 자산은 고객과 브랜드이다.

위워크가 천하무적이고 그 운영모델을 모두가 따라 해야 한다는 말이 아니다. 사실 그 반대 상황이다. 2019년 1/4분기 현재, 위워크는 사업운영을 위해 외부 투자에 계속 의존하고 있는 상황이고, 그 모기업도 IPO(기업공개)를 할 만한 가치가 있다고 투자자들을 설득하는 데 실패했다. 그 비즈니스 모델은 전통적 부동산 소유주 그리고/또는 운영자들의 비즈니스 모델보다 리스크가 많다. 그리고 그 창업자들은 귀뚜라미 농장, 파도풀, 조기교육 등 관련이 없어 보이는 다양한 투자에 정신이 팔려있었다.

다른 한편, 위워크는 매년 그 회원 수가 두 배로 증가하고 수익도 50% 이상씩 성장해 2019년 IPO를 준비하고 있다. 향후 몇 년간 위워크는 더 지속 가능한 비즈니스 모델로의 변화를 시도할 것이다. 더 전통적인 의미의 부동산 대출 이용과 자기자본을 늘리고 기업단위의 벤처투자 의존도를 낮추려고 하고 있다.

2017년 위워크는 4억 달러의 부동산 투자펀드를 모집하기 위해 프라이빗 에쿼티 기업인 론그룹(Rhone Group)과 파트너십을 맺었다. 위워크 부동산투자사(WeWork Property Investors)로 이름 붙여진 이 펀드의 목적은 위워크가 이미 테넌트로 있는 부동산을 인수하거나 위워크가 테넌트 운영자가 될 경우 가치가 상승할 수 있는 부동산을 인수하기 위한 것이다.

"테넌트를 미리 유치하는" 이런 종류의 전략은 프라이빗 에쿼티 세계에서는 흔하게 사용되는 전략이다. 위워크와 파트너들은 뉴욕의 5번가(Fifth Avenue) 및 런던의 데번셔 스퀘어(Devonshire Square)에 있는 주요 빌딩들을 인수하기 위해 이 전략을 사용했다. 이러한 프로젝트에서 위워크 제휴기업들은 공동 소유주 및 공동 운영자, 그리고 테넌트의 역할을 한다. 여기서 잠재적 이해충돌의 상황이 발생하지만, 이러한 형태로 제휴된 자산 및 운영 기업들은 수십 년간 존재해왔으며, 그러한 상황들을 해결하기 위한 표준화된 거버넌스 구조도 존재한다.

위워크 비즈니스 모델의 리스크가 크고 이해충돌이 내재되어있기 때문에 이것이 전통적 부동산 기업들에게는 희소식이라고 결론 내리기가 쉽다. 그러나 그렇지가 않다. 위워크가 끝까지 살아남을지에 상관없이, 이러한 서비스 형태에 대한 강력한 수요는 미래를 가리키고 있다. 미래에는 심지어 최고의 오피스 자산가치도 예측이 어려워지고 특정 운영자들에 대한 의존도가 높아진다. 위워크는 일시적으로 지나가는 유행이나 마케팅 상술을 상징하지 않는다. 위워크는 대부분의 임대권자들이 제공하고 있는 것과 급격하게 증가한 도시 테넌트들이 원하는 것 사이의 간격을 매우기 위해 지난 10여 년간 등장한 수백 개의 기업들 중에서 가장 유명한 기업이다(표 9.2 참고).

표 9.2 오피스 공급과 수요 사이의 간격

임대권자들이 제공하는 것	테넌트들이 필요한 것
정기 또는 여러 해 단위의 기간	→ 탄력적(flexible) 기간
입주 전에 설계 및 공사에 몇 달이 소요되는 비어있는 공간	→ 언제든지 입주 가능한 공간
중개인, 자산관리인, 도급업자, 설치팀, 수도·전기·가스 등 공급자, 유지보수팀 등 다수의 연락처	→ 상설 고객 서비스를 통한 단일의 연락처
단일 사업장(또는 한 번에 한 사업장만)	→ 온디맨드 형태로 이용 가능한 회의, 업무, 이벤트 공간의 네트워크
장비, IT, 보증금, 법률비용, 중개비용 및 기타 비용에 대한 선지급비용이 많음	→ 사용하는 것에 대해서만 지불하는 방식
헛갈리고 예측할 수 없는 많은 종류의 수수료들 (유지보수비, 보험료, 세금 등)	→ 명확하고 예측 가능한 월정금액
테넌트가 현재 예상하고 있는 니즈에 대한 솔루션	→ 테넌트의 향후 니즈에 대한 솔루션(레이아웃을 확장, 계약, 변경할 수 있는 가능성 포함)
계약서에 서명하는 주체의 신용가능성에 집중	→ 재능 있는 직원들의 생산성과 복지에 집중
비용증가에 관한 시장 데이터	→ 공간을 가장 생산적으로 활용할 수 있는 방법에 대한 분석
물리적 공간	→ 직원들이 부가가치 서비스에 접근하고, 새로운 연결을 만들어내며, 창의성을 개발하도록 돕는 프로그래밍, 경험, 디지털 도구
품질, 재무적 안정성을 지향하고 CFO에게 어필하는 브랜드(혹은 브랜드가 전혀 아닌 것)	→ 의미 있는 가치를 지향하고 회사 내 모든 개인들과 그 지인들에게 어필하는 브랜드

다른 주목할 만한 오피스 기업에는 TOG(The Office Group), 유어워크(URWork), 컨빈(Convene), 브리더(Breather), 인더스트리어스(Industrious) 등이 있다. 이 기업들 모두 의미 있는 소비자 브랜드를 내세우면서 잘 설계된 공유공간 또는 개인공간을 탄력적 기간으로 다양한 호스피탈리티 서비스 시스템과 함께 일괄공급(turnkey) 방식으로 제공한다. 이러한 기업들의 브랜드 및 디자인 미학은 단지 CFO들이나 기업 테넌트 오피스 관리자들만이 아니라 종사자 개개인들에게 인정받고 있다. PGIM[47] 등의 데이터에 따르면, 세계 20대 주요 오피스 마켓에서의 유연한 공간의 공급 및 점유율은 2015년에서 2018년 사이에 4배 증가했다. JLL에서는 오피스 마켓의 30%가 2030년까지 유연형으로 변할 것이라고 예측한다. 2018년 현재는 마켓의 2% 미만이 유연형 오피스로 존재한다. 이 숫자는 앞으로 훨씬 더 높아질 것으로 예측된다. 특히, 전통적 임대권자들이 유연성과 기타 서비스들을 통합하여 핵심 서비스화하려는 시도가 있다는 관점에 볼 때 더욱 그러하다. 그러한 사례에 관해서는 이 섹션의 뒷부분에서 살펴보고자 한다. 오늘날에도 대다수의 주요 오피스 마켓의 신규 임대차 계약에서 많은 비율이 (위워크 등) 유연형 운영자나 그 테넌트들로 구성되어있다.

만약 위워크가 성장하여 건실하고 지속 가능한 비즈니스가 된다면, 그 모습은 테크 스타트업의 모습이 아니라 호텔 프랜차이즈나, 상장된 리츠 또는 프라이빗 에쿼티 회사와 같은 모습일 것이고, 어쩌면 그 세 가지의

---

47 PGIM: 미국 생명보험회사인 Prudential Financial Inc의 자산관리회사. – 역자 주.

조합으로 보일 수도 있을 것이다. 이 책은 위워크의 IPO 예정일 몇 주 전에 출판사에 넘겨졌고, 실제로 독자들이 출판된 책을 읽게 되는 시점은 그 예정일이었던 2019년 9월을 훨씬 지나서가 될 것이다.

위워크의 운명에 상관없이, 더 절박한 질문은 전통적인 오피스 리츠와 프라이빗 에쿼티 회사들이 이런 종류의 기업들과 경쟁하기 위해 어떻게 진화할 수 있는가 하는 것이며, 또한 그래야만 하는가에 대한 것이다. 이 문제에 관해서도 이 섹션에서 나중에 다루게 될 것이다. 그에 앞서 비전통적 임대권자들이 오피스 시장을 어떻게 재편하고 있는가를 살펴보도록 하자.

임대인의 먹거리 뺏기

2018년 7월 위워크는 그 사업장 내 어느 곳에서도 고기(육류)를 제공하지 않을 것이며 위워크 직원들이 육류가 포함되는 식비를 업무상 지출했을 때는 회사에서 그 비용을 지불해주지 않을 것이라고 선언했다. 이 기업은 "고기를 먹지 않는 것은 개인이 환경에 미치는 영향을 감소시키기 위해 개인이 할 수 있는 최고의 일"이라는 것을 나타내는 연구내용을 인용했다. 그 연구가 타당한지의 문제는 여기서 핵심이 아니다. 고전적 마케팅 이론의 관점에서 보았을 때 위워크가 육류를 거부하는 것은 그 직원들을 제한하는 것만이 아니고 고객에게는 편익이 되는 것이다. 더 정확히 말해서, 상징적인 편익이다.

터크 비즈니스 스쿨(Tuck Business School)의 저명한 마케팅 교수인 케빈 켈러(Kevin L. Keller)가 지적한 바와 같이 편익(Benefit)은 "소비자들이 제품이나 서비스가 자신들에게 해줄 수 있다고 느끼는 것"을 의미한다.

그러한 편익은 기능적, 경험적, 상징적이라는 3가지 주요 카테고리로 나누어진다(표 9.3 참고).

표 9.3 고객 편익의 카테고리들

기능적 편익	경험적 편익	상징적 편익
제품의 기본속성에 초점을 맞추고 소비자의 기본적 동기부여 및 욕구와 관련된다.	제품이나 서비스를 사용할 때의 느낌을 말함. 여기에는 인지자극, 다양성, 감각적 즐거움 등이 포함된다.	제품이나 서비스 사용자들에게 부여하는 상징적 의미를 말하고, 제품을 사용한다는 것이 소비자들에 관해 무엇을 말해주는가를 의미한다.
예를 들어, 오피스 공간이 기능적이라는 것은 필요 직원수에 적합하고, 화재 등으로부터 안전하며, 기본적인 전력과 인터넷 연결이 가능하고, 화장실 등과 같은 기본적 어메니티를 포함하는 경우이다.	예를 들어, 오피스 공간의 경험적 편익에는 아름다운 전망, 기분 좋게 상쾌한 공기, 영감을 주는 가구들이 있는 여러 종류의 업무공간, 또는 새가 지저귀는 소리나 개울물 소리 등이 해당될 수 있다.	예를 들어, 환경적 이슈에 관해 어떤 입장을 고수함으로써 위워크는 그 고객과 직원이 좋은 취지의 운동에 참여하고 있다는 느낌을 받게 한다. 즉, 단순히 위워크에 가는 것만으로도 무엇인가 의미 있고 좋은 일을 한다고 느끼는 것이다.

위워크의 물리적 제품 및 서비스와 브랜드는 고객들에게 명확한 기능적, 경험적, 상징적 편익을 제공한다. 당신이 위워크 오피스에서 일하고 있다고 지인에게 말할 때 그것은 단지 당신이 일하는 빌딩만을 이야기하는 것이 아니라, 바로 당신 – 즉, 당신의 라이프스타일과 가치에 대해 말하는 것이다.

「하버드 비즈니스 리뷰」에 게재된 한 논문에 따르면, 상당히 많은 수의 위워크 회원들이 위워크가 "자신들의 전문가적이고 조직적인 정체성을 형성하는 데 적극적인 역할을 한다"고 느끼는 것으로 나타났다. 이와 대조적으로, 전통적인 오피스 빌딩에서 일하고 있는 개인들은 자기 회사 임대권자의 가치나 정책은 논외로 하고 임대권자의 이름조차 모르는 경우가 많았다.

이제 임대권자들은 밀착형 전략을 구사할 때가 온 것이다. 또는 그렇게 할 수 있는 브랜드 운영자들과 팀을 이뤄야 한다. 이 말은 모든 임대권자들이 육식을 금지하고 환경 운동에 참여해야 한다는 얘기가 아니다. 서로 다른 고객들은 각각 다른 것들에 가치를 느낀다. 임대권자들은 자신의 고객들이 무엇을 중요시하는지를 파악할 필요가 있다. 기능적 편익 및 경험적 편익과 함께 상징적 편익까지 제공하려는 오피스 빌딩들이 점점 더 많아지고 있다. 더 중요한 것은, 임대권자들이 누가 자신의 고객인지를 결정해야 하는 것이다. 프리사이즈 옷처럼 한 가지를 모두에게 제공한다는 것은 더 이상 선택가능성이 아니다. 자신의 자산가치를 최대화할 계획을 가지고 있는 임대권자에게는 더더욱 아닌 것이다.

단순히 구글만 검색해봐도 오피스 마켓이 점점 더 특정의 고객 집단의 니즈에 초점을 맞추고 있다는 것을 보여준다. 검색창에 "…을 위한 공유오피스(coworking for…)"라고 입력하면 자주 검색되는 리스트들이 뜰 것이다. 필자가 2019년 4월에 검색했을 때는 디자이너, 변호사, 창작자, 아티스트, 엄마들, 의사들, 내향적인 사람들, 부모들을 위한 공유오피스 등의 추천이 검색되었다.

고객 세분화(customer segmentation)와 경험적 편익 및 상징적 편익이 점점 더 중요해지고 있는데, 그 이유는 도시의 전문직들이 그 어느 때보다도 어디서 어떻게 일을 할 것인가에 관한 대안을 훨씬 더 많이 가지고 있기 때문이다. 업무공간에 대한 공급은 지난 십여 년간 엄청난 성장을 했지만, 전통적 의미에서 그렇다는 것이 아니다. 업무공간이 많아진 것은 새로운 오피스 빌딩들이 신축된 결과가 아니다. 이는 여러 산업계의 **존속적(sustaining)** 혁신과 **와해적(disruptive)** 혁신으로 인한 결과이다.

"와해(disruption)"라는 말은 새로운 유형의 기업, 서비스 또는 기술인 경우 이를 설명하기 위해 자주 사용된다. 오피스 마켓에 도대체 어떤 일이 발생하고 있는가를 이해하려면 먼저 정확한 학술적 정의부터 다시 시작할 필요가 있다.

와해적 혁신학 개론

하버드대학교의 클레이튼 크리스텐슨(Clayton M. Christensen) 교수는 그의 역작인 「혁신기업의 딜레마(The Innovator's Dilemma)」(1997)[48]와 「성장과 혁신(The Innovator's Solution)」(2003)[49]에서 와해이론(theory of disruption)을 처음 설명했다. 이 책들의 주된 포커스는 기업의 기술에 맞추어져있지만, 그 식견은 오피스 공간 마켓을 위한 적절한 이론적 토대를 제공하고 있다.

크리스텐슨 교수에 따르면, 대다수의 새로운 혁신들은 존속적 혁신(sustaining innovation)이다. 존속적 혁신은 대규모 시장의 주류고객들(mainstream customers)에게 중요한 차원에 맞춰서 기존 제품의 성능을 개선시키는 것에 초점을 둔다. 존속적 혁신은 기존 시장에서 기존 소비자

---

[48] 크리스텐슨(Clayton M. Christensen) 교수의 *The Innovator's Dilemma* 번역판은 「혁신기업의 딜레마(20주년 기념 개정판)」로 세종서적에서 2020년 출간(1쇄는 2009년). – 역자 주.

[49] 크리스텐슨 교수의 *The Innovator's Solution* 번역판은 「성장과 혁신」이라는 제목으로 세종서적에서 2005년 출간. – 역자 주.

의 요구를 충족하는 것을 목표로 한다. 예를 들어, 시장에 안착한 자동차 회사는 자동차를 더 빠르고, 안전하게 또는 연료효율을 높이기 위한 존속적 혁신에 투자할 것이다.

반면, 와해적 혁신(disruptive innovation)[50]은 기존 제품을 개선하는 시도를 하지 않으며, 대체로 기존 시장의 주류고객들을 대상으로 하지 않는다. 와해적 혁신이 추구하는 것은 새로운 제품, 새로운 가치제안(value proposition), 새로운 비즈니스 모델이고, 새로운 고객이나 아직 발굴되지 않은 고객에 초점을 맞춘다. 지배적인 산업표준으로 판단할 때, 이러한 제품들은 대체로 주류고객들이 현재 사용하고 있는 것보다 뛰어나지 못한 경우가 많다. 그러나 와해적 제품들은 처음에는 소수의 고객들에게만 가치를 인정받는 새롭고 차별화된 특성들을 가지고 있다.

크리스텐슨 교수에 따르면, 와해적 혁신에 기반을 둔 제품들은 "일반적으로 더 싸고, 더 단순하며, 더 작고, 사용하기 편리한 경우가 많다." 예를 들어, 새로 창업한 전기차 회사에서 승용차보다 느리고, 안락함도 떨어지고 안정성도 떨어지는 전기 스쿠터를 출시한다고 해보자. 앞의 단점에도 불구하고 스쿠터는 승용차보다 가격도 싸고, 주차 문제도 별로 없고, 온디맨드로도 이용이 가능하며, 어느 골목에서도 타거나 내리는 것이 가능하다.

와해적 혁신은 진공상태에서 일어나지 않는다. 크리스텐슨 교수는 시장이 와해될 만큼 성숙되었다는 것을 나타내는 2가지 결정적 요소를 밝히고

---

50 크리스텐슨 교수의 저서를 번역한 책들에서 disruptive innovation을 "파괴적 혁신"이라는 용어로 사용하였으나, 최근에는 와해적 혁신 또는 와해성 혁신이라는 용어도 많이 쓰이고 있다. disruption은 의미상 "와해"로 번역하는 것이 더 정확하기 때문에 이 책에서도 "와해"라는 용어를 사용한다. - 역자 주.

있다. 첫 번째 요소는 시장에서의 평균 제품이 대다수의 고객들에게 "충분히 괜찮은" 정도의 개선 수준에 도달한 경우이다. 예를 들어, 오피스 빌딩들은 과거 엘리베이터나, 에어컨, 소방안전시스템, 충분한 화장실 수, 그리고 좀 더 나중에는 인터넷 연결성 등이 잘 되어있는지의 여부가 경쟁력이었다. 다시 말해, 빌딩들이 기본적인 기능적 편익을 가지고 경쟁했다. 다양한 기술 및 디자인 혁신의 결과로 지금은 거의 모든 오피스 빌딩들이 대부분의 고객들에게 합리적으로 적합한 수준에 있다. 즉, "충분히 괜찮은" 것이다.

이 말은 모든 오피스 빌딩들이 현재 동일하다는 것이 아니라, 대다수가 주류 테넌트의 기본적 니즈를 충족하는 기능적 업무공간을 제공할 수 있다는 말이다. 자동차로 비유하여 다시 설명하면, 운전을 위한 기본과업 충족이 필요한 대다수의 사람들에게 토요타의 코롤라(Corolla)가 충분히 괜찮은 것처럼 빌딩들이 이용하기에 "충분히 괜찮다"는 것이다.

시장이 와해될 만큼 성숙하다는 두 번째 지표로는 시장에 안착한 기업들이 크리스텐슨 교수가 말하는 "오버슈팅(overshooting)"[51]의 명확한 징후를 보이고 있다는 사실이다. 기업들이 좀 더 높은 가격과 마진을 추구하면서 기존 시장의 리더들은 계속적으로 부가적 특성들과 존속적 혁신을 추가하여 "고객들에게 필요하거나 궁극적으로 고객들이 지불하려는 것보다 더 많은 것을 제공하는" 지점에 도달한다는 것이다. 오버슈팅은 특정한 제품 특성을 추가하는 것에 그치지 않고 각 특성의 복잡성과 정교함의 수준을 증대시키는 쪽으로 이루어지는 경우가 자주 있다.

---

51 오버슈팅(overshooting): 원래 가려고 했던 장소를 지나쳐 더 많이 가버린 경우 또는 의도한 것보다 더 많은 돈을 지출하게 되는 경우를 뜻한다. – 역자 주.

오피스 빌딩을 예로 들어보면, 엘리베이터의 수와 속도, 창문과 천장의 높이와 크기, 공용구역 대리석의 품질, 화장실 수도꼭지의 브랜드, 혹은 냉난방 환기 시스템 기능의 복잡성 등이 고려될 수 있다. 이 모든 특성들이 중요하지만, 어느 지점에 가서는 그 품질이나 복잡성이 주류고객들이 지불의사가 있는 수준을 넘어서는 경우도 생긴다. 고객들이 이 특성들을 인정할 수 있겠으나 고객들은 그 특성이 없더라도 동일하게 만족할 수 있다. 특히, 비용을 절감해준다거나 다른 편익을 대신 제공하는 경우에 더욱 그럴 것이다.

오버슈팅은 자원의 낭비일 뿐만 아니라, 때때로 고객들이 정말로 필요로 하고 지불할 의사가 있는 특성들을 놓쳐버리는 경우도 있다. 이러한 특성들을 무시함으로써, 기존 사업자들이 신규 사업자들의 시장진입 여지를 열어두는 상황이 되는 것이다. 이 역학관계의 잘 알려진 사례가 면도기의 진화이다. 몇십 년간 질레트는 계속적으로 면도날과 특성을 추가해왔는데, 그 의도는 가격과 마진을 증대시키기 위한 것이었다. 면도날이 하나 있는 것부터 시작하여 5날 면도기까지 쭉 이어졌다. 또 한편으로는 전기진동 손잡이와 수염을 다듬는 면도날도 추가하고, 회전하는 헤드까지 추가했다.

2011년 달러쉐이브클럽(DSC)은 가격이 훨씬 저렴한 면도기를 론칭했다. 이 제품들은 중국과 한국의 OEM 공장에서 제작된 것이었다. 그 당시 세계는 충분히 괜찮은 면도기들로 넘쳐나고 있었다. 면도날을 더 추가하는 대신에 DSC는 고객들에게 다른 것을 제공했다. 새 면도기를 월 1달러에 정기적으로 집까지 배송해주는 서비스다.

이 회사의 면도기는 단지 충분히 괜찮은 정도였지만, 전체적인 경험은 엄청났다. DSC 고객들은 귀찮게 매장에 갈 필요도 없었고, 면도날이 떨어질 일도 없었으며, 필요하지도 않은 사양에 돈을 지불할 필요도 없었다. 이 새로운 진입자는 시장에서 경쟁의 차원을 재정의했다. DSC의 초기 유튜브 광고에 나오는 것처럼, 고객들은 "시간을 쉐이브(shave time)"하고 "돈을 쉐이브(shave money)"[52]할 수 있었다. 또한 고객들은 자신들과 같은 사람들을 위해 자신들과 같은 생각을 가진 사람들이 만든 멋진 온라인 브랜드를 이용함으로써 보통 사람들보다 앞서가는 유의미한 움직임의 일부가 되는 느낌을 가질 수 있다.

2016년 유니레버는 달러쉐이브클럽을 10억 달러에 인수하여, 대세 브랜드로 전환시키는 노력을 통해 질레트와 직접 경쟁을 시도했다. 이에, 질레트는 2017년 자체적인 인터넷 기반 면도기 구독 서비스를 론칭했다. 유니레버 인수 3년 후, DSC의 최신 모델은 "더 이그제큐티브(The Executive)"라는 이름으로 출시되었는데, 월 9달러 구독료에 특성을 추가했다… 6날 면도기로.

DSC의 진화는 와해적 혁신의 교과서적 사례를 제시하고 있는데, 5가지 단계로 나눠볼 수 있다(표 9.4 참고).

---

52 shave(면도)를 할 때 save time(시간을 절약), save money(돈을 절약) 한다는 의미.
– 역자 주.

표 9.4 와해적 혁신의 단계들

1. 대다수의 고객들에게 충분히 괜찮은 옵션들이 시장에 넘쳐난다.
2. 현재의 사업자들이 고객들이 지불할 의사가 있는 것에 대해 오버슈팅하여 다른 특성이나 더 적은 특성을 제공하는 사업자들이 시장에 진입하는 여지를 남긴다.
3. 새로운 진입자들이 충분히 괜찮은 제품이나 서비스를 론칭하고, 다른 특성(제품 자체와는 별개의 경험적 편익이나 상징적 편익 등)으로 경쟁의 차원이 이동한다.
4. 처음에는 새로운 진입자들이 저가제품 소비자들 또는 비용이 저렴하지 않으면 아예 그 시장의 고객이 되지 않을 사람들, 즉 비고객(non-customers)에게 어필한다.
5. 새로운 진입자들이 제품을 개선함으로써 첫 성공을 이루고 마케팅을 늘리며, 자금이 넉넉한 투자자나 인수자의 뒷받침을 통해 주류고객의 점유율을 높여간다.

시장에 안착하고 있는 사업자들은 와해적 혁신에 늦게 반응하는 경우가 많다. 그들이 반응하기 시작했을 때는 이미 전통적 사업자들과 더 이상 신규가 아닌 사업자들 간에 명확하게 정의된 범위와 가격으로 경쟁하고 있는 새로운 평형상태로 시장이 점진적 진화를 시작한 후일 수 있다. 이 책의 뒷부분에서 와해적 혁신에 대응하는 문제들에 관해 다룰 것이다. 그 전에 먼저, 존속적 혁신과 와해적 혁신이 어떻게 전례 없이 풍부한 오피스 공간들을 만들어내고 있는지를 계속 살펴보도록 하겠다.

오피스는 면도날과 다르다. 제조사들이 단순히 새로운 공급만으로 시장을 모두 채울 수는 없다. 오피스 빌딩들은 토지 위에 건축되어있고, 그렇기 때문에 내재적으로 희소성이 있다. 그런데, 용도변경이나 창조주의 신묘함이 전혀 없었음에도 지난 10여 년간 업무공간의 공급은 유의미하게 증가했다. 이 공급의 과잉은 고밀도화(densification), 집약화(intensification), 리포지셔닝(repositioning), 믹싱(mixing), 용도변경(repurposing), 그리고 교체(alternation)라는 6가지 뚜렷한 역학관계에 의해 추동되었다. 이 각각에 대해 차례로 살펴보기로 하자.

고밀도화: 좁은 공간을 넓게 활용하기

고밀도화(densification)는 비슷한 크기의 오피스 안에 넣을 수 있는 근무자의 수를 증가시키는 것을 말한다. 가구회사인 놀(Knoll)에 따르면, 오피스 근무자 1인당 할당되는 평균 공간의 면적은 2001년 227ft^2(21㎡)에서 2011년 135ft^2(12.5㎡)로 40%나 감소했다. 코스타 포트폴리오 스트래티지(CoStar Portfolio Strategy)[53]가 실시한 별도의 연구에 따르면 2011년에서 2017년 사이에 8%의 감소가 있었다. 두 기관의 연구 데이터는 주로 신규 임대차 계약에서 샘플을 추출했는데, 이처럼 시장의 점진적 변화를 반영할 뿐이고 완전한 변화를 나타내지는 않는다. 다른 다양한 연구들에서도 유사한 트렌드를 나타내고 있다. 이러한 경향은 미국에서보다 유럽에서 더욱 두드러진다.

위워크의 공유오피스 공간은 고밀도화가 실현되고 있는 극단적 사례를 보여준다. 위워크 공유오피스에서 일하는 직원 1인당 평균 공간은 50ft^2(4.6㎡)로 1970년대 미국 회사들이 직원들에게 할당한 면적의 10분의 1에 해당한다. 일부 위워크 지점의 개인 오피스 면적은 26ft^2(2.4㎡) 정도로 작은 경우도 있다. 이 수치는 전용공간 내에서 1인당 할당된 실제 공간을 말하는 것으로, 다른 시간대에 그 공간에 공유로 이용하는 추가적인

---

53 코스타 포트폴리오 스트래티지(CoStar Portfolio Strategy): 미국의 상업부동산 전략 컨설팅 회사로 부동산 기관투자자들을 대상으로 상업부동산의 조사연구 및 포트폴리오 전략 서비스를 제공하고 있다. – 역자 주.

사람들의 수는 고려하지 않은 것이다.

위워크가 이러한 수준의 밀도를 성취하는 것은 소프트웨어, 하드웨어, 서비스의 조합을 통해서이다. 위워크는 수백 개 지점들에서 나오는 BIM(빌딩정보 모델링, building information modeling) 데이터를 사용하고, 알고리즘을 이용하여 배치를 최적화하고 "미사용 공간"의 크기를 최소화한다. 위워크가 신규 공간을 인수할 때는 360도로 촬영되는 레이저 스캐너로 빌딩 면적과 기타 구조 및 시스템 데이터를 확보한다. 이를 관심 끌기용 상술 정도로 일축할 수는 있으나, 위워크는 업계에서 제곱미터당 최고의 가격을 달성하고 있다. 비인기지역의 오래된 건물들에서 서비스를 하고 있는데도 불구하고 그러하다.

뉴욕시의 전형적인 위워크 지점에서 1인용 프라이빗 오피스 비용은 2019년 기준 월 1,000달러에 달한다. 이 오피스들은 보통 $45ft^2$(4.2㎡)보다 작다. 현재 시장가격을 기준으로 비슷한 공간을 전통적 임대차 계약으로 하면 약 225달러이다. 전통적 임대차 계약에서는 공용공간 및 서비스 공간을 사용하기 위해 30%를 추가로 테넌트가 지불해야 할 수 있기 때문에 임대료는 292.5달러가 된다. 유지보수비, 수도광열비, 그리고 기타 비용들을 추가하면, 대략적으로 총 300달러가 되는데, 여전히 위워크 요금보다 70%가 낮은 가격이다.

효율적 디자인 외에도, 위워크가 더 많은 사람들과 수익을 더 작은 공간에 응집할 수 있는 가장 큰 이유는 위워크가 실제로 공간을 판매하는 것이 아니라는 사실 때문이다. 고객에게 면적당 요금을 부과하는 전통적 임대권자와 달리, 위워크의 요금은 데스크 또는 "회원 수"를 기반으로 한다. 일부 사람들은 특정 공간의 사용권 없이 위워크의 멤버십 커뮤니티에 속하기 위해 비용을 지불하기도 한다. 이는 위워크의 커뮤니티, 이벤트, 서비스, 유연성, 그리고 회원할인 등의 가치를 말해준다. 앞에서 언급한 바와 같이 사람들은 상징적 편익을 위해 돈을 지불하기도 한다.

조립식 전화부스형 공간이나 마이크로 회의실 역시 위워크가 공간을 밀도화하는 능력을 보여준다. 뉴욕에 본사를 둔 룸(ROOM)은 한두 명의 직원들이 가상회의 및 전화를 할 수 있는 방음부스를 디자인하고 판매한다. 이 작은 부스에는 자체적인 전기 환기시설과 조명을 갖추고 있다. 이 회사의 제품들은 구글, 나이키, 세일즈포스(Salesforce),[54] JP모건체이스(J.P Morgan Chase)와 같은 기업들에서 사용하고 있으며, 심지어 나사(NASA)에서도 사용하고 있다.

집약화: 기존 공간을 더 많이 활용하기

고밀도화가 공간을 응축하게 해준다면, **집약화(intensification)**는 시간을 응축하게 해준다. 즉, 24시간 내내 가장 생산적인 사용으로 자원의 할당을 개선하는 것을 말한다. 이 역학관계의 가장 유명한 사례는 에어비앤비(Airbnb)로, 이 회사는 비어있는 아파트나 방의 임시 사용을 가능하게 해준다.

최근 비슷한 플랫폼들이 오피스 세계에도 등장했다. 리퀴드스페이스(LiquidSpace)와 피봇데스크(PivotDesk)는 단기 테넌트와 임대권자를 연

---

54 Salesforce(salesforce.com): 미국의 클라우드 기반 소프트웨어 회사로 고객관계관리 및 기업통합관리 서비스를 제공하고 있다. – 역자 주

결하거나, 테넌트 공간의 일부를 다른 테넌트에게 전대차(sublease)하는 것을 중개한다. 이 플랫폼들은 또한 디자인, 가구 렌털, 유지보수 등의 서비스도 제공하여 이사비용을 절감하게 해준다. 이러한 유형의 전대차 계약은 새로운 것이 아니지만, 소프트웨어와 서비스가 그러한 계약을 더 유연하고 효율적으로 할 수 있는 시장을 만들고 있다. 그 결과 생산적으로 사용할 수 있는 공간이 증가되었다.

오피스 사용의 집약화에 기여하는 비즈니스 모델은 더 있다. 캐나다 몬트리올에 본사를 둔 브리더는 뉴욕, 런던, 토론토 등의 도시들에 500개가 넘는 공간 네트워크를 운영하고 있다. 리퀴드스페이스나 피봇데스크와 달리 브리더는 각 공간을 디자인하고 가구도 비치하며 각 공간의 출입문에 특별한 접근조절 시스템을 설치한다. 브리더의 공간은 기능적이고 편리한 것뿐만 아니라 지금의 유행에 맞게 대단히 인스타그램에 적합하다. 사진을 찍으면 멋지게 나온다.

브리더의 고객은 회사 웹사이트나 앱을 통해 시간단위나 주단위 또는 월단위로 공간을 예약할 수 있다. 많은 경우, 고객들은 대면으로 이야기하거나 종이 계약서에 서명하는 일 없이 그 공간으로 입주해 들어갈 수 있다. 브리더는 공간에 대해 유동적 가격정책을 사용한다. 회사의 알고리즘은 실시간 수요와 이력 데이터를 기반으로 각 공간에 대한 가격을 결정한다. 또한 고객들(즉, 테넌트들)이 좋아할 만한 공간과 위치 추천도 보여준다.

디지털 채널을 통한 오피스의 배정은 기존 공간을 더욱 집약적으로 (그리고 수익 창출이 되도록) 사용하는 결과를 낳았다. 흥미로운 것은, 고객들이 최종적으로 사용하게 되는 건물의 종류에도 영향을 미친다는 것이다.

브리더는 몇몇 세계 유수의 기술 및 서비스 기업들에도 오피스 공간을 제공하고 있다. 이러한 오피스 공간들은 B등급이나 C등급 건물인 경우도 있다. 이 회사의 고객 테넌트들은 과거에는 고려대상이 아니었을 수도 있는 건물의 공간을 디지털 예약 프로세스와 브리더의 디자인의 결과로 사용하는 것이다. 브리더의 취소 정책과 하루 24시간 주 7일의 고객지원 역시 고객들이 새로운 장소에 도전해보고 자신들의 안전지대 밖으로 과감히 벗어나는 것을 쉽게 해주고 있다.

오피스 공간을 마케팅하는 채널은 고객의 장소 선호도에 영향을 미친다. 또한 공간이 디자인되고 배치되는 방식에도 영향을 미치는데, 사진이 잘 나오고 쉽게 설명되는 것이 중요하기 때문이다. 이러한 효과는 계속적으로 커질 수 있다. 테넌트들은 전혀 낯선 지역을 임대하거나 공간을 예약할 가능성이 낮지만, 자신들이 원래 임대하고자 했던 곳에서 조금 먼 곳을 시도해볼 수 있다. 이는 우리가 아마존닷컴(Amazon.com)을 살펴보거나 디자인이 잘 된 오프라인 매장을 둘러보게 되었을 때 우리가 원래 찾았던 것과는 다른 물건을 결국 사게 되는 것과 같은 원리이다.

마샬 맥루한(Marshall McLuhan)이 "미디어가 메시지다"라는 유명한 말을 했을 때 그가 의미한 바는 이것이다. 모든 새로운 미디어(인쇄, 라디오, TV, 웹 등)는 단순히 동일한 사람들에게 동일한 옛날 콘텐츠를 전달하는 새로운 방법이 아니라, 각 매체의 본질적 특성이 콘텐츠 그 자체를 재편하고 이용자의 소비 선호도를 바꾼다는 것이다. 여기서 콘텐츠는 오피스 공간이다. 디지털 채널이 시사하는 바에 관해서는 섹션 Ⅲ(주거와 숙박)에서 더 자세히 살펴볼 것이다.

리포지셔닝: 오래된 공간을 매력적으로 만들기

새로운 고객들을 오래된 건물로 데려오는 운영자는 브리더가 유일하지는 않다. TOG[55]는 디지털 마케팅, 현대적 디자인, 커뮤니티 관리, 우수한 고객 서비스를 통해 영국에서 빌딩을 통째로 **리포지션(reposition)** 한다. TOG 업무공간에는 가구가 구비된 프라이빗 오피스, 공유 업무공간, 공동 회의실, 그리고 이벤트 공간 등이 있다. 일부 지점은 회원들이 공유할 수 있는 추가적 어메니티나 특화된 설비를 포함하기도 한다.

예를 들어, 센트럴 런던에 위치한 헨리우드하우스(Henry Wood House)는 1960년대에 지어졌고 원래 영국공영방송(BBC)의 보조 오피스로 사용되던 곳이다. 2012년 BBC는 인력을 감소하고 비용을 절감하기 위한 대승적 차원의 일환으로 그 건물을 떠나기로 결정했다. 그 건물은 현대적 테넌트들에게 매력적이지 않은 곳이었다. 리노베이션 공사에 참여한 건축가 중 한 명의 말을 빌리면, 그 건물은 "지루한 구식 BBC 스타일의" 시설이었다.

2013년 TOG는 건물주 더웬트런던(Derwent London)[56]과 21년 전대차 계약을 체결했다. 9개월도 지나지 않아, TOG는 헨리우드하우스를 크리에이티브 직종 및 테크 관련 전문직들을 자석처럼 끌어당기는 건물로 변화시켰다. 개인용 및 공유 업무공간 외에도 이 빌딩은 현재, 헬스장, 자전거 보관소, 샤워실, 도서관, 식사 및 커피 라운지, 루프탑, 영화상영실을

---

55 TOG(The Office Group): 영국과 독일에서 디자인 중심 작업공간을 제공하는 공유오피스로 50개가 넘는 지점이 있다. – 역자 주.
56 더웬트런던(Derwent London): 영국의 부동산 투자 및 개발 기업. – 역자 주.

갖추고 있다. 오래된 건물들은 반짝이는 새 건물들보다 더 특색이 있다. 많은 경우, 옛날 건물들은 더 문명화된 시대의 표준을 반영하고 있다 – 높은 천장, 견고한 벽돌벽, 주철이나 황동으로 된 장식 등이 그것이다. 또한 더 많은 스토리텔링을 가지고 있기도 하다. 그리고 "일상으로부터 탈출"하고 싶어 하는 전문직들에게 어필하는 특이함도 가지고 있다.

오피스 빌딩들을 리포지셔닝하는 것이 새로운 전략은 아니지만, TOG의 접근법은 전통적 임대권자의 접근법과 다르다. TOG에는 테넌트가 있는 것이 아니라 회원들이 있다. 그 차이는 단순히 의미론적인 것이 아니다. 회원들은 TOG 포트폴리오 전반의 이벤트들과 공동 영역에 접근할 수 있다. 또한 TOG&CO 앱을 통해 회원들 간에 상호작용을 할 수 있다. 그리고 TOG 제휴사들의 제품 및 서비스 할인혜택을 받을 수 있다. 다른 공유오피스 회사들도 비슷한 편익을 제공하고 있지만, TOG의 독창성은 건물 전체의 리포지셔닝에 초점을 맞춘다는 것이다. (이는 대형건물의 테넌트로 단순히 공간을 사용하는 것과 대비된다.)

각각의 TOG 빌딩은 그 역사와 위치에 따라, 자체적인 부티크 브랜드를 가지고 있고, 특정 그룹의 고객들에게 초점을 맞춘다. 이러한 유형의 브랜딩 전략은 하이엔드 호텔 세계에 흔하게 있는 것이다. 메리어트(Marriott)는 수십 개의 호텔을 독특한 브랜드 아이덴티티와 특성을 가지고 운영한다. 뉴욕에는 알곤킨(Algonquin), 파리에는 방케호텔(Hotel Banke), 그리고 도쿄에는 프린스갤러리(Prince Gallery)가 있다. 이 호텔들은 고객들이 예약할 때 대형 운영사의 표준화된 편익에 접근할 수 있으면서 그 호텔만의 특별한 경험을 즐기고 독특한 특징들에 접근할 수 있다.

헨리우드하우스에서 TOG가 제공하는 그러한 특성 중 하나는 회원들이 무료로 사용할 수 있는 TV 및 라디오 전문 스튜디오이다. TOG의 크리에이티브 테넌트들은 자체적으로는 구입할 수 없는 귀중한 자원들을 공유하게 된다. 반세기 동안 거대 언론사 혼자 사용했던 헨리우드하우스는 이제 70개의 기업과 거의 1,000명의 개인회원들로 가득 차있으면서 탄력적인 임대차를 유지하고 있고, 스트리밍 서비스 및 SNS를 위한 콘텐츠를 창작하기 위해 자원을 공유하고 있다.

믹싱: 어메니티형 업무공간

호텔은 오피스 임대권자들에게 단순한 영감의 원천이 아니다. 호텔은 일한다는 것의 미래에 관한 고유의 관점을 제시하기도 한다. 호텔에 공유오피스 공간과 심지어 프라이빗 오피스 스위트룸까지 **믹싱(mixing)**하는 운영자들이 점점 더 많아지고 있다. 구식 비즈니스 센터와 달리, 새로운 유형의 전문 고객을 위해 설계된 더 넓은 공간이다. 어떤 경우, 이 공간을 나머지 호텔로부터 분리하고 브랜드화시켜서 운영하기도 한다.

오피스 용도가 호텔 건물들 속으로 스며들고 있다. 이러한 트렌드는 시장과 운영자들 전반에 걸쳐 특별하게 드러나고 있다. 메리어트의 목시호텔(Moxy Hotel)은 낮 동안에는 업무공간으로 사용되고 밤에는 파티 라운지로 사용되는 "리빙룸"을 갖추고 있다. 콜로라도의 스키 휴양지 베일(Vail)에 있는 더블트리힐튼(DoubleTree Hilton)은 피봇62(Pivot62)라는 공유오피스 공간을 가지고 있다. 두바이에 있는 트립 바이 윈덤호텔(The Tryp by Wyndham Hotel)은 네스트(NEST)라는 공유오피스 공간을 갖추고 있다. 홍콩에 있는 더 이튼(The Eaton)은 이튼하우스(Eaton House)라는 회원전용 공유오피스 공간을 자랑한다. 그리고 뉴욕에 있는 에이스호텔(Ace Hotel)의 로비는 전 세계 어느 도시보다도 오피스 빌딩과 공유오피스가 많은 뉴욕에서도 가장 인기 있는 업무공간이다.

시티즌M(CitizenM)은 세계에서 가장 빠르게 성장하고 있는 호텔체인 중 하나인데 휴식, 업무, 놀이의 균형을 절묘하게 맞춰주고 있다. 객실은 아주 작아서 14㎡ 또는 150ft² 정도이다. 체크인 카운터와 프런트 데스크 대신에 디지털 체크인 키오스크가 있다. 로비의 나머지 부분들은 공유오피스 공간과 트렌디바(trendy bar)를 결합한 공간으로 운영된다. 대부분의 시티즌M 업무공간들은 회의 및 집중업무를 위한 별도의 층과 프라이빗 공간을 가지고 있다. 시티즌M은 가격에 민감한 고객들이 원하는 것, 즉 일하고 재미있는 시간을 보내면서 객실에서는 최소한의 시간을 보내는 것을 최우선시한다.

일부 유연형 오피스 운영자들이 건물에 헬스장을 두는 반면에, 일부 헬스장 운영자들은 헬스장에 공유오피스 공간을 설치하기 시작했다. 이쿼녹스(Equinox)는 안락한 테이블과 의자, 전기콘센트, 와이파이 등을 갖춘 라운지를 만들어, 회원들이 정기적으로 몇 시간 동안 업무를 볼 수 있게 하고 있다. 2017년 라이프타임피트니스(Life Time Fitness)는 회사 이름에서 "피트니스"라는 단어를 빼버리고 미국 전역의 지점들에 업무공간을 설치하기 시작했다. 이 회사는 "라이프타임워크(Life Time Work)" 멤버십을 판매하여 원래의 헬스장 및 다양한 프로그램과 함께 프리미엄 업무공간 사용권을 제공하고 있다.

업무와 레저를 한곳으로 모으는 것은 대도시와 선진국에만 국한된 것이 아니다. 사실상 작은 여행지와 새로 성장하는 시장에서 더 두드러지고 있다. 롬(ROAM)과 셀리나(Selina) 같은 기업들은 동남아 및 라틴 아메리카 지역에서 호스피탈리티 프로젝트를 운영하고 있는데, 공유오피스 공간과 저렴한 숙박, 그리고 숙박객들 간의 공동체 의식을 고양할 수 있는 공유 활동 등이 가능하다. 이 프로젝트는 계속 증가하고 있는 "디지털 노마드"- 즉, 일을 하면서 여행을 하는 프리랜서나 위치와 상관없이 일하는 사람들을 대상으로 한다.

업무공간들은 또한 리테일 프로젝트로도 통합되고 있다. 메이스리치(Macerich)는 48개의 쇼핑센터를 소유 및 운영하고 있다. 2018년 메이스리치는 공유오피스 운영자인 인더스트리어스를 인수했는데, 예전에 백화점 자리였던 공간에 유연형 오피스 공간을 운영하기 위한 목적이었다. 메이스리치는 미국 전역에 있는 오피스 공간을 다른 리테일 용지로 통합하여 확장하는 계획을 발표했다.

다른 리테일 임대권자들도 비슷한 구상을 실험하고 있다. 브룩필드(Brookfield)와 유니베일-로담코-웨스트필드(Unibail-Rodamco-Westfield)의 일부 쇼핑몰 내에 공유오피스 및 유연형 회의공간을 두고 있다. JLL이 실시한 2019년 연구에서는, 리테일 프로젝트 내의 공유오피스 공간이 2023년까지 연간 25% 성장할 것으로 내다봤다.

일부 쇼핑몰들은 리테일 공간의 일부를 오피스 용도로 배정하면서 생존하고 있다. 다른 쇼핑몰들은 완전히 용도를 변경했다. 웨스트사이드 파빌리온(Westside Pavilion)은 로스앤젤레스에 위치한 584,000ft^2(54,225㎡)

규모의 쇼핑몰이다. 2개의 대형 테넌트들인 메이시스(Macy's) 백화점과 노드스트롬(Nordstrom) 백화점이 2018년 중반에 문을 닫았다. 더 좋은 대안이 없었던 이 쇼핑몰들은 지금 단일 테넌트, 바로 구글을 위한 새로운 오피스 단지로 변신하고 있다.

교체: 파트타임 업무공간

장사가 잘 되는 리테일 공간도 항상 손님이 많은 것은 아니다. 예를 들어, 하이엔드 레스토랑은 낮 시간에는 문은 닫고 저녁식사 시간에만 영업하는 경우가 있다. 마찬가지로, 맥줏집이나 바는 대부분 사람들이 퇴근하는 오후 5시 30분 이후에 영업을 한다. 이러한 장소들은 역세권의 트렌디한 지역에 위치하는 경우가 많다. 소프트웨어와 온라인 마케팅 채널은 이러한 미사용 자산을 업무공간으로 변화시키는 것을 가능하게 한다.

뉴욕에 본사를 둔 스페이셔스(Spacious)는 레스토랑을 매일 8시간 동안 공유 업무공간으로 바꾸는 시도를 하고 있다. 와이파이, 커피, 물 등을 제공하고 있고, 회원등록 및 체크인을 위한 아이패드를 설치했다. 각 지점은 또한 회원들이나 예약 없이 처음 방문한 사람들의 문의에 응대하는 직원을 두고 있다. 그러나 대다수의 고객들은 단순히 지나가다가 이곳을 찾지 않는다. 그들은 스페이셔스를 온라인에서 검색하여 1일 사용권이나 월단위 멤버십을 구매하고 방문한다. 멤버십에 가입하면 스페이셔스 네트워크의 어느 지점에서도 이용 가능하다. 레스토랑들이 낮 시간 동안 오피스 공간으로 **교체(alternate)**되는 것이다. 저녁이 되면 레스토랑들은 원래의 본업으로 돌아간다.

스페이셔스 월 회비는 129달러로, 뉴욕의 전형적인 공유오피스 멤버십보다 75%가 저렴하다. 다시 말해, 130달러도 안 되는 돈으로 크리에이티브 전문직들이 세계에서 땅값이 가장 비싼 지역의 멋진 장소에 있는 괜찮은 업무공간을 사용할 수 있는 것이다. 스페이셔스는 온라인 예약 시스템을 통해 수요를 만들어서 비용을 절감할 수 있고, 레스토랑 주인들과 협의를 통해 만들어지는 자리를 기반으로 하여 이용 가능한 장소 리스트를 계속 업데이트한다. 스페이셔스는 부동산을 소유하거나 임대차 계약서에 사인할 필요도 없는 것이다.

또한 스페이셔스는 공간을 확보하는 다른 방식에 대해서도 실험하고 있다. 2018년 1월, TGI 프라이데이는 뉴욕 16번가의 지점을 폐쇄했다. 그 레스토랑은 유니온 스퀘어 맞은편의 2층 건물을 임대해 쓰고 있었다. 임대권자는 그 건물을 팔 계획을 갖고 있었고, 미래의 매입자가 재개발 계획을 가지고 있을 경우에 대비하여 그것을 제한하지 않도록 장기 테넌트를 새로 들이고 싶지 않다는 이야기를 했다.

마침내 임대권자는 스페이셔스와 계약을 했는데, 버려진 TGI 프라이데이 공간이 팝업 공유오피스 공간으로 변하게 된 것이다. 임대권자와의 계약에서 스페이셔스는 전통적인 임대료를 지불할 필요가 없었고, 그 빌딩에서 최소 6개월간 그리고 최장 5년까지 연장하는 방식으로 정해졌다. 임대권자는 스페이셔스에서 발생하는 수입의 일부를 받으면서도 빌딩을 깨끗하게 유지하고 잠재적 매입자들에게도 보기 좋은 공간을 유지하는 테넌트를 얻게 된 것이다.

스코틀랜드 주류회사이자 영국 전역에 펍을 운영하고 있는 브루독

(BrewDog)은 데스크독(DeskDog)이라는 프로그램을 운영하고 있는데, 고객들이 펍에서 근무시간을 보낼 수 있게 해주는 것이다. 1인당 7파운드부터 시작하는 이 서비스에는 와이파이, 전기콘센트가 있는 테이블, 무제한의 커피, 그리고 인디아 페일 에일 맥주 한 잔이 포함된다. 핫 데스크[57]와 콜드 비어의 조합이 모든 사람의 선호도는 아닐 수 있지만, 이를 선호하는 사람들도 있다.

어디든 나의 데스크를 놓을 수 있다

뉴욕의 레스토랑들과 런던의 펍들에게는 미안하지만, 필자가 본 최고의 급진적인 공유오피스 팝업공간은 샌프란시스코에서 출현했다고 말하고 싶다. 2019년 4월 빅토르 폰티스(Victor Pontis)라는 한 지역 사업가는 위파크(WePark)를 론칭했다. 이것은 도시 도로변에 있는 빈 주차공간에 공유 작업장을 설치하자는 움직임이다.

위파크 "회원들"은 주차 미터기에 돈을 넣고, 바퀴가 달렸거나 접는 데스크를 설치한 후 컴퓨터를 놓고 일을 한다. 위파크는 트위터를 통해 론칭을 한 후, BBC, NBC, CBS, 「패스트 컴퍼니(Fast Company)」, 「더 타임즈 오브 런던(The Times of London)」 등 수십 개 언론 매체들의 주목을 받았다. 며칠 내에 유럽과 아시아에도 비슷한 사업에 영감을 주었다.

위파크가 빠른 시간 내에 세계 유수의 오피스 임대권자들을 넘어설 가능성은 없을 것이다. 그러나 핵심은 주거 또는 상업공간 같은 좀 더 생산적

---

57 핫 데스크(hot desk): 빈자리가 있으면 아무 데나 앉아서 일하는 책상. – 역자 주.

용도 대신에 주차장으로 사용되고 있는 공용부지가 얼마나 많은지를 인식시켜주었다는 것이다. 그리고 현대 전문직들이 원하는 곳 어디에서나 작업장을 만드는 것이 얼마나 쉬운가도 보여주고 있다.

컴퓨터를 손에 들고 있고, 무선 인터넷 연결과 수요를 만들어내는 디지털 채널이 있으면, 근무자들이 오피스 빌딩으로부터 쏟아져 나와서 다양한 다른 부동산 자산으로 이동해갈 것이다. 기술은 더 많은 사람들이 기존 오피스 빌딩에 들어갈 수 있게 해준다. 기술은 또한 시간을 절감해주고 낮시간 동안 비어있을 수 있는 공간을 사용할 수 있게 해준다. 그리고 오래된 건물의 리포지셔닝을 촉진한다. 기술은 리테일 프로젝트에서 공간을 자유롭게 한다. 그리고 공간이 오피스와 다른 용도 사이를 오가는 것을 가능하게 한다.

결과적으로 "오피스 공간"의 공급은 더 이상 정부의 용도구분을 통해 작동하는 문제이거나 디벨로퍼들이 얼마나 많이 지을 수 있는가의 문제가 아니다. 오피스 공간은 새롭고 예측 불가능한 방법으로 진화하고 있다.

앞에서 설명한 실험들 중 많은 것이 실패할 수도 있다. 또한 많은 신규 운영자들이 다른 곳에 인수되거나 자금부족 상태가 될 수도 있다. 그러나 더 탄력적이고 더 다양하며, 더 의미 있는 업무환경에 대한 수요는 계속해서 성장할 것이다.

10
오피스 공간의 수요를 바꾸는 힘

 탄력적이고 대안적인 오피스 공간의 인기가 높아지는 것은 수요의 본질에서 급격한 변화가 일어나고 있기 때문이다. 기술은 오피스 공간의 수요를 더 예측하기 어렵게 만들고 있다. 또한 좋은 테넌트를 고르는 것을 힘들게 하고, 테넌트들이 무엇을 원하는지 정하는 것을 더 어렵게 한다. 그리고 대부분의 전통적 임대권자들에게 제공되었던 것과는 전혀 다른 더욱 특화된 오피스 솔루션 제공의 필요성을 제기하고 있다.

 오피스 수요는 표 10.1에 열거한 9가지 트렌드에 의해 재편되고 있는데, 이 트렌드의 영향을 이해하기 위해 하나씩 살펴보도록 하자.

표 10.1 오피스 공간 수요를 재편하는 트렌드들

1. 전통적인 상장 회사들이 점점 안정성을 잃어간다.
2. 점점 더 많은 수의 세계 최대기업들이 비상장을 유지하고 전통적 금융데이터를 공개하지 않는다.
3. 상장한 많은 급성장 기업(그리고 테넌트들)이 전략의 문제로 자금손실을 겪고 있다.
4. 자동화와 인공지능의 영향력은 심오하지만 아직은 명확하지 않다.

5. 인간의 일은 점점 더 개념적이 되는 반면, 구조화는 약해지고 점점 더 예측하기 어려워진다.
6. 기업구조의 위계화와 구조화가 약해지고 있으며, 지속적으로 유동상태에 있다.
7. 일자리 시장은 가치가 점점 더 높아지는 특화된 인재들과 더 이상 존재하지 않을 "평균적인"오피스 근무자들로 양분화되어가고 있다.
8. 인력과 업무 자체가 점점 더 다양화된다.
9. 전통적 조직의 안팎으로 유연근무와 원격근무가 대세가 되어가고 있다.

전통적 상장기업의 불안정성

세계 최초의 마천루에 입주했던 기업들은 상대적으로 안정적이고 긴 수명을 기대할 수 있었다. S&P500 지수의 전신인 S&P90 지수는 1926년부터 미국의 선도적 상장 기업들을 추적하기 시작했다. 1920년대와 1930년대에 S&P90 지수에 포함된 기업들은 평균적으로 65년 동안 그 지수 내에 유지되는 것으로 예상되었다.

1960년대 중반이 되자, 평균적 기업 수명은 33년으로 반토막 났고, 1990년대에는 20년밖에 되지 않았다. 컨설팅 기업인 이노사이트(Innosight)는 그 숫자가 계속 줄어서 2026년에는 14년이 될 것으로 예측했다. 10년 넘게 시장의 포지션을 유지할 가능성이 있는 기업들을 지목하는 것은 점점 더 어려워지고 있다.

기술은 그 어느 때보다도 새로운 기업이 등장하는 것을 쉽게 만들고 있다. 반면, 지금 자리를 잡고 있는 기업들이 선호도에서 밀려나는 것도 쉽게 만들고 있다. SNS, 모바일 앱 스토어, 검색엔진, 그리고 기타 디지털 마케팅 채널들은 소기업들이나 개인들이 전 세계에 있는 수백만 명의 고객들에게 도달하고 과거에는 대기업에서 상당한 마케팅 예산을 투입해야만 달성할 수 있었던 노출을 얻을 수 있게 해준다.

디지털 고객 유치와 바이럴 콘텐츠에 통달하게 되면, 소기업들은 인터넷이 없던 시대에서는 가질 수 없었던 전투력을 증강시키게 된다. 또한 아마존웹서비스(AWS)나 마이크로소프트 애저(Azure)와 같은 클라우드 프로바이더들은 새로운 기업들이 빠르게 제품을 론칭할 수 있게 해주고, 과거에는 대기업에게만 가능했던 세계 수준의 인프라를 구독료 형식의 저렴한 비용으로 사용할 수 있게 해준다.

비공개기업의 불투명성

공개기업들이 부상하고 몰락하는 속도가 빨라지는 것을 넘어서, 이제는 S&P 자체가 더 이상 과거만큼 중요하지 않게 되었다. 신흥 기술기업들은 더 오랫동안 비상장 상태를 유지하려 하고, 때로는 무한정으로 비상장 상태를 유지하면서 기업공개(IPO) 전에 더 많은 민간자본을 유치한다. 결과적으로, 임대권자들은 대규모 테넌트들을 상대하면서도 동시에 전통적 공개기업들이 가졌던 투명성과 재무적 안정성은 부족한 상태가 된다.

2019년 6월 기준, 바이트댄스(Bytedance)[58], 위워크(WeWork), 에어비앤비(Airbnb)와 같은 비공개 스타트업들의 가치평가는 각각 750억 달러, 470억 달러, 그리고 293억 달러에 달했다. 위워크에 대한 가치평가는 이 책이 출간되는 시점에는 달라질 가능성이 있다. 이 회사들 중 어느 것도 S&P나 다우존스 또는 기타 전통적 지수에 포함되어있지 않다. 이 회사

---

58 바이트댄스(Bytedance): 중국의 AI 콘텐츠 스타트업 기업. - 역자 주.

들은 단순한 대기업이 아니라, 전례가 없는 최대의 프리IPO(pre-IPO)[59] 기업들이다. 마이크로소프트 및 아마존과 비교해보면, 이 기업들이 각각 1986년과 1997년 기업공개를 했을 때 기업가치가 10억 달러에 훨씬 미치지 못했다. 심지어 구글도 2004년 IPO 당시 테크회사로는 사상 최대였는데 기업가치가 "불과" 230억 달러밖에 되지 않았다.

다수의 프리IPO 기업들이 믿겨지지 않는 규모의 가치에 도달하고 있는데, 그 이유는 과거 20여 년간 프라이빗 파이낸싱의 폭발적 증가 때문이다. 관리되고 있는 개인투자 자산의 규모는 2000년 1조 달러가 되지 않았던 규모에서 2017년 5조 달러가 넘는 규모로 성장했다. 그 자본 중 많은 부분이 신규 기업들의 벤처투자로 배정되고 있다.

리프트(Lyft)[60]는 2019년 3월 IPO 전에 50억 달러의 투자를 유치했다. 이는 역사상 다른 어떤 프리IPO 기업보다 큰 규모였다. 위워크는 2019년 기업공개를 시도했다가 실패할 당시 이 기록을 깰 것으로 예측되고 있었다.

미국에 기반을 둔 벤처캐피털 회사들이 2018년 스타트업들에 투자한 총금액은 1,300억 달러가 넘었는데, 이는 2003년 이후 5배 증가한 수치이다. 클라이너퍼킨스(Kleiner Perkins)[61]의 에릭 팽(Eric Feng)이 지적한 바와 같이, "이제 벤처캐피털 투자는 하루 24시간, 주 7일, 1년 365일 내내 이루어지고 있다." 이 투자들은 이미 존재하고 있는 산업을 와해시키고 현재의 안정적인 대형 사업자들의 자리를 뺏는다는 명시적 목표를 가지고

---

59 프리IPO(pre-IPO): 기업이 앞으로 몇 년 이내에 상장될 것을 약속하고 일정 지분을 투자자에게 매각하여 자금을 유치하는 방법. - 역자 주.
60 리프트(Lyft): 미국의 차량공유 서비스. - 역자 주.
61 클라이너퍼킨스(Kleiner Perkins): 미국 벤처캐피털사. - 역자 주.

있기도 하다.

공개시장 중요도가 상대적으로 쇠퇴하는 것은 어느 정도 기술적 현상이다. (또한, 자금 정책, 세금 정책, 인구통계 등 다른 요인들에 의해 추동되기도 한다.) 과거 대부분의 기업들에게 IPO는 진정한 글로벌 스케일에 도달하기 위해 필요한 자본을 유치하고, 고객, 파트너 및 금융기관에 비즈니스의 품질을 알리는 유일한 방법이었다.

인터넷은 기업들이 잠재적 투자자들에 도달하는 것을 쉽게 해주고 있고, 투자자들은 투자기회를 조사하고, 시장과 창업자 및 경쟁자들에 관한 데이터에 접근하기 쉽게 해주고 있다. 프라이빗 투자와 관련된 거래비용(transaction cost)도 기술에 의해 감소되었다.

한편, 공개기업이 되는 비용과 리스크는 그대로 유지되거나 심지어 증가했다. 상시 연결성 및 온라인 모바일 시대에 수천 명의 소규모 투자자들의 실사가 진행될 수 있는 상황이 그렇게 매력적이지는 않다. 반면 비공개기업들은 소수의 세련된 투자자들에게만 회사에 대해 설명하면 된다. 결과적으로 많은 혁신기업들이 가능한 오랫동안 비공개로 남는 선택을 한다.

또한 비공개시장은 공개시장보다 유동성이 상당히 떨어지는데, 이 말의 의미는 투자자들이 특정의 이슈나 차질에 대해 안다고 하더라도, 지분을 쉽게 팔 수도 없기 때문에 정보를 내부적으로만 유지하려고 한다는 것이다.

예를 들어, 위워크의 프리IPO 가치는 대주주인 소프트뱅크에 의해 대부분 결정되었다. 대주주는 회사의 미래 성과에 관한 우려사항을 일반에 공개해서 얻게 되는 이익이 거의 없다.

신규 상장기업들의 급변하는 특성

"테크의 경제학"은 기업들이 더 오랫동안 비공개로 남아있으려는 또 다른 이유이다. 섹션 I(리테일)에서 지적한 바와 같이, 기술적 혁신에는 미래의 어느 시점에 한계비용이 절감되고 경쟁자들이 복제하기 어려운 제품 및 서비스를 개발하기 위한 상당한 선투자가 수반된다. 이는 장기간 대규모 손실이 발생할 수 있다는 의미이기도 하다.

아마존 창업자이자 CEO 제프 베이조스는 이런 말을 했다. "발명을 하고 선도해 나간다는 것은 오랫동안 기꺼이 오해를 받을 의지를 필요로 한다." 베이조스는 알 것이다. 그의 회사도 IPO 이후 10여 년간 손실이 계속됐다. 그래서 애널리스트, 언론, 주주들로부터 계속적으로 비난을 받았다. 그러나 마침내 아마존이 이익을 내기 시작하자, 세계에서 가장 가치가 높은 기업이 되었다.

아마존의 생존과 궁극적 성공은 손실을 겪고 있는 다른 스타트업들이 IPO라는 대담한 결단을 내리게 만들기도 했다. 어찌되었든, 기업공개는 창업자와 투자자들이 "캐시아웃(cash out)"할 수 있는 좋은 방법인 것이다.

(거의 20년 가까운 손실 후) 아마존의 성장과 수익성은, 손실을 겪고 있는 회사들이 기업공개를 하고 공개적 실사를 받으면서 실험을 계속해 나갈 수 있는 길을 열어주었다. 최근 IPO를 한 80% 이상의 기업들이 수익을 내지 못하는 것으로 나타났다. 2019년 그러한 기업의 점유율은 2000년 이후 가장 높은 수준이었고, 1980년 이후 전반적으로 상승하고 있는 경향을 보여줬다.

우버(Uber)는 IPO 직전년도에 18억 달러 손실이 있었는데, 역사상 다른 어느 프리IPO 기업들보다 큰 규모였다. 그런데, 이 기록을 위워크의 IPO가 깰 것 같다.[62] 위컴퍼니(We Company)는 2018년 거의 20억 달러의 손실을 기록했다. 이제 상장을 하는 것이 회사가 장기 임대차 계약을 보장할 만큼 안정적이라는 증거가 될 수 없는 것이다.

자동화와 AI

기술은 오피스 테넌트의 성장과 안정성을 예측하기 어렵게 만들 뿐만 아니라, 테넌트들이 얼마나 많은 공간을 필요로 할지 예측하는 것도 어렵게 만들고 있다.

20세기에서 비즈니스의 성공은 물리적 확장과 가장 높은 상관관계를 가지고 있었다. 미국상업부동산개발협회(NAIOP)에서 오피스 공간 수요를 예측하기 위해 사용하는 모형을 살펴보자. 이 모형은 GDP, 기업이익, 총고용률 그리고 비제조 산업의 경우 예상되는 배송 및 재고 데이터 등과 같은 거시경제적 변수들에 의존한다. 이 모형에 따르면, 금융부문의 고용은 1988년부터 2014년까지 오피스 공간의 순임대수요와 관련성이 대단히 높았다.

그러나 2024년에는 2014년과는 완전히 달라질 수 있다. 컨설팅 기업 PwC의 2018년 분석에 따르면, 금융서비스직은 향후 몇 년간 자동화 때문에 가장 많이 없어질 직종 중 하나이기 때문이다. 잘 알려진 바와 같이, 골드만삭스는 뉴욕 본사에서 대형 클라이언트의 주문을 진행하던 주식 트레이더의 수를 600명에서 2명으로 줄인 바 있다. 이와 비슷한 구조조정은 금

---

62 저자가 이 책을 쓰고 있던 시점에는 위워크가 상장 준비를 하고 있었으나, 이후 위워크의 상장이 무기한 연기되었다. – 역자 주.

융업계의 다른 곳에서도 이루어졌다.

골드만은 현재 수천 명의 컴퓨터 엔지니어들을 고용하고 있다. 그러나 한 전직 임원의 추정에 따르면, 이 회사는 "아마도 10명의 구식 트레이더들이 직업을 잃을 때마다 1명의 프로그래머가 채용될 것"이다. 리테일 측면에서도, 미국 은행들은 지난 10년간 거의 9천 개의 지점들을 폐쇄했고, 경기 확장기에도 은행지점 수는 전년 대비 마이너스를 유지했다.

반복적이고 예측 가능하며 대량의 구조화 데이터와 관련된 다른 화이트컬러 직종들도 유사한 역학의 지배를 받고 있다. 그 직종들에는 금융 외에도, 회계, 법률, 보험, 정보통신, 과학기술 서비스 등이 포함된다.

미 연방정부를 자동화할 때의 잠재적 영향을 생각해보자. 미 연방정부는 정보를 문서화하고 기록하는 데 매년 약 5억 시간의 인력투입을 하고 있다. 이를 다시 환산하면 임금으로 약 160억 달러이고 25만 개의 상근직, 그리고 수천만 달러의 사무실 임대료가 된다. 또한, 딜로이트와 옥스퍼드대학교에서 연구한 보고서에 따르면 영국에서 861,000개에 달하는 공공부문 직책이 2030년까지 자동화될 것으로 추정하고 있다.

사람의 일을 인공지능(AI)이 수행하는 능력에 관한 예측은 광범위하게 다양하다. 2016년 옥스퍼드대학교와 예일대학교 연구자들은 352명의 인공지능 연구자들에 대한 설문조사를 실시했고, 그 결과를 이용하여 향후 10년간 AI 능력에 관한 종합적 예측을 했다. 이 예측에서는 2025년까지 기계가 "모든 업무를 인간 노동자보다 더 잘 하고 더 낮은 비용으로" 할 수 있는 가능성을 50%로 보았고, 2060년까지 그렇게 될 수 있는 가능성을 50%로 보았다.

맥킨지(McKinsey & Company)의 보다 더 세부적인 분석에서는 현재 인간에 의해 수행되는 업무의 50%가 기존 기술을 이용하여 자동화될 수 있어서 2030년까지 8억 개의 일자리가 없어질 위험에 있는 것으로 보았다. 세계경제포럼(World Economic Forum) 설문에서 테넌트들에게 직접 질문한 결과 "50%의 기업들에서 현재 직원들의 직무기술서를 근거로 할 때 2022년까지 자동화로 인해 상근직 감소가 발생할 것으로 예측한다"고 답했다.

과거 산업화와 자동화의 물결에서, 생산성의 향상은 결국 없어진 것보다 더 많은 일자리를 만들어냈고, 새로운 산업이 부상하고, 새로운 제품의 소비를 위해 더 많은 돈이 풀렸다. 인간의 노동은 경쟁적 우위를 가지고 있는 새로운 과업으로 전환되었다. 그러나 그 과정이 원활하지는 않았다. 20세기는 두 번의 세계대전을 경험했고, 러시아와 중국에서의 공산주의 혁명, 그리고 노동 및 무역관계와 관련된 격변들이 있었다.

요약하면, 기술적 혁신은 경제활동과 기업이익의 급격한 성장을 이루게 하지만, 한편 그와 동시에 오피스 공간의 전반적 수요는 감소시킨다고 할 수 있다. 또한 기술적 혁신은 새로운 일자리 창출로 이어지지만, 그 일자리들이 동일한 오피스 공간의 수량 및 유형을 필요로 하지 않는다. 이에 관해서는 이 섹션의 뒷부분에 살펴볼 것이다.

수많은 연구들에서 AI의 타이밍과 영향력을 예측하는 시도를 해왔지만, 어느 것이 궁극적으로 맞는 것으로 증명될지는 명확하지 않다. 그리고 맞는 것으로 증명되는 것이 있을지도 명확하지 않다. 명확한 것은, 거시경제적 성과를 기반으로 하여 오피스 공간의 수요를 예측하는 전통적 모형은 재평가되어야 한다는 것이다.

개념화 시대의 태동

오늘날의 기계들은 과거의 기계들과 다르다. 산업화 시대의 기계들은 인간이 더 기계처럼 되도록 밀어붙였다. 사람들은 정해진 일정에 따라 특정의 장소에서 명확하게 정의된 과업을 가지고 일했고 구조화된 출력물을 생산하기 위해 구조화된 입력물을 사용했다.

반면, 오늘날의 "기계"는 인간처럼 되려고 하고 있다. 즉, 언어를 학습하고, 우리의 얼굴 표정을 차용하고, 또한 직관적이고 창의적으로 생각하는 시도를 하고 있다. 이는 두 가지 방식으로 오피스 공간의 수요에 영향을 미친다. 첫 번째는 총고용률에서 안정적 오피스 일자리가 차지하는 비율에 영향을 미치고, 두 번째는 오피스 빌딩 내에서 사람들이 수행하는 일의 유형을 변화시킨다.

우리가 일하는 방식은 변하고 있다. 저자 다니엘 핑크(Daniel Pink)가 「새로운 미래가 온다(A Whole New Mind)」[63]에서 지적한 바와 같이, "우리는 정보화 시대의 논리적, 선형적, 컴퓨터 같은 역량 위에 구축된 경제와 사회로부터 이동하여 창의적, 감성적, 거시적 역량 위에 구축된 경제와 사회로 나아가고 있다." 다니엘 핑크는 그가 개념화 시대(Conceptual Age)라고 명명한 시대로의 이동이 자동화(automation), 풍요(abundance), 아시아(Asia)라는 3가지 A들로 인한 것이라고 지적한다.

- (AI를 포함하는) **자동화(automation)**는 인간만이 수행할 수 있는 과업에 인

---

63 다니엘 핑크(Daniel Pink)의 *A Whole New Mind*의 번역서는 「새로운 미래가 온다」라는 제목으로 2012년 한국경제신문에서 출간. - 역자 주.

간이 집중할 수 있게 한다. 오피스 업무의 경우에는 다른 사람들과의 상호작용, 추상적 추론, 비판적 사고, 높은 전문성, 창의력을 필요로 하는 업무의 총량이 증가한다는 것이라고 맥킨지와 딜로이트는 예측하고 있다.

- **풍요(abundance)**는 무한한 선택의 시대에 제품은 브랜드, 경험, 의미에 의해 차별화된다는 것을 말한다. 이는 앞에서 논의했던 상징적 편익과 관련된다.
- **아시아(Asia)**는 낮은 가치의 생산을 개발도상국으로 국외이전(offshoring)하는 것을 의미한다. 이 맥락에서의 "아시아"는 다른 개발도상국 시장에도 적용된다.

자동화, 풍요, 아시아 현상의 결과로, 선진국 시장의 오피스 근무자들은 보다 더 창의적이고 개념적인 업무에 더욱 집중하게 될 것이다.* 어쩌면 마샬 맥루한이 1964년에 예측한 바와 같이, 진정한 자동화가 인간을 "자유롭게 하는" 방식은 증기와 자동차가 말들을 자유롭게 한 것과 같은 방식으로 생산의 요소에서 오락의 형태로 변화시킬지도 모르겠다.

기업의 언번들링

창의적이고 고도로 전문화된 직업은 그 수요가 증가할 것이다. 그러나 또한 수요에만 맞춰서 온디맨드로 증가할 수도 있다. 많은 직업들이 안정성을 잃게 될 것이다. 더 정확히 말해서, 아예 그 직업이 없어질 수도 있다. 전문직들은 특화된 프로젝트에 기여하도록 요청이 들어오면 정해진 기간 동안 팀에 합류하게 될 것이다. 이런 일은 기업의 안팎에서 발생하게 될 것이다.

---

* 그 변화의 스펙트럼 말단에서는, 자동화는 많은 반복적이고 기계로 관리되는 과업들도 창출하고 복잡한 신체적 노동의 중요성도 증가시킬 것이다. 여기서의 논의는 오피스 일자리와 관련된 결과에만 초점을 맞추고 있다.

창의적이거나 개념적인 상품들이 어떻게 만들어지는가에 대한 청사진을 보기 위해, 세계 엔터테인먼트 산업의 수도인 할리우드를 살펴보고자 한다. 영화 크레딧을 보면 다양한 분야에서 일하는 수십 명의 전문가들이 포함되어있다. 금융, 법률, 건축, 디자인, 창작 글쓰기, 음악, 재료과학, 컴퓨터과학, 심지어 역사, 범죄학, 심리학 등 다양하다. 이 사람들은 같이 일을 하지만 전통적 의미의 세계에서 말하는 "회사동료"는 아니다. 그들은 창의적이고 고도로 전문화된 현업종사자들의 그룹으로 가치 있고 독창적인 무엇인가를 생산하기 위해 정해진 기간 동안 모인 것이다.

이러한 방식의 업무는 다른 업계에서도 점점 더 유의미해지고 있다. 애덤 데이비슨(Adam Davison)이 「뉴욕타임즈」에서 지적한 바와 같이, "우리의 경제는 할리우드 모델을 향해 거대한 이동을 하고 있는 중이다." 이 모델은 다리를 건설하고, 모바일 앱을 설계하거나, 새로운 레스토랑을 론칭할 때, 또는 화장품 제품을 개발할 때에도 사용되고 있다. 많은 부동산 프로젝트 역시 이 방식으로 개발되고 있다.

사실상 이 모델은 인간 역사를 통해 흔히 있어왔다. 과거 150년 정도만이 예외였던 것이다. 19세기 후반 이후, 비즈니스는 대기업과 명확한 조직차트가 지배하게 되었다. 이때는 대량생산, 대중매체, 대중적 리테일의 시대였다. 상대적으로 적은 수의 제품들이 상대적으로 적은 수의 인쇄, 라디오, TV 채널을 이용하여 마케팅되었고, 거의 동일한 매장들에서 수천 개씩 팔려나갔다. 결과적으로, 기업들은 상대적으로 안정적인 조직구조, 인력 그리고 생산 일정에 의존할 수 있었다.

이 책의 섹션 I(리테일)에서 지적한 바와 같이, 21세기의 비즈니스는 아주 다르다. 소량다품종의 물리적 또는 가상의 제품과 서비스가 복잡한 공급자 네트워크에 의해 생산되고 마케팅된다. 그리고 수백 개의 독창적인 디지털 및 물리적 채널을 통해 판매된다. 사회학자인 에스코 킬피(Esko Kilpi)가 지적한 바와 같이, 창의적인 지식기반 업무는 역량과 과업들의 믹스(mix)를 필요로 한다. 이 믹스는 지속적으로 변화하고 있으며 예측하는 것도 갈수록 어려워지고 있다. 그 결과로, 신규채용은 "값비싼 추측의 문제가 되고 있고", 어느 개인이 어떤 과업에서 성과를 낼지를 계획하는 것은 "거의 불가능에 가까워지고 있다."

  이러한 문제들을 다루기 위해, 기업들은 명확하게 정의된 개체가 아닌 네트워크나 생태계를 닮아가기 시작하고 있다. 이러한 언번들링(unbundling)은 역시 거래비용의 감소에 의해 가능해진 것이다. 과거에는 각 개별 프로젝트를 위한 새로운 그룹의 팀 멤버들을 찾고, 검증하고, 수송하고, 급여를 지불하는 비용이 무척 비쌌다. 오늘날 기술은 이상적인 전문직들을 찾아내고 계약하고 하나의 그룹으로 일정 기간 동안 코디네이트 하는 것을 더 쉽게 해주고 있고, (자주) 더 많은 수익을 창출하게 해주고 있다.

  아마존은 수십 개의 (어쩌면 수백 개의) 작은 팀들로 나눠져있고, 회사의 다른 팀들이 어떤 일을 하고 있는지 모르는 채로 실험적 프로젝트들을 작업하고 있다. 일부 팀들은 동일한 문제에 대해 비슷한 제품이나 솔루션으로 동시에 작업하기도 한다. 성공적인 팀들은 결국 새로운 제품을 개발하게 되는데, 아마존 에코(Amazon Echo)[65], 웹서비스(Web Service)[66], 킨

---

65 아마존 에코: 아마존이 개발한 스마트 스피커. - 역자 주.
66 아마존 웹서비스(AWS): 클라우드 컴퓨팅 서비스. - 역자 주.

들(Kindle)[67] 등이 그 예이다. 성공하지 못한 팀들은 다시 회사의 조직으로 (또는 노동시장으로) 해산된다.

점점 더 많은 기업들이 비슷한 모델을 채택하고 있다. 이것이 대기업의 종말을 의미하는 것인가? 그렇지 않다. 아마존, 애플, 마이크로소프트는 전례 없이 큰 기업들이다. 그러나 거대한 기업들 내에서도 단일 장소에서 오래 그리고 예측 가능한 기간 동안 함께 일하는 대형의 동질적인 팀이 존재하는 일은 거의 없을 것이다.

오피스 일자리 시장의 양분화

특화된 인재의 독립성이 커진다는 것은, 할리우드처럼 많은 기업들이 "스타" 직원들을 모시기 위해 경쟁한다는 의미이기도 하다. 이러한 스타 직원들은 영감을 주는 업무환경과 기타 특전을 필요로 한다. 그리고 할리우드처럼 새로운 디지털 기업의 등장은 인재전쟁이 더 이상 소수의 스타들을 쫓는 소수의 스튜디오의 문제가 아니라는 의미이다.

그 대신에, 각 부문마다 수십 개의 회사들이 수천 명 그리고 어쩌면 수백만 명의 특화된 직원들을 찾아 경쟁하고 있다. "스타"들은 크게 증가하고 있고, 기업들은 이들을 유인하기 위해 많은 돈을 지불할 의사를 가지고 있다. 페이스북의 평균 연봉은 24만 달러이고, 구글은 197,000달러가 넘는다. 이 두 회사에서만 2018년에 10만 명 넘게 채용했다.

직원들의 특전은 새로운 차원에 도달하고 있다. 구글플렉스 스타일의 스

---

67 아마존 킨들: 전자책(ebook) 서비스 및 단말기. – 역자 주.

낵바, 헬스장, 인체공학적 의자들은 더 이상 충분하지 않다. 기업들은 유급 안식년, 연례 캠핑여행, 뮤직 페스티벌, 그리고 회사 장학금으로 공부할 기회 등을 제공하고 있다. 스포티파이(Spotify)와 허브스팟(HubSpot)[68]과 같은 일부 회사들은 심지어 (여성) 직원들에게 난자를 냉동하는 시술비용을 지불하기도 한다.

이러한 멋진 특전들과 높은 연봉은 기술의 또 다른 영향을 암시하고 있다. 개념화 시대의 일자리 편익은 과거 시대와는 다르게 분포되어있다는 것이다.

영국에서 딜로이트가 실시한 연구에 따르면, 2001년과 2015년 사이에 기술이 뺏어간 일자리는 80만 개에 달했다. 같은 기간 동안 기술은 또한 350만 개의 새로운 일자리 창출에 기여했다. 각각의 새로운 일자리마다 "평균적으로 연 1만 파운드가 추가 지불되어, 영국의 신규임금 경제에서 1,400억 파운드의 상승을 초래했다." 딜로이트의 연구결과가 나타내는 것은 "평균적으로" 그렇다는 것이다.

새로 창출된 일자리들은 총합에서 급여가 더 높은 것 같지만, 그 분포는 양분화되어있다. 상대적으로 적은 비율의 사람들이 전보다 더 많이 벌고 있고, 더 많은 비율의 사람들은 덜 안정적이고 낮은 보상을 받는 일을 하고 있다. 그리고 전반적으로 적은 수의 사람들이 합리적으로 좋은 급여를 주는 안정적인 일자리에 접근할 수 있다. 다시 말해, 안정적인 일자리를 가진 사람들의 비율은 지난 몇십 년 동안과 비교할 때 낮아졌다.

---

68 허브스팟: 인바운드 마케팅, 판매, 고객 서비스를 위한 솔루션 개발기업. – 역자 주.

하버드대학교의 로렌스 카츠(Lawrence Katz) 교수와 프린스턴대학교의 앨런 크루거(Alan Krueger) 교수가 실시한 2016년 설문연구에 따르면 2005년에서 2015년 사이 일자리 성장의 거의 90%는 "임시직이거나 불안정한 특성이 있는" 것으로 나타났다. 그중 60% 이상은 "독립 계약자, 프리랜서, 하청업체 소속 근로자"의 증가에 따른 것이었다.

2019년 카츠 교수와 크루거 교수는 미국 인구조사국의 새로운 데이터를 활용하여 2016년 연구결과를 다시 논의하는 논문을 발표했다. 새 논문에서는 불안정한 일자리의 증가와 관련해 낮아진 (그래도 여전히 높은) 수치를 제시했다. 더 중요하게는, 이 논문에서 이러한 일자리의 증가나 감소를 측정하는 것이 어렵다고 설명했다. 일자리의 불안정적이고 비공식적인 특성은 정확한 예측을 어렵게 만들고 있다. 이는 미래에 대한 예측뿐만이 아니라 현재 및 과거에 대한 추정에서도 마찬가지이다.

임대권자와 관련해서도 핵심은 같다. 안정적인 오피스 일자리의 수를 예측하는 것이 더욱 어려워지고 있다. 더욱이, 양분화된 인력시장은 "평균적으로" 두루 적용되는 제품의 수요가 높지 않을 가능성이 크다는 또 하나의 이유가 되고 있다.

더욱 다변화되고 있는 인력

업무현장은 그 어느 때보다도 다변화되고 있다. 역사상 처음으로 다섯 세대가 함께 일을 하고 있다. 베이비부머(1946~64년생), X세대(1965~80년생) 밀레니얼(1981~96년생)뿐만 아니라 침묵세대(1928~45년생)와 Z세대(1997~2012년생)까지 가세한 것이다. 이 책에서는 이 세대들에 대해 미국의 기준을 사용하고 있는데, 다른 선진국들의 경우에도 비슷한 연령 분포를 가지고 있다.

인재들의 이민과 글로벌화 역시 인력이 인종, 출생국, 성별의 측면에서 더 다변화되고 있다는 의미이다. 이 말은 오피스의 미래는 전례 없이 다양한 노동자들과 니즈를 수용할 필요가 있다는 것이다. 심지어 화장실조차 예전처럼 단순하지가 않다. 구글과 링크드인(LinkedIn), E&Y[69], 아비바(Aviva)[70]와 점점 더 많은 기업들이 "성중립적(gender-neutral)"혹은 "논바이너리(non-binary)"[71] 화장실을 오피스에 설치하고 있다.

혁신적 조직의 팀들은 그 구성에서만 다양성이 있는 것이 아니다. 그들은 업무 스타일도 다양하다. 음악 스트리밍 회사인 스포티파이에서 인력은 6~12명으로 구성된 "스쿼드(squad)"로 구분되어 자체적으로 어떻게 일을 할지, 업무공간을 어떻게 정할지, 그리고 때로는 무엇을 제작할지를 결정할 수 있다.

이러한 스쿼드는 소프트웨어 개발자, 디자이너, 제품매니저, 그리고 기타 관련 스킬을 가지고 있는 사람들의 다양한 팀을 포함한다. 각 스쿼드는 일종의 "미니 스타트업"으로 같은 "트라이브(tribe)"[72] 내의 다른 스쿼드들과 마찬가지로 "상당한 정도의 자율성과 자유"를 가지고 일한다. 이 회사의 계통관리자들은 "서로 다른 스쿼드에 걸쳐 분포되어있는 동일한 스킬을

---

69 E&Y(Ernst & Young): 런던에 본사를 둔 다국적 전문직 네트워크 서비스. - 역자 주.
70 아비바(Aviva): 영국의 다국적 보험회사. - 역자 주.
71 논바이너리(non-binary): 여성도 남성도 아닌 제3의 성별(트랜스젠더 등). - 역자 주.
72 트라이브(tribe)는 종족, 부족, 집단이라는 의미로, 기업조직에서는 공동의 목적, 문화 등을 공유하는 20~150명 정도의 집단을 말한다. - 역자 주.

가진 사람들을 관리한다."

이러한 스킬의 다양성은 미디어나 "가상"기업에만 국한된 것이 아니다. 필자가 유연형 오피스 제공자인 브리더(Breather)와 함께 컨설팅 프로젝트를 진행할 때는 데이터 사이언티스트, 행동과학자, 건축가, 그래픽 디자이너, SNS 관리자, 건설관리자, 금융 애널리스트들과 함께 오프라인 오피스 솔루션을 개발하기 위해 협업했다.

유연근무와 원격근무의 부상

일부 기술기업들은 다양성 환경을 포괄할 수 있는 거대한 캠퍼스를 건설할 수 있을 만큼 큰 회사들이다. 시애틀에 있는 아마존 본사에는 "생각을 바꿔보거나 긴장을 풀 수도 있고, 협업을 하거나 지인과 점심을 하고, 좋은 전망의 편익을 얻을 수 있는" 공간들이 있다. 그러한 공간들은 개방형 작업장, 회의실, 전화부스, 집중업무를 위한 캡슐, "계단"좌석으로 구성된 개방형 공간, 넓은 전경이 확보된 공간, 빈티지 가구들이 비치된 방, 그리고 심지어 해리포터 테마의 도서관 등을 포함한다.

다른 기업들도 직원들에게 그러한 공간과 경험의 다양성을 제공하려 하고 있다. 그러나 대부분의 기업들은 구글이나 아마존 같은 자원을 가지고 있지 않다. 자체적인 캠퍼스를 지을 수도 없을 뿐만 아니라 런던이나 뉴욕의 도시 블록 전체를 재개발하는 것은 불가능하다. 이러한 소기업들은 기존 임대권자들에게 의존해야 한다. 그런데 기존 임대권자들은 그들을 자주 실망시키고 있다.

가장 큰 회사들도 그들이 필요로 하는 모든 인재를 단일 장소에 수용할 수가 없다. 구글의 뉴욕 오피스는 캘리포니아 캠퍼스보다 크고, 다른 도시들에도 수십 개의 오피스를 운영하고 있다. 2018년 아마존이 본사를 분리한 것은 유명한 일화이다. 반은 시애틀에 두고 나머지 반은 알링턴과 뉴욕으로 또 나눴다.

스포티파이의 본사는 스톡홀름에 있는데, 뉴욕과 런던에 더 큰 오피스가 있고, 수십 개 다른 도시들에 오피스들이 더 있다. 이 오피스들은 "로컬 지점"의 "지역 본사"가 아니다. 이 오피스들은 핵심 제품 및 서비스의 개발에 기여하는 직원들의 베이스캠프일 뿐만 아니라 회사의 주요 임원들이 상주하기도 한다.

만약 직원들이 여러 오피스들에 걸쳐서 협업을 할 수 있다면, 애초에 이들이 오피에 앉아있을 필요가 있을까? 워드프레스닷컴(WordPress.com)[73]과 우커머스(WooCommerce)[74]의 모기업인 오토매틱(Automattic Inc.)은 완전히 분산된 조직을 구축했다. 오토매틱의 900명에 달하는 직원들이 69개 국가에 흩어져있다. 다른 많은 소프트웨어 및 디지털 미디어 회사들도 "완전히 원격"으로 근무하는 선택을 하고 있는데, 인비전(InVision)[75], 버퍼(Buffer)[76], 자피어(Zapier Inc.)[77] 등이 그러하다. 싱크넘미디어(Thinknum Media)[78]의 분석에 따르면 미국 763개 대기업의 원격근무 구

---

73 워드프레스(WordPress): 웹사이트 제작 툴. - 역자 주.
74 우커머스(WooCommerce): 워드프레스 전용 오픈소스 이커머스 플랫폼. - 역자 주.
75 인비전(InVision): 디지털 제품 디자인 플랫폼. - 역자 주.
76 버퍼(Buffer): SNS 계정 관리용 웹 및 모바일 앱. - 역자 주.
77 자피어(Zapier): 사용하는 앱들을 모두 통합하여 업무자동화를 도와주는 웹 서비스. - 역자 주.
78 싱크넘미디어(Thinknum Media): 데이터 주도형 저널리즘 매체. - 역자 주.

인 일자리 수는 2018년 1/4분기와 2019년 1/4분기 사이에 2배를 넘어섰다.

전통적인 기업들도 유연근무 및 채용 형태를 채택하고 있다. PwC는 "비즈니스 니즈를 기반으로 특정 역할을 정해진 기간 동안 하도록 채용하는" 컨설턴트 및 세무 전문직들을 위한 프로그램을 가지고 있다. 이 회사의 상근직 직원들도 일주일에 며칠은 재택근무를 하고, 상근직 업무를 동료들과 공유하고, 주중 근무시간을 응축하여 근무일수를 적게 할 수 있는 유연성을 갖는다.

시티뱅크, 아메리칸 익스프레스, 액센츄어[79] 같은 다른 대형 테넌트들도 비슷한 정책을 경험하고 있다. SHRM(Society for Human Resource Management, 인적자원관리협회)에서 2017년부터 2018년까지 실시한 설문결과에 따르면, 70%의 조직들이 특정한 유형의 원격근무를 허용했고, 57%는 직원들이 정해진 한계 내에서 근무시간을 선택할 수 있는 "선택적 근무시간제"를 제공했다. 이 수치는 과거 몇십 년과 비교할 때 놀라운 증가 수치를 나타낸다.

유연성을 단순히 특전이 아니라 필수조건으로 하고 있는 기업의 수가 점점 많아지고 있다. 갤럽 사상 최대 규모의 일의 미래에 관한 연구서가 2019년에 발행되었는데, 그 내용을 살펴보면 모든 직원의 50%가 (그리고 밀레니얼의 63%가) 선택적 근무시간을 제공하는 곳으로 이직할 의사가 있다고 답했다. 직원들이 유연성을 중요하게 생각하는 이유는 삶에서 다른 목표와의 균형이 가능하기 때문이고, 사생활 속으로 스며들고 있는 업무 이메일과 전화를 상쇄할 수 있으며, 가장 중요하게는 스스로 자신들의 삶을 지배한다는 느낌을 주기 때문이다.

---

79 엑센츄어(Accenture): 미국의 다국적 경영 컨설팅 기업. – 역자 주.

가장 까다로운 오피스

이 모든 자유와 유연성이 의미하는 바는 프레드릭 테일러(Frederick Taylor)의 "과학적 경영(scientific management)"이 마침내 쓸모없어졌다는 것이 아니다. 오히려 그 반대가 맞는 말이다. 회사들은 유연한 오피스를 관리하기 위해서, 그리고 유동적이고 단기적인 인력의 성과를 측정하기 위해서 정교한 툴에 의존하고 있다.

점점 더 많은 오피스들은 매일 서로 다른 수의 사람들을 수용하도록 설계되어, 직원들이 데스크, 회의실 및 다른 자원들을 모바일 앱과 웹 기반 디지털 포털을 통해 예약할 수 있게 하고 있다. 어느 회의실이나 데스크가 사용 가능한지 확인하고 데이터를 수집하여 자원계획 및 오피스 레이아웃을 최적화할 수 있도록 센서들이 설치되고 있다. 여러 팀들이 어떻게 상호작용하는지와 어느 영역이 가장 많이 사용되는지를 알 수 있도록 카메라와 열감지 센서가 오피스의 각 층을 모니터한다.

슬랙(Slack), 에어테이블(Airtable), 지스위트(G Suite), 가상현실 집합 공간과 같은 디지털 협업툴이나 우리가 잘 아는 이메일은 회사가 직원의 관여도 및 커뮤니케이션을 추적하고 수량화하기 쉽게 해주고 있다. 이러한 도구들은 또한 직원들이 일을 멈추는 것을 더 어렵게 하기도 한다.

1984년의 애플 광고를 다시 생각해보면, 스티브 잡스의 손 안의 개인 컴퓨터는 빅브라더를 죽인 것이 아니었다. 그렇지만, 20세기의 지루하고 위계적인 오피스로부터 많은 직원들을 해방시키기는 했다. 다음에는 무엇이 올 것인가?

11
21세기의 오피스 임대권자

오피스 임대권자들은 전례 없는 공급의 풍요에 직면하고 있다. 이 풍요는 새로운 건설의 결과가 아니다. 그것은 어느 곳에서나 일할 수 있는 개인들의 능력 그리고 욕구의 결과이다. 오래된 오피스 빌딩들, 기존 쇼핑몰이나 재건축한 쇼핑몰, 호텔 로비, 레스토랑, 카페, 집 등이 근로자들의 필요와 각자의 시간에 따라 "오피스"로 제공되는 것이다. 또한 새로운 운영자들은 기존 오피스 인벤토리에 대한 접근과 설계를 최적화하기 위하여 소프트웨어와 하드웨어를 이용한다. 이를 통해 고객들의 공간점유를 낮출 수 있다. 물리적 자산의 내재적 희소성은 더 이상 새로운 경쟁자들에 대항하는 적절한 방어가 될 수 없다.

수요 측면에서도 상황은 똑같이 어렵다. 임대권자들이 수용해야 하는 기업들은 예측하기 어려운 금융성과와 유동적 구조를 가지고 있고 또한 점점 더 특화되는 직원들(또는 계약자들)을 두고 있다. 테넌트들은 직원들의 원격근무나 교대근무를 허용함으로써 공간을 더 효율적으로 관리하고 있다.

테넌트의 관점에서 볼 때, 이는 다음의 5가지가 핵심 필요조건으로 해석된다.

1. 오피스 빌딩들은 서로 다른 과업과 각기 다른 팀의 업무 스타일에 최적화된 다양한 여러 공간들을 가지고 있어야 한다.
2. 오피스 빌딩들은 이러한 공간에 대한 예약 및 접근을 도와주는 시스템을 갖추고 있어야 한다.
3. 오피스 빌딩들은 인원수와 목표의 갑작스럽고 지속적인 변화를 수용하도록 충분히 유연해야 한다.
4. 오피스 빌딩들은 대규모의 인재 풀에 가까이 위치해야 하며, 까다로운 직원들이 와서 일하고 싶어 할 만큼 매력적이어야 한다.
5. 오피스 빌딩들은 경쟁력 있는 가격을 책정해야 하고, 인건비와 실험을 위한 충분한 자금을 남겨야 한다. (그리고 점점 더 많아지는 대안들과도 경쟁해야 한다.)

어떻게 오피스 빌딩 하나가 이 모든 요건을 충족할 수 있을까?

그것은 불가능하다. 결과적으로, **미래의 오피스는 단일의 업무공간이 아니고, 공간과 서비스의 네트워크이다.** 이 네트워크는 집중작업, 팀의 브레인스토밍, 고객 프레젠테이션, 직원교육, 회의 등 특정 과업의 수행을 위해 디자인된 공간들을 포함해야 한다.

테넌트들은 "공간"을 원하는 것이 아니라 생산성을 높이는 솔루션을 원하는 것이다. 이를 통해 최적의 개인들을 유인하고 유지하며, 그 개인들이 최고 수준의 업무를 달성할 수 있도록 도움을 주는 것이다. 테넌트들이 원하는 솔루션에는 회사와 개인들이 자신의 시간을 가장 잘 사용할 수 있게 해주는 물리적 공간, 다양한 서비스, 그리고 디지털 툴이 포함되어야 한다. 가장 이상적으로는, 개인들이 건강하고 의미 있는 삶을 살도록 도와주는 것이기도 해야 한다.

오피스 공간 제공자들은 정말로 그렇게 많은 것을 제공해야 하는가? 그렇다. 위워크(WeWork)와 몇몇 다른 신설 회사들은 이미 그 미래를 향해 노력하고 있다. 그 회사들 중 대다수는 그 약속의 땅에 결코 도달하지 못할지도 모른다. 그러나 그들 중 일부는 그곳에 도달할 것이다. 전통적 임대권자들은 이를 따라잡을 수 있는가? 이미 누군가는 그 길에 들어서고 있다.

비상을 꿈꾸는 임대권자들

4월의 어느 화창한 수요일 아침이었다. 비둘기 두 마리가 허드슨강을 가로질러 미드타운 맨해튼으로 날아갔다. 비둘기들은 5번가에 도달하기 바로 직전, 록펠러센터에 있는 분수대가 내려다보이는 어느 난간에 내려앉았다. 그해는 1941년이었다. 14개 빌딩으로 이루어진 이 복합단지는 그때까지 세계에 건설된 민간 프로젝트 중 가장 큰 규모였다.

「뉴욕타임즈」의 보도에 따르면, 그 두 마리의 비둘기들은 공무수행을 위해 그곳에 있었다고 한다. 미군 훈련의 일환으로 록펠러센터로 메시지를 전달하는 것이었는데, "정상적 통신수단이 끊어지는" 예상 시나리오에 대비하는 훈련이었다. 세계 최첨단 부동산 프로젝트에서 고대의 기술이 테스트되고 있었다.

그로부터 75년 후, 록펠러센터는 전혀 다른 실험의 한가운데에 있다. 이번에는 신기술과 비즈니스 모델이 이 오래된 – 그리고 여전히 영광에 빛나는 – 부동산 프로젝트에서 테스트되고 있었다. 2017년 록펠러센터의 소유권자이자 운영사인 티시먼스파이어(Tishman Speyer)는 모바일 앱과 웹 포털을 통해 이용 가능한 기업서비스와 웰니스, 라이프스타일을 하나로 묶은 Zo를 출시했다. 앱과 웹 포털을 통해 테넌트들은 음식배달, 긴급아동돌봄 서비스, IT 솔루션, 웰니스 강좌, 퍼스널 그루밍(personal grooming)[80], 병원예약, 여행계획 짜기, 기타 이벤트 등의 서비스 및 활동을 이용할 수 있다.

또한 Zo 멤버들은 록펠러 플라자 1번지의 33층과 34층에 위치한 클럽하우스를 이용할 수 있는 권리도 얻는다. 이 2,200ft^2(약 204㎡) 공간은 라운지, 회의실, 이벤트 공간, 다이닝 공간, 미래형 침대 캡슐로 꾸며진 "낮잠"방, 그리고 맨해튼의 전망을 볼 수 있는 야외 테라스로 구성되어있다. 록펠러센터 테넌트와 그 직원들은 Zo 클럽하우스 및 기타 서비스를 무료로 이용할 수 있다.

티시먼이 임대권자로는 최초로 테넌트 연결 앱을 론칭하거나 테넌트를 위한 다용도 공간을 설치한 것은 아니었다. 그러나 그 서비스의 진화를 위한 노력의 규모와 방법은 독특하다. Zo는 록펠러센터에서 처음 시범 운영된 후 점차적으로 전 세계의 다른 티시먼 부동산들로 확산되었다. 이 말은 거의 8,000만ft^2(743만 ㎡)에 달하는 상업 및 복합용도 포트폴리오에 확산될 수 있는 가능성이 있다는 것이다.

대부분의 임대권자들이 앱과 웹 개발을 위해 서드파티 소프트웨어 제공자에게 의존하는 반면, 티시먼스파이어는 앱 개발회사를 인수한 후 Zo의

---

80 퍼스널 그루밍(personal grooming): 스파, 메이크업, 헤어, 의상, 피부 관리 등 외모를 관리하는 것. - 역자 주.

소프트웨어 구성요소를 자체적으로 개발하는 결정을 했다. 인수한 회사는 Zo의 상표가 붙은 디지털 제품과 온라인 툴 개발을 목적으로 한다. 오프라인으로 돌아가서, Zo 클럽하우스는 테넌트들이 좀 더 유연하게 이용할 수 있는 새로운 물리적 상품을 만들고자 하는 티시먼의 노력을 나타내는 첫 단계일 뿐이었다.

2018년 이 회사는 공유오피스 공간인 스튜디오(Studio)를 론칭했다. 스튜디오는 공동작업 공간, 회의실, 유리벽 파티션으로 이루어진 프라이빗 오피스 등을 제공하는데, 위워크의 컨셉을 그대로 가져왔다. 스튜디오 1호점은 록펠러센터의 남동쪽 코너에 있는 5번가 600번지(600 Fifth Avenue) 빌딩의 한 층 전체를 사용했다. 공유공간을 사용하다가 크게 성장하는 테넌트들은 "졸업"하여 스튜디오 프라이빗(Studio Private)으로 업그레이드할 수 있다. 스튜디오 프라이빗 서비스는 빌트인 프라이빗 오피스와 함께 모든 스튜디오의 공간들과 Zo 클럽하우스 및 Zo 서비스들을 이용할 수 있다. 프라이빗 오피스 멤버가 되려면 테넌트들이 보다 더 장기간을 계약해야 한다. 평균적으로 1~2년 정도일 수 있는데, 전통적 오피스의 5년 이상 임대차 계약보다는 여전히 짧다.

티시먼은 남아프리카와 유럽에 소유하고 있는 빌딩에도 공유오피스인 스튜디오(Studio)를 운영하고 있다. 또한 다른 임대권자들이 소유하고 있는 빌딩에도 지점을 오픈할 계획을 가지고 있다. 다시 말해, 세계 최대 임대권자 중 하나가 공유오피스 브랜드를 새로운 위치에 도입하기 위해 다른 임대권자들과 임대차 또는 관리계약을 맺는 것이다. 티시먼은 자체소유 빌딩으로부터 초점을 이동하여 다른 부동산에서도 운영되는 브랜드화된 생산성 및 웰니스 솔루션으로 확장해 나가고 있다.

다른 대형 임대권자들도 소규모로 자체적인 유연형 오피스 브랜드를 실험 중이다. 브리티시랜드(British Land)는 2017년 스토리(Storey)를 론칭했다. 스와이어프로퍼티스(Swire Properties)는 2014년의 사업을 재정비하여 2017년 블루프린트(Blue Print)를 다시 론칭했다. 랜드시큐리티스(Land Securities)는 2019년 미요(Myo)를 론칭했다. 이러한 많은 시도들은 신중하고 잠정적이다. 필자가 알기로는 티시먼스파이어가 공유오피스 공간을 다국적으로 론칭한 최초의 전통적 임대권자이다.

2018년부터, 티시먼은 또한 스타트업 기업들에 대한 직접 투자를 하기 시작했다. 주목할 만한 투자처로는 오피스 근무자들이 식사를 사전 주문하도록 돕는 앱 개발사인 리츄얼(Ritual)과 상업부동산을 위한 포트폴리오, 임대 및 거래 관리 플랫폼인 VTS, 그리고 기업 출장자들을 대상으로 한 가구가 구비된 아파트먼트 운영자인 리릭(Lyric)을 예로 들 수 있다. 이러한 벤처투자는 현재 이 회사의 자체 재원으로 이루어지고 있다.

티시먼이 오피스 관련 스타트업에 투자한 최초의 부동산 거대기업은 아니다. 지난 4년간 브룩필드프로퍼티스(Brookfield Properties)와 RXR은 컨빈(Convene)에 투자했고, 루딘프로퍼티스(Rudin Properties)와 더스트오가니제이션(Durst Organization)은 위워크의 초기 투자자였다. 아센다스-싱브리지(Ascendas-Singbridge)*와 CDPQ**는 브리더(Breather)에 투자했고, 블랙스톤(Blackstone)은 TOG(The Office Group)의 다수 지

---

* 현재는 캐피타랜드(CapitaLand)에 인수됨
** 아이반호캠브리지(Ivanhoe Cambridge)의 모기업

분을 인수했다. 브룩필드(Brookfield), RXR, 캐피타랜드(CapitaLand)는 또한 이런 종류의 투자를 다루는 전용 벤처펀드를 설립했다.

시장을 파고드는 유연형 오피스 운영자들

전통적 임대권자들은 소규모 테넌트들을 수용하고 더 많은 유연성을 통합하며 벤처캐피털과 실험하는 시도를 하고 있다. 반면, 유연형 오피스 기업들은 대형 테넌트를 유치하려 하고, 장기 "회원들"을 확보하면서, 포트폴리오를 확장하기 위해 전통적인 프라이빗 에쿼티와 대출 그리고 관리계약을 활용하는 시도를 하고 있다.

TOG는 처음부터 자체 빌딩을 소유하기 위해 전통적인 은행자금 조달과 함께 창업자 및 소유자들의 개인자본에 의존했다. 이 회사는 위워크나 노텔(Knotel) 같은 회사들보다는 느리게 성장했지만, 테넌트로부터 받는 정기적인 멤버십 수입에 추가적으로 운영 빌딩의 가치평가액 상승도 누릴 수 있었다. 2019년 2/4분기 기준, TOG 기업가치의 65%는 자체소유 부동산으로 이루어져있다.

가장 유연한 공간 운영자는 불안정한 상태가 더 심해진다. 2019년 2/4분기 기준, 위워크가 운영하는 거의 모든 공간은 빌딩 소유주와의 마스터 리스(master lease)[83]를 통해 확보되었다. 이 모델이 의미하는 것은 위워크가 향후 5~25년간 임대료를 지불해야 하는 상황에 있지만, 대부분의 수입은 훨씬 짧은 기간만을 이용하는 고객들로부터 나온다.

---

83 마스터 리스(master lease): 부동산 개발업체가 건물을 통째로 임대·관리하는 사업방식으로, 업체는 건물을 장기임대하고 이를 재임대해 수익을 얻는다. - 역자 주.

초기 "위워크 모델"*은 임대차 차익거래라는 리스크 형태에 의존했다. 이는 "공급자"와의 장기계약과 대비되는 고객과의 단기계약을 말한다. 그러나 유연형 오피스와 공유오피스 고객들이 지불하는 프리미엄은 리스크 그 이상의 훨씬 많은 것을 반영한다는 사실에 주목하는 것이 중요하다. 고객들은 전통적 장기계약을 피할 수 있는 편익과 유연성에 추가적으로 디자인, 커뮤니티, 서비스 그리고 앞에서 언급한 다른 편익들에 대해서도 지불을 하는 것이다.

블랙스톤의 북미 오피스 기업인 EQ오피스(EQ Office)의 CEO 리사 피카드(Lisa Picard)가 지적한 바와 같이, 유연형 오피스 운영자들의 초기 비즈니스 모델은 컴퓨터 및 기계 하드웨어 업계에서 통상적인 부가가치 재판매자(value-added reseller, VAR)를 연상시킨다. 이 재판매자들은 고객용 턴키솔루션을 만들기 위해 여러 제품 및 서비스를 같이 결합하여 이익을 낸다.

부가가치 재판매자들은 "주로 고객 서비스에 대해 더욱 실질적인 접근법을 제공하여 제조사가 공급하는 원래 장비 그 이상을 넘어서는 가치를 창출한다"고 리사 피카드는 말한다. 같은 맥락에서, 위워크 등은 테넌트 멤버들에게 전통적 부동산 디벨로퍼가 "만들어낸" 물리적 빌딩을 훨씬 넘어서는 가치를 제공하는 것이다.

그러나 오피스 빌딩들은 만들어진 상품과는 다르다. 오피스 빌딩은 부동(不動)의 것이다. 컴퓨터와 달리, 오피스 공간은 한 장소에서 만들어진 후 다른 곳으로 재판매될 수 없다. 오피스 빌딩은 당연히 목표시장 내에 위치하고 있고, 따라서 그 소유주들이 최종 사용자들과 직접적 관계를 창출하

---

* 여기서 "위워크"라고 할 때는 과거 십여 년간 비슷한 모델로 등장한 수백 개의 다른 공유오피스 운영자들을 일컫는 것이다.

는 것을 가능하게 해준다. (그렇지만 많은 소유주들은 그렇게 하지 않는 것을 선택한다.)

더 중요하게는, 임대차 차익거래 모델이 의미하는 바가 부가가치 재판매자(reseller)가 아니라 부가가치 재임대자(re-renter)인 것이다. 이는 몇 가지 이슈들을 제기한다. 첫째, 위워크는 임대권자인 공급자와 지속적인 관계를 유지해야 하고, 다른 공급자로 쉽게 바꿀 수가 없다. (다시 말해, 컴퓨터 전문판매자가 다수의 호환가능한 공급자들과 관계를 맺는 것과는 다른 상황이다.) 둘째, 위워크는 빌딩의 전반적인 디자인과 시스템을 변경시킬 수 있는 능력이 제한적이다. 셋째, 테넌트가 된다는 것의 의미는 위워크가 창출하는 가치의 큰 부분이 위워크가 아닌 빌딩 소유주에게 축적된다는 말이다.

더 중요한 것은, 대도시에서 오피스 빌딩(자산)의 인수용으로 금융조달이 가능한 상대적으로 저렴한 자본이 많다는 것이다. 그러나 그러한 금융조달이 장기 임대차 계약(채무)에는 가능하지 않다. 결과적으로, 위워크의 초기 모델은 인벤토리를 확보하기 위해 많은 자금을 지출하는 것이 필요하고, 계속적으로 확장하기 위해서는 상대적으로 비싼 금융자본(벤처캐피털 및 고금리 대출 등)에 의존해야 한다.

위워크는 최소한 2017년부터 더 지속 가능한 모델로 이동하려는 노력을 하고 있다. 투자자들이 그러한 성장을 위해 모든 수단을 동원했기 때문에 그 과정은 더 잘 이루어질 가능성이 있고 창업자도 사임했다.[85] 그 첫 번째 단계가

---

85 위워크의 창업자인 애덤 노이먼(Adam Neumann)은 대마초 사건 등 오너 리스크로 인해 회사 내에서 갈등을 겪다가 2019년 9월 CEO를 사퇴한 것에 이어, 공동창업자인 미구엘 맥켈비(Miguel Mckelvey)도 2020년 6월 사임했다. - 역자 주.

수천 명의 직원을 가진 대기업 클라이언트를 대상으로 하는 솔루션인 파워드바이위(Powered by We)의 도입이었다. 위워크가 이러한 기업 클라이언트들이 이미 소유하거나 임대한 공간의 디자인과 공사, 운영을 책임지는 것이다. 예를 들어, UBS는 파워드바이위를 통해 맨해튼 허드슨강 건너편 뉴저지 주의 위허켄(Weehawken)시에 있는 10만 ft^2(9,290㎡)의 오피스를 탈바꿈시켰다.

파워드바이위 고객들은 핵심 비즈니스에 집중할 수 있고, 최적화된 부동산 이용이 가능하다. (때로, 이것은 직원당 할당된 공간의 크기를 감소시킴으로써 가능하다.) 그리고 직원들에게 위워크 멤버십의 즐거움을 제공한다. 위워크 측면에서는 실제 건설을 위한 지불이나 임대차 계약의 필요 없이 안정적인 대기업 클라이언트들로부터 멤버십 수익을 얻는 것이다.

위워크 변환의 두 번째 단계는 2017년에 도입한 맞춤형 오피스 설계(Custom Buildouts) 서비스이다. 파워드바이위와 달리, 이 솔루션은 위워크가 클라이언트를 위한 완전히 새로운 장소의 물색, 임대차 협상 및 계약체결, 공간의 디자인 및 설계, 그리고 모든 진행되는 작업을 관리한다. 이 경우에 위워크가 임대차 계약을 체결하지만, 특정의 기업 테넌트와 하는 것이기 때문에 전체적인 리스크를 줄일 수 있다.

세 번째 단계는 2018년에 도입한 HQ바이위(Headquarters by We)로, 이 솔루션은 위워크의 입주건물 외의 장소에서 프라이빗 오피스를 고객에게 제공하는 것이다. 맞춤형 빌딩과 달리, HQ바이위의 장소들은 위워크가 선택을 하고 4가지의 서로 다른 디자인으로 제공된다. 이 솔루션이 대상으로 하는 클라이언트는 11~250명 직원 규모의 성장기 회사들로, 자신들의 간판을 건 자체 오피스를 가지고 싶어 하지만 전통적 임대차 계약을 체결하는 데 수반되는 비용과 의무를 피하고 싶어 하는 경우이다.

2018년 위워크는 또한 글로벌 액세스(Global Access)를 론칭했는데, 이것은 전 세계 모든 위워크 공유오피스 공간과 기업 라운지를 이용할 수 있는 "패스포트(passport)" 서비스이다. 이 솔루션은 위워크 기업 클라이언트의 직원들이 출장 중이나 여러 도시들에서 회의가 있는 중간에 또는 직원들이 변화를 필요로 할 때 위워크 공간을 베이스캠프로 사용하게 하는 것이다. 고객들은 정액제로 멤버십 요금을 내고 "무제한" 이용권을 얻는 것이다. 위워크에게 이는 어느 특정 업무공간(또는 임대차 계약)에 구속되지 않는 정기적인 서비스 수입으로 해석된다.

위컴퍼니의 변환에서 네 번째 단계는 가장 흥미로운 부분이다. 2019년 이 회사는 29억 달러 부동산 투자 플랫폼인 ARK를 발표했다. 이 플랫폼은(위컴퍼니에서는 이를 펀드라고 칭하지 말 것을 주장하고 있는데), 서드 파티 투자자들의 자본에 의존하고 있다. 여기에는 다양한 연금 및 보험 프로그램을 운영하고 있는 기관투자자인 캐나다 퀘벡주 연기금(Caisse de dépôt et placement du Québec)의 부동산 관리 자회사인 아이반호캠브리지(Ivanhoe Cambridge)가 출자한 10억 달러가 포함되어있다. ARK는 그 자본을 이용하여 "위워크 테넌트 기반으로 편익을 얻을 전 세계 관문도시 및 고성장 중인 중소도시들의 부동산"을 인수, 개발, 관리할 것이다. 이 투자 플랫폼은 이 섹션의 앞에서 언급했던 위워크의 부동산 인수 관련 초기 실험이 성숙된 형태이다.

ARK는 단순히 위워크가 빌딩을 소유하기 위한 방법이 아니다. ARK는 부동산에 투자하고자 하는 기관투자자들을 대신하여 위워크가 자본을 관리하는 방식이다. 블랙스톤이나 칼라일[86]과 같은 다른 펀드 매니저들처럼, 위워크도 ARK 플랫폼에 출자된 자본의 액수를 근거로 관리수수료를 받고, 이 자산이 운영되는 동안 발생하는 수입이나 미래 매각을 기반으로 성과보수를 받게 된다.

펀드 매니지먼트 사업을 추가한 것은, 성공할 경우 위워크에 여러 가지 방법으로 이익이 될 수 있다. 위워크는 운영하는 빌딩들에 대해 더 많은 통제권을 얻게 되고, 서드파티 임대권자들에 대한 의존도를 감소시킬 수 있다. 위워크는 많은 자본에 리스크를 걸지 않으면서 서드파티 투자자들의 돈으로 그 지배지분을 인수하게 된다. 그리고 부동산에 대한 다른 사람들의 투자를 관리하여 보수를 받고 그 투자가 발생시키는 수익이 있을 경우 거기서도 지분을 받게 된다(표 11.1 참고).

표 11.1 위워크 비즈니스 모델의 진화

구분	플래그십 서비스	수요의 초점	공급의 초점
위워크 1.0 (2010-16)	공유오피스	프리랜서, 초기단계 스타트업, 소기업들	임대차 계약의 차익거래
위워크 2.0 (2017-18)	Powered by We	대기업, 중소기업 및 성장단계 스타트업	관리수수료
위워크 3.0 (2019-)	프라이빗 오피스 및 공유오피스 공간 + ARK 투자 플랫폼	모든 규모의 회사들 + 기관투자들	서드파티 자본으로 인수

---

86 칼라일그룹(Carlyle Group): 미국 워싱턴DC에 본사를 둔 프라이빗 에쿼티, 대체자산 관리 및 금융서비스 다국적 기업. - 역자 주.

임대권자와 "스타트업"의 융합

대체로, 위워크는 부동산 펀드매니저와 브랜드화된 서비스 회사의 조합으로 진화하고 있다. (앞에서 언급했던 모든 리스크와 장애에도 불구하고) 회사가 성숙됨에 따라 대형 투자관리회사와 비슷해질 것이고, 호텔 브랜드 프랜차이즈와는 더욱 비슷해질 것이다. 이 회사가 향후 몇 년 내에 상장 리츠를 론칭한다고 해도 놀랍지 않을 것이다. 그렇게 되면 소규모 투자자들이 위워크가 운영하는 빌딩의 소유권에 참여할 수 있는 것이다. 그러한 리츠는 ARK가 개발한 빌딩이 안정적이고 정기적으로 수입을 창출하면 그 빌딩을 인수할 수도 있다.

하나 이상의 브랜드가 있는 서비스 회사들을 여러 개의 공개 및 비공개 투자 대상과 조합하는 것은 부동산 투자 세계에서 점점 더 흔한 일이 되고 있다. 앞에서 언급한 바와 같이 블랙스톤은 TOG와 EQ오피스를 소유하고, 수백 개의 오피스 및 다른 부동산들을 소유한 다수의 펀드를 운영한다. 브룩필드는 컨빈의 최대 투자자로, 상장 리츠를 관리하면서 여러 개의 프라이빗 부동산 펀드도 같이 관리하고 있다. 아시아에서는 캐피타랜드[87]가 오피스 및 리테일 관리 플랫폼을 소유하면서 다수의 리츠를 관리하고 있다. 구조화된 호텔 운영에 관해서는 섹션 Ⅲ(주거와 숙박)에서 살펴보고 오피스 자산과의 관련성은 이 책의 마지막 장에서 논의할 것이다.

지금까지의 내용은 위워크의 계속된 성공이 보장되어있다는 얘기도 아니고, 그럴 가능성이 있다는 얘기도 아니다. 위워크는 관리 비즈니스

---

[87] 캐피타랜드(CapitaLand): 싱가포르에 본사를 둔 다국적 대체자산 관리회사. - 역자 주.

(Powered by We)와 투자 비즈니스(ARK)를 모두 성공시키는 능력을 증명해내야 한다. 아마도 가장 어려운 것은 리스크가 있는 "테크"기업인 상태로부터 전통적인 부동산 펀드매니저 및 서비스 기업이 되는 상태로의 이행과정에서 투자자의 기대를 잘 관리하는 것이 될 것이다.

위워크의 프리IPO 가치평가액(2019년 2/4분기 기준 470억 달러)은 전통적 모델에서는 달성하기 어려운 수익성장률 예측을 기반으로 한 것이다. 위워크가 현재 더 유리하면서 더욱 안정적인 재원에 의존함에 따라 회사 가치평가액은 삭감되어야 할지도 모른다. 그러한 삭감은 더 높은 가치평가액으로 이행해가는 과정에 있는 사소한 차질로 결국 밝혀질 수도 있다. 그러나 그것은 다른 책에서 다룰 논의이다.

현재로서는, 5년 내에 위워크와 그 동종 회사들이 전통적 부동산 거대기업들을 더 닮게 되고, 전통적 임대권자들이 더 위워크 같아 보이게 될 수도 있다는 것이다. 그 모든 회사들은 의미 있는 브랜드, 자체 기술 및 데이터, 그리고 물리적 자산의 조합을 포함해야 할 것이다.

12
오피스 빌딩을 다시 생각한다

오피스 빌딩은 최고의 기관급 부동산 자산이다. 지금까지 부동산에 투자자들을 유인해온 요소들은 안정적이고 예측 가능한 소득흐름과 꼭 필요한 요소만 있는 가치제안, 그리고 테넌트 및 운영자의 대체가능성이었다.

오늘날 기술은 오피스 공간이 사용되는 방식을 변화시키고 있고, 사람들이 어디로, 어떻게, 그리고 심지어 왜 일하러 가는지를 재정의하고 있다.

업무공간의 공급은 이제 더 이상 용도구분이나 새로운 건설일정에 의해 제약을 받지 않는다. 기술은 고밀도화(densification)와 집약화(intensification)를 통해 기존 자산을 더욱 집중적으로 사용하는 것을 가능하게 한다. 기술은 비전통적인 제품 차원을 강조하는 새로운 유통채널을 이용하고 접근성과 모빌리티를 재정의함으로써, 오래되고 작은 자산으로도 최고의 테넌트 유치를 위해 경쟁할 수 있게 해준다. 기술은 과거에 리테일을 위해 사용되던 대형 공간을 해방시켰다. 기술은 호텔이나 공동주택 프로젝트와 같은 오피스가 아닌 건물의 전용공간에서도 일을 할 수 있게 해준다. 그리고 기술은 소프트웨어 관리를 통해 호스피탈리티 공간을 일정한 낮 시간 동안 오피스로 사용하여 활용도를 배가시킬 수 있게 한다.

오피스에 대한 미래수요는 점점 더 예측이 어려워지고 까다로워진다. 안정적이고, 믿을 만한 테넌트를 선택하기는 더욱 어려워진다. 상장된 기업들이 예전에 그랬던 것처럼 안정적이지 않다. 오래된 회사들은 와해(disruption)를 직면하고 가치(그리고 회원 수)에서도 급격한 하락을 직면하고 있다. 새로운 회사들은 수익을 내지 못하는 경우가 많고 "빨리 움직이려다 물건을 깨뜨리는"경향이 있다. 성장이 빠른 회사들은 가급적 오래도록 기업공개를 하지 않으려 한다. 이 말은 이들의 금융데이터가 공개적으로 확보될 수 없고, 그들의 신용상태도 평가되지 않는 상태가 유지된다는 것이다.

일 자체도 변하고 있다. 자동화와 기계지능의 영향은 측정이 어렵지만 심오해질 가능성이 높다. 한편 인간의 일은 점점 더 개념화되고, 덜 구조화되며, 다양한 환경을 필요로 하게 되는데, 때로는 그것이 지리적 위치일 때도 있다. 인력은 성별, 연령, 능력의 측면에서 다양화되고 있고, 단일의 단순한 오피스 상품으로는 모든 사람들의 니즈를 충족하기 어려워지고 있다. 점점 더 많은 업무가 원격으로, 전통적 조직 밖에서 수행되고 있다. 신규 프로젝트와 비즈니스 단위의 성공을 기반으로 구성되고 해체되는 기업 부서에서도 그러하다.

이러한 불확실성은 테넌트들로 하여금 얼마나 많은 공간과 어떤 유형의 공간이 필요한지를 예측하기 더욱 어렵게 만든다. 동시에, 업무환경은 인재를 확보하기 위한 전쟁에서 무기화되고 있다. 그러한 업무환경은 가치가 높은 직원들을 유인하고 동기부여하며 유지시키는 데 도움이 될 것으로 예측된다. 오피스 제공자의 비즈니스는 B2B(business-to-business)에서 B2C(business-to-consumer)로 이동해가면서 개별적인 최종 이용자들에게 경험과 의미를 전달한다.

그 결과, 많은 오피스 빌딩의 소득흐름은 예측 가능성이 적어지고, 가치제안은 더 정교해지며, 운영자들은 더 전문화되고, 최종 이용자들은 개인화된 서비스를 기대한다. 이는 오피스 포트폴리오에서 더 많은 가치를 창출할 기회를 만드는 것이다. 이 기회를 자본화하기 위해, 임대인과 오피스 생태계 전체가 진화해야 한다.

공간에 대해서는 잠시 잊어버리자. 새로운 오피스 비즈니스는 테넌트와 개인들에게 최고의 업무결과를 얻을 수 있는 역량을 제공하기 위한 것이다. 이것이 현업에서 의미하는 바는 광범위하게 다양하다. 오피스 시장은 다양한 고객들의 니즈, 열망, 예산에 초점을 맞춘 다양한 서비스로 점점 더 세분화될 것이다. 임대권자들은 컴포트 레벨[88], 자본비용, 투자지침을 근거로 자신들이 어떤 비즈니스를 할 것인지 선택해야 한다. 일부는 브랜드화한 운영과 배급에 특화하면서 실제 부동산 자산은 적게 소유할 수도 있고, 또 일부는 소유권에 초점을 두면서 B2C 관리와 배급을 다른 회사에 맡길 수도 있다.

궁극적으로, 오피스 시장의 많은 부분이 호텔 산업을 닮아갈 것이다. 즉, 여러 주체들이 단일한 자산을 소유, 운영, 브랜드화(마케팅)하는 경우가 많아질 것이다. 각 주체는 각자의 자본화 구조와 수입원을 가지고, 리스크에

---

88 컴포트 레벨(comfort level): 투자의 기대수익을 근거로 투자자가 견딜 수 있는 리스크의 수준. – 역자 주.

대한 서로 다른 성향을 보유하며, 전혀 다른 조직문화를 가질 수 있다. 호텔식 운영모델로의 전환과정은 고통스러울 것이고, 수직적으로 통합될 수 있는 기업이거나 빠르게 움직일 수 있을 만큼 작고 수익성 있는 틈새에서도 살아남을 수 있는 기업들에게 유리할 것이다.

다음 섹션에서는 숙박산업에서 운영모델의 진화를 살펴볼 것이다. 이 모델들은 오피스의 미래에 대한 실마리를 던져준다. 또한, 이 책의 마지막 장에서 오피스 빌딩에 대해 다시 논의해볼 것이다.

섹션 Ⅲ

주거와 숙박

13
주거와 숙박의 맥락

　1904년에 윌리엄 스토크스(William E.D. Stokes)는 "세계에서 가장 크고 멋있고 최고로 완벽한 아파트먼트 호텔" 중 하나인 앤소니아(Ansonia)를 완공했다. 스토크스는 자급자족이 가능한 주거 커뮤니티를 건설하면서 "유연성을 전면에 내세우고" 싶어 했다. 앤소니아에 사는 사람들은 하루만 머물 수도 있고 1년간 머물 수도 있었다. 어떤 사람들은 몇십 년을 거기서 살기도 했다. 관리회사에서는 가구, 깨끗한 수건, 침구, 주방기구 등을 제공했다.

　앤소니아는 럭셔리 빌딩으로 설계되었지만, 작은 평수의 아파트먼트가 상대적으로 가격이 적당해서 작가, 강사, 배우, 젊은 전문직을 유인할 수 있었다. 일부 아파트먼트는 별채를 가지고 있어서 외부 테넌트나 손님에게 다시 임대를 줄 수 있었다. 이 게스트용 별채는 아파트먼트의 주 출입구로 들어갈 수도 있고 공동복도를 통해 따로 들어갈 수도 있었다. 이러한 방식은 아파트먼트가 시간이 지남에 따라 성장하면서 새로 태어나는 아이들이나 다른 삶의 변화를 수용하기 쉽게 만들기도 했다.

앤소니아 거주민의 상당수는 대부분의 시간을 밖에서 보내고 잠잘 때만 집으로 돌아왔다. 당시 뉴욕을 방문했던 한 프랑스인은 "미국의 도시인들은… 매 끼니를 레스토랑에서 먹고, 요리를 전혀 하지 않는다"며 놀라기도 했다. 이 라이프스타일로 볼 때, 그 빌딩의 큰 평수 아파트먼트에는 4개 또는 5개의 침실이 있고 주방은 없었다. 이는 그 건물의 공유식당에서 식사를 하는 것(또는 집이 아닌 중앙 공유주방에 도우미가 있는 것)을 선호하는 가족이거나 아파트먼트 한 채를 나눠 쓰는 독신 거주자들에게 이상적이었다.

340채의 앤소니아 아파트먼트를 이루는 벽채는 녹음 스튜디오의 벽만큼 방음이 잘 되어 있어서, 음악을 하는 사람들이나 파티를 좋아하는 사람들에게 이 아파트먼트의 인기가 높았다. 지하층에는 주민들이 공유할 수 있는 다양한 어메니티들, 즉 대형 수영장, 당구대, 스팀으로 작동되는 세탁기 및 건조기, 그리고 이벤트 및 식사를 위한 대형 홀이 있었다. 공기압력 튜브 네트워크를 기반으로 한 메시지 전달 시스템은 거주자들이 관리인과 직접적으로 소통하거나, 음식주문, 세탁소 배달, 그 밖의 유지보수 문제들을 해결할 수 있게 해주었다. 건물 내에서 자체적으로 해결이 되지 않는 것은 건물 밖으로 조금 걸어가면 되는 범위 내에서 해결 가능했다.

앤소니아에서 가장 독특한 특징은 18층 위에 있는 옥상이었다. 약 500마리의 닭과 다른 가축이 있는 도시농장이 1907년 당국에 의해 폐쇄될 때까지 운영되었다. 농장이 운영되는 동안 임대권자의 호의로 거주민들은 매일 신선한 달걀을 배달받았다. 커뮤니티 정신에 입각하여, 남는 생산품은 빌딩 지하에서 이웃주민들에게 판매되었다. 앤소니아의 소유주인 스토크스는 심지어 엘리베이터까지 새로 개발했는데, 이를 통해 사람들과 반려동물들이 쉽게 이동할 수 있었다. (또한, 당시 엘리샤 오티스의 최신 발명품이었던 안전 엘리베이터에 대해 과도하게 지불할 필요도 없었다.)

앤소니아는 맨해튼에서 가장 빠르게 성장하는 지역에 위치한 새 시대를 위한 새로운 빌딩이었다. 당시 최신기술로 무장하고, 변화하는 라이프스타일을 충족했으며, 커뮤니티와 지속 가능성을 염두에 두고 건축을 했다. 이 건물은 임대권자의 도시농업에 대한 집착의 산물이기도 했다. 물론 그것은 금전적 이익을 위한 건강한 욕망이었다.

아파트먼트 빌딩의 과거와 현재

앤소니아가 공유주거와 에어비앤비(Airbnb)를 섞어놓은 것 같고 공유경제와 서비스형 공간(space as a service)[89] 개념을 연상시키는 것은 우연이 아니다. 이 책의 섹션 I(리테일)과 섹션 II(오피스)에서 살펴본 바와 같이, 19세기 후반과 20세기 초반은 오늘날의 우리 시대와 많은 공통점을 가지고 있다.

1950년대와 비교할 때, 21세기의 밀레니얼들과 한 세기 전의 나이가 비슷한 또래들은 상대적으로 결혼이 늦었다. 평균 결혼연령이 남자의 경우 1890년대와 1990년대에는 26살이었고, 1950년대에는 23살이었다.

19세기 후반에는 지금처럼 젊은이들이 더 나은 직업과 서로의 상대를 찾아 대도시로 이주했다. 뉴욕대학교의 에릭 클리넨버그(Eric Klinenberg)

---

89 서비스형 공간(Space as a Service, SPaaS): 부동산 임대인을 단순히 임대료를 받는 역할에서 테넌트에 대한 서비스 및 상품 제공자로 변화시킨 패러다임의 전환으로서 공유주거, 공유오피스 등 기타 프롭테크를 이용하는 많은 부동산 공간들이 이에 해당한다. – 역자 주.

가 「혼자 살기(Going Solo)」에서 지적한 바와 같이, 도시 환경은 "성인기로 가는 이행과정을 연장하고 싶어 하는 젊은이들이 모든 종류의 새로운 경험들을 누릴 수 있는 장소들을 만들어냈다." 그리고 지금처럼 기술이 완전히 새로운 도시산업을 일으켰다. 1890년경 미국경제에서 "증권거래소와 투자은행들은 목화 공장이나 상류 지주계층보다 더 중요해졌다."

여러 연구결과들을 보면, 밀레니얼들은 베이비부머들과 X세대의 그 나이 때와 비교할 때 섹스를 덜 한다고 한다. 19세기 말의 젊은이들도 비슷한 성향 때문에 비난을 받았다. 프랑스의 작가이자 비평가인 폴 부르제(Paul Bourget)는 1890년대 초 미국을 방문하고 나서 미국의 젊은이들의 성욕이 감소했고, 일 때문이거나 도시가 제공하는 다른 유흥 활동들 때문에 바빴다고 말했다.

1890년 도시의 가정들도 우리 시대와 유사성을 보여주었다. 많은 사람들이 정착하거나 "제대로 된" 집을 짓지 않는 쪽을 선택했다. 19세기 말 미국의 대도시들을 방문한 사람들은 "집을 유지하는 것에 대한 비용과 번거로움 때문에 부자가 아닌 젊은 커플들도 호텔에서 사는 쪽을 택했다"고 언급했다. 이 커플들 중 다수는 아이를 하나만 갖거나 아예 갖지 않았다.

1856년 월트 휘트먼(Walt Whitman)은 "뉴욕의 중산층 및 부유층 성인 거주자 가운데 2/3보다 많은 거의 3/4이 하숙집에 산다"고 했다. 저명한 시인이자 수필가이며 기자였던 휘트먼은 이런 삶의 방식에 대해 별로 좋아하지 않았다. "남자가 집을 '소유'하고 그 땅에 서있지 않는 한 완전한 남자라고 할 수 없다"라고 글을 썼다. 여기서 '소유'라는 단어는 휘트먼이 자신의 글에서 강조한 것이다.

사회학자인 아서 캘훈(Arthur Calhoun)은 1919년 저서에서 도시화가 "미국을 호텔 공화국으로 변형시키고 있다"고 주장했다. 캘훈이 얘기하는 것은 오늘날 우리가 호텔이라고 부르는 것뿐만 아니라 다수의 주거단위들로 구성된 건물을 전반적으로 일컫는 것이었다. 역사학자인 A.K. 샌더벌-스트라우츠(A.K Sandoval-Strausz)가 지적한 바와 같이, 호텔이라는 단어는 초기 아파트먼트 빌딩을 설명하기 위해 사용되는 경우가 많았고, 우리가 지금 아파트먼트와 호텔이라고 하는 것 사이의 구분은 명확하지 않았다. 호텔은 하숙집과 비슷하게 저렴한 숙박시설일 수도 있고, 호텔첼시(Hotel Chelsea)로 더 잘 알려져있는 첼시협회빌딩(Chelsea Association Building)과 같은 중산층 협동조합의 프로젝트일 수도 있으며, 월도프-아스토리아(Waldorf-Astoria)나 플라자(Plaza)와 같은 럭셔리 호텔일 수도 있었다.

대형 아파트먼트 빌딩과 도시호텔 간의 명확한 구분은 20세기 후반에 생겼다. 최소한 미국에서는 그랬다. 용어의 모호성이 발생한 이유는 아파트먼트 빌딩 자체가 19세기의 미국에서는 생소한 것이었기 때문이다. 믿기 어렵겠지만, 1860년대 전에는 뉴욕에 제대로 된 아파트먼트 빌딩이 없었다. 그때 존재했던 것은 호텔, 다세대주택, 단독주택 등이었다. 그리고 많은 기존 호텔들이 하룻밤 숙박뿐만 아니라 장기투숙을 제공했던 사실 때문에 그 모호성은 더욱 커졌다. 어떤 지점에서 호텔이 아파트먼트 빌딩이 되거나 아파트먼트 빌딩이 호텔이 되는 것일까? 이 문제는 여전히 확정되지 않고 있다.

앤소니아 이야기가 나타내듯이, 초기의 특수목적을 위해 건립된 아파트먼트 빌딩은 우리가 현재 호텔과 연관 짓는 특징들을 가지고 있었다. 해이트하우스(Haight House)나 스티븐스하우스(Stevens House)와 같은 뉴욕의 초기 공동주택 건물에 있는 아파트먼트들에는 주방이 없었다. 그러나 스타이비슨트(The Stuyvesant)와 같은 공동주택에는 주방이 있었다. 미국의 초기 아파트먼트 빌딩들은 지역 호텔들에게서 영향을 받은 것이었고, 지역 호텔들은 유럽의 아파트먼트 빌딩에서 영향을 받은 것이었다. 또한, 뉴욕의 초기 아파트먼트 빌딩들은 그보다 몇십 년 전 프랑스의 수도에서 유행했던 "프랑스식 플랫(French flats)" 또는 "파리스타일 빌딩(Parisian buildings)"에서 직접적으로 영향을 받기도 했다.

아파트먼트 빌딩이 프랑스에서 발명된 것은 아니었다. 다수 거주자를 위한 다양한 주거형태는 고대와 중세시대에도 인기가 있었다. 예를 들어, 로마에는 4세기에 이미 4만 4천 채의 인술라(insula) 빌딩이 있었다. 섬이라는 뜻을 가진 인술라는 "콘크리트를 바른 벽돌로 건설"되었고 전체 블록을 둘러쌓았다. 로마법이 건물 높이를 제한했음에도 불구하고, 인술라는 "5층 층 이상 높이로 지어지는 경우가 많았다."

인술라의 목적은 "토지가가 높고 인구밀도가 높은" 지역에 "경제적으로 현실적인 주거"를 제공하는 것이었다. 인술라는 하층민들의 주거로 사용되어 과밀하고 위험한 상황도 많았다. 그 목적으로 볼 때, 인술라는 18세기와 19세기 뉴욕과 같은 산업화 도시에 등장했던 다세대주택(tenement)과 비슷했다. 그러나 프랑스의 혁신은 – 특히, 1853년부터 이어진 오스만(Haussmann)[90] 남작 시대에는 하층민만을 위한 것이 아닌, 중산층 및 상

---

90 오스만 남작(Georges Eugene Haussman, 1809~91): 나폴레옹 3세 때 파리의 도시계획을 수행하여 오늘날의 파리의 모습을 형성한 행정관. – 역자 주.

류층 가정을 유인할 수 있는 공동주택 건물들을 설계, 건설, 관리하는 것에 집중되었다.

미국에서는 부유한 (또는 부자가 되고 싶어 하는) 주택 소유자들이 공동주택 건물로 이주할 마음을 갖게 하는 데까지 더 많은 시간이 소요되었다. 뉴욕과 기타 대도시에서는 모르는 사람들과 복도, 계단 또는 로비를 공유하는 것이 가난한 사람들의 라이프스타일을 연상시킨다고 생각했다. 당시 가난한 사람들은 다세대주택, 지하층, 슬럼가에 무리 지어 살고 있었다. 계층에 대한 열망도 한 역할을 했다. 명확한 사회 계층을 가지고 태어나는 유럽인들은 자신보다 가난하거나 부자인 이웃의 윗집이나 아랫집에 사는 것을 개의치 않았다고 주장하는 사람들도 있다. 반면, 미국인들은 하층민이나 가난한 사람으로 인식되는 것에 대해서 훨씬 더 민감해했다.

그러나 무엇보다도, 미국의 부유층 가정이 아파트먼트 빌딩을 회피하는 데에는 더 많은 현실적인 이유가 있었다. 적절한 공급량이 부족했기 때문이다. 1870년대가 될 때까지, 뉴욕에는 디자인이 잘 되고 관리가 잘 되는 주거용 건물이 충분하지 않았다. 호텔이든 아파트먼트 블록이든 물량이 부족했다. 그러나 이는 빠르게 변화했다.

1880년대에는 수요와 공급의 역학관계에 따라 아주 부유한 뉴요커들을 제외하고는 모든 사람들이 단독주택에서 빠져나오게 되었다. 도시화로 인해 토지가 점점 비싸졌기 때문이다. 노동력의 부족으로 단독주택의 유지보수는 감당할 수 없을 만큼 비싸졌다. 백화점의 등장은 중산층에게 풍부한 소비재를 만나게 했고, 소비재가 사회적 지위를 나타낼 수 있는 새로운 방법으로 제시되었다. 그리고 새로운 건축기술이 고층빌딩의 건설을 가능하게 했고, 이 고층빌딩들은 과거 하나의 개인주택에 할당되었던 용지를 훨씬 더 가치 있게 사용할 수 있는 방법을 도입했다.

결국에는, 유연성과 경쟁력 있는 가격, 편의성을 제시한 주거용 호텔(residential hotel)과 호텔과 유사한 아파트먼트 건물이 승리를 거뒀다. 어메니티를 이웃과 공유한다는 것은 거주자들에게 자기 소유로 감당하기에는 너무 값비싼 것들을 이용할 수 있게 하는 것이었다. 이는 노동자 계층에게 실내 배관시설과 온수 샤워 그리고 인스턴트 식품을 의미했다. 부자들에게는 수영장, 전기, 전화, 그리고 필요에 따른 세탁서비스 등을 의미했다.

사회적으로, 주거용 호텔은 새로운 시대의 과도기적이고 (상대적으로) 빠른 속도에 적합한 상호작용의 방식을 제공했다. "임시직의 저임금 노동자들"에게는 새로운 산업의 고용기회가 많은 도시에 사는 것을 가능하게 해주었다. 그리고 상류층으로 이동할 수 있는 기업가들과 은행가 또는 예술가들에게는 장기 임대차 계약이나 부동산을 소유하지 않는 것을 가능하게 해주었다.

도시주거: 과거회귀와 미래진화

특히 미국에서는 언론기사들이나 심지어 학술적 논문들에서도 1950년대를 보통의 가정생활을 위한 척도로 사용하는 경향이 있다. 그러한 글들에서는 이 시대에 대해 묘사할 때, 커플들은 가능한 한 빨리 결혼하고, 집을 사고, 주택대출을 갚아나가기 위해서 몇십 년간 한 직장에서 일했다고 이야기하는 경우가 많다.

그러나 그러한 이상적인 모습은 그 이전과 이후 시기들과 완전한 대조를 이룬다. 19세기 말과 20세기 초 도시 거주자들은 너무 늦게 결혼하거나, 안정적인 직업을 유지하는 것에 허덕이고, 저축할 돈은 도시의 사치에 써버렸으며, 집을 소유하는 대신에 아파트를 일시적으로 공유하면서 산다고 비난받았다. (혹은 동정받았다.)

안타깝게도, 현재 주택공급과 관련된 대부분의 인프라는 1950년대의 추정을 근거로 구축된 것이다. 이는 특히 미국에서 그러한데, 일반적으로 많은 선진국들에서도 그랬다. 왜 이런 일이 일어났을까?

주거용 호텔은 도시가 급격한 기술적·인구통계적·문화적 변화의 시대에 나타난 새로운 사람들, 새로운 라이프스타일, 그리고 새로운 산업의 다양성을 흡수하는 것을 돕기 위해 등장했다. 주거용 호텔은 공유되고, 유연성 있고, 서비스가 이루어지며, 도시적인 미래를 지향했다. 그러나 그것은 시작부터 매끄럽지 못했다.

영향력 있는 종교, 금융, 그리고 다양한 이해관계로부터 저항이 일었는데, 이는 사회학자 캘훈(Calhoun)의 말을 빌리면, 미국이 "집이 없는 문명"이 되는 것을 막자는 것이었다. 주거용 호텔과 초기 아파트먼트 빌딩은 "사회문화적 악의 도가니"나 부도덕하고 불건전한 삶, 성병이나 다른 질병을 퍼뜨리는 곳, 또는 범죄행위에 노출되기 쉬운 곳으로 여겨졌다.

1910년에서 1940년까지 이러한 압력은 공식 정책으로 구현되어 새로운 주거용 호텔을 짓거나 기존 시설을 운영하는 것을 어렵게 만들었다. 입법자들은 임차인의 품행을 위한 도덕법과 어메니티 공유를 어렵게 만드는 안전보건법을 도입했다. 또한, 전반적인 주거밀도를 제한하는 용도제한법(zoning law)을 도입했고, 도시의 오피스 빌딩을 우선시켰으며, 나중에는 자동차를 위한 새로운 도로와 주차장 건설을 권장했다. 제정된 새로운 법은 또한 호텔과 아파트 빌딩을 구분하여 둘 사이의 중복되는 부분들을 줄여나갔다.

법제도의 증가는 도시 아파트먼트와 호텔을 더 안전하고, 건전하며, 표준화될 수 있게 만들었다. 그러나 건축에 비용이 더 많이 들고 그 필요조건에 부응하는 것이 쉽지 않게 된 측면도 있다. 2차 세계대전이 끝나고 미국정부 정책은 귀국하는 참전용사들을 위한 강력한 인센티브를 제공하여 단독주택을 짓고 가정을 꾸리게 했다. 이로 인해 많은 중산층들이 도심외곽으로 이주하는 계기가 되었다. 그와 동시에 (미국과 다른 나라의) 도시들에 고층의 공공주택 프로젝트 건설이 증가했다.

2019년, 경제성장은 소수의 대도시에 집중되고 노동력은 그 어느 때보다도 유동적이고 불안정해졌다. 미국과 영국 같은 성숙기 경제에서는 새로운 주택에 대한 수요가 기존의 물량과 도시거주자들의 니즈 사이의 불균형으로 나타난다. 뉴욕과 런던은 전입해 들어오는 사람보다 전출해 나가는 사람들이 더 많은 순인구유입의 감소를 경험하고 있다. 그리고 이 도시들에서 아파트를 소유하거나 임대하는 비용은 소득과 대비하여 계속 상승하고 있다.

중국이나 인도 등 개발도상국에서는 상하이와 방갈로르 같은 도시로의 대량 이주와 함께 과거 시골지역이었던 곳의 도시화로 인해 도시의 주거수요가 증가하고 있다. 신규 주거공급은 오피스나 경공업, 리테일 등 다른 토지용도와 경쟁하고 있다. 그리고 신규 투자가 제대로 배정되지 않아 중산층 가정이나 젊은 전문직을 위한 주거보다는 럭셔리 주거의 개발에 치우치는 경우가 많아지고 있다.

결과적으로, 전 세계 대도시에는 공유, 유연성 그리고/또는 서비스가 제공되는 주거(serviced living) 솔루션에 대한 수요가 커지고 있다. 이 수요를 충족하기 위해 새로운 주거 형태들과 새로운 비즈니스 모델이 등장하고, 개인주택과 임대형 아파트먼트 그리고 호텔 간의 경계가 허물어지고 있다.

한 세기 전과 달리, 오늘날 기술에 힘입은 혁신가들이 움직이는 속도는 정책입안자들과 이해관계자들이 따라잡기 어려울 정도이다. 도시거주자들은 더 이상 정치적 소수자가 아니다. 대다수의 글로벌 인구가 도시에 살고 있다. 성장이 대도시에서 집중되고는 있지만, 일부 최고 연봉의 직업은 어느 곳에서나 성과를 낼 수 있다는 신호도 보이고 있다. 그리고 일부 기업들도 경제활동을 대거 신도시와 지방으로 이전할 만큼 크고 유연해졌다.

이어지는 내용에서는 도시주거와 호텔의 진화에 대해 살펴보고 다음의 사항들에 대해 논의할 것이다. (1) 교통과 통신기술이 주거 및 숙박에 미치는 역사적 그리고 미래적 영향, (2) 주거와 숙박의 수요와 공급에 영향을 미치는 다른 기술들, (3) 새로운 비즈니스 모델들은 주택을 매매하고 소유하는 개념을 어떻게 재정의하는가, (4) 호텔 운영권과 소유권 모델은 다른 부동산 유형의 진화에 어떤 시사점을 주는가, (5) 21세기에 성공적인 주거와 숙박 제공자가 되기 위한 요건은 무엇인가.

숫자로 보는 주거와 숙박

주거는 다른 어떤 부동산 카테고리보다도 전체적인 면적과 가치 측면에서 크고, 건축적 형식에서도 다양하며 소유권에서도 더욱 파편화되어있다. 이 섹션에서 우리의 초점은 주로 밀집된 도시지역의 주거에 맞춰지고, 또한 대형 기관투자자들이 관심을 가지고 있거나 그런 가능성을 지닌 자산에 초점이 맞춰질 것이다. 관련되는 부분에서는 비도심 주거 및 호텔의 혁신에 대해서 살펴보고자 하는데, 특히 전반적인 주거의 미래에 대한 시사점을 주는 부분에 대해서도 논의할 것이다.

호텔은 훨씬 작은 범주의 부동산이다. 이 섹션에서 호텔을 포함하는 이유는 호텔의 과거와 미래가 특히 도시의 주거건물과 밀접하게 관련되기 때문이다. 특히, 호텔 산업의 진화는 모든 유형의 부동산의 미래에 관해 통찰을 제시하고, 투자자, 소유주, 관리자, 대출기관, 규제기관을 포함한 부동산 "먹이사슬"에서 여러 주체들의 역할에 관한 시사점을 제시한다.

아파트먼트 빌딩은 많은 세계 최대 부동산 투자자들의 포트폴리오의 기반이 되고 있다. 기관급 자산에 관해서는, 미국부동산투자수탁자협회 자산지수(NPI)가 비과세 기관투자자가 소유 또는 대리소유하고 있는 부동산 자산의 가치 및 성과를 추적해왔다. 2019년 1/4분기에 NPI 가치의 25.7% 즉, 1,619억 5천만 달러가 아파트먼트 자산에서 파생된 것으로, 오피스 빌딩(34.8%)에 이어 두 번째로 큰 규모이다. 한편 호텔 부동산은 NPI 가치의 0.5% 즉 29억 6천만 달러에 불과했다.

주택은 상장 부동산 영역에도 중요한 역할을 한다. 2019년 4월, 미국 주택 리츠(REITs)의 시가총액은 1,750억 달러로, 리테일 프로젝트를 소유한 리츠(1,805억 달러)에 이어 두 번째로 큰 규모이다. 주택 리츠는 아파트먼트 빌딩, 조립식 주택, 단독주택 포트폴리오를 소유하고 있다. 같은 기간 동안 미국 숙박 리츠의 시장 자본전입은 550억 달러였다. 숙박에는 호텔, 리조트, 서비스드 아파트먼트(serviced apartment)가 포함된다.

대다수의 주거용 부동산은 기관투자자나 리츠가 소유하고 있지 않다. 오히려, 투자 목적을 위해 집이나 아파트를 몇 채 인수한 소규모 임대인이나 개별 입주자들이 소유하고 있다. 온라인 중개사이트인 질로우(Zilow)의 2018년 분석에서는 미국 전역의 주택 가치를 약 31.8조 달러로 추산했다. 주거용 부동산의 규모를 전체적으로 보면, 로스앤젤레스와 뉴욕시 메트로 지역에 있는 민간주택 가치의 합계는 각각 2조 7천억 달러와 2조 6천억 달러로 프랑스의 GDP보다 높았다. 부동산 서비스 회사인 세빌스(Savills)의 2017년 분석에서 추산한 전 세계의 모든 주거용 부동산의 가치는 약 220조 달러였다.

주거용 부동산은 금융적 가치 외에도 경제활동에도 큰 기여를 한다. 신규 주택 및 아파트의 건축과 리모델링에 투자되는 금액은 미국 GDP의 3~5%에 달한다. 주거 관련 서비스, 임대료 지불, 주거공간의 수도광열비, 소유주에게 귀속된 임차료 등은 추가로 GDP의 12~18%에 달했다. 특히 중국과 같은 개발도상국에서 주거건설이 GDP에 기여하는 바는 훨씬 높을 수 있다. 또한 개발도상국에는 불명확하거나 확정되지 않은 부동산 권리를 가진 수백만 채의 주택(그리고 기타 자산)이 있다. 이 자산들은 쉽게 평가되거나 팔리지도 않고 금융적으로 처리되지 않기 때문에 글로벌 부동산 추산의 공식적 기록에서 누락된다.

리테일이나 오피스 또는 다른 부동산 자산과 달리, 주거용 부동산은 대단히 개인적이고 필수적이다. 대부분의 성인들에게 있어 주거용 부동산은 개인 지출이나 순자산의 최대 구성요소이고, 심리적 위안 또는 불안의 원인이 된다. 미국에서 임차인들은 매년 임차비용으로 약 5천억 달러를 지출한다. 그리고 소유주들도 자신들이 살고 있는 주택에 상당한 액수의 순자산을 투자한 것이다. 연방준비제도이사회(Federal Reserve)의 2001년 조사에 따르면, 미국 평균가구 순자산의 65% 이상이 주택에 묶여있었다. 베이징에 있는 인민대학교 샹송줘(Xiang Songzuo) 교수의 추산에 따르면, 중국 부의 약 80%가 "부동산의 형태로 되어있으며", 이는 약 65조 달러의 가치에 달한다.

또한 주거는 전체적인 경제 및 개인의 지출과 저축에 대한 중요도를 고려할 때 대단히 정치적인 면도 있다. 최근 주택을 임대하거나 소유하는 비용과 관련한 시위가 미국, 독일, 아일랜드, 이스라엘에서부터 남아프리카, 에티오피아, 태국, 중국에 이르기까지 모든 곳에서 벌어지고 있다. 이 시위들은 서로 다른 의제와 이해충돌을 나타내고 있다. 일부는 신규 주거단지 건설에 항의하고 있고, 다른 곳에서는 신규 건설이 부족하다고 시위하고 있다. 일부는 신규주택 구매가 제한적이라고 비난하고, 또 다른 사람들은 자신들이 이미 소유하고 있는 주택의 임대료 및 매도가를 낮출 수 있는 정책에 반대하는 시위를 하고 있다.

호텔에 관한 점검

호텔은 바닥면적이나 가치의 측면에서 글로벌 부동산의 작은 부분을 차지하고 있음에도 불구하고 근대적 아파트먼트 빌딩의 진화를 추동하는 데 큰 역할을 해왔다. 19세기와 20세기의 호텔은 주거 디자인, 건설 및 서비스에 영감을 주었다. 21세기에 이르러서는 호텔이 모든 부동산 카테고리들에 시사점을 주고 있다. 이 시사점들을 살펴보기에 앞서, 호텔 산업이 어떻게 조직화되었는지, 그리고 왜 그렇게 되었는지에 대해 명확히 이해할 필요가 있다. 이를 이해하는 것은 모든 부동산 자산의 미래를 분석할 때 중요한 토대가 될 것이다.

호텔 부동산은 아파트나 오피스, 리테일, 산업부동산과는 소유, 관리, 임대, 평가의 방법이 다르다. 가장 주목할 부분은 대부분의 호텔들이 브랜드화되어 있다는 것이다. 예를 들어, 어떤 사람의 오피스는 매디슨가(Madison Avenue)[91] 595번지에 있으면서 집은 생제르맹 거리(Boulevard Saint-Germain)[92]에 있고, 본드 스트리트(Bond Street)[93]나 시암 파라곤(Siam Paragon)[94] 또는 로데오 드라이브(Rodeo Drive)[95]에서 쇼핑을 할 수도 있다. 그가 호텔을 갈 때는 주로 메리어트(Marriott)나 홀리데이인(Holiday Inn)에 머문다. 그런 의미에서, 호텔 브랜드는 리테일 브랜드와 비슷하다. 그러나 대부분의 리테일러들은 대형 프로젝트의 테넌트들이기 때문에 전체 빌딩이 어떻게 명명되고 건설되며 운영되는지에 대한 통제권을 행사하지 못한다.

일부 오피스 및 주거용 빌딩들 - 예를 들어, 뉴욕의 엠파이어 스테이트(Empire State), 두바이의 버즈칼리파(Burj Khalifa), 런던의 거킨

---

91 매디슨 가: 미국 뉴욕의 광고업계가 집결한 곳. - 역자 주.
92 생제르맹 거리: 프랑스 파리의 센느 강변 거리. - 역자 주.
93 본드 스트리트: 영국 런던의 일류 상점가. - 역자 주.
94 시암 파라곤: 태국 방콕의 쇼핑몰. - 역자 주.
95 로데오 드라이브: 미국 LA의 고급 쇼핑가. - 역자 주.

(Gherkin), 대만의 타이페이101(Taipei 101) 등은 글로벌 브랜드로 알려져있다. 그러나 이들은 예외적 사례들이다. 게다가, 이 유명한 빌딩들의 "브랜드"는 각 빌딩의 독특한 위치와 특징에서 가치와 의미가 나온다. 반면, 호텔 브랜드는 주목받지 못했을 수 있는 건물에 가치와 의미를 부여한다. 호텔 브랜드는 특정 건물의 장점을 반영하는 것이 아니라 빌딩이 속해있는 체인의 장점을 반영한다. 그리고 호텔 브랜드는 그 외에도 더 많은 역할을 한다.

미국 호텔의 약 2/3와 나머지 세계에 있는 호텔의 약 1/2이 체인에 속한다. 이러한 호텔들은 브랜드호텔(branded hotel) 또는 특정 체인의 "깃발을 날리고 있기(fly the flag)" 때문에 플래그호텔(flagged hotel)로 불린다. 브랜드 제휴 없이 운영되는 호텔은 독립호텔(independent hotel)로 불린다. 호텔의 건물(부동산) 소유주와 호텔의 브랜드는 분리된 법인인 경우가 많다. 건물 소유주는 브랜드 소유주인 프랜차이저와 프랜차이즈 계약을 맺을 수 있다. 이러한 계약은 주로 임대권자가 "로열티"를 지불하는데, 객실 수입, 마케팅 활동, 예약 시스템, 그리고 브랜드가 제공하는 로열티 프로그램을 기반으로 지불한다.

호텔에 필요한 것으로 건물과 브랜드 외에도 매일 발생하는 운영업무가 있다. 일부 부동산 소유주나 브랜드에서는 관리업무를 직접 처리한다. 공개시장에서 거래되는 많은 호텔기업들은 관리와 브랜드 프랜차이즈 두 가지 모두에 특화되어있다. 다른 경우에서는 관리를 서드파티 운영자(third-party operator, TPO 또는 단순히 "매니저"라고도 함)에 맡기기도 한다. 이 운영자들은 돈을 부동산 소유주로부터 받지만 프랜차이저가 정한 지침을 그대로 따라야 한다. 때때로 프랜차이저가 특정 매니저의 임명을 거부할 권한을 갖기도 한다. TPO들은 호텔 브랜드/체인과 제휴되어있지 않은 독립호텔에 서비스를 제공하기도 한다.

표 13.1 호텔 프랜차이저, 부동산 소유주, 매니저의 예시

브랜드/ 프랜차이저	메리어트(Marriott), 웨스틴(Westin), 홀리데이인(Holiday Inn), 하얏트(Hyatt), 힐튼(Hilton), 알로프트(aLoft), 샹그리라(Shangri-La), 이비스(IBIS), 리츠칼튼(Ritz-Carlton), 더블트리(DoubleTree)
부동산 소유주	호스트 호텔 & 리조트(Host Hotels & Resorts), 블랙스톤(Blackstone), 체서피크 롯징(Chesapeake Lodging), 코비보(Covivo), OUE 호스피탈리티 트러스트(OUE Hospitality Trust)
매니저/ 서드파티 운영자	에임브릿지 호스피탈리티(Aimbridge Hospitality), 하이게이트(Highgate), 액세스 호텔 & 리조트(Access Hotel & Resorts), HHM호텔스(HHM Hotels), 세이지 호스피탈리티(Sage Hospitality)

표 13.1은 호텔 프랜차이저(브랜드 소유주), 매니저, 부동산 소유주의 예시를 포함하고 있다. 실제로는, 역할구분이 칼로 자른 듯 명확하지는 않다. 어떤 회사들은 건물, 브랜드 관리회사를 모두 소유하고 있지만 서로 다른 프로젝트에서 각기 다른 역량으로 활동하기도 한다. 예를 들어, 아코르(Accor)는 소피텔(Sofitel), 페어몬트(Fairmont), 이비스(IBIS) 등의 호텔 브랜드를 소유하고 있고, 전 세계 4,780곳의 부동산과 제휴하고 있다. 2018년 12월 현재, 아코르는 2,258곳의 부동산과 프랜차이저 계약을 맺고 있고, 2,275곳의 부동산과 매니저 계약을 맺었다. 그 외에 아코르 브랜드와 제휴한 247곳의 부동산을 소유하거나 임대하고 있다.

대조적으로, 메리어트 인터내셔널 브랜드는 더 많은 부동산 – 총 6,900곳과 제휴하고 있지만, 이 회사가 소유하거나 임대하는 부동산의 수는 훨씬 적다. 자산을 소유하지 않거나 마스터 리스(master lease)를 하지 않고 호텔체인을 운영하는 모델을 자산 경량화(asset light)라고 한다. 메리어트는 과거에는 더 많은 부동산을 소유하고 있었으나, 1993년에 부동산을 별도회사로 분리시켰다. 현재 호스트 호텔 & 리조트(Host Hotels & Resorts)로 알려진 이 회사는 다른 브랜드 및 매니저와 제휴하고 있던 건물들을 추가로 인수하는 작업에 들어갔다. 1999년 호스트사(社)는 상장 리츠의 요건을 충족했다.

분사 후에 더 커지는 호텔 비즈니스

메리어트가 회사를 여럿으로 나눈 이유는 다양한 시나리오에 따라 소유주, 프랜차이저, 또는 매니저로 역할을 하기 위한 것이다. 리츠 기업은 특별한 세제혜택과 공개시장에서 제공되는 저렴한 자본을 누릴 수 있다. 다른 한편, 리츠는 대부분의 자본을 실질 자산(또는 모기지)에 투자하도록 하는 규제요건이 있고, 다른 수입원에서 수익을 얻는 것이 제한되고, 과세소득의 90%를 배당금으로 배분하도록 의무화되어있다. 결과적으로 리츠는 브랜드화와 마케팅 플랫폼에 투자하거나 프랜차이징과 서비스 수수료에 의존하는 데 있어 제한적이다.

반면, 보통의 기업(예를 들어, 분사 후의 메리어트 인터내셔널)은 글로벌 브랜드 및 마케팅 플랫폼을 구축하는 데 필요한 투자를 할 수 있다. 그러나 이런 회사는 부동산 자산을 인수하기 위해 필요한 채무 때문에 부담이 될 수 있고, 인벤토리를 확대하려고 할 때마다 전체 건물을 인수해야 하는 부담도 있다. 두 개의 비즈니스(프랜차이저와 부동산 투자자)로 가는 것이 투자자들 입장에서도 명확한 구조를 가진 개별 사업체들로 이해하기가 쉽다(그림 13.1 참고).

그림 13.1 전통적 호텔, 브랜드, 숙박 리츠의 가치사슬 통합

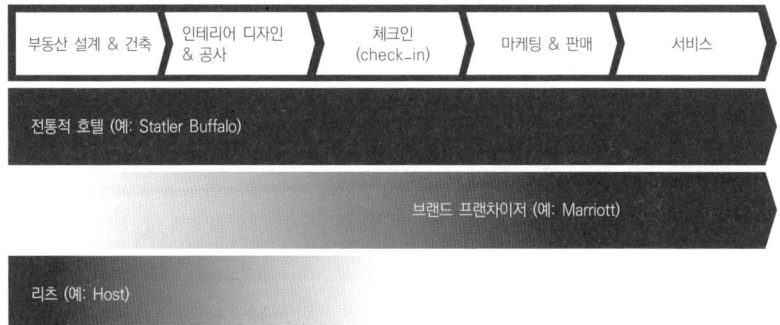

브랜드, 관리, 건물을 별도 사업체로 유지해야 할 이유들은 또 있다. 한 가지 이유로는, 많은 기관투자자들이 복잡한 운영회사가 아닌, 실제 자산에만 투자하도록 허용하는 지침을 가지고 있다는 것이다.* 두 번째 이유는 특히 외국인 소유권이 관련될 때, 나라마다 어떤 구조는 금지하고 다른 구조는 장려하는 규제와 지방세에 있다.

또한, 특정 활동을 통합하거나 아웃소싱하는 것에는 전략적 이유도 있다. 이 섹션의 뒷부분에서 회사의 가치사슬 내의 활동으로부터 어떻게 경쟁적 우위가 발생할 수 있는지를 살펴볼 것이다. 그러나 먼저, 도대체 왜 호텔 브랜드가 존재하는가에 대해 논의해보도록 하겠다.

---

* 이 투자사들이 운영회사에 투자하도록 하는 별도의 지침을 가지고 있을 수도 있다. 그러나 여기서도 그 운영회사가 명확한 비즈니스를 가지고 있을 때에만 투자가 쉽고, 부동산 소유권과 별도의 수익부문이 혼재할 때는 투자가 어려울 수 있다.

호텔 브랜드: 물리적 자산과 지적 자산

브랜드에 대한 의존성은 부동산 자산이 내재적으로 가치가 있다는 생각을 약화시킨다. 잘 디자인된 빌딩이 중심적 위치에 서 있다면 메리어트나 힐튼 같은 B2C 브랜드는 왜 필요할까? 이론상 임대권자는 스스로 빌딩을 운영할 수 있다. 마찬가지로 소유주가 수동적 투자자로 남아있고자 하면, 호텔의 운영업무를 처리할 평판 좋은 B2B 기업을 선정할 수도 있다. 그렇다면 왜 소비자 브랜드가 필요한가? 호텔 브랜드는 왜 존재하는가?

간단한 대답은 호텔 브랜드가 레스토랑 프랜차이즈에서 성장했다는 것이다. 숙박의 역사는 아주 옛날부터 다이닝과 밀접하게 관련되어있었고, 숙박과 다이닝을 합쳐서 "호스피탈리티(hospitality)"라고 일컬어졌다. 메리어트, 초이스(하워드존슨), 윈덤 등 오늘날의 많은 대형 호텔그룹들이 레스토랑 운영사와 프랜차이저로 시작했다. 그러한 회사들이 숙박을 메뉴에 추가했을 때, 프랜차이즈 모델은 레스토랑에서 호텔로 승격했다.

그렇다면 왜 애초에 레스토랑 세계에 브랜드 프랜차이즈가 존재했을까? 그리고 왜 (힐튼과 같은) 레스토랑에서 시작되지 않은 운영사들도 여전히 호텔 프랜차이즈를 구축하기로 했을까? 그리고 프랜차이징이 오피스, 공동주택, 산업부동산 세계에는 왜 등장하지 않았을까?

이 질문들에 대한 답을 하기 위해, 섹션 I(리테일)에서 자세히 살펴봤던 개념으로 다시 돌아가보자. 다시 상기해보면, **거래(transaction)** 비용은 의사를 가지고 있는 둘 이상의 당사자들 간의 거래를 맺기 위해 필요한 자원을 나타내고, 다음의 3가지 주요 과제들로 그룹 지어질 수 있다.

1. **삼각검증(triangulation)**: 당사자들이 서로를 찾아내고 가격 및 기타 조건들에 동의하는 데 소요되는 비용
2. **이송(transfer)**: 제품의 이송과 지불에 소요되는 비용
3. **신뢰(trust)**: 각 당사자가 보증 및 A/S를 포함하여 거래의 조건을 지킨다는 것을 확실시하는 데 소요되는 비용

숙박부동산을 위해 고객을 확보하고 서비스하는 데 수반되는 거래비용(transaction cost)은 오피스, 공동주택, 산업부동산에 수반되는 거래비용과는 다르다. 호텔은 매일 수백 명의 새로운 고객들을 찾아야 하고, 고객들에게 이 낯선 곳에서 샤워를 하거나 잠을 자는 것이 안전하다는 것을 "확신"시켜야 한다. 반면, 오피스는 이런 차원의 친밀도를 포함하고 있지는 않지만 다른 과제들에 직면하고 있다. 각 거래에 대해 오피스 임대권자는 큰 금액의 금전적 책무를 지는 입주자들의 신용도를 알아낼 필요가 있다. 다른 차이들은 표 13.2에 열거하고 있다.

건물 및 비즈니스와 연관되는 독특한 거래비용의 결과로, 호텔 소유주들은 새로운 고객들을 유치하거나 충분한 신뢰를 확보하는 데 고생하는 경우가 많다. 브랜드 프랜차이저들은 중앙화된 마케팅과 예약, 표준화된 객실 경험, 그리고 고객들이 알고 신뢰하는 명칭을 제공함으로써 이러한 거래비용을 줄일 수 있도록 도와준다. 단순히 객실을 채우는 것 외에도, 좋은 브랜드는 가격에 덜 민감하면서 긍정적인 입소문을 낼 수 있는 충성고객들을 확보할 수 있게 돕는다.

표 13.2 숙박, 오피스, 산업 및 공동주택 부동산과 관련된 거래비용

구분	숙박	오피스
삼각검증	높음: 매일 각 숙박공간단위를 위한 새로운 고객을 찾아야 한다.	낮음: 몇 년마다 각 업무공간단위를 위한 새로운 테넌트를 찾아야 한다.
이송	낮음: 고객을 객실(또는 테이블)로 체크인하는 것이 빠르고 단순한 일이다.	높음: 테넌트를 업무공간단위로 이송시키려면 복잡한 조정이 수반되고, 때로는 건설업무도 필요하다.
신뢰 (금융적)	낮음: 고객들은 현장에서 지불한다. 고객이 지불을 못 하더라도 그 영향은 크지 않다.	높음: 테넌트의 신용도를 확인하는 것이 중요하고, 복잡한 법적·금융적 준비가 수반된다.
신뢰 (경험적)	높음: 사람들은 새로운 장소에서 자고, 샤워하고, 먹는 것에 불안을 느낀다.	낮음: 대부분의 오피스 빌딩들은 하루를 일하며 보내기에 "충분히 괜찮다."
구분	산업부동산	공동주택
삼각검증	낮음: 몇 년마다 새로운 테넌트를 찾아야 한다.	보통: 대략 1년에 한 번 정도 새로운 테넌트를 찾아야 한다.
이송	보통: 테넌트를 산업공간단위로 이전시키려면 복잡한 조정이 수반되고, 때로는 건설업무도 필요하다.	낮음: 거주자를 아파트로 이전시키는 것은 보통 빠르고 단순한 일이다.
신뢰 (금융적)	높음: 테넌트의 신용도를 확인하는 것이 중요하고, 복잡한 법적·금융적 준비가 수반된다.	보통: 새로운 거주자의 신용도를 확인하는 것이 중요하고 법적·금융적 준비를 수반한다. 만일 거주인이 채무불이행을 하면, 그 영향은 대단히 크다.
신뢰 (경험적)	낮음: 대부분의 산업부동산은 평가하기 쉬운 아주 기본적 특징을 갖는다.	높음: 사람들은 새로운 장소에서 자고, 샤워하고, 먹는 것에 불안을 느낀다.

프랜차이즈는 테넌트와 어떻게 다른가

위에서 살펴본 호텔과 다른 자산들 간의 비교에는 무엇인가 부족하다는 느낌이 있다. 호텔 브랜드는 정말로 독보적인가? 리테일러와 레스토랑도 고객을 물리적 공간으로 유인하고 표준화된 경험을 제공하기 위해 브랜드에 의존한다. 그리고 많은 다른 종류의 회사들도 사업을 운영하기 위해 물리적 공간을 이용한다. 오피스, 산업빌딩 그리고 심지어 공터도 이용한다. 호텔 브랜드는 단순히 호텔 건물의 테넌트가 아니란 말인가?

그 짧은 답은 "아니다"이다. 좀 더 길게 답하면 "좀 복잡하다"이다. 특히 빌딩의 건설이나 인수에는 주로 금융조달이 필요하다. "테넌트"라는 것이 대부분의 사람들에게는 멋지게 보이겠지만, 은행에 갔을 때는 전혀 다른 상황이 된다. 코넬대학교 호텔경영대학원의 잭 코젤(Jack Corgel) 교수 등이 지적한 바는 "대부분의 대출기관에서는 호텔 부동산 소유주들이 대출자격을 충족하기 위해 체인에 가맹할 것을 요구한다"는 것이다. 다시 말해, 호텔 인수는 그 부동산이 메이저 브랜드의 가맹점이 아니면 재원조달이나 차환이 더 어려워진다. 결과적으로 "호텔은 체인을 통해 강하게 대표된다."*

또한, 브랜드의 가맹점이 된다는 것은 빌딩 자체의 물리적 특성에도 영향을 미친다. 호텔 브랜드는 객실배치, 빌딩시스템, 어메니티, 공용공간, 건축자재, 조명, 배수관 시설 등에 대한 상세한 사양을 가지고 있다. 기존 건물의 소유주가 새로운 브랜드와 계약을 맺거나 기존 프랜차이즈와 재계약을 할 때, 빌딩 소유주는 비용이 많이 드는 리노베이션을 하도록 요구받는데, 흔히 이를 PIP(property improvement plan, 시설개선정책)라고 한다.

---

* 그러나 이는 실증적 연구에서 호텔 브랜드와 호텔 성과 간의 일관되고 체계적인 관계가 밝혀지지 않았다는 것이 사실이다. 관련 연구는 아래 참조.
  - Steven A. Carvell, Linda Canina, and Michael C. Sturman, "Comparison of the Performance of Brand-Affiliated and Unaffiliated Hotel Properties", *Cornell Hospitality Quarterly* 57, no. 2(2016).
  - O'Neill, John W., and Qu Xiao. "The Role of Brand Affiliation in Hotel Market Value." *Cornell Hotel and Restaurant Administration Quarterly* 47, no. 3(August 2006): 210-23.

따라서, 대출기관과 투자자들은 호텔이 브랜드를 변경하려면 상당한 투자와 영업을 하지 않는 기간이 수반된다고 가정한다. 결과적으로, 프랜차이즈 계약을 유지하는 기간은 호텔 건물의 가치에 영향을 미친다. 모든 상황이 동일할 때, 2년 이내에 시설개선(PIP)을 해야 하는 건물은 10년 후에 상당한 리노베이션이 필요한 건물보다 가치가 낮아진다. 내용을 잘 아는 투자자들은 주로 기존 브랜드와 협상하고 계약된 리노베이션 일정에 따라 기간을 연장하는 것에 동의할 것이다.

당연히, 호텔 프랜차이즈는 시간을 두고 이루어지는 빌딩의 디자인, 금융조달, 가치평가, 리노베이션이 이루어지는 방식에 중요한 역할을 한다. 대조적으로 대부분의 리테일, 오피스, 산업부동산, 공동주택 자산에서는 이런 종류의 권력적 역학관계를 보이지 않는다. 대부분의 기관투자자의 오피스 및 리테일 프로젝트들은 변경 가능한 다수의 테넌트를 갖는다. 리테일과 오피스 테넌트를 변경할 때도 비용이 들지만, 호텔 프랜차이즈를 변경하거나 연장할 때 필요한 비용과는 비교가 되지 않는다. 또한, 오피스와 리테일 테넌트들은 자체적으로 인테리어 공사비용을 지불하는 경우가 많지만, 호텔 브랜드에서는 대단히 드문 사례이다.

상업부동산 자산에 대출하는 기관들은 각 건물의 테넌트에 대해 관심을 가지고 어느 테넌트가 더 안전하고 믿을 만한가를 살펴본다. 그러나 호텔 산업에서 프랜차이즈는 소수의 대형 회사들에 집중되어있고 부동산에 대한 중요도가 계약서에 규정되어있기 때문에 이 회사들의 권력은 대부분 강력하다. 몇십 년간 호텔 프랜차이즈는 수요와 공급 모두의 주도권을 유지해왔다. 호텔 프랜차이즈의 독특한 위상으로 인해 세계 최대 부동산 소유주 및 투자자들에게 조건에 대해 결정하는 것이 지금까지 가능했던 것이다.

그런데, 인터넷이 생겨났다.

이어지는 내용에서는 기술이 호텔 브랜드에 어떤 영향을 미치고, 궁극적으로는 주거나 상업부동산 소유주와 디벨로퍼들에게 어떤 영향을 주는지 살펴볼 것이다. 또한 주거와 숙박부동산이 설계, 건축, 운영, 거래, 가치평가되는 방법에 영향을 미치는 다른 기술들에 대해서도 살펴볼 것이다. 먼저, 주거, 숙박, 교통, 통신의 공통된 역사와 가능한 미래에 관해 좀 더 자세히 살펴보자.

14
숙박부동산을 변화시키는 힘

전례 없는 승리였다. 버락 오바마는 2명의 강력한 정치 브랜드인 클린턴과 매케인을 이기고 2008년 미국 대선에서 승리했다. 오바마의 승리는 여러 면에서 전례가 없는 것이었는데, 그중 하나가 테크놀로지의 사용이었다.

사상 처음으로 대다수의 성인인구가 후보자와 정책에 대해 온라인 정보를 의존했다. 그리고 사상 처음으로 대통령 선거에 정부 선거보조금을 받지 않기로 한 후보가 나타났다. 그 제도를 이용하면 오바마가 8,400만 달러가 넘는 보조금을 받을 수 있는 것이었지만 개인 기부금을 모으는 데는 한계가 있을 수 있었기 때문이다. 그 대신에 오바마는 새로운 디지털 툴을 통한 강력한 확산과 모금방법을 선택했다. 그의 캠페인은 심지어 초기부터 당시 세계에서 가장 영향력 있는 벤처캐피털 투자자로 여겨졌던 마크 앤드리슨(Marc Andreesen)의 공개지지를 받기도 했다.

오바마의 승리는 민주당에 대성공을 안겨주었다. 그러나 일부는 그의 비전통적 캠페인을 불길하게 바라보기도 했었다. 「뉴욕타임즈」의 미디어 칼럼니스트는 2008년 대선 이틀 전에, "정치정당은 브랜드, 지지자, 돈, 그리고 관계를 공급해야 한다"고 지적하기도 했다. 오바마는 이 모든 것들을 스스로 구축하기 위해 디지털 채널을 이용했다. 즉, 정당을 초월한 그의 브랜드, 크라우드소싱된 대규모의 자원봉사자들, 그리고 태어나서 처음 기부를 해보는 수십만 명의 사람들이 낸 소액기부금으로 이루어진 활동자금 - 그 모든 것들을 이루어냈다. 불과 몇 년 만에 일리노이의 신참 상원의원은 강력한 정치적 체계를 구축할 수 있었고 지구상에서 가장 영향력 있는 인물이 되었다.

사상 최대의 오바마의 취임식은 약 180만 명을 집결시켰는데, 이는 그 이전에 있었던 4번의 부시와 클린턴 취임식 참석자들을 다 합친 것보다도 많은 수였다. 객실 수가 3만 개도 채 되지 않는 도시에 어떻게 그렇게 많은 방문자들을 수용할 수 있었을까? 크라우드소싱 캠페인의 승리는 크라우드소싱 호스피탈리티 솔루션을 불러왔다. 기회를 감지한 브라이언 체스키(Brian Chesky), 조 게비아(Joe Gebbia), 네이선 블레차르지크(Nathan Blecharczyk)는 자신들의 새로운 주택공유(home-sharing) 웹사이트를 성공시키기 위해 워싱턴DC로 향했다.

이 웹사이트는 그 당시에는 AirBedAndBreakfast.com으로 불렸는데, 워싱턴DC의 숙박 부족을 해결하지는 못했다. 그러나 그 창업자들이 그 역사적 현장에 갔기 때문에, 미국에서 가장 인기 있는 프로그램인 ABC방송의 〈Good Morning America〉에서 유례없는 숙박전쟁 상황을 보도할 때 그 사이트가 언급되는 결과를 얻을 수 있었다. 몇 주 후에 이 회사는 이름을 에어비앤비(Airbnb)로 변경했다. 2019년 2/4분기 기준 에어비앤비의 가치는 350억 달러였고, IPO를 준비하고 있다.

브래드 스톤(Brad Stone)의 저서 「업스타트(The Upstarts)」[98]에서는 에어비앤비를 일약 스타로 만들어준 2009년 워싱턴DC 출장의 의미를 상세히 설명하고 있다. 스톤이 지적한 바와 같이, 오바마의 취임식으로 기회를 잡은 기업가는 에어비앤비 창업자들만이 아니었다. 개릿 캠프(Garrett Camp)와 트래비스 캘러닉(Travis Kalanick)도 그때 그곳에 있었다. 그 둘은 다른 웹사이트인 VRBO에서 캘러닉이 예약한 별장에 머물렀다. 수요가 넘쳐나는 도시에서 머물 곳을 찾는 것은 전쟁의 절반에 불과했다. 또 다른 절반은 숙소에서 본행사가 열리고 있는 내셔널 몰(National Mall)까지 가는 방법이었다. 둘은 택시를 잡는 데 애를 먹었는데, 그때 캠프는 새로운 스타트업의 가치를 캘러닉에게 설명했다. 그 아이디어는 누구든지 클릭 한 번으로 자동차를 부를 수 있게 해주는 앱에 관한 것이었다. 몇 주 후 캠프와 캘러닉은 우버(Uber)를 창업했다.

숙박과 모빌리티 이용의 민주화

변혁적 모빌리티와 숙박회사가 동시에 등장한 것은 우연이 아니었다. 또한 그것은 전례가 없던 일도 아니었다. 100년 전 수요가 급증했을 때, 두 명의 호텔과 자동차 선도자들도 각각 자신의 산업에 대변혁을 일으켰다.

1901년 세계박람회(World's Fair) 또는 전미전시회(Pan-American Exposition)라고도 불리는 행사가 뉴욕 주 버팔로(Buffalo)에서 열렸다. 이 박람회의 목적은 최신 혁신과 발명품을 전시하고, "미국과 서구 국가들 간

---

98 브래드 스톤(Brad Stone) 저서 *The Upstarts*의 한국 번역판 「업스타트」는 2017년 21세기북스에서 출판. – 역자 주.

의 상업적·사회적 이해관계를 증진"하는 것이었다. 인구 80만 명의 버팔로는 당시 북아메리카 10대 도시 중 하나였고, 로스앤젤레스나 휴스턴, 디트로이트보다 컸다. 버팔로의 성장은 부분적으로 19세기의 가장 중요한 교통수단인 운하시설과 여러 철도선을 통해 쉽게 접근이 가능했기 때문이다.

6개월이 넘는 기간 동안 세계박람회는 800만 명이 넘는 방문자들을 버팔로로 끌어모았다. 넘쳐나는 여행자들을 수용하기 위해, 버팔로 시에서는 레스토랑 기업가인 엘스워스 스타틀러(Ellsworth M. Statler)에게 박람회장에 가까운 임시호텔을 짓는 권한을 부여했다. 스타틀러가 만든 것은 객실 2,100개의 세계 최대 호텔이었다. 스타틀러의 명성은 3년 후 세인트루이스에서 열렸던 세계박람회에서도 비슷한 보직을 맡게 했다. 그는 이번에는 더 큰 호텔을 지었다. (여전히 임시호텔이기는 하지만.)

1907년, 에어비앤비가 창업되기 정확히 100년 전, 엘스워스는 버팔로에 영구적인 스타틀러 호텔 1호점을 열었다. 스타틀러는 많은 사람들에게 근대 호텔 산업의 아버지로 간주되고 있다. 버팔로 호텔은 미국 최초로 각 방에 수돗물과 화장실을 갖춘 호텔이었다. 스타틀러는 오늘날 호텔 업계에 일반적인 많은 실무사례를 선도했다. 모든 빌딩 시스템을 하나의 중앙코어를 중심으로 그룹화하는 것과 고객의 요청에 따라 합쳐지거나 분리될 수 있는 회의실, 냉·온수 수도가 분리된 것, 옷장 안에 조명을 넣은 것 등이 그 예이다.

20년 이내에 스타틀러 호텔들은 "한 명의 개인이 소유한 미국 최대"의 호텔 브랜드가 되었다. 작은 체인들은 19세기 중반부터 존재했지만, 호텔 디자인, 비품구매, 운영프로세스를 시스템화하고 여러 호텔들 간의 규모의 경제를 활용한 것은 스타틀러가 최초였다. 당시 대부분의 도시 호텔리어들과 달리, 그는 럭셔리 프로젝트를 멀리하고 기술과 혁신에 의존하여 호텔을 가격도 합리적이면서 더욱 편리하게 만들었다. 1954년 콘래드 힐튼(Conrad Hilton)은 17개 스타틀러 호텔을 모두 인수하여 세계에서 가장 잘 알려진 호텔 브랜드를 구축하기 시작했다.

자동차와 체인점

1908년 스타틀러 호텔 1호점의 개점 1년 후, 헨리 포드는 모델 T를 출시했다. 이 승용차는 "자동차를 민주화"하고 "보통 사람들을 위한 실용적이고 합리적 가격의 교통수단"을 제공하기 위해 설계된 것이었다. 포드의 혁신적인 조립라인 생산방식은 모델 T 승용차의 가격을 1908년 850달러에서 1925년 300달러로 인하할 수 있었다.

스타틀러처럼 포드도 자동차 산업을 재편하는 프로세스들을 도입했다. 이는 모든 산업을 영원히 재편하게 만들었다. 스타틀러와 포드는 친구가 되었고 "서로의 회사에 대해 정보를 주고받았다." 1915년 우연히도 스타틀러 호텔 3호점이 디트로이트의 워싱턴 거리에 지어졌는데, 이곳은 모델 T의 초기 공장이 있던 피켓 가에서 5km도 안 되는 가까운 위치였다.

1927년까지 1,500만 대가 넘는 포드 모델 T가 미국에서 생산되었고, 영국과 유럽에서는 더 많은 자동차가 생산되었다. 당시 미국에서 판매된 자동차의 거의 40%가 모델 T였다. 궁극적으로, 포드가 호텔, 주거 그리고 모든 부동산 자산에 미친 영향은 스타틀러보다 컸다. 몇십 년이 걸리기는 했지만 20세기 중반에는 자동차가 미국의 지배적인 교통수단이 되었다.

1955년에 미국에 등록된 자동차 수는 5,200만 대가 넘었는데, 1900년에는 8,000대에 불과했다. 1인당 기준으로 볼 때, 이 시기 동안 자동차 수는 거의 6,000배 증가했다. 세계 최대 호텔체인의 등장은 자동차의 대중성이 증가한 것과 밀접하게 관련이 있다.

1830년에서 1930년 사이에 기차와 운하는 대도시 도심지역에 대형 호텔이 개발되는 데 큰 영향을 미쳤다. 1930년대부터는 자동차가 이 패러다임의 언번들링(unbundling)을 촉진하여 도심 외곽과 고속도로를 따라 산발적으로 소형 호텔들이 건립되기 시작했다. 자동차는 고객들이 언제든지 어디로든 원하는 대로 소규모로 여행을 떠날 수 있게 해주었고, 도로를 따라가다 어디서든 숙박할 수 있게 만들었다. 샌더벌-스트라우츠(Sandoval-Strausz)가 그의 저서 「호텔: 미국의 역사(Hotel: An American History)」에서 지적한 바와 같이, 이때 자동차가 호텔에 미친 영향은 "도로변 여관, 선술집, 그리고 정착지 사이의 도로를 따라 있는 수많은 점포들이 있던 18세기의 지형을 떠올리게 했다."

홀리데이인(Holiday Inn), 하워드존슨(Howard Johnson), 메리어트(Marriot) 호텔의 1호점들은 1950년대에 등장하여 새로운 도전과제를 해결하기에 나섰다. "고객들이 고속도로를 빠져나와 이곳에서 자동차를 멈추도록 설득하라." 이를 위해서는 기억하기 쉽고 멀리서도 잘 보일 수 있는 브랜드가 필요했다. 그리고 모든 지점에서 표준화된 경험을 할 수 있어야 하고 넓은 주차장이 필요했다. 자동차 호텔, 즉 모텔이 탄생했다. 1940년대 초에는 모텔의 수가 호텔의 수를 넘어섰다. 자동차들이 도시에 있는 호텔을 외면한 것은 아니었지만, 그 상대적 중요성은 줄어들었다.

또한 자동차가 없었다면 여전히 이동이 제한되었을 사람들에게 새로운 이동의 자유가 부여되었다. 1955년 흑인들은 "니그로 여행자의 그린북"과 같은 지침에 의존하여 "단골을 원하는 유색인종과 백인 모텔 소유주들의 목록"을 찾아봐야 했다. 같은 시기 미국의 여러 주에서는 50% 이상의 호텔들에서 유대인 손님을 받지 않았다.

20세기 중반이 되자, 교통과 통신 기술은 출장 및 휴가를 위한 새로운 여행 목적지들이 많이 생겼다. 1944년 국제민간항공에 관한 시카고 회의(Chicago Convention on International Civil Aviation)는 지금 우리가 알고 있는 항공산업 발전의 토대가 되었다. 상대적으로 안정된 세계정세, 값싼 유가, 그리고 글로벌 경제의 호황은 2차 세계대전 이후 관광산업의 폭발적 확산을 가져왔다. (당시 웨스틴 인터내셔널로 불렸던) 웨스틴 호텔에서 "호텔타이프(Hoteltype)"를 선보였는데, 이것은 즉각적인 예약 확인을 제공하기 위해 텔레타이프(Teletype)[99]를 사용한 시스템이다. 1955년 힐튼은 중앙 예약 시스템을 론칭하여 고객들이 전화, 전보, 텔레타이프로 27개 호텔들의 객실을 예약할 수 있게 되었다.

목적지와 정보의 홍수를 이루게 된 그 시대에 브랜드 호텔체인들은 진정한 역량을 발휘하기 시작했다. 브랜드 호텔체인은 여행자들과 부동산 소유주들이 서로를 찾고 신뢰할 수 있게 도왔다. 21세기에 기술은 더 많은 풍요를 열어 보이고, 전혀 다른 종류의 사업자들에게 힘을 부여하고 있다. 이것은 먼저 숙박산업에서 시작되어 궁극에는 주거에까지 영향을 미치고 있다.

---

99 타이프라이터로 문자를 치면 자동적으로 전신부호로 번역되어 송신되고, 수신 측에서는 반대로 수신된 전신부호가 문자로 번역되어 나오는 전신장치. – 역자 주.

온라인 여행사: 호텔 예약은 온라인으로

"저는 협상이 어려운 것이라고 생각합니다만, 그들이 들고 온 것은 말도 안 되는 것이었습니다." 초이스호텔 인터내셔널(Choice Hotels International)의 CEO인 스티브 조이스(Steve Joyce)는 말했다. "그들은 터무니없는 것을 요구하고 있었죠." 조이스는 익스피디아(Expedia Inc.)를 말하는 것이었다. 익스피디아는 여행자들이 호텔과 다른 서비스들을 검색하거나 예약, 리뷰할 수 있는 웹사이트들을 여러 개 가지고 있다. 당시 초이스는 세계 최대의 호텔 프랜차이저 중 하나로, 5천 개가 넘는 호텔에 거의 50만 개가 넘는 객실을 가지고 있었다.

때는 2009년 10월이었고, 초이스와 익스피디아는 그들이 관계를 정의하는 계약을 재협상하고 있었다. 익스피디아는 초이스에게 다른 어떤 웹사이트보다 더 낮지도 더 높지도 않은 가격으로 객실을 제공하는 것을 원했다. 더 나아가 익스피디아는 초이스의 객실을 할인해서 팔 권리를 요구했다. 심지어, 이용 가능한 객실 수가 적을 때에도, 그리고 초이스의 자체 시스템이 가격을 올릴 것을 권장하거나 익스피디아 웹사이트에 있는 판매정보를 내리고 객실을 직접 판매하도록 권장할 때도 그렇게 해야 한다는 것이었다. 다시 말해, 익스피디아는 초이스의 객실재고 및 가격 관리에 대한 명시적 권한을 요구하고 있었다. 두 계약 당사자가 합의에 이르지 못하자, 익스피디아는 초이스의 모든 호텔을 그 플랫폼에서 제외했다. 초이스는 다른 호텔 회사들도 익스피디아와 싸우는 데 동참할 것으로 생각했다. 그런데 그러지 않았다.

한 달 후, 초이스는 결국 익스피디아와 계약을 했고, 초이스호텔들은 다시 온라인에 게시되었다.

어떻게 한 "웹사이트"가 50년의 역사를 가진 호텔 거대기업에 조건을 지시할 권한을 가질 수 있을까? 호텔 거대기업이란 말하자면 세계 최대 부동산 소유주들에게 조건을 지시하던 그런 곳이었다. 이 질문에 답하기 위해, 먼저 인터넷이 어떻게 호텔 산업에서 거래비용(transaction cost)과 한계비용에 영향을 미치는지 살펴보자.

익스피디아 같은 회사들을 OTA, 즉 온라인 여행사(online travel agents)라고 한다. OTA는 호텔 산업에서 삼각검증(triangulation)과 신뢰(trust)의 비용을 절감하는데, 그 방식이 전통적 브랜드와는 전혀 다른 것이다. OTA는 여러 지역에서 호텔을 발견하기 쉽도록 온라인 목록을 제공한다. 그들은 또한 리뷰, 추천, 비교 툴을 제공하여 일정 수준의 신뢰를 만들어낸다. 이와 동시에 인스타그램과 트립어드바이저(TripAdvisor) 같은 SNS 및 정보 사이트들은 특정 호텔들에 관한 좀 더 자세한 정보를 여행자들에게 제공한다. 최신 사진, 동영상, 개인적 이야기들까지 포함해서 말이다.

같은 여행사라고 하더라도 온라인 여행사(OTA)는 전통적 여행사(TTA, traditional travel agents)와 전혀 다르다. 전통적 여행사는 수도 없이 많고 대부분 영세하다. OTA는 그 수가 적고 규모가 크다. 2018년 익스피디아와 그 주요 경쟁자인 부킹홀딩스(Booking Holdings)는 10대 여행 사이트들이 얻는 총 수익의 73%를 발생시켰다. 미국에서 OTA는 온라인 예약 시장의 약 35~40%를 처리하고, 나머지는 Marriot.com이나 Hilton.com과 같은 각 브랜드들의 웹사이트에서 직접 처리한다. OTA의 집중된 권한은 호텔체인들과 협상할 때 레버리지로 작용한다.

수요를 움직이고 품질의 결정권을 가졌다고 자부하던 호텔 브랜드의 위상을 OTA가 침식시켰다. 익스피디아 CEO인 다라 코스로샤히(Dara Khosrowshahi)가 2016년 지적한 바와 같이, 익스피디아는 "브랜드에 개의치 않는 여행자들을 유인"하고 있고, 이 회사의 메인 호텔 사이트인 Hotels.com 고객의 0.5%만이 "특정 대형 브랜드를 검색한다." 고객들은 오히려 특정 장소를 검색하고 평균적 리뷰나 다른 특성으로 필터링한다. OTA는 또한 독립호텔들에게 힘을 실어줘서 더 많은 고객들이 접근할 수 있게 하고 브랜드호텔들과 경쟁할 수 있게 한다. 호텔 자문회사인 HVS가 지적한 바와 같이, OTA는 독립호텔의 마켓 포지션이 낮기 때문에 더 높은 커미션을 부과한다.

자산 경량화와 테크의 경제학

온라인 여행사는 마켓에서의 지위를 얻기 위해 자체적인 하드웨어 및 소프트웨어와 상품을 개발하는 데 상당한 선투자를 했다. (여기에는 작은 경쟁자들을 인수하는 작업도 포함됐다.) 섹션 I(리테일)에서 논의한 바와 같이, 그러한 선투자는 테크기업들의 특성이다. 그들이 열매를 맺으면, 이 투자는 회사가 새로운 고객에 서비스하는 한계비용을 줄일 수 있게 해준다. 다시 말해, 규모가 커질수록 그 수익은 엄청나게 커진다.

역설적으로, 이 전략 유형은 원래의 호텔 프랜차이즈 모델을 연상시킨다. 메리어트, 힐튼, 초이스는 브랜드 마케팅, 예약 시스템, 객실재고 관리 시스템에 엄청나게 투자함으로써 자신들이 소유하지도 않은 수천 건의 자산에 대해 자산경량화(asset-light)를 달성할 수 있었다. 결과적으로 그들의 고객 기반과 수익은 비용보다 훨씬 빠르게 성장할 수 있었다.

인터넷은 OTA가 이 아이디어를 채택하여 규모를 키우는 것을 가능하게 했다. 수십만 개가 넘는 호텔들에 기술과 마케팅 비용을 뿌릴 수 있는데, 왜 굳이 수천 개 호텔들에만 비용을 뿌리겠는가? 익스피디아는 여러 웹사이트들에 20만 개가 넘는 리스트를 보유하고 있다. 이는 초이스의 포트폴리오보다 20배가 넘는다. OTA는 기술과 마케팅에 투자함으로써 브랜드 호텔에 더 높은 커미션과 새로운 서비스 조건을 강제할 수 있을 만큼 강력해졌다. OTA는 또한 충성도 프로그램을 도입했는데, 이로 인해 하나의 특정 호텔 브랜드에 충성하는 가치를 약화시키고 있다(그림 14.1 참고).

그림 14.1 호텔 소유주, 호텔 브랜드, OTA, 주택공유 회사들의 공급 제공가능성

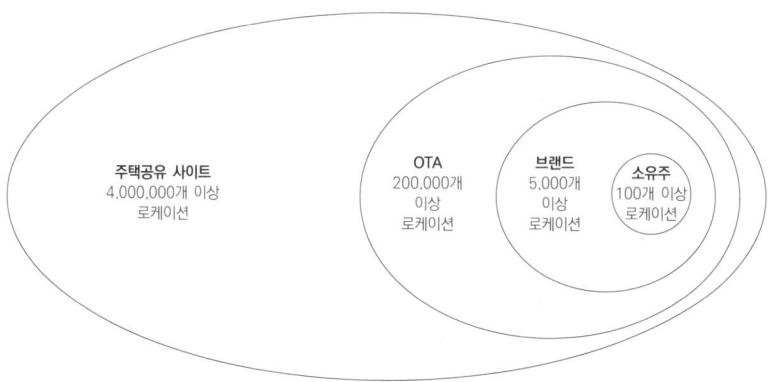

20년 전에 온라인 여행사는 전통적 여행사에만 위협이 된다고 추정하기 쉬웠다. 전통적 여행사들은 호텔 브랜드가 객실재고를 유통할 수 있는 쉬운 방법을 제공했고, 심지어 객실재고를 벌크로 사들여 리스크를 떠안고

재판매하기도 했다. 또한, 성공적인 OTA를 구축하기 위해 필요한 높은 선투자비용이 브랜드호텔에게는 완전히 미친 짓으로 보였을 수 있다. 이 비용은 수십만 개 객실의 예약을 받을 수 있을 만큼 충분히 큰 파이를 대상으로 전파될 때에만 의미가 있는 것이었다.

테크의 경제학에서 비즈니스는 거대한 규모로 운영될 때에만 수익성이 생길 수 있다. 규모를 얘기할 때 주거보다 큰 부동산 카테고리는 없다. 곧 바로, 온라인 예약 모델은 그 방법을 여기서 찾았다.

에어비앤비: 호텔보다 집

날씨는 더웠고, 아브라함은 텐트 가장자리 쪽에 앉아있었다. 그는 고개를 들자 세 명의 남자들이 옆에 서있는 것을 보았다. 아브라함은 즉시 그 세 명의 낯선 사람들에게 기운을 차릴 수 있도록 먹을 것과 발 씻을 물 그리고 누울 수 있는 공간을 제공했다. 성경의 창세기 18장에 나오는 이 이야기에 따르면, 아브라함이 이러한 너그러운 환대를 했기 때문에 그가 아주 늦은 나이에도 아버지가 되는 기적을 얻을 수 있었다고 한다.

약 4,200년 전 중동에는 여행사도 없었고, 신용카드 보증도 없었으며, 온라인 리뷰도 없었다. 토마스 홉스(Thomas Hobbes)[100]가 언급한 것을 쉬운 말로 바꾸면, 사람들은 지속적인 공포와 폭력적 죽음이 언제 닥칠지 모르는 위험 속에서 살았고, 삶은 "고독하고, 가난하며, 끔찍하고, 잔인하며, 짧았다." 다시 말해 거래비용이 높았다. 아브라함이 세 명의 낯선 사람

---

100 토마스 홉스(Thomas Hobbes): 영국의 철학자, 1588~1679년. - 역자 주.

들을 집으로 들인 것은 대단한 믿음의 도약이었다.

21세기로 돌아와서, 지금의 세계는 훨씬 더 복잡한 곳이 되었다. 성서 시대의 3천만 명이 안 되던 세계 인구는 오늘날 75억 명을 넘고 있다. 지구상에는 15억 채의 주택이 있고, 미국에만 1억 3천만 채가 있다. 어느 하루를 예로 들면, 상당히 많은 수의 주택 또는 그 주택 내의 방들이 빈 상태로 있다. 낯선 사람을 집으로 들이는 것은 여전히 높은 수준의 조정과 신뢰를 필요로 하지만, 더 이상은 기적이 필요 없다.

온라인 여행사가 전에 그랬던 것처럼, 에어비앤비도 주택공유 거래와 관련된 삼각검증과 신뢰 문제를 해결하기 위해 온라인 플랫폼을 이용했다. 에어비앤비는 입증된 과거 투숙객들의 리뷰를 올리고, 직접 직원들을 목록에 있는 곳으로 보내서 전문적인 사진을 찍게 하거나, 집주인들(hosts)에게 최대 100만 달러의 책임손해보험을 제공하고, 좋은 실적으로 입증된 집주인들의 목록을 프로모션하는 것을 통해 문제를 해결해 나갈 수 있었다.

에어비앤비는 원래 표현 그대로 에어베드(air bed, 공기를 주입한 매트리스)를 거실에 놓고 여행자들과 연결시키는 저가 숙박시장을 그 대상으로 했다. 그러다가 점차적으로 그 초점을 저가 객실이나 중급 호텔 정도는 쉽게 지불할 수 있는 좀 더 까다로운 고객들로 옮겨갔다. 에어비앤비에서는 더 나은 주택과 아파트먼트를 가진 집주인들을 유인하게 되었다. 또한 집주인들은 에어비앤비 고객들에게 자신들의 집이 더 편리하고 매력적이 되도록 맞춰가기 시작했다.

집합적 경험의 한계

 아주 좋은 아파트나 주택도 여행자들이 호텔에서 기대하는 기본적 서비스와 어메니티가 없을 수 있다. 예를 들면, 음식, 안내, 택시예약, 세탁, 헬스장, 그리고 마사지에서 아이돌봄에 이르기까지 다양한 서비스가 이에 해당된다. 에어비앤비가 호텔의 대안으로 등장하는 데 도움을 준 것은 수많은 지역기반 앱들이다. 이 앱들을 통해 고객들에게 그 지역에서 이용할 수 있는 식당, 음식배달, 세탁, 보관함, 교통, 회의실, 기타 서비스 등에 관한 정보를 제공하여 그 간극을 메울 수 있었다.

 에어비앤비의 등장은 또한 집주인들의 생활을 더욱 쉽게 도와주는 스타트업들의 생태계를 낳았다. 게스티(Guesty)는 집주인들이 유지보수 상태를 파악할 수 있게 해주고, 여러 웹사이트에 있는 목록들을 관리하며 빌딩 및 아파트먼트 주인들과 정보를 공유할 수 있게 해주고 있다. 키카페(Keycafe)는 집주인과 손님이 무인으로 체크인과 체크아웃을 할 때 아파트 열쇠를 남길 수 있도록 지역 상점에 디지털 사물함을 설치하고 있다. 비욘드 프라이싱(Beyond Pricing)은 실시간 시장 데이터를 기반으로 집주인들이 가격전략을 최적화할 수 있도록 도와준다. 퓔하우스(Fülhaus)의 인테리어 디자인 서비스는 주거용 주택을 호스피탈리티 용도로 바꾸는 전문회사이다. 프로펄리(Properly)는 단기임대 주택을 위한 청소서비스를 제공한다. 그리고 그 밖에 더 많은 스타트업들이 있다.

 그러나 호스피탈리티 경험을 구축하기 위해 여러 앱 및 프로바이더들을 다루는 것은 손님이나 집주인에게 불편함 그 자체이다. 그리고 가장 최고로 여겨지는 에어비앤비의 집들도 당연히 표준화되어있지 않다. 에어비앤비의 집들은 통일성 없는 체크인 경험과 일관되지 않은 수준의 서비스를 제공한다. 그리고 매트리스와 베개에서 수건과 샴푸에 이르기까지 객실 내 어메니티가 구비되는 것도 통일성이 없다. 이러한 문제는 에어비앤비 객실 목록이 커지면서 더 심각해지고 있다. 2019년 6월 현재 에어비앤비에 올라온 객실목록은 600만 건이 넘는다.

주택공유 역시 집주인 및 임대권자들의 두통과 리스크를 수반한다. 많은 도시의 집주인들은 법적으로 애매모호한 상태로 또는 지역의 규제를 명시적으로 위반하면서 운영을 해야 했다. 건물 소유주들도 주거용 자산으로 허용된 용도를 벗어난 것에 대한 과태료나 소송에 직면했다. 공유주택의 이웃들도 밤새 낯선 사람들이 여행가방을 가지고 오고 가는 것을 좋아하지 않았다.

간단히 말해, 에어비앤비 모델은 비어있는 주거공간을 활용하고 지역의 집주인들을 신뢰하는 데 수반되는 마찰을 줄이기는 했다. 그러나 또 다른 형태의 마찰과 불확실성을 불러왔다. 에어비앤비가 일부 거래비용을 줄이기는 했지만, 다른 형태의 거래비용을 증가시킨 것이다. 이러한 거래비용의 증가는 몇몇 주택공유자들이 더 전문화된 비즈니스로 진화하도록 영감을 주었다. 즉 전통적인 호텔 브랜드와 다르지 않게 하는 것이다. 이 비즈니스는 주택공유 경험의 여러 측면들을 통합했다. 그 운영모델을 살펴보기에 앞서, 회사 가치사슬 내의 통합과 모듈화의 역할을 이해하는 시간을 잠시 갖기로 하자.

가치사슬, 모듈화, 통합의 이해

지금부터 이어지는 몇 페이지는 이론이 조금 많이 소개된다. 그러나 그 개념들은 모든 부동산 자산의 미래뿐만 아니라 중개, 건축, 금융을 포함하는 관련 비즈니스의 미래를 이해하는 데 중요한 것이다.

하버드대학교 마이클 포터(Michael E. Porter) 교수는 「경쟁우위(Competitive Advantage)」[101]에서 비즈니스 유닛*에 대해 특정 제품을 "설계, 생산, 마케팅, 배송, 지원하기 위해 수행하는 활동들의 집합"으로 설명하고 있다. 종합적으로 살펴보면 이 활동들은 하나의 가치사슬(value chain)을 구성하고, 이 가치사슬은 그 비즈니스 유닛의 역사, 전략, 그리고 전략을 수행하기 위한 접근법을 반영한다. 그 활동들은 또한 경쟁자나 공급자의 강점 등과 같은 회사의 산업 내부와 주변의 경제상황도 반영한다.

가치사슬은 공급사슬(supply chain)과 다른데, 서로 밀접한 관계가 있는 활동들이 독특한 경쟁우위를 만들어내는 방법에서 무엇에 초점을 두느냐가 그 차이이다. (이는 생산 및 배송이 될 때까지의 정보, 재료, 상품, 자금 활동들의 흐름을 단순히 기술하는 것과 대비된다.) 마이클 포터 교수는 이 활동들을 그림 14.2와 같이 5가지 일반적 카테고리로 나누었다. 비슷한 제품을 판매하는 회사들은 서로 전혀 다른 가치사슬을 이용하면서 제품 경쟁을 할 것이다.

---

101 마이클 포터(Michael E. Porter)의 *Competitive Advantage* 번역서인 「마이클 포터의 경쟁우위」는 2008년 21세기북스에서 출간. - 역자 주.

* 여기서 비즈니스 유닛이라는 용어를 사용하는 이유는 회사가 여러 제품과 여러 가치사슬을 가지고 다수의 비즈니스 유닛을 운영할 수 있기 때문이다. 예를 들어, 애플의 아이폰(iPhone)과 뮤직(Music)의 비즈니스 유닛은 서로 다른 제품(하드웨어 vs 디지털 미디어 구독 서비스)을 판매하고 성공시키기 위해 전혀 다른 일련의 활동들에 의존한다.

그림 14.2 마이클 포터가 제시한 가치사슬 활동의 5가지 카테고리

내부 물류	운영	외부 물류	마케팅 & 영업	서비스
제품에 투입되는 것들을 조달하고 관리	투입된 것을 최종 제품으로 전환	구매자들에게 제품을 유통	고객들이 제품을 구매하도록 유도	제품의 가치를 높이고 관리

예를 들어, 삼성은 주력상품인 갤럭시S 스마트폰의 하드웨어 구성요소 상당 부분을 만들고 있다. 그러나 구글이 만든 운영체제(안드로이드)를 사용한다. 최근 몇 년간 삼성은 리테일 매장을 열기 시작했지만, 서드파티 리셀러와 이동통신 사업자에게 강하게 의존하고 있다. 반면, 애플은 자체 운영체제(iOS)를 개발했지만, 스스로 하드웨어는 생산하지 않고 심지어 아이폰X용 스크린을 삼성으로부터 구매한다. 애플은 또한 자체적인 온라인 및 오프라인 매장에 더 의존하고 있다.

애플이 자체적인 소프트웨어와 물리적 매장에 크게 투자하기로 선택한 것은 단순히 아이폰이 만들어지고 유통되는 방법을 최적화하는 문제가 아니다. 그것은 경쟁자들로부터 차별화하고 고객들에게 월등한 가치를 전달하려는 애플의 노력을 반영한다. 구글의 무료 안드로이드 운영체제를 사용하거나 아마존을 통해 아이폰을 팔면, 애플 입장에서는 더 비용이 절감되고 속도가 빠를 것이다. 그러나 애플은 가치사슬 내의 서로 다른 활동들 간의 의존성을 만들어냄으로써 경쟁우위를 구축한다. 마이클 포터는 이렇게 서로 연결된 활동들을 가치활동(value activities)이라고 부른다.

경쟁우위에 대한 고려를 제외하고도, 비즈니스 유닛은 그 활동들 간의 의존성을 만들어내야만 하는 경우가 많다. 예를 들어, IBM은 초기 컴퓨터를 만들 때 그 프로세서와 작동하는 소프트웨어를 만드는 곳이 없었기 때문에 소프트웨어를 스스로 개발해야 했다. 또한, 그 컴퓨터의 부품들이 서로 들어맞게 하기 위해 대부분의 부품들을 설계하고 제조해야 했다. 다시 말해, IBM은 컴퓨터를 제조하고 판매할 때 대단히 높은 통합적(integrated) 접근법을 사용했다.

컴퓨터 산업이 성숙됨에 따라 표준이 등장했고, 공급자들은 컴퓨터 회사들이 쉽게 조립하고 잘 호환될 수 있는 부품들을 설계하고 제조하기 시작했다. 표준화된 부품들은 IBM 경쟁자들이 모듈식(modular) 구조를 채택하여 IBM 소프트웨어와 호환되는 더욱 저렴한 컴퓨터를 생산 가능하게 했다. 이 컴퓨터들은 처음에는 IBM 컴퓨터만큼 좋지는 않았지만, 대다수의 사용자들에게는 충분히 괜찮은 제품이었다. 표준화는 또한 소프트웨어 회사들이 IBM뿐만 아니라 많은 회사들에서 생산하는 컴퓨터에서 작동하는 제품을 개발할 수 있게 해주었다.

통합보존의 법칙과 수익보존의 법칙

하버드 비즈니스스쿨의 클레이튼 크리스텐슨(Clayton M. Christensen) 교수가 지적한 바와 같이, 신산업의 신제품들은 더 통합적인 경향이 있다. 제품이나 서비스의 신뢰가 높아지고 대중적이 될 때 일부 부품들은 표준화된다. 표준은 많은 공급자들이 여러 부품들을 생산 가능하게 해주고, 또한 더 낮은 가격으로 더 빠르게 생산할 수 있게 해준다. 결과적으로, 새로운 경쟁자들이 더 모듈화된 제품구조를 채택하고 자신들의 가치사슬 내의 다른 활동들에 더 많은 자원을 투입할 수 있게 해준다.

델 컴퓨터(Dell Computers)의 예를 들어 위의 내용을 다시 분석해보자.

1990년대 중반에 이르자 PC는 상대적으로 표준화되고 다양한 저가 공급자들이 여러 부품을 판매하고 조립하게 되었다. 즉, 델과 기타 회사들은 "IBM 호환" PC를 생산 및 판매할 수 있게 되었고 그러면서 부품과 인력은 아웃소싱에 강하게 의존했다. 이러한 신규 회사들은 PC의 가격하락을 가져왔다.

모듈식 접근법은 델이 IBM과 가격으로 경쟁할 수 있게 했을 뿐만 아니라, 여러 공급자들의 네트워크를 참여시킴으로써 "맞춤형 제품을 신속하게 전달"할 수 있게 해주었다. 이러한 역량을 기반으로 델은 1996년 7월 Dell.com을 론칭하여 고객들이 컴퓨터를 온라인으로 구매하거나 맞춤형 주문을 할 수 있게 하였다. 즉, 사람들이 컴퓨터를 사는 방법을 바꾼 것이다. 몇 달내에 Dell.com은 하루 매출 약 100만 달러를 창출하고 있었다.

모듈화는 델이 고객맞춤형 생산 및 온라인 거래와 같은 새롭고 색다른 가치활동에 집중할 수 있게 했다. 델의 생산과 물류는 더 모듈화되었지만, 영업은 더욱 통합적이 되었다. 델은 컴퓨터가 생산되는 방식과 연결된 자체 판매채널(Dell.com)을 구축했다. 다시 말해, IBM은 그 생산방식이 통합되어있었기 때문에 쉽게 웹사이트를 구축하여 고객맞춤형 제품을 제공할 수가 없었다. 이 말은 IBM 제품의 품질은 높을 수 있으나 유연성은 낮을 수 있다는 의미가 된다(그림 14.3 참고).

그림 14.3 가치사슬 통합: IBM과 Dell의 비교

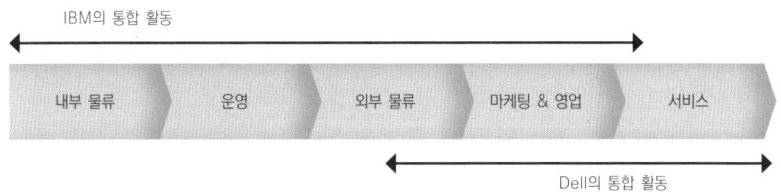

산업 차원에서 볼 때, 컴퓨터 자체가 상품(commodity)이 되었다. 거의 모든 제품은 대부분의 사용자들에게 충분히 사용할 만했다. 크리스텐슨 교수가 지적한 바와 같이, "한 제품이 상품화되기 시작하면, 비상품화의 프로세스가 가치사슬 내 다른 어딘가에서 촉발하는 경우가 종종 있다." 1990년대 중반, 컴퓨터가 만들어지는 방식은 모듈화되고 상품화되었다. 동시에 컴퓨터가 판매되고 서비스되는 방식은 통합되었고, 이는 차별화와 경쟁우위의 근원이었다.

가치사슬의 한 부분으로부터 다른 부분으로의 통합과 모듈화의 이동은 아직 진행 중인 프로세스이다. 크리스텐슨 교수는 이 역학관계를 "통합보존의 법칙(The Law of Conservation of Integration)" 또는 "매력적 수익보존의 법칙(The Law of Conservation of Attractive Profits)"으로 부른다. 그가 지적한 바와 같이, "가치사슬의 어느 단계에서 그 제품이 모듈화되고 상품화되었기 때문에 매력적 수익이 없어지면, 자체 제품으로 매력적 수익을 얻기 위한 기회가 그 옆 단계에서 등장한다."

포터 교수와 크리스텐슨 교수의 이론들은 더 많은 복합적인 특성을 가지고 있고, 주로 복합적인 산업 및 기술 비즈니스에 적용된다. 이어지는 내용들에서는, 이 개념들의 단순화된 형태를 활용하면서 호텔과 주택공유 회사들을 살펴볼 것이다.

손더(Sonder): 하이브리드형 주택공유 호텔

메리어트와 에어비앤비의 가치사슬은 뚜렷하게 차이가 난다. 간단한 비유를 들면, 호텔업계에서의 메리어트는 PC업계에서의 IBM과 같다. 즉, 대부분의 까다로운 고객들을 충족하는 표준화된 생산물을 제공하는 통합된 거대기업이다.

그렇다면, 에어비앤비는 델이라고 할 수 있는가? 아니다. Airbnb.com에서 방을 예약하는 것은 Dell.com에서 컴퓨터를 사는 것과 비슷하지 않다. 오히려 이베이(eBay)에서 컴퓨터를 사는 것과 더 비슷하다. 에어비앤비와 이베이는 플랫폼으로, 고객들이 원하는 제품을 찾고 구입하는 것을 쉽고 안전하게 만들어 준다. 두 회사 모두 자체 생산하는 제품은 없고, 일부 고객들에게는 충분히 괜찮은 다양한 품질에 대한 경험을 제공한다. 일반적으로 말해서, 두 회사 모두 가성비를 중시하는 사람들과 주류 리테일러나 호텔리어가 제공하지 않는 니즈를 원하는 사람들에게 좀 더 나은 만족을 준다.

에어비앤비가 델이 아니라면, 누가 델이라고 할 수 있을까? 최근 몇 년간 몇몇 회사들이 등장해서 표준화되고 신뢰할 수 있는 합법적인 호텔 경험에 더하여 집에 있는 것 같은 느낌이 나고 더 넓으면서도 상대적으로 저렴한 주택공유 경험과 함께 결합하기 시작했다.

그 방법을 보여주고 있는 한 회사가 손더(Sonder)이다. 손더는 일, 월, 년 기준으로 예약이 가능한 가구가 구비된 아파트먼트를 제공한다. 손더의 아파트들은 매일 청소가 이루어지고 표준화된 가구, 비품, 용품, 베개, 수건, 샴푸 등이 구비된다. (호텔용어로는 이를 FF&E[103], OS&E[104]라고 한다.)

손더는 임대권자와 전체 층이나 건물 전체를 임대계약함으로써 판매목록(inventory)을 확보한다. 임대차 계약은 1년에서 5년 사이가 될 수 있다. 일부 경우에는 손더가 부동산 소유주와 관리계약을 맺기도 한다.

손더는 수요를 창출하기 위해 여러 채널을 사용한다. 상당 부분의 예약은 Sonder.com에서 직접 받고, 나머지는 익스피디아나 Booking.com 같은 온라인 여행사, 그리고 에어비앤비와 홈어웨이(HomeAway) 같은 주택공유 웹사이트를 통해서 예약을 받는다. 2019년 2/4분기 기준 손더는 10여 개 도시에서 수천 개의 아파트먼트를 운영한다. 또한 손더는 그레이록파트너스(Greylock Partners), 그린옥스캐피털(Greenoaks Capital), 타오캐피털파트너스(Tao Capital Partners), 스파크캐피털(Spark Capital)과 같은 투자회사들로부터 3억 6천만 달러의 벤처캐피털을 투자받았다.

메리어트가 물리적 자산을 소유하는 것으로 시작해서 명성과 유통 네트워크를 구축하고 이후 이를 프랜차이즈 사업을 확보하기 위한 지렛대로 사용하는 형태와는 다른 방법을 손더는 사용했다. 손더는 브랜드와 온라인 유통채널을 구축하는 것으로 시작해서 이를 지렛대로 사용하여 더 많은 물리적 인벤토리를 확보하는 방식으로 나아갔다. 그런 의미에서 손더는 리테

---

103 FF&E: Furniture, Fixture and Equipment의 약자로 호텔의 가구, 설비, 장비 등 고정시켜 사용하는 비품을 말한다. – 역자 주.

104 OS&E: Operating Supplies and Equipment의 약자로 어메니티, 소모품, 린넨류(수건, 침구, 커튼 등)와 유니폼, 방향제, 세제, 집기 등 호텔에 필요한 여러 교체용 물품들을 말한다. – 역자 주.

일 세계에 등장한 D2C(direct to consumer)[105] 브랜드와 비슷하다.

리릭(Lyric), 와이호텔(WhyHotel), 제우스리빙(Zeus Living)과 같은 회사들도 전통적 호텔 및 단기임대와 경쟁하기 위해 비슷한 모델을 사용한다. 전통적 호스피탈리티, 부동산, 주택공유 회사들도 이 모델에 점점 더 관심을 갖고 투자를 하고 있다. 예를 들어, 리릭의 투자자는 부동산 거대기업인 티시먼스파이어(Tishman Speyer)와 RXR리얼티(RXR Realty), 스타우드캐피털그룹(Starwood Capital Group)의 공동창업자인 배리스턴 리히트(Barry Sternlicht), 피프스월벤처스(Fifth Wall Ventures)*, 그리고 에어비앤비 등이다.

손더는 메리어트나 에어비앤비와는 다른 방식으로 가치를 창출한다(그림 14.4 참고). 손더는 상품목록(inventory)에 있어서 메리어트보다는 덜 통합적이고, 에어비앤비보다는 훨씬 더 통합적이다. 그러나 에어비앤비처럼 손더의 가치활동들도 가치사슬의 오른쪽에 더 초점을 두고 있다. 물리적 자산으로부터는 더 멀고, 고객에는 더 가깝다. 한편, 메리어트에 있어서 건물들이 디자인되고 건설되는 방식을 둘러싼 가치창출 활동들이 여전히 중요하다. 메리어트가 그 건물들을 소유하지 않는 경우에도 그러하다.

---

105 D2C(Direct to Consumer): 제조사가 가격 경쟁력을 높이기 위해 중간 유통단계를 제거하고 온라인 자사몰, SNS 등에서 소비자에게 직접 제품을 판매하는 방식을 말한다. – 역자 주.

* Fifth Wall Ventures의 LP(재무적 투자자)에 Host Hotels & Resorts가 포함됨.

그림 14.4 메리어트, 에어비앤비, 손더의 주요 가치창출 활동들

부동산 설계 & 건축	인테리어 디자인 & 공사	체크인 (check-in)	마케팅 & 영업	서비스

메리어트 (Marriott)

| 프로그램, 어메니티, 시스템, 자료의 상세한 요건을 제시 | 레이아웃, 가구, 용품 등에 대한 상세한 요건을 제시 | 주7일 하루24시간 열쇠를 발급하고 문을 열어주기 위한 직원을 호텔에 채용 | 브랜드에 투자, 예약 사이트 및 충성고객 프로그램 운영, 온라인/오프라인 여행사에 의존 | 주7일 하루24시간 룸서비스, 컨시어지, 호텔 내 식당, 매일 하우스키핑 |

에어비앤비 (Airbnb)

| - | - | - | 브랜드에 투자, 예약사이트 운영 | 주7일 하루24시간 고객지원 제공 |

손더 (Sonder)

| - | 레이아웃, 가구, 용품 등에 대한 상세한 요건을 제시 | 앱으로 온라인 체크인, 디지털 도어락 | 브랜드에 투자, 예약 사이트 운영, 온라인 여행사 및 에어비앤비에 의존 | 주7일 하루24시간 고객지원 제공, 매일 하우스키핑 |

주택공유 물량 공급에서의 가변성은 에어비앤비의 초기 비즈니스가 한계에 봉착하게 만들었고, 손더 등의 회사들이 주요 글로벌 도시들에서 아파트먼트 빌딩을 임시호텔로 변형시키는 기회를 만들어냈다. 한편, 개발도상국들에서는 호텔의 공급이 아직 표준화되지 않았고, 신뢰도가 높지 않고, 규정을 준수하지 않는 경우가 많다. 이것이 또 다른 비즈니스 모델의 등장을 위한 기회를 창출했다.

오요(OYO) 호텔의 부상

2011년 리테시 아그라왈(Ritesh Agrawal)은 인도의 에어비앤비를 만들기로 결심했다. 그는 민박(bed and breakfast), 서비스드 아파트먼트, 프라이빗 룸들의 목록을 탑재한 웹사이트인 Oravel.com을 창업했다. 2년 후, 만 19세의 아그라왈은 티엘 펠로우십(Thiel Fellowship)에 선정되었다. 이 프로그램은 대학을 중퇴하고 자신의 소명을 추구하는 기업가, 과학자, 활동가들에게 펀딩과 멘토링을 제공하는 것이다. 이 프로그램의 멘토에는 일론 머스크(Elon Musk)와 숀 파커(Sean Parker)[107] 등이 포함되어있다. 티엘 펠로우쉽은 페이팔(PayPal)과 팔란티어(Palantir)[108]의 공동창업자이자 페이스북의 초기 투자자인 피터 티엘(Peter Thiel)이 설립한 것이다.

그러나 오라블(Oravel) 모델은 잘 작동하지 않았다. 이 포털사이트는 고객들이 숙박할 곳을 찾고 예약하기 쉽게 만들어졌지만, 그것으로는 충분하지 않았다. 아그라왈이 「인디아 타임즈(India Times)」에서 인터뷰한 바와 같이 "큰 문제는 이 포털들이 표준화되어있지 않았고", 사람들이 웹사이트를 벗어나 현장에 갔을 때 어떤 경험이 기다리고 있는지를 실제로 알 수 없다는 것이었다.[109]

2014년 아그라왈은 Ovaral.com을 폐쇄하고, 저가호텔의 네트워크인 오요룸스(OYO Rooms)를 론칭하기로 결심한다. 더 정확히 말하면, 오요는 호텔에서 몇 개의 객실만 정하여, 이를 표준화된 방식으로 관리하는 것이다. 오요는 이 객실들을 호텔 소유주에게서 임대하거나 수익을 나누는 계약을 기반으로 운영했다. 론칭 당시에 OYORooms.com은 약 10여 개 호텔에서 제공하는 객실목록만 가지고 있었다. 오요는 이전의

---

107 숀 파커(Sean Parker): 파일공유 서비스인 냅스터(Napster) 공동창업자이자 페이스북 초대 사장을 역임했던 벤처기업인. - 역자 주.
108 팔란티어(Palantir): 미국 빅데이터 분석업체. - 역자 주.
109 서비스업이 발달하지 않은 인도에서는 저가호텔이나 게스트하우스의 수준이 열악했기 때문에, 아그라왈은 집주인과 여행자들 사이에 숙소중개만 하고 숙소의 관리책임을 집주인에게 맡기는 모델은 인도에서 성공하기 어렵다는 것을 깨달았다고 한다. - 역자 주.

Oravel.com을 위해 투자받았던 펀드를 사용했다. 그때 아그라왈에게 투자를 했던 회사들은 실리콘밸리의 라이트스피드벤처파트너스(Lightspeed Venture Partners)와 싱가포르의 DSG컨슈머파트너스(DSG Consumer Partners) 등이었다.

1년 내에 오요는 인도 10개 도시에서 200여 개 호텔들과 파트너십을 맺었다. 2015년 초, 오요는 라이트스피드(Lightspeed), 세쿼이아캐피털(Sequoia Capital) 등으로부터 투자를 받아 네트워크를 확장하고 자체 기술을 구축했다. 2015년 말 이전에 오요는 이미 70개 도시에서 활발하게 영업을 했고, 소프트뱅크가 주도하는 투자를 통해 1억 달러를 더 투자받았다.

오요는 우버와 같은 네트워크를 통해, 중앙의 고객관리센터와 분산된 다양한 호텔들에서 직원 서비스를 운영했다. 이 회사는 자체 앱을 개발하여 업무를 할당하고 직원들을 모니터했다. 앱은 또한 고객 피드백을 근거로 직원들에게 즉각적인 보상을 제공했다. 그리고 고객용 앱을 개발하여 고객들이 체크인과 체크아웃을 하고, 서비스 요청을 하며, 객실요금을 지불할 수 있게 했다. 각각의 오요 객실에는 표준화된 무료 와이파이, 무료 아침식사, 에어컨이 포함되었는데, 이는 인도의 저가호텔 시장에서는 보장되기 어려운 것이었다.

2019년 2/4분기 기준 오요는 미국의 50개 호텔을 포함해 여러 나라의 2만여 개 건물에서 약 70만 개의 객실을 "운영"하고 있다. "운영"이라는 말에 따옴표를 한 이유는 오요가 다른 호텔의 객실 리스트를 더 많이 포함하고 있기 때문이다. 오요는 이제 여러 개의 비즈니스 라인을 운영한다. 오요가 디자인하고 관리하는 소규모 호텔, 에어비앤비 스타일의 별장, 서비스드 아파트먼트, 중장기 체류용 스튜디오, 그리고 초기 비즈니스 모델에 포함되었던 부담 없는 형태의 저가호텔 등 다양한 숙박시설을 제공하고 있다. 2019년 4월 오요는 17억 달러의 벤처캐피털을 투자받았는데, 대부분이 소프트뱅크 인베스트먼트 어드바이저스(Softbank Investment Advisors)로부터 받은 것이다. 그리고 가장 최근의 투자자는 바로 에어비앤비였다.

오요는 호텔 프랜차이즈인가, 아니면 주택공유 회사인가? 아니면 온라인 여행사인가? 아마도 그 모든 것들의 특성을 조금씩 가지고 있는 것 같다. 아니면 전혀 새로운 종류, 이른바 호타(HoTA)인 것 같다. 그러나 정확히 정의되기 어려운 숙박회사는 오요가 유일한 것이 아니다. 공간을 활용하는 다른 회사들의 경우도 마찬가지인데, 그중에는 훨씬 오래전부터 존재해온 회사들도 있다.

프랜차이저, 주택공유사이트, 온라인여행사의 융합

오요에 대한 투자를 통해 에어비앤비가 호텔업계로 처음 진출한 것은 아니었다. 2018년 2월 에어비앤비는 소규모 부티크 호텔과 B&B들의 리스트를 효율화하기 위해 소프트웨어 기업인 사이트마인더(SiteMinder)와의 기술 파트너십을 선언했다. 사이트마인더는 2만 8천여 숙박시설들이 웹사이트를 설치하고, 온라인 예약을 직접 받고, 객실목록을 여행사에 배포하며, 가격을 최적화하도록 돕는 툴을 제공한다. 이 파트너십을 통해 사이트마인더 고객들이 에어비앤비에 올린 자신들의 객실목록을 쉽게 관리할 수 있게 되었다.

수년간 독립호텔들은 에어비앤비를 이용하여 객실을 마케팅해왔으나, 호텔들을 자신의 플랫폼으로 가져온 것은 이 회사가 처음이었다. 2019년 3월 에어비앤비는 한 걸음 더 나아가 호텔 예약 앱과 웹사이트인 호텔투나잇(HotelTonight)을 인수했다. 호텔투나잇은 고객 주변에 있는 호텔들의 당일 할인판매상품을 찾는 앱으로 2010년 론칭했다. 전통적 OTA와 달리, 이 앱은 소수의 선택된 숙박시설에 대해 투명한 가격과 간단한 예약절차를 이용하여 모바일 사용자들에게 인기를 얻었다. 시간이 지남에 따라 호텔투나잇은 예약 창을 확장하고 PC버전도 출시했다. 그러나 여전히 약 2만 5천 개 호텔 정도의 목록만 매우 선별적으로 올리고 있다. 익스피디아가 50만 개 정도의 목록을 가지고 있는 것과 대조적인 숫자이다.

2019년 6월 에어비앤비는 호텔들이 플랫폼에 객실목록을 올리기 더 쉽게 해주는 새로운 수수료 구조를 도입했다. 이렇게 함으로써 에어비앤비는 온라인 여행사의 산업표준에 더 가까이 다가서게 되었다. 한편, 익스피디아와 부킹도 몇 년간 에어비앤비의 세력권을 침입해 들어가고 있었다. 2015년 익스피디아는 에어비앤비의 주요 경쟁자인 홈어웨이를 인수하여 130만 개가 넘는 "대안 숙박시설" 목록을 익스피디아의 플랫폼에 추가했다. 부킹그룹(Booking Group)은 공격적으로 주택공유 목록을 구축하여 2018년도 수익의 20%인 28억 달러를 이런 방식의 중개서비스로부터 창출했다.

에어비앤비, 익스피디아, 부킹과 같은 "인터넷 기업" 모델이 점차적으로 융합을 해가는 것은 놀라운 일이 아니다. 숙박 수요의 큰 규모를 관리할 수 있는 이 회사들의 능력은 전통적 호텔기업들에게는 전략적 도전이 되고 있다. 그리고 호텔기업들도 그 도전에 맞서고 있다. 혹은 최소한 그렇게 하려고 노력하고 있다. 2016년 아코르(Accor)는 원파인스테이닷컴(OneFineStay.com)을 인수했다. 원파인스테이는 런던에 본사를 둔 회사로, 집주인들과 여행자들에게 호텔 같은 서비스와 결합된 고급주택을 별장목록으로 제공한다. 2년 후 아코르가 원파인스테이에 투자한 자금은 대부분 회수불능이 되었으나, 여전히 그 사이트를 유지하면서 실험을 계속하고 있다.

또한 아코르는 그보다 더 이전에 오아시스콜렉션(Oasis Collection)의 지분 30%를 인수했다. 오아시스콜렉션은 별장임대 웹사이트로, 각 도시마다 고객들을 서비스하는 전문 직원이 있는 좀 더 직접적인 운영모델이다. 하얏트 호텔 역시 과거 오아시스의 주주였다. 그리고 2019년 5월 아코르는 인도에 본사를 둔 호타이자 오요의 대표적 경쟁자인 트리보(Treebo)에 대한 5천만 달러 투자를 협의하고 있는 것으로 보도되었다.

세계 최대 호텔기업인 메리어트는 좀 더 조심스러운 접근을 해왔다. 2018년 이 회사는 부동산 자산회사인 호스트메이커(HostMaker)와 파트너십을 맺고 런던에 있는 200개 럭셔리 주택을 목록에 올리는 6개월간의 실험을 시작했다. 메리어트는 이후 파리, 리스본, 로마에 있는 주택들로 실험을 확장했다.

이 실험 이후 메리어트는 2019년 4월 주택공유 경쟁에 공식적으로 뛰어들기로 결정했고, 메리어트 인터내셔널이 운영하는 홈스 앤 빌라스(Homes & Villas)를 100개 지역에 론칭했다. 에어비앤비와 달리 메리어트는 "집주인들"이 단순히 집을 사이트에 올리도록 허용하지 않는다. 대신에, 지역의 부동산 관리회사들과 파트너십을 맺고, 고객들에게 더 직접적이고 더욱 표준화된 서비스 수준을 제공하고 있다.

메리어트가 주택공유사업에 진출한 것이 에어비앤비에게는 단순한 타격이 아니다. 아마도 더 큰 타격일 것이다. 메리어트가 시도하는 것은 호텔의 직접 예약을 더 많이 촉진하고 익스피디아나 부킹 같은 온라인 여행사의 파워에 맞설 수 있는 충성고객 프로그램의 편익을 확대하려는 것이다.

공유주택의 등장에 대한 호텔업계의 반응은 엘리자베스 퀴블러-로스(Elisabeth Kübler-Ross)의 상실의 슬픔 5단계 모델을 상기시킨다. 즉, 부정으로 시작하여, 분노, 타협, 우울을 거쳐 마침내 변화를 수용하는 것이다(표 14.1 참고). 호텔업계는 여전히 새로운 평형상태에 도달하지 못하고 있는 것 같다. 더 많은 변화가 수평선으로부터 올라오고 있다. 새로운 브랜드와 온라인 채널의 영향이 주거부동산 시장에 보다 더 깊이 확산되고 있다.

표 14.1 부동산에서의 상실의 슬픔 5단계(호텔 에디션)

부정	기존 사업자들은 에어비앤비가 호텔 산업에 유의미한 영향을 미치지 않을 것이라고 생각한다.
분노	기존 사업자들은 지역당국에 청원을 하고 로비스트들을 고용하여 에어비앤비를 단속하려 하거나 그 성장을 제한하는 규제를 만들고자 한다.
타협	기존 사업자들은 주택공유를 정당한 호스피탈리티 카테고리로 인정하고 어떻게 대응할지를 강구한다.
우울	애널리스트들과 투자자들은 호텔 프랜차이즈가 새로운 비즈니스 모델 앞에서 장기적으로 존속 가능할지에 대해 의문을 제기한다. 기존 사업자들은 별로 내키지는 않지만 중개사이트에 소극적인 투자를 함으로써 변화를 시도한다.
수용	기존 사업자들은 주택공유사업을 자신들의 핵심사업과 충성고객 프로그램에 통합한다.

에어비앤비: 오프라인으로 가다

전통적 호텔들이 디지털 세계로 출전하고 있을 때, 디지털 회사들은 오프라인 세계로 눈을 돌리고 있다. 먼저 호텔과 숙박부동산으로, 그러나 궁극적으로 아파트먼트와 심지어 단독주택에도 눈독을 들이고 있다.

전통적 호텔들만이 에어비앤비의 혜성 같은 등장을 참고 견디는 것은 아니다. 주택 임대인들도 자신들의 건물이 임시호텔이 될 수 있다는 사실을 어떻게 받아들여야 할지 혼란스러워하고 있다. 대다수는 그런 행위를 하지 못하게 하면서 테넌트들을 단속했다. 일부 다른 임대인들은 자신의 빈집에 가구를 구비하고 단기임대 사이트에 올림으로써 트렌드를 자본화하려 했다. 이는 결국 장기 테넌트들과 이웃들로부터의 불평으로 돌아왔다.

세계 최대 부동산 소유주 중 하나는 좀 더 다른 것을 시도하기로 결정했다. 2017년 12월 브룩필드프로퍼티파트너스(Brookfield Property Partners)는 니도(Niido)에 2억 달러를 투자하여, 에어비앤비와의 특별 파트너십을 통해 계절단위로 임대되는 수십 채의 공동주택을 인수하고 개발하는 조인트 벤처를 구성하는 계획을 발표했다. 니도의 테넌트들은 매년 6개월 미만의 기간 동안 주택공유 사이트에 아파트를 올려서 임대하는 것이 허용되는 것이었다. 그 대가로 브룩필드(Brookfield)와 그 파트너는 에어비앤비를 통해 창출되는 단기임대수입의 25%를 가져가게 된다.

명시적으로 에어비앤비에 친화적인 부동산으로 포지셔닝함으로써 브룩필드는 그런 유형의 사용에 대해 불편해하는 테넌트들을 피할 수가 있다. 그리고 에어비앤비와 직접적으로 파트너십을 맺으면, 지역의 용도 관련 법률과 기타 규정들을 준수하면서 전반적인 안전도 담보하고 아파트들이 공유되는 방법을 공식화할 수가 있다. 가장 중요한 것은 이 모델이 많은 수익을 발생시킬 것으로 보인다는 것이다. 브룩필드의 임원인 조나단 무어(Jonathan Moore)가 지적한 바와 같이, 주택공유 수입의 25%라는 것은 무차입 내부수익률(IRR)로 계산했을 때 브룩필드의 투자수익에서 2~3%가 증가된 것으로 해석된다.

2019년 5월 에어비앤비는 뉴욕 기반의 부동산 디벨로퍼인 RXR리얼티와의 파트너십을 선언하고, 뉴욕과 다른 도시거점들에 "새로운 카테고리의 도시 숙박을 만들어낼 것"이라고 설명했다. 첫 번째 단계로 이 두 회사는 RXR 소유의 록펠러플라자 75번지의 오피스 타워 10개 층을 200개의 럭셔리 숙박시설로 변경하여 독점적으로 에어비앤비를 통해서만 이용이 가능하도록 할 예정이다. 이 숙박시설에서는 현장 직원들의 서비스를 받고 고객들은 1층의 레스토랑, 회의 및 공유오피스 시설, 최고층에 위치한 멤버 라운지 등을 포함한 빌딩 내 기타 어메니티들을 이용할 수 있게 된다. 그리고 이 시설들은 다른 부동산 스타트업인 컨빈(Convene)이 운영하고 있다.

RXR과의 파트너십 이전에 에어비앤비는 단독주택 또는 조립주택의 건축 및 판매를 시작할 수 있다고 선언한 바 있다. 2019년 2/4분기 현재 아직 그 논의에 관해서는 공식 선언이 없었다. 그러나 에어비앤비가 더 많은 자체적인 판매목록을 만들어내는 데 관심이 있는 것은 명백하다. 에어비앤비의 사마라(Samara) 디자인 스튜디오는 최소한 2016년부터 도시계획 및 건설 실험을 해오고 있으며, 앞으로 추가적인 선언을 더 할 것으로 예상된다.

에어비앤비의 시작 그리고 손더, 리릭, 와이호텔 등과 같은 기업들의 등장은 "주택공유"라는 말이 부정확하다는 것을 보여준다. 이 회사들은 주택을 공유하게 하는 것이 아니라 주거 및 상업공간을 과거 호텔만 독점했던 용도로 바꾸는 것이다. 더 정확히는, 주거와 숙박의 전통적 정의를 부적합하게 만드는 새로운 스펙트럼의 선택지들을 만들어내고 있는 것이다.

만일 어떤 사람이 손더에 1년을 등록했다고 하면, 그 사람은 "손님"인가, 아니면 지역주민인가? 그리고 또 어떤 사람이 에어비앤비에 3개월을 등록하면, 그는 "주거"를 하는 것인가, 아니면 "숙박"을 하는 것인가? 더 중요한 것은 손더나 에어비앤비로 아파트를 찾고, 돈을 내고 이사하는 데까지 30초밖에 소요되지 않는데, 전통적인 주거 임대차 계약 절차로는 동일한 아파트를 계약하기까지 그 집을 찾고, 돈을 내고, 이사하는 데 30일이 걸리는 것이 말이 되는가 하는 것이다. 그것은 말도 되지 않고 지속되지도 않을 것이다.

기술과 인구통계적 변화 역시 주거와 숙박산업의 변화에 박차를 가하고 있다. 이 프로세스의 결과는 수억 명의 사람들의 주거방식과 수조 달러의 자산이 운영되고 거래되는 방식을 바꿀 것이다.

에어비앤비: 호텔의 와해인가, 주거의 와해인가?

에어비앤비의 창업 초기는 교과서적 와해(disruption)를 보여주는 사례이다. 처음에는 저급호텔에 묵을 수밖에 없거나 아예 여행 자체를 하지 않았을 사람들에게 표준에 조금 미치지 못하는 경험을 제공하는 것이었다. 그러나 에어비앤비의 성장과 진화는 크리스텐슨의 고전모델에 따라 진행되지 않았다.

첫째, 에어비앤비가 와해시키게 될 것으로 생각되었던 업계 영향은 무엇이었는지가 명확하지 않다. 넷플릭스가 블록버스터[110]를 무너뜨리거나, 구

---

110 블록버스터(Blockbuster LLC): 1985년 설립되어 2004년에는 전 세계적으로 9천여 개가 넘는 비디오 대여점을 보유할 정도로 성장하였으나 넷플릭스의 등장으로 현재는 대부분의 지점이 문을 닫았다. - 역자 주.

글이 야후를 몰락시킨 것과는 다르게, 에어비앤비는 전통적 호텔을 대체하거나 호텔업계를 굴복시키지 않았다. 사실상, 미국 호텔들은 객실이용수, 이용 가능한 객실당 수익, 그리고 평균 체재율로 계산할 때 2018년 기록적 호황을 누렸다. 그리고 2019년은 10년 연속의 지속적인 성장을 능가할 것으로 예측되고 있다.

이 부문의 성장은 호텔기업들의 특정한 활동 때문이라기보다는 거시적 조건의 결과로 이뤄진 것이라고 할 수 있다. 만일 에어비앤비가 존재하지 않았더라면, 호텔의 실적이 더 좋았을 수도 있다. 그러나 에어비앤비는 일부 호텔이 어떻게 설계되어야 하는가에 영향을 미쳤고, 호텔기업들과 온라인 여행사들이 진화하고 때로는 결합되게 하는 중요한 역할을 했다. 그리고 언젠가는 에어비앤비가 호텔들에게 손해가 되는 영향을 미칠지도 모른다. 그러나 아직까지 호텔 브랜드들은 대부분 이 주택공유의 시대에도 잘 해오고 있다.

에어비앤비가 전통적 와해 모델에 정확히 들어맞지 않는 두 번째 이유는 그 진화가 상향 직선으로 이어지지 않았다는 것이다. 주택공유는 저가시장에서 시작되었지만(그림 14.5 참고) 주류 여행자들이 선호하는 옵션으로 성장하지 않았다. 호텔을 대체하지 않았다는 것이다. 대신, 에어비앤비는 주택공유에서의 초기 성공을 바탕으로 더 많은 호텔들을 그 플랫폼으로 통합하고 OTA(온라인 여행사) 그 이상이 되었다. 부킹, 익스피디아, 메리어트와 같은 다른 거대기업들과 어깨를 나란히 하게 되었다. 에어비앤비가 항공예약을 그 서비스에 추가할 것으로 기대되고 개발 파트너십과 지속적인 실험을 계속할 것으로 예상되는 가운데 이러한 성장 트렌드는 지속될 것으로 보인다.

그림 14.5 숙박 부문의 와해적 혁신의 궤도

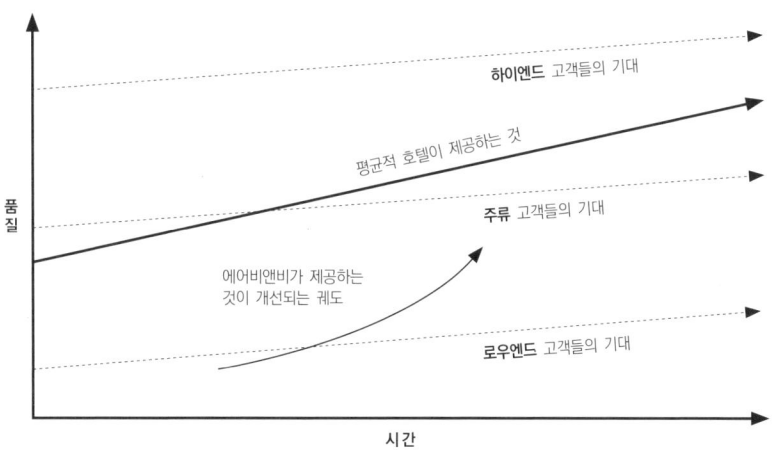

*주: 「하버드 비즈니스 리뷰」에 게재된 Christensen, Raynor & McDonald(2015) 논문 "와해적 혁신이란 무엇인가(What is Disruptive Innovation?)"를 근거로 재구성

에어비앤비의 투자자인 모건스탠리의 2015년 연구에서는 에어비앤비가 "주로 호텔이 아닌 숙박, 레저, 장기체류에 초점을 두고 있다"고 결론지었다. 이는 에어비앤비가 자체적으로 발표한 데이터로 입증되고 있는데, 뉴욕, 파리, 암스테르담 등과 같은 도시에서의 에어비앤비 평균 예약은, 같은 도시에서의 호텔 예약보다 2배 길고 이용하는 유형이 다르다는 것을 보여준다. 2017년 후반, 모건스탠리가 실시한 다른 연구에서는 에어비앤비와 공유숙박은 일반적으로 "과거에 예상했던 것보다 훨씬 더 틈새적일 수 있다"고 지적했다. 명확히 하자면, 이는 에어비앤비의 비즈니스가 더 성장할 여지가 없다는 의미가 아니라, 에어비앤비의 초기모델인 주택공유 비즈니스의 전체 크기가 작기 때문에, 에어비앤비는 성장을 위해 다른 비즈니스 분야로 확장할 수 있다는 의미이다. 그리고 실제로 지금 그렇게 하고 있다.

에어비앤비는 아파트먼트를 이용하여 호텔을 와해했지만, 그 궁극적인 영향은 호텔을 관리하는 쪽보다는 아파트먼트를 관리하는 쪽에 훨씬 더 크게 미칠 것이다. 호텔의 맥락에서 봤을 때, 에어비앤비의 중개목록 서비스는 다른 회사들에서도 빠르고 쉽게 제공할 수 있는 것이었다. 그러나 주거의 맥락에서 봤을 때 에어비앤비는 그 전에 누구도 한 적이 없는 것 – 즉, 사람들이 클릭 한 번으로 주거건물을 예약하고 들어갈 수 있게 하는 것을 대규모로 한 것이다. 이렇게 함으로써 에어비앤비는 주거시장을 와해하고 있는 회사들의 새로운 세대에게 타당성과 영감을 부여한 것이다.

15
주거부동산을 변화시키는 힘

올리(Ollie): 공동주택 부동산의 호텔화

2006년 크리스 블레드소(Chris Bledsoe)의 거실은 임시 침실이 되었다. 이 경우의 손님은 에어비앤비(Airbnb)를 통해 온 것이 아니었다. 크리스의 남동생인 앤드류가 그 도시로 방금 이동해 와서 머물 곳이 필요했다. 몇 주 후 소파가 불편해진 크리스는 앤드류에게 아파트를 얻으라고 했다. 그 후로 또 몇 주 후, 크리스는 침실 한 개가 있는 아파트 임대차 계약을 위한 필요한 보증을 제공하고 앤드류는 이사를 나갔다.

그러나 이 형제는 계획이 있었다. 임대료를 지불하는 데 보태기 위해 앤드류는 서브테넌트(sub-tenant)를 들이기로 했다. 앤드류는 거실에 임시 벽체를 설치해서 2개의 작지만 프라이빗한 방으로 나누고 생활정보 사이트인 크레이그리스트(Craigslist)에 짧은 광고를 올렸다. 48시간 이내에 거의 90명이 그 광고에 응답했다.

대부분의 응답자들은 여행자가 아니었다. 그들은 뉴욕에 살고 있지만, 제대로 된 임대차 계약을 할 수 없거나 할 생각이 없는 사람들이었다. 이

"할 생각이 없는 사람들" 중에는 확정되지 않은 프로젝트로 기업에서 일하고 있는 사람들이거나, 임대차 계약에 필요한 지역 신용점수가 없는 국제 학생들, 최근에 이혼하여 다음 단계를 고민해야 하는 사람들, 그리고 심지어 집을 팔고 1년에 몇 달은 다른 곳에서 지내려 계획하는 (자식들을 독립시킨) 노부모도 있었다. "할 수 없는 사람들" 중에는 안정적인 직장과 가족 관계가 있지만 혼자 살기에는 집값이 너무 비싸고 이사날짜나 예산, 생활 습관을 조정할 룸메이트를 찾을 수 없는 사람들이 있었다.

모든 지원자들이 이 소박한 방에 기꺼이 프리미엄을 지불하겠다고 했다. 그들은 모든 것 – 가구, 주방용품, 와이파이 등이 갖추어져있다는 사실을 높이 평가했다. 또한 그들은 형식적인 지원 절차 – 즉, 수수료를 지불해야 할 중개인 또는 때로 헤아리기 어려운 임대인이 내미는 헤아리기 어려운 임대차 계약서가 없는 것도 높이 평가했다. 이러한 엄청난 수요를 직면하고 앤드류와 크리스는 자신들이 뭔가 이루어낼 것이라는 걸 깨달았다. 2015년 그들은 올리(Ollie)를 창업했다. 올리는 모든 것이 포함되어있다(all inclusive)는 것을 장난스럽게 표현한 것으로, 훨씬 큰 규모로 더 국제적이고 법을 준수하는 솔루션을 제공하려 노력했다.

올리의 첫 번째 단계는 맨해튼의 킵스베이(Kips Bay) 인근에 있는 실험적 빌딩인 카멜플레이스(Carmel Place)의 디벨로퍼들과 힘을 합치는 것이었다. 뉴욕에서 1~2인 가구가 증가함에 따라 그에 대한 해법을 실험하겠다는 블룸버그 시장이 제시한 계획의 일환으로, 카멜플레이스는 여러 가지 예외사항을 승인받았다. 그래서 더 작은 주거단위와 높은 밀도로 260~360ft^2(약 24~33㎡) 크기의 마이크로 스튜디오(원룸)를

55개 구비하게 되었다. (일반적으로는 최소 400ft², 즉 37㎡ 이상이 필요조건이었다.) 카멜플레이스는 모듈방식으로 지어졌는데, 모나드노크 디벨로프먼트(Monadnock Development)에서 개발하고, 엔아키텍츠(nARCHITECTS)에서 설계했으며, 리소스퍼니처(Resource Furniture)의 독특한 공간절약형 가구들로 채워졌다. 올리는 늦게 개발과정에 참여했지만, 각 유닛을 어떻게 갖출 것인지, 빌딩은 어떤 위상으로 어떻게 임대되고 운영되는 것이 좋을지에 영향을 미칠 수 있었다.

새로운 부동산 모델이 등장하기 시작한 것은 올리의 두 번째 뉴욕 프로젝트에서였다. 올리는 부동산 개발회사인 사이먼배런(Simon Baron)과 파트너를 맺고 퀸즈(Queens)에 지어지는 새로운 43층 주거타워인 알타(Alta)의 설계에 영향을 미쳤다. 이 빌딩의 14개 층은 공유주거(coliving) 전용으로, 2~3개 침실이 있는 아파트먼트로 설계되고, 가구를 구비했으며 서로 관련 없는 개인들이 쉽게 집을 공유할 수 있는 방식으로 서비스되었다. 169개의 공유 아파트먼트에 422개 방을 보유한 알타는 미국에서 지어진 최대의 신축 공유주거 프로젝트였다(표 15.1 참고).

표 15.1 알타(Alta)의 유닛 믹스

구분	아파트먼트 수	침실 수
일반형(17~42층)	297	367
공유주거(2~16층)	169	422
빌딩 전체	466	789

알타에서 올리가 한 역할은 호텔 브랜드의 역할과 비슷하다. 이 회사가 운영하는 층들은 올리의 자체적인 디자인 및 건축팀이 만든 사양에 따라 설계되었다. 올리는 각 아파트에 가구를 배치하고, 화장지 걸이와 주방용품 등에 이르기까지 집기를 채우는 방식을 기획했다. 올리는 매주 하우스키핑을 통해 침대보와 수건 서비스를 모든 공유주거 단위에 제공하고 화장지, 주방세제, 바디워시, 컨디셔너, 샴푸 등을 보충한다.

모든 올리 거주자들은 루프탑 라운지, 공유오피스 공간, 헬스장, 수영장, 요가룸, 스크린 골프 등 알타의 어메니티 네트워크를 이용할 수 있다. 그리고 건물의 안팎에서 정기적인 커뮤니티 이벤트를 진행한다. 올리는 또한 거주자들이 유지보수 요청을 신청하고, 청소일정을 관리하며, 빌딩 어메니티를 예약하거나, 택배도착 안내를 받고, 빌딩의 커뮤니티 활동에 관한 여러 가지 일정을 살펴볼 수 있는 앱을 포함한 디지털 레이어를 제공한다.

CEO인 크리스 블레드소에 따르면, 배급 측면에서 이 빌딩의 공유주거 단위로 유입되는 건수의 약 80%를 올리의 웹사이트가 발생시킨다. 올리는 또한 거주자들이 이상적인 룸메이트를 확인하도록 돕는 웹사이트를 운영하고 있다. 베드베터(Bedvetter)라고 불리는 이 앱은 회원들에게 설문을 실시하여 이사날짜, 예산, 라이프스타일, 개인적 습관 등을 기반으로 사람들을 연결한다. 2019년 6월 기준, 베드베터는 200여 건이 넘는 공유 가구를 만들어내도록 도왔다. 룸메이트가 결정되면, 룸메이트들은 표준화된 임대차 계약을 체결한다. 누클린(Nooklyn)이나 루미(Roomi)와 같은 룸메이트를 찾아주는 솔루션들이 최근 대중적으로 성장해왔지만, 종합적인 주거 서비스로 이 프로세스를 통합한 것은 올리가 처음이다.

올리의 참여는 알타 프로젝트의 전반적인 재무결과를 개선하는 데 도움이 되었다. 2019년 6월까지 임차된 공유주거 단위가 90%라는 것을 근거로 할 때, 올리가 운영하는 공간은 빌딩의 일반형 유닛과 비교하여 약 45%의 임대료 프리미엄을 달성했다. 이는 제곱피트당 순영업소득(NOI)의 30% 증가로 해석된다.

올리가 건물소유주와 전형적으로 협상하는 과정도 호텔 프랜차이저와 비슷하다. 올리의 관리수수료는 임대료의 백분율을 기준으로 하며, 사전 계약된 기준에 따른 보너스 그리고 올리의 기술 서비스 및 유입 발생에 대한 추가 수수료가 있다. 2019년 알타의 디벨로퍼는 소시에테제네랄(Société Générale)[111]과 도이체판드브리프방크(Deutsche Pfandbriefbank)[112]에서 받은 영구적인 파이낸싱으로 빌딩의 건설융자를 대체할 수 있었다. 이는 전통적 대출기관이 이 새로운 주거용 빌딩의 공유주거 운영모델에 확신을 가진다는 것을 나타낸다.

올리, 커먼리빙(Common Living), 메디치리빙(Medici Living), 스타시티(Starcity)와 같은 운영사들의 수십 개에 이르는 공유주거 프로젝트들은 이 모델이 우수한 재무적 결과를 가져올 수 있다는 것을 증명하고 있다. 그러나 업계의 많은 이들은 공유주거 시장의 전반적 잠재력에 대해 의문을 제기하면서 틈새시장의 하나로만 여기고 있다. 필자는 공유주거의 수요가 인구에 중요한 영향을 미치는 인구통계 및 기술적 변화에 의해 움직여왔다고 확신한다. 또한, 공유주거 운영모델이 현재 서비스되고 있는 고객들에

---

111 소시에테제네랄(Société Générale): 프랑스의 다국적 투자은행. – 역자 주.
112 도이체판드브리프방크(Deutsche Pfandbriefbank): 독일의 부동산 전문은행. – 역자 주.

게만 해당된다고 가정하는 것은 잘못된 생각일 것이다. 이 모델의 진화는 모든 주거부동산 자산이 운영되는 방식에서 더 큰 변화를 가리키고 있다.

커먼(Common): 가치를 만들어내는 디지털 유통

올리가 마이크로 아파트먼트의 신축개발 작업을 하고 있을 때, 다른 회사들도 기존 건물에 공유주거 모델을 도입하려 노력하고 있었다. 2010년 브래드 하그리브스(Brad Hargreaves)는 제너럴어셈블리(General Assembly)라는 회사를 공동 창업했다. 이 스타트업은 개인과 회사의 팀들이 소프트웨어 개발, 사용자경험(UX) 디자인, 데이터분석, 온라인 마케팅 등 "디지털" 스킬을 배울 수 있도록 도와주는 회사이다. 비즈니스가 성장함에 따라, 하그리브스는 자신의 학생들이 거주할 곳을 찾아주는 일 때문에 정신을 빼앗기고 있다는 사실을 깨닫게 된다.

여러 트렌드들이 합쳐지면서 젊은 전문직들이 저렴하고 살기 편한 집을 찾기가 어려워지는 상황이다. 사람들의 결혼연령이 늦어지거나 아예 결혼을 하지 않기 때문에 평균적인 가구의 크기가 줄고 있고, 더 많은 젊은이들이 좋은 직업을 찾아 대도시로 이동하고 있다. (그렇지만 많은 도시들에서 순인구유입은 줄었다.) 평균적으로 젊은 도시 전문직들은 도시에 오래 머물지만, 집을 구입하는 것은 미루거나 피하고, 근교로 이사를 간다. 이 말은 증가하고 있는 인구층에서 집을 많이 빌려서 산다는 것이다.

집을 소유하는 것보다 임차를 선호하는 이유는 학자금 대출 수준이 높고 채용시장이 양극화되어 있으면서 불안정하기 때문이다. (이에 관해서는 섹션 Ⅱ. 오피스에서 자세히 설명한 바 있다.) 임대차에 영향을 미치는 또 다른 요소는, 모든 인간의 욕구를 충족하도록 버튼만 누르면 되는 솔루션으로 소비자 선호가 광범위하게 변하고 있는 부분이다. 온디맨드 교통수단과 음식배달에서부터 청소와 전문적 서비스, 데이트와 사회적 상호작용까지 앱이 모든 것을 제공하기 때문이다.

공급 측면에서는 뉴욕, 샌프란시스코, 워싱턴DC 같은 도시들은 1인 가구를 위한 주거형태를 건축하기 어렵게 하는 용도제한과 정책을 가지고 있다. 몇몇 정책들은 규제가 별로 없는 럭셔리한 주거형태를 짓도록 권장하거나 세금우대 및 기타 지원을 하면서 다양한 정부 프로그램을 위한 주거형태를 짓도록 권장하고 있다. 한편, 럭셔리 주택을 구할 수 없으면서 정부의 다양한 복지 프로그램 혜택에 대한 요건도 갖추지 못한 도시 거주민들을 위한 주거형태는 충분히 지어지지 않고 있다. 런던, 암스테르담, 베를린, 상하이, 텔아비브와 같은 다른 글로벌 도시들도 마찬가지로 1인 가구에 적합한 임대아파트의 부족을 겪고 있다.

2015년 하그리브스는 커먼리빙이라는 새로운 벤처를 통해 자신만의 솔루션을 개발하기로 결심했다. 첫 번째 단계로 커먼(Common)은 브루클린의 크라운 하이츠(Crown Heights)에 있는 84년 된 낡은 빌딩을 인수했다. 이 4층짜리 벽돌 건물은 원래 부유한 가족의 단독주택으로 지어진 것이었다. 시간이 지남에 따라 이 건물은 2차 세계대전 이후에 이 지역으로 이주해 온 노동자 가구를 위한 여러 아파트들로 나누어졌다. 커먼은 이 건물을 서로 관계가 없는 개인들을 수용할 수 있도록 16개 침실이 있는 단일 빌딩으로 개조했다. 하그리브스는 기존 빌딩을 이용하는 것이 시장에 상품을 더 빨리 내놓을 수 있고 더 신속하게 처리가 되며, 나중에 큰 규모의 신축개발 프로젝트로 옮겨갈 수 있는 통찰과 타당성을 확보할 수 있다고 생각했다.

커먼은 모든 침실과 공유공간에 가구를 비치하고, 기본적 비품과 청소서비스를 제공하며, 룸메이트를 찾도록 도와주고, 일반적 임대차 계약보다는 복잡하지 않은 법적 절차를 개발했다. 하그리브스가 원래 IT업계 출신이었던 만큼, 이 회사는 디지털 브랜드를 론칭하고 웹사이트를 개발해서 잠재적 거주자들이 인스타그램 스타일의 사진을 통해 미래의 자신의 집과 근린생활에 대해 알아볼 수 있도록 했다. 또한, 이 회사에서는 가상 3D 투어를 제공할 계획을 가지고 있다. 새 거주자들은 커먼에서 단기간 거주할 수 있는 유연성을 제공하고, 커먼 포트폴리오 내의 다른 프로젝트로 자유롭게 옮겨 다닐 수 있게 하고 있다.

커먼의 온라인 유통채널은 브루클린에 거주할 생각이 없었던 사람들을 브루클린 지역으로 끌어들일 수 있었다. 당시 크라운 하이츠는 젊은 전문직들이 거주할 수 있는 저렴한 지역이었지만, 그 평판은 안전하지 않고 좋지 못한 지역으로 알려져있었다. 특히, 당시 젊은 전문직들에게 인기가 많았던 인근의 이스트빌리지(East Village)와 윌리엄즈버그(Williamsburg)와 비교할 때 더욱 그랬다. 그러나 무엇보다도 뉴욕에 처음 오는 사람들이나 뉴욕에 살고 있는 사람들조차 크라운 하이츠가 존재하는지도 모르는 경우가 많았다. 커먼의 디지털 내러티브, 서비스 패키지, 유연성은 사람들이 그곳에 가서 살고 싶게 하는 신뢰감을 부여했다.

올리와 다르게, 커먼의 첫 번째 건물은 특별히 밀집도가 높지는 않았다. 그러나 새 지역으로 주민들을 유인하는 역량을 통해 이 회사는 수익을 낼 수 있었다. 커먼은 방의 가격을 인근지역의 가격을 기준으로 정하지 않고,

대상 고객의 예산을 기준으로 정했다. 예를 들어, 이스트빌리지에 있는 전통적 공유 아파트에 있는 빈방을 월 1,800달러에 사용할 계획이 있는 사람이라면 인기가 좀 적은 지역에서 커먼이 완전하게 리모델링하여 가구가 구비되어있고 서비스를 받는 방을 같은 가격에 사용할 것이다.

고객의 입장에서는 수도광열비, 가구, 여러 이사비용들을 고려할 때 전체적으로 더 적은 비용으로 더 나은 경험을 하는 것을 의미했다. 커먼 입장에서는 제곱피트당 임대료가 비슷한 부동산과 비교할 때 약 2배 정도였고, 30~40%의 NOI(순영업소득) 상승을 의미했다. 어떤 면에서, 인근의 인기 많은 지역의 기존 임대인들이 커먼의 초기 프로젝트에 대해 가격의 우산효과를 제공하여, 주거에 얼마를 지출해야 하는지에 대한 테넌트의 기대치를 정해준 것이라고 할 수 있다.

커먼은 다른 7개 도시들에도 수십 개의 지점을 더 만들어갔고, 관리사업과 신축개발 프로젝트에 포함하여 그 모델을 확대했다. 2019년 2/4분기 기준, 커먼의 웹사이트는 1만 5천 건이 넘는 예상 테넌트의 직접 유입을 발생시키고 있는데, 그 회사가 기존 프로젝트들에서 수용할 수 있는 것보다 훨씬 많은 수치이다. 이는 임대인들이 일반적으로 중개인을 통해 자신의 인벤토리를 거래하는 산업에서 주목할 만한 사실이다.

커먼의 진화에서 가장 흥미로운 측면은 공유주거 브랜드의 성장이 아니다. 그것은 바로 그 특유의 역량을 다른 주거상품들에 투자하는 능력과 부동산 자본시장에서의 차별화된 위상이다.

공유주거의 와해적 궤도

2019년 3월 커먼은 세계 최대의 부동산 소유주이자 디벨로퍼 중 하나인 티시먼스파이어와 조인트 벤처를 발표했다. 킨(Kin)이라는 이름의 이 새로운 벤처는 미국 "최초의 도시 및 근교에 사는 가족을 위한 맞춤형 주거 브랜드"를 표명했다. 킨은 가족 주거용도의 공동주택 프로젝트들을 개발하고 운영하게 된다. 이 아이디어는 티시먼스파이어의 개발 및 재무능력과 커먼의 기술, 운영, 브랜딩, 그리고 커뮤니티 관리 전문성을 합친 것이다.

킨 프로젝트는 아이들과 교육, 부모들의 니즈에 초점을 맞춘 더 넓은 주거형태와 어메니티들을 포함하고 학교 및 직장으로 쉽게 접근할 수 있는 곳에 위치하게 된다. 커먼의 공유주거 프로젝트와 달리 킨 아파트먼트는 공유주택이 아니다. 그리고 빌딩 내에 대상 인구층에 적합한 이벤트와 활동들 – 즉, 수영 레슨, 취미 교실, 그리고 아동친화적 파티 등을 포함하는 프로그램들을 개설하게 된다. 킨의 모바일 앱은 장난감 대여, 놀이방, 아이돌봄 등과 같은 공유 자원을 거주민들이 이용할 수 있게 해준다.

킨은 현재 뉴욕 퀸즈에서 티시먼스파이어가 개발한 대형 프로젝트인 잭슨파크(Jackson Park)의 한 섹션을 운영하고 있다. 올리의 알타 프로젝트에서 약 300ft(91m) 떨어진 곳에 위치한 잭슨파크는 1,871채의 아파트먼트와 12만 ft^2(11,148㎡) 규모의 어메니티 공간을 보유하고 있다. 입주자들은 킨 서비스를 모두 이용하는 요금을 내거나, 선택적 서비스는 받지 않고 기본적인 관리 서비스만 받는 요금을 월단위로 낼 수 있다.

킨은 필자가 이 책의 마지막 부분을 집필하고 있을 때 론칭했기 때문에 시간을 두고 그 성과를 측정할 기회는 없었다. 그러나 이 벤처의 존재만으로도 공유주거 운영자, 특히 커먼의 진화를 보여주는 이정표가 되고 있다. 커먼은 원래 서비스를 적게 하면서 저렴한 비용을 찾는 고객들을 대상으로 비인기지역에서 소규모 노후건물 프로젝트로 초점을 맞추고 있었다.

커먼은 21세기 주거 프로젝트 운영에 필수적인 툴과 방법론을 개발하기 위해 시간과 자본을 투자했다. 이 회사는 브랜드, 기술, 운영능력을 이용하여 점차적으로 고급 시장으로 이동했고, 인기지역의 대형 신축개발 프로젝트에 참여하고 있다(그림 15.1 참조).

그림 15.1 공동주택 부문에서의 와해적 혁신의 궤도

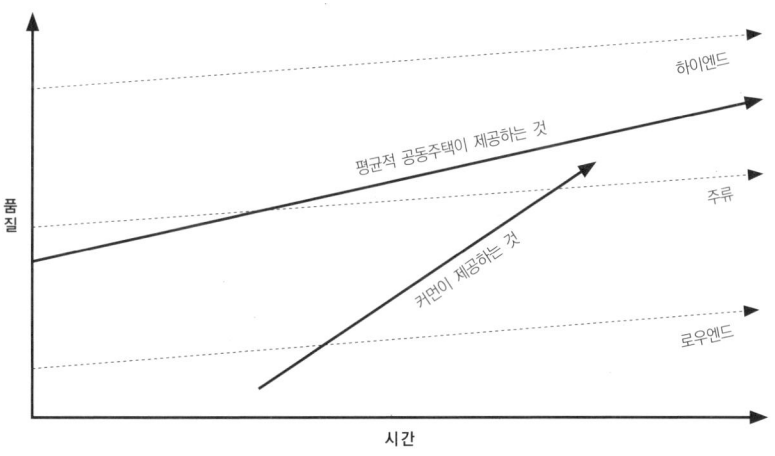

다른 공유주거 운영자들도 신규 프로젝트 개발을 위해 부동산 투자자들의 다양한 자금원에 의존하고 있다. 스타시티는 샌프란시스코의 로워해이트(Lower Haight)에서 재생건축 프로젝트에 필요한 180만 달러를 크라우드펀딩 플랫폼인 에퀴티멀티플닷컴(EquityMultiple.com)에서 보통

주로 모았다. 쿼터스(Quarters) 공유주거 브랜드의 소유주인 메디치리빙(Medici Living)은 유럽에서 30여 개의 공유주거 프로젝트들을 인수 및 개발하기 위하여 코어스테이트 캐피털그룹(CORESTATE Capital Group)으로부터 11억 달러의 투자를 확약받았다. 앞에서 올리가 디벨로퍼인 사이먼배런과 협업을 했다는 것을 언급했지만, 커먼과 킨의 파트너십은 공유주거에서 공동주택시장의 중심으로 향해가는 깊은 골짜기를 최초로 건넌 것이다. 그렇게 해서 12개월 임대를 더 편하게 느끼고 가격보다는 경험과 편리성에 보다 더 끌리는 중산층 가정을 대상으로 서비스하게 될 것이다.

만일 킨이 성공한다면, 커먼은 공동주택시장의 당당한 경쟁자로 위상이 높아지고, 기존 사업자들이 자체 브랜드를 론칭하거나 커먼, 스타시티, 올리 등과 같은 신규 운영자들과 파트너를 맺으려 할 것이다.

벤(Venn): 어메니티와 새로운 자본구조

여러 서비스와 어메니티를 결합상품으로 단일 빌딩에 제공하는 것이 새로운 아이디어는 아니지만, 기술을 동력으로 한 재생과 최적화를 통해 편익을 얻을 수 있다. 그러나 신축개발 사이트는 밀집된 도시지역에서는 상대적으로 드물고, 개발할 곳이 있다고 하더라도 대형 빌딩이 들어서기에는 너무 좁은 경우가 많다. 결과적으로 지어진 소규모 빌딩들은 넓은 어메니티 공간을 누릴 수도 없고 자체 기술이나 서비스에 대한 투자의 대상도 되지 못한다.

텔아비브에 본사를 둔 스타트업인 벤(Venn)은 새로운 접근법으로 등장했는데, 소규모 아파트먼트 빌딩에 풍부한 어메니티, 서비스, 그리고 커뮤니티의 느낌을 제공한다. 이 회사는 거주민들이 아파트 한 채나 빌딩 한 동을 공유할 수 있도록 돕는 것이 아니라 전체 근린지역을 공유할 수 있게 해주는 것이다. 벤은 브루클린, 베를린, 텔아비브에서 도보 거리 내에 위치한 빌딩 클러스터를 운영한다. 빌딩 내에는 신규 또는 리모델링된 아파트먼트들이 가구를 비치하고 있다. 주거건물 외에도, 이 회사의 네트워크에는 인근지역에 흩어져있는 공용 지역 및 비즈니스의 네트워크 - 문화센터에서부터 헬스장, 보육시설, 레스토랑, 가재도구 "대여소", 세탁소 등을 포함한다.

벤은 지역 사업주들에게 투자하거나 일부 공간과 서비스를 자체적으로 운영함으로써 상당히 많은 서비스와 공용공간을 각각의 근린지역에 확보하도록 하고 있다. 벤 회원들은 근린지역 내의 모든 어메니티뿐만 아니라 커뮤니티 이벤트 및 활동, 하우스키핑 서비스 등을 이용할 수 있다. 그 지역에 살면, 벤이 운영하지 않는 건물에 살더라도 누구나 멤버십에 가입할 수 있다. 벤의 창업자들이 쓴 책에 따르면 벤의 운영 철학은 근린지역을 사람들의 정체성, 편의, 개인적 성장의 중심으로 보고 있다.

다른 공유주거 및 공유오피스 스타트업들과 달리 벤은 벤처캐피털 투자금을 빌딩 임대를 하거나 인수하는 데 지출하면서 시작하지는 않았다. 벤은 부동산 프라이빗 에쿼티, 부동산 대출, 기업부채, 벤처캐피털을 포함하는 자본구조에 의존하고 있다(표 15.2 참고). 프라이빗 에쿼티는 벤이 운영할 수 있는 자산을 인수 또는 장기적인 마스터 리스(master lease)를 하는 투자자들로부터 나온다. 부채는 리노베이션과 가구를 위한 자본지출 등 더 전형적인 비즈니스 지출을 위해 조달된다. 그리고 벤처캐피털은 벤의 브랜드 기술과 서비스 플랫폼 개발에 투자되어 전 세계에 걸친 프로젝트에 힘을 싣는다.

표 15.2 벤의 자본구조

자본유형		사용처
벤처캐피털	→	회사의 관리 포트폴리오에 있는 부동산을 선정하고 서비스하기 위한 기술 R&D, 브랜드, 인력
기업부채	→	회사 포트폴리오 내 부동산을 리모델링하고 가구를 구비하는 데 필요한 자본지출
부동산 부채	→	부동산 자산을 인수할 때 지분을 증가시킴
부동산 에쿼티	→	벤이 운영할 부동산 자산의 인수

이 모델은 벤과, 투자자들 그리고 대출기관들이 비인기 근린지역을 변환시키고 여러 활동들로 창출되는 부동산 가치를 더욱 상승시킬 수 있게 한다. 즉, 주거빌딩 하나의 가치뿐만 아니라 다수의 주거 및 상업 빌딩들과 여러 지역 비즈니스들의 가치를 상승시킨다. 또한 이 모델은 벤과 제휴한 회사들이 인수한 부동산에 대해 벤이 일종의 지원자 같은 역할을 할 수 있게 한다. 그리고 벤 플랫폼은 서드파티 투자자들이 소유한 부동산의 가치에 기여하여 편익을 얻게 한다.

벤의 특화된 상품과 대상 인구층에 상관없이, 그 자본구조는 많은 부동산 기업들이 향후 따라 할 수 있는 사례이다. 주거 (그리고 상업) 부동산이 점점 더 브랜드, 기술, 운영방식에 의존하게 됨에 따라, 부동산의 자본구조가 진화하여 개별 투자자들이 각자의 리스크 정도와 투자지침에 맞는 방식으로 비즈니스의 개별 측면에서 금융을 조달할 수 있게 되는 것이다.

벤은 이미 텔아비브의 사피라 근린지역과 브루클린의 부시윅, 그리고 베를린의 프리드리히샤인의 일부를 "업그레이드"하는 과정에 있다. 기존 거주민들에게, 벤의 모델이 "젠트리피케이션 기계"- 즉, 부동산 가격을 상승시켜서 임대를 하고 있던 원래 거주민들이 그 지역의 가격을 감당 못 하게 하는 조직적 방식처럼 보일 수도 있을 것이다. 이러한 우려를 해결하기 위해서, 벤은 포용적 성장을 하면서 단순히 고객과 투자자뿐만 아니라 이웃에게도 이익이 될 수 있는 비즈니스 모델을 탐색 중에 있다. 그 방법 중 하나는 그 지역에 살고 있는 소규모 투자자들이 건물이나 근린지역의 소유권을 공유하게 하는 것일 수 있다.

이 비슷한 문제를 해결하고 있는 곳은 건축회사인 이펙트(EFFEKT)와 이케아(IKEA)가 투자한 연구 및 디자인랩인 스페이스10(Space10)의 협업 현장이다. 이 두 회사들은 "어반 빌리지(urban village)"라는 컨셉을 개발했는데, 이를 통해 합리적 가격의 주거단위가 제공되고 다양한 공유 서비스 및 어메니티를 이용할 수 있다. 이 회사들은 거주민들이 프로젝트의 (금융적) "지분"을 월 임대료 지불의 일환으로 구입할 수 있도록 허용할 계획이다. 이러한 방법으로, 지역민들은 점차적으로 자신들이 매일 사용하는 부동산의 소유권에 대한 이해관계를 가질 수 있게 된다. 이 컨셉은 2019년 6월 이케아의 연례 디자인 컨퍼런스에서 발표된 바 있다. 그러나 언제, 어디서, 그리고 정말로 지어지게 될지에 대해서 자세한 내용은 발표되지 않았다.

지금까지는 우리가 도시 아파트먼트 시장에서 최근 등장한 모델만을 다루었다. 이 섹션을 마무리하기에 앞서, 도시와 도시 주변의 개인주택시장을 기술이 어떻게 변화시키고 있는지를 살펴보는 것이 필요할 것 같다.

인비테이션홈즈: 단독주택의 새로운 강자

2008년 2월 「뉴요커(New Yorker)」지는 블랙스톤(Blackstone) 그룹의 창업자이자 당시 CEO인 스티븐 슈워츠만(Stephen Schwarzman)과 인터뷰를 했다. 그가 소유하고 사용하고 있는 5개의 서로 다른 부동산 자산에 대한 질문을 받았을 때, 슈워츠만은 생각에 잠기며 말했다. "나는 주택을 좋아합니다. 왜 그런지는 잘 모르겠습니다."

2008년은 주택시장의 상황이 좋지 않았다. 그해 말, 케이스-실러 지수(Case-Shiller Index)[113]는 미국 주택가격의 18% 하락을 기록했는데, 사상 최대의 하락폭이었다. 단독주택의 모기지 연체율은 2006년 2% 미만에서 2008년 6.59%로 뛰어올랐고, 2010년 1/4분기에는 11.5%를 넘어섰다. 수백만 명의 주택구입자들이 모기지 채무불이행으로 집을 잃었다. 대출기관들은 결과적으로 수백만 건의 부실자산을 깔고 앉아 새로운 구매자를 찾아야 하는 상황이었다. 이 상황은 슈워츠만의 블랙스톤그룹이 지구상에서 가장 많은 주택을 소유하게 되는 기회를 만들었다.

2012년 블랙스톤은 인비테이션홈즈(Invitation Homes)라는 새 회사에 투자했다. 이 회사의 사업은 "전국에서 부실자산이 된 단독주택을 구입하여 재단장을 하고 임대하여 집으로 유지되도록" 하는 것이었다. 그 후 5년간, 이 회사에서는 자체 소프트웨어를 이용하여 약 4만 8천 채 주택의 인수와 리노베이션을 파악하고 관리했다. 이 중 상당수의 주택들은 대출기관들로부터 시장 최저가격에 대량으로 인수한 것들이다. 대출기관들은 담보

---

113 케이스-실러 지수: 세계 3대 신용평가회사인 S&P가 발표하는 대표적인 주택가격지수. - 역자 주.

권이 실행된 자산을 청산해야 했기 때문이다.

2017년 인비테이션홈즈는 주택인수와 리노베이션에 약 100억 달러를 투자했다. 대부분의 자본은 블랙스톤이 관리하는 펀드에 투자한 기관투자자들이 제공했다. 이러한 투자자들은 정기적으로 대형 오피스, 리테일, 산업부동산, 공동주택 부동산에 수십억 달러를 배정하지만 소규모 자산은 피해갔다. 왜 그랬을까?

그 답은 거래비용(transaction cost)에 있다. 예로부터, 수천 개의 개별 부동산을 파악하고 관리하는 것은 비용이 너무 많이 들었다. 하나의 오피스 빌딩 인수에 5천억 달러를 배정하는 것이 같은 금액으로 3천 개의 개별 주택들을 찾아내고 평가하고 인수하는 것보다 훨씬 더 효율적이기 때문이다. 게다가 이 모든 주택들을 리노베이션하고 재판매하려면 필요한 조정비용이 더 추가된다.

그러나 블랙스톤은 거래비용이 변화하고 있다는 것을 깨달을 만큼 기민했다. 소프트웨어와 다양한 온라인 툴을 이용해 수백만 건의 거래를 꼼꼼하게 추려내고, 수천 건의 동시발생적 입찰과 인수를 관리하며, 수십 개 도시에서 지역 계약자 및 관리자들과 조정하는 것이 가능했다. 다시 말해, 기술이 단독주택을 매년 수십억 달러가 배정될 수 있는 기관급 자산군으로 전환되게 한 것이다.

주택 위기는 블랙스톤이 이러한 통찰을 실제 비즈니스로 전환할 수 있는 기회였다. 경제가 회복되면서, 인비테이션홈즈는 그 주택들을 다시 시장에 내놓아 현금화할 수 있는 입장이 되었다. 그러나 그것이 계획은 아니었다. 또한 기술은 수만 개 주택들로 이루어진 분산된 포트폴리오를 관리하고 임대하는 것을 가능하게 했다. 인비테이션홈즈는 주택들을 매각하지 않고 임대를 놓았다. 이 회사에서 테넌트들에게 제공하는 것은 수백만의 소규모 주택 임대인들이 제공하는 것보다 훨씬 매력이 있었다. 모든 주택들은 전문적으로 리노베이션되고 관리되었으며, 디지털 도어 록, 온도 조절, 에너지 관리 소프트웨어와 같은 스마트홈 시스템을 임대차 계약에 결합했다. 온라인 포털을 통해 거주자들이 임대료를 내고 유지보수 문제를 신고할 수 있도록 했다.

기술은 또한 임대주택 수요를 움직이는 간접적 역할도 했다. 특히, 기술은 일자리 시장을 양극화시키고 불안정하게 만들어서, 중산층 가정도 장기 모기지를 장담하는 것이 어렵게 되었다. 또한 기술은 고객선호도 역시 수요에 맞춘 턴키공급 방식 쪽으로 이동하게 만들었고 소유보다는 이용에 대한 선호를 더 증가시켰다. 이러한 기술의 영향은 섹션 I(리테일)과 섹션 Ⅱ(오피스)에서 더 자세히 다루고 있다. 다른 경제적 요인들도 이러한 변화에 영향을 미쳤다. 전체적으로, 미국에서 임차로 살고 있는 주거단위의 숫자는 2008년에서 2018년 사이 20% 이상, 즉 750만 주거단위가 증가했다. 이 기간 동안 인구증가는 7% 정도에 불과했다.

2017년 인비테이션홈즈의 포트폴리오는 리츠로서의 자격을 갖추었고 뉴욕증권거래소에 상장되었다. 2019년 5월 기준, 인비테이션홈즈는 8만여 개의 주택을 소유하거나 운영하고 있다. 다른 곳과 비교해 보면, 아발론베이커뮤니티(AvalonBay Communities)와 에쿼티레지덴셜(Equity Residential)과 같은 최대 공동주택 리츠도 300개가 안 되는 개별 빌딩에 약 8만 채의 아파트먼트를 소유하거나 운영하고 있다. 이 의미는 공동주택 리츠는 매년 수십 건이나 수백 건의 인수가능성을 평가해야 하는 반면, 인비테이션홈즈의 경우 수십만 건 또는 수백만 건을 평가하고 있다는 것이다. 이 과정에서 축적되고 만들어진 데이터의 총량은 보다 더 근본적인 비즈니스 모델을 위한 기회를 제시하고 있다.

오픈도어(Opendoor): 부동산 인수의 자동화

주택들은 일반적으로 그 주택에 거주하는 사람들이나 다른 소규모 투자자들에 의해 소유되고 있다.

그러나 이 주택들의 모기지는 대출기관의 대차대조표상에 집중되어있다. 주택대출 시장의 규모는 엄청나다. 미국에서만 매월 60만 건의 주택모기지가 발급되면서, 매년 총 1조 5천억 달러의 신규대출이 발생한다는 것을 나타낸다.

흔히 프레디맥(Freddie Mac)이라고 불리는 연방주택금융저당공사(Federal Home Loan Mortgage Corporation)는 새로운 모기지를 소규모 대출기관들로부터 대량으로 매입하여, 기관투자자들이 사들일 수 있는 모기지 담보증권이나 다른 금융상품으로 판매한다. 이렇게 하는 이유는 복잡하고 논란이 많다. 우리가 논의하는 목적으로 볼 때의 핵심은 프레디맥이 매년 수백만 건의 모기지, 즉 주택의 담보가치를 결정해야 한다는 것이다. 프레디맥은 실제 자산을 방문하거나 대출자들과 직접 상호작용하지 못하면서 이 일을 처리할 수밖에 없다.

1990년대 말부터 프레디맥은 몇 초 내에 자산의 가치평가를 산출해 내는 AVM(automated valuation model, 자동가치평가모형)을 개발했다. 이 모델은 비교 가능한 매각 데이터와 소위 헤도닉 특성[114](hedonic characteristics, 예를 들어, 침실 수, 화장실 수 등)을 고려한다. 프레디맥 웹사이트에 게재된 정보에 따르면, 프레디맥은 인수할 모기지의 품질을 검증하고, 기존 포트폴리오 내의 전반적인 신용을 평가하며 기타 다른 기능을 위해 AVM을 사용한다. 다른 나라의 대출기관들도 비슷한 목적을 위해 AVM을 사용한다.

인비테이션홈즈도 인수하거나 이미 소유하고 있는 부동산 가치를 결정하기 위해 AVM에 의존하지만, 실사 등 좀 더 전통적인 감정평가 방법을 함께 사용하고 있다. 지난 20여 년간 AVM은 대형 대출기관 및 대형 투자자의 업무를 쉽게 만들었다. (그러나 반드시 더 안전해진 것은 아니다.) 하지만 개인이 주택을 사거나 파는 경우 그 과정은 여전히 복잡하고, 시간이 많이 소요되며, 불확실성과 불안이 가득하다. 집을 구입한다는 것은 개인의 삶에 있어서 가장 중요한 재무적 결정이다. 그리고 블랙스톤이나 프레디맥과 달리, 개인 구매자들은 자신이 평생 저축한 것을 손실위험성에 노출하는 것이다.

2014년 몇 명의 기업가들이 모여서 개인의 주택구매를 "온라인에서 몇 번 클릭"으로 가능할 수 있게 바꾸겠다고 천명했다. 그들은 오픈도어(Opendoor)라는 회사를 창업했고, 실리콘밸리의 가장 유명한 투자자들 – 코슬라벤처스(Khosla Ventures), 페이팔 공동창업자인 맥스 레

---

114 헤도닉(hedonic) 모형은 가격을 결정하는 특성을 찾아낼 때 사용하는 분석방법을 말하는데, 주택의 경우 자체적 특성(면적, 외관, 방의 수 등)과 주변환경적 특성(교통, 범죄율, 공해 등)에 의해 가격이 결정된다. – 역자 주.

브친(Max Levchin), 옐프(Yelp)[115]의 CEO인 제레미 스토플맨(Jeremy Stoppleman), 쿼라(Quora)[116]의 CEO 애덤 디앤젤로(Adam D'Angelo), 그리고 Y컴비네이터[117]의 샘 알트만(Sam Altman) 등의 투자를 받았다.

그 비전에 맞게, 오픈도어는 집을 사고파는 새로운 방법을 도입했다. 집을 팔려는 매도인은 Opendoor.com에 방문하여 집 주소를 입력하고 상세한 설문을 작성한다. 매도인은 24시간 이내에 오픈도어로부터 현금 오퍼를 받는다. 가격은 "수천 가지 특성들"과 데이터 측정값을 고려하는 AVM에 의해 결정된다고 이 회사는 말한다. 가치평가 프로세스가 항상 완전한 자동화로 이루어지지는 않는다. AVM에서 자체 평가액에 대해 낮은 신뢰도를 나타내면, 오픈도어의 직원이 검토를 하고 평가액을 조정한 후에 오퍼가 보내진다. 매도인이 오퍼를 받아들이면, 오픈도어는 직원을 보내 부동산을 실사하고 제공된 정보를 검증한다. 매도인은 며칠 내에 거래를 성사시키고 이주할 선택권을 갖는다.

빠른 처리속도 외에도, 매도인은 잠재적 매수인들을 위해 집을 열어둘 필요가 없고, 집수리 문제 때문에 도급업자를 상대할 필요도 없으며, 매수인이 몇 주간의 협상과 협의를 하고 나서 모기지를 확보하지 못하는 리스크도 피할 수 있다. 오픈도어는 매도인들이 이주할 집의 입주날짜에 맞추어 이사 가고 싶은 날짜를 선택할 수 있게 허용하고 있다. 그리고 심지어 이사를 나가기 전에 먼저 지불받기를 원하는 매도인들을 위해 "늦게 체크

---

115 옐프(Yelp): 지역의 식당, 백화점, 병원 등에 대한 평판을 크라우드소싱을 통해 모으는 서비스. – 역자 주.
116 쿼라(Quora): 세계 최대의 질의응답 사이트. – 역자 주.
117 Y컴비네이터(Y Combinator): 스타트업 엑셀러레이터. – 역자 주.

아웃"하는 선택권도 제공한다. 오픈도어는 매도인에게 매매가의 약 5~8%를 수수료로 부과하는데, 이는 일반적인 중개인 수수료, 집 단장, 매수인과의 협상, 불확실한 이사날짜에 따른 임시 거주비용 등을 고려하면 전통적 거래비용과 비슷하거나 약간 높은 정도이다.

일단 집이 인수되면, 오픈도어는 시장에 내놓기 위해 필요한 리노베이션에 들어간다. 매수인 입장에서 오픈도어는 전문 매도인과 거래하는 편익과 새로 리노베이션된 집으로 입주할 수 있는 편익이 있다. 개인 매도인과는 조정이 필요한 것과 달리, 오픈도어의 부동산에는 매수인들이 매일 언제든지 방문할 수 있다. 그리고 거래가 성사되면 오픈도어는 매수자가 집이 마음에 들지 않을 경우 집을 되사주는 30일 만족 보장기간을 제공한다.

과거 몇 년간 다수의 다른 회사들도 오픈도어 모델을 채택하기 시작했다. 질로우(Zillow), 레드핀(Redfin) 같은 주택 중개 거대기업들도 여기에 포함된다. 테크 업계에서는 이처럼 온라인으로 집을 사는 오픈도어 같은 회사들을 "i바이어(iBuyer)"라고 부른다. 이 i바이어 모델은 주택시장에 전례 없는 유동성을 도입했고, 사람들이 자동차나 가전제품을 사고팔 때와 같은 방식으로 집을 사고팔 수 있게 해주었다. 오픈도어는 심지어 "보상판매(trade in)" 프로그램도 제공한다. 2018년 오픈도어는 미국 최대의 주택 건설업체인 레나(Lennar)와 기존 주택 소유주들에게 현재의 집을 새집으로 업그레이드하는 기회를 제공하는 파트너십을 맺었다.

이러한 i바이어 모델은 소유주, 중개인, 중개사이트, 매수인의 경계를 허물고 있다. 중개인과 중개사이트를 위한 시사점은 이 책의 범위를 넘어서는 것이라 언급하지 않겠다. i바이어 모델은 아직 완전히 이해되지 못한 새로운 리스크 역시 초래하고 있다. 오픈도어의 대차대조표에서 주택 한 채를 보유하고 있는 기간은 평균적으로 약 3개월이다. 오픈도어는 소프트뱅크, 제너럴아틀랜틱(General Atlantic), 레나(Lennar) 등의 투자자들로부터 15억 달러가 넘는 벤처캐피털을 투자받았고, 주택 인수 자금조달을 위해 자기자본과 대출의 조합에 의존하고 있다.

2019년 3월 기준, 오픈도어는 23개 미국 도시들에서 사업을 하고 있고 월 3천 건에 가까운 거래를 성사시킨다고 주장한다. 오픈도어와 그 모델이 아직 주택시장의 심각한 둔화에 직면하지는 않고 있다. 우리는 2008년 프레디맥이 금융붕괴의 국면에 도달해 1천억 달러의 정부 구제금융을 필요로 했던 순간에 AVM이 아무 역할을 하지 못했다는 것을 잘 알고 있다. 다른 한편으로는, 유동성이 높아지면 주식과 통화 같은 다른 자산의 변동성을 감소시키는 것도 보아왔다. 그러나 유동성이 부동산에 미치는 영향은 더 많은 연구가 필요하다.

오픈도어 실험은 그 리스크를 상쇄할 만하다. 그것은 기회의 크기가 설명해주고 있다. 그리고 다른 투기적 주택 벤처와 달리, 오픈도어와 그 경쟁자들은 개인 매도인과 매수인의 삶을 더 좋아지게 만들고 있다. 애널리스트 벤 톰슨(Ben Thompson)이 지적한 바와 같이, 기술은 일자리 시장을 변화시키고 구직자들이 있는 곳과는 다른 영역에서 기회들을 만들어낸다. 오픈도어와 다른 i바이어들은 전반적인 일자리 시장을 더 역동적으로 만들고 사람들을 더 좋은 기회로 이동하기 쉽게 할 수 있는 잠재력을 가지고 있다. 현재로서 i바이어들이 주택시장에 미치는 영향은 아주 미미하다. 콜로라도대학교의 마이크 델프리트(Mike DelPrete) 교수가 추산한 바로는, 2018년 오픈도어와 그 경쟁자들이 미국의 주택거래에 관여한 것은 0.2%에 불과했다고 한다. 그러나 이들은 빠르게 성장하고 있고 상당한 양의 자본을 끌어모으고 있다.

i바이어 모델이 오피스, 리테일 프로젝트, 공동주택 빌딩과 같은 상업용 자산에도 적용될 수 있을까? 아직은 그렇지 않지만 아마 곧 그렇게 될 것 같다. i바이어들은 수많은 관련 데이터를 이용하고 있다. 단독주택과 연간 수백만 건의 거래를 쉽게 비교해볼 수 있다. 반면, 상업부동산 거래는 연간 수천 건에 불과하고 그것도 서로 다른 여러 나라에 걸쳐서 각기 다른 자산 유형으로 존재한다. 주택은 수백만 채가 거의 비슷한 모양을 하고 있지만, 대부분의 오피스와 리테일 프로젝트는 그 사이즈, 디자인, 특성이 모두 다 다르다. 기계적 시스템이나 공중권[118]과 같은 추가적 요소들은 말할 것도 없다.

상업부동산은 기본적으로 예상 현금흐름을 기본으로 가치가 평가되기 때문에 이러한 비교방법은 일반적으로 상업부동산의 가치평가와는 관련성이 적다. 결국, 이 현금흐름이 수십, 수백 건의 오피스, 리테일, 그리고 호스피탈리티 운영자들과의 주택 임대 또는 운영계약의 중요한 요인이다. 상업 프로젝트들도 많은 분석과 모델링을 필요로 하는 더 복잡한 부채와 현금흐름의 분포 구조를 가지고 있다. 이 모든 임대차 계약과 금융 주선은 수많은 서류들로 존재하고, 때로는 종이서류로만 존재한다.

그렇긴 하지만, 자동화된 가치평가는 상업적 투자자들이 수백 건의 기회

---

118 공중권(air right): 토지나 건물 상공의 사용권. - 역자 주.

들을 추려내고 어느 것이 더 관심 가질 만한 것인지를 결정하는 데 도움이 된다. 영상기계와 자연어 처리 등과 같은 기술은 수많은 서류와 자료들에서 데이터를 분석하고 통합하는 것을 더 쉽게 할 수 있게 해준다. 이는 과거에 사람이 수백 시간 동안 처리해야 했던 일들이 이제는 더욱 신속하게 처리될 수 있다는 뜻이다. 또한, 기술은 데이터를 다른 자원으로부터 수집하는 것도 쉽게 만들고 있다.

스카이라인AI라는 한 스타트업은 부동산 자산에서 매력적인 투자기회를 파악하기 위해 전통적 데이터와 비전통적 데이터를 함께 분석한다. 비전통적 데이터에는 SNS 글에서부터 에너지 사용과 교통 패턴에 이르기까지 모든 것이 포함될 수 있다. 스카이라인은 스스로 "상업부동산을 위한 인공지능 자산관리자"로 광고하고 있다. 이 회사는 세쿼이아캐피털과 JLL스파크[119] 등의 투자자로부터 2,500만 달러의 벤처캐피털을 모금했다. 2018년 이 회사는 DWS그룹[120], 실버스타인프로퍼티[121] 등의 대형 부동산 투자자들과 협력하면서 공동주택에 대한 투자기회를 찾기 시작했다. 스카이라인의 접근법이 탁월한 결과를 만들어낼지는 두고 볼 일이다.

---

119 JLL Spark: 글로벌 종합 부동산 서비스 회사인 JLL을 모기업으로 하는 프롭테크 및 부동산 기술 벤처펀드사. - 역자 주.
120 DWS Group: 독일에 본사를 둔 글로벌 자산관리사. - 역자 주.
121 Silverstein Properties: 미국 뉴욕에 본사를 둔 부동산, 투자 및 관리회사. - 역자 주.

16
주거와 숙박을 다시 생각한다

우리 시대의 기술적, 인구통계적 변화는 19세기 말과 비슷하다. 그때도 공유주택, 유연주택, 서비스가 제공되는 주택, 도시주택 등의 솔루션에 대한 수요가 치솟았다. 오늘날 평범한 아파트먼트 빌딩들은 한때 급진적이라고 여겨지기도 하고, 사회적 비판을 받기도 했으며, 대부분의 "괜찮게 사는" 사람들은 피하는 것이었다. 복도와 세탁실, 엘리베이터 혹은 옥상을 다른 가족들과 공유한다는 것은 도덕적 타락으로 가는 길로 간주되기도 했다. 아마도 그때는 그랬을 것이다. 그러나 지금 우리는 이를 보통으로 생각한다. 결국, 오늘날의 많은 급진적 디자인과 소유권, 운영모델은 다음 세대 우리 자손들에게는 평범하게 보일 것이다.

기술은 젊은 사람들을 도시로 이끄는 새로운 도시산업의 등장을 촉진시켰다. 이렇게 도시로 온 젊은이들은 이전에는 다른 용도로 설계된 건물에서 살아가는 방법을 찾았다. 저가시장의 측면에서 보면, 한 가족을 위한 건물을 수십 명의 서로 관련 없는 사람들이 2층 침대에서 자면서 다세대주택으로 사용하는 것을 의미했다. 중간이나 고급 시장의 측면에서 보면, 호텔을 집으로 사용한다는 의미였다. 점차적으로 시장은 상향평준화되었고, 새로운 아파트먼트 빌딩에서 소비자 행동이 형성되었다.

그러나 기술적, 인구통계적 트렌드가 무한하게 지속되는 경우는 별로 없다. 그 트렌드는 정치적 사회적 맥락에서 강하게 드러난다. 그리고 기술 자체는 지속적으로 진화하여 다른 효과를 만든다. 유기적으로 등장했던 도시주택 솔루션들은 규제로 인해 사라지거나 중산층과 상류층 거주자들에게 버림받았다. 도시를 밀집시켰던 기차와 산업시설은 도시를 확대시키는 자동차와 트럭에 자리를 내줬다.

자동차는 마차의 유연성과 기차의 속도를 결합하여 도시 전문직들이 거주하고 여행자들이 머물 수 있는 새로운 지역이 펼쳐질 수 있게 했다. 특히, 호텔의 경우, 잠재적 부지가 많다는 것은 눈에 띄는 브랜드와 효율적인 유통채널에 대한 의존도가 더욱 커진다는 것으로 해석된다. 호텔 "임대권자"들은 부동산 소유, 부동산 관리, 브랜드 프랜차이즈라는 3가지 각기 다른 비즈니스들로 진화했다. 기술은 이 진화의 수요를 만들어냈다. 자동차는 고객들에게 선택권을 주었고, 대중매체는 브랜드를 구축하는 것을 가능하게 했으며, 전화와 텔레타이프는 모든 예약과 영업활동의 중앙집중화를 가능하게 했다.

호텔 브랜드는 수천 개의 부동산들을 하나의 깃발과 하나의 유통채널로 통합할 수 있었다. 그리고 부동산 소유주들과 여행사들에 대한 영향력을 행사할 수 있었다. 그러나 온라인 여행사(OTA)는 달랐다. 온라인 여행사는 단순히 다른 채널일 뿐만 아니라, 수십만 건의 부동산을 통합하여 고객들에게 전례 없이 많은 선택권을 제공하고, 또한 고객들의 선택을 돕는 새로운 툴을 제공한다. 온라인 여행사는 독립호텔을 브랜드호텔과 동등한 위치에 올려놓았다. 그리고 OTA의 중앙집중화된 권력은 브랜드를 압도하고 브랜드들이 가격정책과 객실목록 관리의 일부를 양도하게 만들었다.

디지털 유통채널은 단순히 호텔이 판매되는 방식만 바꾼 것이 아니다. 호텔의 개념 자체를 바꾸었다. 에어비앤비(Airbnb)는 객실을 찾고, 예약하고, 신뢰하는 비용을 낮춤으로써 수백만 개의 객실을 새로운 중개목록으로 풀어놓았다. 표준화된 숙박상품을 제공하기 위한 채널로 에어비앤비를 이용한 회사들도 있다. 이들의 비즈니스 모델은 부동산의 개념을 완전히 뒤집어놓기도 했는데, 예를 들어, 손더(Sonder)는 온라인 브랜드를 먼저 구축하고 나서 실제 물리적 상품을 표준화하는 작업을 진행했다. 한편, 에어비앤비는 일부 프로젝트들이 디자인되고 개발되는 방식에 영향을 주는 유통의 힘을 이용했다. 그리고 이제 에어비앤비는 자체적인 주택이나 숙박시설을 개발하거나 만들기 시작할 것 같다.

오래된 개념들은 그 의미를 잃어가고 있다. 오요(OYO)와 같은 호텔 중개사이트들은 호텔 프랜차이즈가 되어가고 있다. 익스피디아 같은 여행 예약 사이트들은 공유주거 사업으로 확장하고 있다. 공유주거 사이트들은 독립호텔을 추가하고 있다. 호텔 프랜차이즈들은 공유주거 비즈니스를 인수하거나 론칭하고 있다. 모두가 독자적 기술상품과 브랜드를 구축한 선투자비용을 더 많은 수의 부동산과 고객을 대상으로 확대하여 회수하려 하고 있다.

이러한 역학관계는 숙박산업으로부터 주거산업을 향해 길을 열어가고 있다. 새로 등장한 운영자들은 새로운 수준의 서비스와 유연성을 도입하고, 특정 고객의 니즈를 충족하는 상품을 설계하고 있다. 커먼리빙

(Common Living)과 올리(Ollie) 같은 회사들은 자체적인 디지털 유통채널을 구축하고 브랜드화된 주거 프랜차이즈를 만들고 있다. 그들이 처음에는 서비스를 적게 하고 저가시장의 고객들을 대상으로 했지만, 점차적으로 고가시장으로 진출하고 있다. 이들은 대형 벤처캐피털과 부동산 투자자들의 투자를 통해 이를 가능하게 하고 있다.

19세기와 비슷하게, 요즘에도 점점 주거와 숙박을 구분하기 어려워지고 있다. 동일한 물리적 자산이 마케팅되는 채널에 따라 다르게 이용되고 있다. 전통적 임대인을 통해 1년의 임대차 계약을 맺기도 하고, 에어비앤비를 통해 하룻밤을 예약하기도 하며, 손더나 리릭 같은 서비스 운영사를 통해 몇 달을 사용하기도 한다. 부동산을 소유할 능력이 되는 많은 고객들도 임대의 편의성과 유연성을 선호하고 더 나은 서비스와 더 전문화된 솔루션을 기대한다.

또한 기술은 새로운 자산 유형이 통째로 임대 플랫폼으로 모이는 것을 쉽게 만들고 있다. 단독주택들은 대형 포트폴리오로 통합되어 단일의 브랜드로 관리되고 있다. 과거에는 대형 상업부동산만을 인수했던 투자자들이 주택에 투자하기 시작한다. 임대와 소유의 경계도 기술에 의해 허물어지고 있다. i바이어들은 데이터와 벤처자금을 이용하여 주택시장에 전례 없는 유동성을 가져오고 있고, 사람들이 주택을 며칠 내로 사고파는 것을 가능하게 한다. 한편, 스페이스10(Space10)과 벤(Venn) 같은 회사들은 장기 임차인들이 매일 사용하는 주택과 커뮤니티 시설에 대한 지분을 가질 수 있게 하는 모델을 탐색 중에 있다.

이 책에서 다루지 않은 다른 많은 방법으로도 기술은 주거와 숙박 단위들을 변화시키고 있다. 연결된 디바이스들은 새로운 경험들을 만들어내고 새로운 서비스를 제공할 수 있게 해준다. 또한, 새로운 프라이버시 문제와 책임 리스크도 제기하고 있는데, 그에 관해서는 이 책의 마지막 장에서 다루어볼 것이다. 오리시스템즈(Ori Systems)와 범블비스페이스(Bumblebee Spaces)와 같은 로보틱 가구들은 같은 공간을 아침저녁으로 완전히 다른 방식으로 사용할 수 있게 해준다. 주문형 앱은 세탁, 음식배달, 창고보관 등 일상에 필요한 일들을 처리하게 해준다. 이를 통해, 과거에는 집 안에서 공간을 필요로 했던 활동들이 다른 공간으로 "옮겨가도록" 앱이 처리하는 것이다. 다른 한편, 계속 이어지고 있는 택배와 배송은 주거건물에 새로운 시설과 시스템을 추가할 필요성을 야기하고 있다. 일부 경우에는 호텔처럼 서비스 전용 복도와 영업지원 시설을 갖추기도 한다. 한편, 새로운 건축자재와 기술들도 주택과 아파트먼트의 비용을 절감시키고, 더 지속 가능하며 더 살기 쾌적한 곳으로 만드는 약속을 하고 있다.

마지막으로, 우리가 사람들이 어떻게 생활하는가에 대해 고민할수록, 기술은 사람들이 어디에 거주하는가에 더 큰 영향을 미칠 수도 있다. 기술은 상품과 사람들이 더 빠르게, 더 적은 비용으로, 새로운 통로를 통해 이동할 수 있게 해주고 있다. 또한 기술은 고용패턴과 업무 스타일도 와해하여, 어떤 일자리는 특정 지역에 집중시키고 다른 일자리는 분산시키거나 없애기도 한다. 앞으로 몇십 년 내에, 이러한 발전은 기차와 자동차가 초래했던 이동과 비슷한 가치의 이동을 초래할 것으로 예상된다. 우리는 섹션 Ⅱ(오피스)에서 기술이 고용에 미치는 영향을 살펴보았다. 다음 섹션은 물류와 산업부동산에 관한 것이다. 이제 새로운 교통 시스템의 영향을 살펴보도록 하겠다.

섹션 IV
물류와 산업

17
물류와 산업부동산의 맥락

비 오는 11월 오후 워싱턴 주 에버렛 시에서 일어난 일이었다. 흰색 스바루 세단이 벅스턴 가족의 집 앞에 섰다. 체크무늬 셔츠를 입은 한 남자가 차에서 내렸다. 그는 차 트렁크를 열고 갈색 카드보드 박스를 꺼내 들고 현관문을 향해 걸어갔다. 집에는 아무도 없었다. 그는 현관매트 위에 박스를 내려놓고 주변을 둘러봤다. 거리에는 아무도 없었다. 그는 스마트폰을 꺼내서 앱을 클릭하고 다시 주변을 둘러봤다. 아무도 없는 것을 보고는, 몸을 굽혀서 더 작은 다른 박스를 들어 올렸다. 그리고는 뒤돌아서 차를 타고 가버렸.

벅스턴 가족은 그날 2개의 배송 메시지를 받았다. 하나는 UPS에서 온 것이고 또 하나는 아마존에서 온 것이었다. 그러나 그들이 집에 도착했을 때는 택배가 하나밖에 없었다. CCTV를 살펴보고는 그들은 더 놀랐다. 아마존에서 택배배송을 온 사람이 UPS에서 온 택배를 가져간 것이었다. 그는 상표 표시가 없는 자동차를 운전하고 있었고, 유니폼도 입고 있지 않았다. 도둑질을 하지 않았다고 해도 남의 집 현관 앞에 있는 것은 수상한 일이었다. 벅스턴 가족은 경찰에 신고했다.

알고리즘과 복잡한 기술시스템으로 지배되는 공급사슬에서, 인간은 때때로 가장 약한 고리이다. 이름뿐인 훈련을 받고 자기 차를 운전하는 임시 노동자에게 아마존이 의존하는 것은 문제를 더 어렵게 만들고 있다. 이러한 문제를 해결하기 위해 도시 물류회사인 포스트메이츠(Postmates)는 2018년 12월 서브(Serve)를 공개했다. 서브는 자동화된 배송장치로, 기본적으로 바퀴와 스크린, 그리고 친근해 보이는 눈을 가진 작은 박스형 로봇이다. 이 자동화 배송봇은 최대 50파운드(약 22.7킬로그램)를 옮길 수 있고 한 번 충전에 30마일(48km)을 갈 수 있다고 발표되었다. 2019년에 로스앤젤레스와 다른 도시들의 거리를 이 배송봇이 돌아다닐 것으로 예상되었으나 2019년 7월 현재까지 아직 그러지 못하고 있다.

사람들은 로봇의 침략에 대해 좋아하지 않았다. 그리고 그 불만을 계속 알리고 있었다. 새로운 배송기술을 테스트하기 위해 배치된 자율주행 자동차들을 사람들이 막아서고 파괴하고 심지어 총으로 쏘겠다고 위협하는 내용들이 보도되었다. 사람들이 앞으로 비인간 물류 장치에 대해 편하게 느끼면서 문을 열어주거나 도로를 공유할지는 아직 명확하지 않다.

제품들이 보관되고 배송되는 방식에서의 고객 중심적 혁신이 위험한 것인지 아니면 요긴한 것인지에 대해 소비자들이 생각하고 있을 때, 산업부동산 소유주들에게는 이것이 더욱 복잡한 문제가 되고 있다. 모든 것이 수요중심으로 이루어질 것이 예상되고 최종고객에게 제품을 더 빨리 도달시키기 위한 장비 경쟁이 이루어지고 있는 세계에서, 오피스와 리테일보다 덜 주목받았던 물류와 산업부동산이 갑자기 주목받기 시작하고 있다.

이 섹션에서 살펴볼 내용은 (1) 도시물류의 역사적 맥락, (2) 산업부동산에 영향을 미치는 기술의 힘, (3) 세계 최대 산업 테넌트들과 물류 스타트업들의 혁신 노력, 그리고 (4) 세계 최대 산업부동산 임대권자의 혁신 노력이다. 그러나 먼저, 부동산 산업과 경제 안에서의 산업적 위상에 대해 알아보기로 한다.

숫자로 본 산업부동산

산업부동산은 일반적으로 보관, 제조, 플렉스(flex)[122] 3가지로 크게 나누어볼 수 있다. 플렉스 건물은 더 유연한 배치가 가능하고 기술 및 서비스 테넌트들을 수용할 수도 있다는 면에서 다른 산업공간과는 다르다. 플렉스 건물은 좀 더 고급스러운 외관을 가지고 있어서 쇼룸의 역할도 하고 테넌트의 고객을 맞이하는 오피스 역할도 한다.

외부에서 볼 때, 산업공간은 재미없어 보이기도 한다. 카드보드 박스나 기계로 가득 찬 여러 경량구조물들로, 공항이나 철도의 교차지점과 같은 주요 교통허브 옆에 위치하기도 하고 대규모 인구 밀집지역 안이나 그 주변에 위치하기도 하다. 그러나 산업부동산 자산은 많은 오피스나 주거건물들보다 훨씬 더 역동적이다. 대부분의 산업시설들은 제품들을 이동시키기 위해 사용된다. 전통적인 상거래와 전자상거래 배송을 위한 용도나 복합적이고 적기방식(just-in-time)[123]의 공급사슬 내 제조를 위한 용도로도 사

---

122 플렉스 빌딩(flex building): 용도구분을 강하게 정하지 않아, 오피스, 창고 등 다양한 용도로 사용할 수 있도록 한 건물. - 역자 주.
123 JIT(just-in-time): 적기공급생산. 재고를 쌓아두지 않고 필요한 적기에 제품을 공급하는 생산방식으로 다품종 소량생산체제에 맞게 적은 비용으로 품질을 유지하고 적시에 제품을 공급하기 위한 생산방식. - 역자 주.

용될 수 있다. 그리고 이어서 살펴보겠지만, 선도적인 산업부동산 임대권자들은 신기술과 비즈니스 모델을 채택하는 데 있어서 오피스, 리테일, 주거부동산 임대권자들보다 앞서가는 경우가 많다.

산업부동산의 규모는 상당하다. 미국의 산업부동산 자산의 총 가치는 1조 달러가 넘는 것으로 추산되고 있다. 전체 인벤토리는 145억 ft^2(13억 m^2)가 넘는 것으로 나타나고 있고, 지난 몇 년간 매 분기마다 5천만 ft^2(465만 m^2)가 넘는 면적이 신규로 공급된 것으로 나타났다. 역사상 산업자산은 리테일, 오피스, 주거부동산보다 자본환원율이 높게 거래되었는데, 이는 산업부동산이 투자자들에게 예측 가능한 수익이 적고 방어 가능한 차별화가 적다고 인식되었다는 것을 의미한다.

산업부동산 자산은 세계 최대 부동산 포트폴리오의 중요한 구성요소이기도 한다. 미국부동산투자수탁자협회 자산지수(NPI)는 비과세 기관투자자들이 소유 또는 대리소유하고 있는 오피스, 아파트먼트, 호텔, 산업 및 리테일 부동산의 가치와 성과를 추적하고 있다. 2019년 1/4분기 현재, NPI 가치의 17% 또는 1,050억 달러가 산업부동산에서 발생했고, 오피스, 아파트먼트, 리테일 자산에 이어 네 번째 중요도에 올라있다.

산업부동산은 비기관 소형 투자자들이 리츠(REITs)에서 주식을 살 수 있는 상장 부동산 영역에서 더 중요한 역할을 하고 있다. 2019년 2/4분기 기준, 미국 산업 리츠의 시가총액은 1,062억 달러로, 오피스(991억 달러)보다 높고, 공동주택 건물(1,341억 달러)과도 그렇게 큰 차이가 나지 않았다. 리츠 투자는 일반대중들에게 공개되어있지만, 개인들의 은퇴저축, 연금, 보험금을 관리하는 대형 기관투자자들 사이에서도 인기가 있다.

산업부동산은 고용, 특히 도시외곽 지역의 고용에도 중요한 기여를 하고 있다. 미국 노동통계국(BLS)에 따르면, 거의 120만 명에 달하는 사람들이 창고와 보관업 분야에서 일하고 있다. 이 수치는 2009년 이후 거의 80% 가까운 증가를 나타낸다. 아마존 한 기업이 미국 전역에 75개의 풀필먼트 센터(fulfillment center)를 가지고 있고, 채용하고 있는 상근직은 12만 5천 명에 달한다. 그리고 더 많은 사람들이 계절단위의 계약직으로 일하고 있다. 전체적으로 아마존은 2018년 12월 기준 약 647,500명의 상근직 및 파트타임 직원을 고용하고 있다.

산업부동산 내에 고용된 인원 외에도 연관부문인 트럭 수송에서 150만 명이 더 일하고 있다. 미국공영라디오(National Public Radio)에서 BLS(노동통계국) 데이터를 분석한 것에 따르면, "트럭운전사"는 많은 미국 주에서 가장 흔한 직업으로, 농업종사자, 리테일 판매직원, 초등학교 교사, 기계 조작원보다 많았다.

산업부동산은 최근 수요가 높아지고 있다. 자본환원율은 낮아지는 추세이고, 투자자들의 성장기대치가 강하게 반영되고 있다. CBRE[124]에 따르면, 2018년 처음으로 산업부동산이 글로벌 부동산 기관투자자들이 가장 선호하는 자산 유형 1위에 올라, 과거 선호되었던 오피스, 공동주택, 리테일 부동산을 앞섰다. 2019년 6월, 블랙스톤(Blackstone)은 GLP[125]로부터의 187억 달러 규모의 산업부동산 포트폴리오 인수를 선언했다. 이

---

124 CBRE(Commercial Real Estate Service): 다국적 상업부동산 서비스 기업. – 역자 주.
125 GLP(www.glp.com): 2009년에 창립되어 싱가포르 주식시장에 상장된 글로벌 물류 및 부동산 투자개발 운영사. – 역자 주.

인수는 현재까지 기록된 최대의 부동산 거래였다. 블랙스톤 리얼에스테이트(Black Stone Real Estate)의 공동대표인 케네스 캐플란(Kenneth Caplan)은 물류를 회사가 "가장 높게 확신하는 글로벌 투자테마"로 설명했는데, 전자상거래 기업들로부터 계속되는 수요에 대한 믿음을 반영하고 있다.

산업부동산에 대한 관심이 증가하고 있는 것은 전통적으로 선호되었던 기관급 자산에서 자금을 빼려고 하는 욕구로도 어느 정도 설명될 수 있다. 여기서 전통적으로 선호되었던 자산은 우선적으로 리테일을 의미하지만 오피스, 공동주택 부동산도 이에 해당된다. 앞에서 살펴본 바와 같이, 모든 고객대면 자산들은 더 강화된 관리와 정교한 마케팅, 그리고 장비와 어메니티에 대한 높은 선투자가 필요해지기 시작하고 있다. 그와 동시에, 리테일, 오피스, 공동주택 테넌트들은 유연성을 점점 더 선호하고 있는데, 이 말은 수입이 증가하더라도 예측 가능성은 점점 더 낮아지고 있다는 의미이다.

다른 상업부동산과 비교했을 때, 산업부동산은 아직까지 기관투자자들만이 알고 선호하는 고전적 특성을 유지하고 있다. 즉, 건축주기가 단순하고 빠르다는 것, 선투자비용이 낮다는 것, 재임대 비용이 낮다는 것, 그리고 장기로 임대차 계약을 하고 임대료 지불을 순조롭게 하는 임차인들의 수요가 많다는 것 등의 특성이 있다. 최근, 산업자산 역시 높은 유동성을 누리고 있어, 인수와 회수를 쉽게 만들고 있다.

온라인 거래와 원격근무, 공유주거의 세계에서 산업부동산은 안전자산으로 보이는 것 같다. 결국, 온라인에서 팔리는 물건들도 생산되고 저장될 장소가 필요하다. 그래서 사람들이 재택근무를 하거나 자신의 아파트를 낮선 사람에게 전대(sublet)를 하는 것에 상관없이, 지역의 공급사슬은 그 필요성이 유지된다.

아무런 특징이 없어 보이는 산업용 건물의 이면에는, 점점 더 복잡해지고 있는 정교한 네트워크의 세계, 자동화, 첨단 모빌리티, 그리고 지구상에서 가장 큰 규모의 매우 전문적인 임대권자들과 테넌트들이 자리 잡고 있다.

18
산업부동산의 수요와 공급에 영향을 미치는 힘

1919년 여름 드와이트 D. 아이젠하워라는 이름의 젊은 중령은 23명의 다른 장교들과 258명의 사병들과 함께 "전시상황에서 미군의 기동성을 테스트"하기 위한 훈련여정에 올랐다. 이 테스트는 워싱턴DC에서 샌프란시스코까지 총 3,250마일(5,230km)을 군용트럭 수송대를 몰고 가면서 얼마나 어렵고, 얼마나 오래 걸리는지를 조사하기 위한 것이었다. 이 여정은 62일 걸렸다. 그동안 수십 건의 사고와 고장, 여러 병사들의 부상이 있었다. 그냥 운전만 했는데도 그랬다.

이 훈련이 끝날 무렵, 아이젠하워와 장교들은 "미국을 횡단하는 모든 고속도로는 연방정부에 의해 파악되고 유지·보수되어야 한다고 강하게 확신했다." 34년 후, 2차 세계대전에서 탁월한 군복무를 마친 아이젠하워는 미국 대통령에 당선되었다. 1956년 그는 미국의 여러 주 사이를 연결하는 고속도로 시스템(Interstate Highway System)의 건설계획을 법으로 서명했는데, 여기에는 41,000마일(65,983km)의 도로를 새로 건설하는 내용이 포함되어있었다.

새 고속도로 건설은 군사적 대의를 위한 편익뿐만 아니라 은퇴한 군인들에게도 혜택이 되었다. 2차 세계대전 후의 정부정책은 1,600만 명의 귀국 참전용사들이 집을 사도록 돕고 권장했다. 이 집들은 대체로 새로 지어진 저밀도의 근교지역에 위치했으며, 대중교통수단과 연결이 되지 않았고 개인용 차량에 의존해야 했다. 이런 종류의 근교지역은 2차 대전 이전부터, 특히 1차 대전 직후부터 이미 증가하기 시작했는데, 1950년과 1970년 사이에 폭발적으로 성장했다. 그 20년 동안 미국의 전체 인구 성장률의 83%가 근교지역에서 발생했고, 근교지역 인구는 3,600만 명에서 7,400만 명으로 2배 이상 증가했다.

아이젠하워의 1919년 여정은 병참(logistics)이 군사업무에서 가장 중요하다는 사실을 강조하고 있다. 로지스틱스(logistics)라는 단어가 영어에 처음 나타난 것은 1860년대로, "부대를 이동하고 숙영시키는 기술"을 의미했다. 또한 아이젠하워의 훈련여정은 수송대가 정책에 영향을 미치고 도시를 바꾸게 하는 중요한 역할을 했다는 것을 보여주기도 했다. 마지막으로, 기술의 발전이 사회적, 정치적 그리고 지리적 맥락에 따른다는 것도 상기시켜주었다. 미국 도시들에서 사람들과 물건들이 움직이는 시스템의 진화가 바로 그 경우이다.

움직이는 미국, 노면전차부터 트럭까지

노면전차(streetcar)가 요즘에는 대부분 유럽을 연상시키지만, 19세기 말에는 미국의 주된 교통수단이었다. 1890년 미국의 노면선로는 (케이블카와 엘리베이터까지 포함하여) 20억 명이 넘는 승객을 실어 날랐는데, 미국을 제외한 나머지 세계에서의 승객보다 2배가 넘는 수치였다. 그리고 1903년 말에는 98%의 노면선로들이 전기를 동력으로 움직였다.

1880년 이전에는 대부분의 미국 도시 거주민들이 걸어서 출근했다. 노면전차는 뉴욕, 보스톤, 필라델피아, 로스앤젤레스와 같은 도시들의 경계를 새로운 지역으로 확장했다. 노면전차는 그 이전에 대체된 마차보다 4배 빨라서 통근시간을 단축시켰다. 전찻길은 건축물들이 들어서지 않은 지역으로 놓이는 경우가 많았고, 그 이후에 새로운 주거지역들이 많이 생겨났다. 우리가 지금 "근교(suburbs)"라고 부르는 것과 달리, 그때의 근교지역은 도시에 더 가까웠고 대중교통으로 연결되었으며 상대적으로 밀집도가 높았다.

그 당시에는 용도제한법이 없었음에도, 노면전차로 연결된 근교지역의 토지용도는 상대적으로 균일했다. 디벨로퍼들은 전찻길을 따라 명확하고 예측 가능한 경로로 도시를 확장했다. 노면전차가 사람들은 태울 수 있었으나, 무거운 짐들은 실어 나를 수가 없었고, 다른 형태의 지상 교통수단은 비용이 많이 들었다. (이는 기차의 독점적 권력 때문이기도 했다.) 다시 말해, 사람들을 이동시키는 것이 물건과 기계를 운반하는 것보다 쉽고 비용이 적게 들었다. 그래서 근교의 주거지역이 성장하고 제조 및 중공업 물류는 부두나 철도 종착역에 인접한 원래의 도심에 더 가까이 남아있었다.

결과적으로 노면전차로 연결된 근교지역은 확장된 도시와는 그 토지용도가 달랐다. 공장도 없었고, 공장 노동자들을 위한 다세대주택도 없었다. 디벨로퍼들은 전찻길을 따라 비슷하게 생긴 단독주택들을 줄지어 짓고, 철로에 가장 가까운 대로에는 작은 상점들과 저층 아파트먼트 빌딩들을 지었다. 이처럼 토지용도가 상대적으로 조직화된 특성을 갖게 된 것은 비주거 용지에 대한 디벨로퍼들과 물류적 제약 간의 조정결과였다. 윌리엄 피셀(William A. Fischel)이 「용도제한규칙: 토지사용규제의 경제학(Zoning Rules: The Economic of Land Use Regulation)」에서 지적한 바와 같이, 노면전차선이 장소를 통제하는 것이 용도구분을 대체하게 되었다.

이 모든 것들은 헨리 포드가 자동차 대량생산을 시작하자 변화되었다. 승용차들은 공통적으로 예전 형태의 균질한 개발을 약화시키는 역할을 했고, 이로 인해 개발을 더욱 균질하게 만드는 용도제한법(zoning law)의 필요성이 생겨났다. 그러나 윌리엄 피셀이 주장한 바와 같이, 실제로 과거 질서를 약화시킨 것은 포드자동차 모델 T의 더 크고 덜 우아한 사촌격인 화물자동차(트럭)와 버스였다.

트럭은 자동차가 나온 이후 곧바로 사용에 들어가게 되었고, 중공업을 시내 기차역과 부두 가까운 위치에서 해방시킴으로써 "제조사들이 주거지구에 있는 낮은 비용의 토지를 이용할 수 있게 해주었다." 트럭은 물품을 내륙으로 이동시키는 비용을 절감했고 산업의 분산을 촉진했다. 피셀이 지적한 바와 같이 미국에 등록된 트럭 수는 1905년에서 1920년 사이 대략 매 2년마다 두 배로 상승했다.

버스는 아파트먼트 건물들이 전찻길 가까이에 지어져야 할 필요성을 없애주었다. 과거에는 이동의 자유가 자동차나 말을 소유하고 단독주택에 살 만큼 충분히 부유한 중산층과 상류층들에게만 있었다. 이제는 버스가 아파트먼트 거주자들도 근교에 살 수 있게 해주었다.

1920년대에 버스들이 노면전차를 대체하기 시작했고, 1930년대에는 버스가 훨씬 더 대중화되었다. 1938년과 1950년 사이 제너럴모터스(GM),

파이어스톤 타이어, 스탠다드 오일 등의 회사들이 노면전차선을 인수한 회사에 투자하여, 100여 개의 노면전차 선로를 자동차 엔진, 타이어, 가솔린을 필요로 하는 버스노선으로 바꾸었다. GM과 그 파트너들은 나중에 자신들이 인수한 "지역 교통회사가 사용하는 물자의 판매를 독점하려는 모의"에 대하여 유죄판결을 받았다. 그러나 그때는 이미 가솔린을 마셔대는 지니(genie)가 램프에서 빠져나온 후였다.

용도구분: 복합용도와 복합적 인종

노면전차나 기차와 달리, 트럭과 버스는 더 많은 장소에 도달할 수 있었고, 더 많은 정류장을 만들 수 있었으며, 자주 그리고 쉽게 경로를 바꿀 수 있었다. 결과적으로, 디벨로퍼와 기존 거주자들은 토지가 이용되는 방식과 토지 사용자를 예측하고 제한하는 것이 더욱 어려워졌다. 이것이 용도제한법의 필요를 만들어냈다. 용도제한법은 부유한 거주자들, 사회개혁가들, 부동산 회사, 디벨로퍼를 포함한 지역 이해집단들이 밀집된 주거 및 유해한 산업용도의 확산을 제한할 수 있게 했다.

밀집된 아파트먼트 건물에 대한 반대는 흑인들과 새로운 지역에서 이주해온 사람들을 제한하는 방법이기도 했다. 용도제한법은 논란이 많았고, 결국 미 대법원까지 가게 되었다. 이 유명한 1926년 소송에는 산업용지 디벨로퍼인 엠버리얼티(Amber Realty)와 오하이오 주의 유클리드 시정부가 관련되어있었다. 법원은 용도제한법령을 공포할 지방정부의 권리를 인정했다.

이 소송이 산업용지가 부유층의 주거 커뮤니티를 침입하는 것에 관한 것이었다는 사실에도 불구하고, 다수의견에서는 아파트먼트 건물 개발에 대한 혐오감을 표현하는 것도 필요하다고 보았다. 조지 서덜랜드 판사가 작성한 다수의견을 보면, "너무도 자주 아파트먼트 주택은 주거지역 특성이 만들어낸 개방형 공간과 매력적인 주변환경을 이용하기 위해 건축된 기생충에 불과하다." 서덜랜드 판사는 또한 1920년대 2개의 다른 논란이 많은 소송에 대해서도 다수의견을 작성했는데, 인도나 일본 출신의 아시아 사람들은 미국 시민이 될 수 없다고 선언했다. 그 이유는 그들이 미국 건국의 아버지들로 정의되는 "백인들"과 일치하지 않기 때문이었다.

더 공정한 용도제한법을 위한 투쟁은 오늘날까지도 계속되고 있으며, 수많은 책에서 이를 다루고 있다. 그러나 이 책의 우리 목적에서는, 산업부동산과 그곳에서 살고 있는 사람들이 새로운 교통기술에 의해 자유로워졌고 도심에서 벗어나 교외지역과 시골지역으로 트럭, 버스, 자동차가 계속 다니는 고속도로를 따라 확산되었다는 것을 주목하는 것이 중요하다.

오늘날 새로운 모빌리티와 유통 시스템은 다시 한번 기존 질서를 약화시키고 있다. 이는 결국 산업부동산이 어디에 위치하고, 어떻게 설계되고, 운영되며, 가치평가되는가에 영향을 미친다. 시간이 지남에 따라, 대부분의 사람들이 어디에 그리고 어떻게 살고 일하는지에 대해서도 영향을 미칠 것이다. 그 가능한 결과에 대한 우리의 탐구는 한 회사로부터 시작한다. 이 회사는 산업공간을 크게 차지하고 있기도 하고, 엄청난 양의 물건을 이동시키며, 많은 수의 사람들을 고용하고 있다.

아마존: 3억 제곱피트의 거대기업

벅스턴 가족의 UPS 택배를 훔친 혐의를 받은 그 택배기사는 아마존에서 일하고 있었다. 그러나 그는 아마존 직원은 아니었다. 아마존은 플렉스(Flex)라는 프로그램을 운영하고 있었는데, 아마존 배송센터에서 택배를 받아 고객에게 직접 전달하는 임시직이었다. 우버(Uber)와 비슷한 이 크라우드소싱 배송체계는 아마존이 직원 수를 늘리지 않으면서 수요가 증가할 때마다 대응할 수 있는 방식이다. 그리고 우버와 마찬가지로 플렉스 운영도 매번 최소한의 훈련을 받는 계약직 노동자를 안내하고 총괄하는 자체 소프트웨어에 의해 작동된다. 개인 자동차를 이용하는 파편화된 배송 네트워크에 의존하는 것은 트럭과 상업적 교통이용에 제약이 있을 수 있는 도시지역에 작은 물건들을 직접적으로 배송하는 것을 쉽게 만들고 있다.

소프트웨어는 또한 미개발된 부지들을 아마존 유통채널의 중요한 접점으로 바꿀 수가 있다. 이는 다수의 위치와 수요에 따른 운전자들의 네트워크로 이러한 부지들을 통합함으로써 가능하게 한다. 2018년 성수기 명절 쇼핑 시즌 동안 아마존은 대형 텐트를 공터에 설치하고 그 수요에 대응했다. 물리적 자원과 인적 자원을 빠르게 그리고 상대적으로 낮은 한계비용으로 정리할 수 있는 능력을 통해, 다른 회사들에서는 값비싼 부동산 자산과 거대한 자동차 부대를 동원해야만 가능한 과업을 수행하고 있다.

그러나 아마존도 많은 전통적 부동산을 사용하고 있다. 2018년 12월 기준, 아마존에 따르면, 이 회사가 "풀필먼트센터, 데이터센터 등"에 사용하는 부지는 2억 7,700만 ft^2(2,600만 m^2)에 달한다. 아마존은 프로로지스(Prologis)의 미국 최대 테넌트이다. 프로로지스는 세계 최대의 산업부지를 소유 및 운영하고 있는 회사로, 아마존이 임차하고 있는 공간은 2017년 말 기준 1,600만 ft^2(149만 m^2)이고 아마도 2018년에는 그 면적이 더 넓어

졌을 것이다. 다시 말해, 프로로지스는 아마존에 가장 많은 부지를 임대해주고 있는데, 이 회사가 운영하고 있는 창고부지의 13%를 제공하고 있다. 또한 아마존은 프로로지스의 주요 글로벌 경쟁자인 GLP의 최대 글로벌 테넌트이기도 한데, 이 회사가 보유한 미국 포트폴리오의 4.5% 즉 770만 ft^2(72만 m^2)를 임차해 쓰고 있다. 앞에서 언급한 바와 같이, GLP의 미국 포트폴리오는 2019년 블랙스톤(Blackstone)에 팔렸다.

그러나 아마존은 단순한 테넌트이기만 한 것이 아니라 그 스스로 임대권자기도 하다. 아마존은 2018년 말 기준 1,100만 ft^2(102만 m^2)를 소유하고 있고, 그 반 이상이 산업부지이다. 이는 아마존이 사용하고 있는 부지의 4%에 불과하지만, 그 수치는 2016년 이후 2배로 증가한 것이고, 이 증가세는 계속될 것으로 보인다. 흥미로운 것은 아마존이 전통적 산업부지만을 사들이고 있는 게 아니라는 것이다. 아마존은 폐업한 쇼핑몰도 매입하여 물류센터로 전환 중에 있다.

쇼핑몰 부지는 산업시설에 이상적인 특성을 많이 가지고 있다. 우선, 쇼핑몰 부지는 넓고 평평하며, 산업등급의 전력 및 물 공급 시스템과 연결되어있고, 고속도로 주변과 기존 버스정류장 근처에 위치하고 있다. 이 말은 건설이 쉽고, 트럭의 접근이 용이하며, 직원들이 통근하기 좋다는 의미이다. 우연히도, 아마존이 사들인 쇼핑몰 중 하나는 오하이오 주 유클리드에 위치하고 있는데, 이 도시에서 토지용도를 통제하려는 노력이 대법원 판결의 근거가 되어 용도제한법이 널리 확산되게 만든 바로 그 도시이다. 유클리드 스퀘어몰 부지는 현재 855,000ft^2(79,400m^2) 넓이의 아마존 풀필먼트센터로 변모되어있다.

아마존은 또한 다층으로 된 풀필먼트센터를 도시지역 내에 짓고 있는 것으로 보도되고 있다. 역사적으로 창고와 풀필먼트센터는 트럭과 직원들을 수용하기 위해 단층으로 넓게 펴져있었다. 트럭과 사람이 여러 층을 편리하게 오가려면, 비용이 비싸고 더 무거운 구조가 필요하다. 다른 대안은 창고를 지하에 짓는 것이다. 이것은 현재 런던 히드로 공항 근처에서 시도되고 있다. 그러나 땅을 굴착하는 것은 기존 토지 위에 가벼운 구조를 올리는 것보다 훨씬 더 많은 비용이 들고, 지하구조는 배송트럭과 사람 모두 접근에 어려움을 준다. 세계가 점점 더 도시화되면서, 라스트마일(last mile) 물류의 경제는 끊임없이 변화할 것이다.

그러나 아마존은 이러한 경제를 작동시키기 위해 수요와 공급의 단순한 힘에 의존하지 않고 있다. 산업부동산에 관한 기본적 가정에 의문을 제기하면서 유통체인 전반에 걸친 혁신을 이용하고 있다. 아마존 플렉스 프로그램을 통해, 이 회사는 과거에 트럭이 수행했던 일을 개인 자동차를 이용한 배송으로 처리하고 있다. 창업자인 제프 베이조스는 처음에 이 프로그램을 아마존 "카다브라(Cadabra)"로 지으려고 했다. 마술 주문인 "아브라카다브라"처럼 고객에게 마술 같은 경험을 제공한다는 의미였다. 그러나 마술은 훈련되지 않은 사람이 자신의 스바루를 타고 배송하는 방식 그 이상을 필요로 한다. 바로, 지능형 기계를 필요로 하는 것이다. 2012년 아마존은 창고 서비스를 하는 로봇 제조사인 키바(Kiva)를 7억 7,500만 달러의 현금을 주고 인수했다. 데이터 제공업체인 피치북(Pitchbook)에 따르면, 인수 2년 내에 풀필먼트 로봇부대는 인력작업으로 60~75분 걸리던 배송준비 속도를 15분으로 단축시켰다. 아마존은 운영경비에서 20%를 절감했다.

키바는 아마존로보틱스(Amazon Robotics)로 회사명을 변경하고 아마존이 100% 소유한 자회사로서 더 나은 고객 경험을 창출하기 위한 자동화 이용에 초점을 맞추고 있다. 아마존의 과거 채용이력은 이 회사가 자동화에 얼마나 열심히 투자하고 있는지를 보여준다. 2014년에서 2016년 사이에 아마존은 미국 전역에서 5만 명의 창고직원을 추가로 채용했는데, 이는 3만 대의 로봇보다 많았다. 창고직원 수는 2016년에서 2019년 사이에 두 배 이상 늘었는데, 로봇의 수는 더 빠르게 성장한 것으로 추정된다.

아마존은 아직까지는 단기나 중기적으로 여전히 노동력 부족을 겪고 있으면서도, 풀필먼트센터에서의 일을 대부분 로봇이 대체할 미래를 이미 준비하고 있다. 2019년 7월 아마존은 2025년까지 10만 명의 직원을 재훈련하겠다는 새로운 정책을 발표했다. 이 정책에는 총 7억 달러가 소요될 것으로 예상된다. 직원들이 아마존 내에서 더 고급의 직무를 맡거나 아마존이 아닌 다른 직장에서 새 직업을 찾도록 도움을 주는 것이다. 예를 들어, 풀필먼트센터의 시간제 노동자들은 회사의 다양한 시설에서 운영되는 기계를 관리하는 IT지원 업무를 위한 재훈련을 받는 식이다.

아마존은 더 높고 여러 층으로 된 물류센터를 활용하기 위해 자율비행 드론에도 관심을 표시하고 있다. 물리적 공간을 더 집약적으로 사용하고, 물류센터를 위쪽으로 확장시키는 것은 토지에 대한 의존도를 낮추는 데 도움이 될 것이다. 이 말은 아마존이 부동산의 점유면적을 확대하지 않는다는 것이 아니라 여러 추정에 따라 면적을 넓힐 수도 있지만 예측수요에 대해 임대권자들이 취하던 전통적 방식과는 다르게 한다는 의미이다. 아마존은 대형 서드파티 셀러들이 아마존 플랫폼을 통해 배송 및 물류 소프트웨어를 사용할 수 있도록 하고 있다. 이 뜻은 주문이 판매자로부터 고객에게 직접 배송되어 아마존의 물리적 시설 및 노동력을 사용할 필요가 없게 한다는 것이다.

또한 소프트웨어는 다른 방식으로 물류의 점유면적을 줄여준다. 아마존은 인공지능을 이용하여 고객들이 구매할 물품, 사이즈, 색상을 정하고 이 물품이 어디로 배송되어야 하는지를 정한다. 사실상 모든 것들은 고객이 실제 구매를 하기 전에 이루어진다. 예를 들어, 아마존이 특허를 낸 예측배송 방법은 "배송주소를 완전하게 특정하지 않은 상태에서 목적지의 지리적 권역으로" 택배를 보낸 후, 배송 중에 상세주소를 나중에 추가하는 것이다.

고급 데이터 분석은 어떤 신제품 카테고리(예를 들어, 세금 관련 소프트웨어)의 새 버전이 출시되면 최신 모델만을 위한 수요가 창출되는지, 그리고 다른 제품 카테고리(예를 들어, DSLR 카메라)에서는 신제품 출시가 구형 모델에 대한 수요를 증가시키는지 등을 파악하도록 도와준다. 또 다른 사례에서, 바나나가 품절되면 사람들이 전체 장바구니를 포기하는 반면 다른 제품의 경우는 그렇지 않다는 것과, 바나나는 월요일에 수요가 가장 많다는 것을 회사에서 알게 해준다.

아마존의 포부는 고객의 대문 앞에서 멈추지 않는다. 아마존은 택배가 집 안으로 확실히 들어갔는지를 확인하고 싶어 하는데, 그럼으로써 반복 배송과 파손, 절도의 발생을 줄일 수 있기 때문이다. 2018년 2월 아마존은 가정용 보안 카메라 및 접근통제 시스템 제조사인 링(Ring)을 인수했다. 아마존은 또한 밀집지역의 공동주택 건물 거주자들을 위한 자동화된 사물함 네트워크도 운영하고 있다. 그리고 프라임 회원인 경우, 자동차 제조사와의 특별 통합서비스를 통해 자가용 트렁크로 택배배송을 해주기도 한다. 배송상황을 24시간 확인하는 능력은 저장공간을 보다 효율적으로 사용할 수 있게 해준다.

물류 자동화의 부상

다른 리테일러들도 아마존의 뒤를 따르고 있다. 유니클로의 소유주이자 세계 최대의 의류 리테일러인 패스트리테일링(Fast Retailing)은 2018년 10월 일본의 물류 자동화 시스템 제조사인 다이후쿠와 파트너십을 맺고 창고자동화에 8억 8,500만 달러를 투자한다는 계획을 발표했다. 이 파트너십은 벌써 열매를 맺고 있다. 2달 만에 패스트리테일링의 도쿄지역 창고 중 한 곳에서는 직원을 2명만 고용하고 있는데, 이는 원래 기존 직원이 20명이었던 것과 비교되는 숫자이다. 인건비를 낮추는 것 외에도, 이 회사는 이제 하루 24시간 동안 창고를 운영할 수 있다. 또 다른 성과는 물건이 더 빨리 배송되고 창고에 머무는 시간이 줄어들었다는 것이다.

세계 최대의 리테일러 중 하나인 크로거(Kroger)는 2018년 12월 자율주행 배송차량 개발업체인 뉴로(Nuro.ai)와 파트너십을 선언했다. 이 두 회사는 애리조나 주 스코츠데일에서 무인 식료품 및 잡화배송 프로그램을 론칭했다. 이것은 아직 초기 실험단계로, 각각의 무인차량 뒤로 감독하는 사람이 다른 차를 타고 따라가고 있다. 2019년 2월 뉴로는 소프트뱅크로부터 9억 4천만 달러를 투자받았다. 소프트뱅크는 도어대시(DoorDash), 우버, 디디추싱(Didi Chuxing), 그리고 GM의 크루즈 오토메이션(Cruise Automation) 등 다른 모빌리티와 자율주행차 벤처들에도 몇십억 달러를 추가 투자한 바 있다. 소프트뱅크는 심지어, 피자를 만드는 전문로봇을 개발하고 있는 스타트업 줌(Zume)의 투자자이기도 하다.

또 다른 리테일 거대기업인 월마트(Walmart)는 아마존 플렉스와는 달리 크라우드소싱된 운전자들로 실험을 해오고 있다. 월마트에 따르면, 이 실험은 배송비용을 50% 이상 절감할 수 있었고 시간에 맞게 배송되는 주문의 비율을 증가시킬 수 있었다. 또 다른 실험에서, 월마트는 직원들이 집에 가는 길에 택배를 전달할 수 있게 하는 소프트웨어를 사용했다. 2011년 월마트는 월마트랩스(Walmart Labs)를 창업하고, 캘리포니아 마운틴뷰에 있는 SNS 기술회사인 코스믹스(Kosmix)의 인수를 통해 직원들을 충원했다.

월마트랩스는 100% 자체소유 기업으로, 매장과 온라인의 쇼핑 경험을 효율화하기 위한 솔루션을 개발하는 데 집중하고 있다. 2019년 6월 월마트는 식료품이나 잡화를 고객의 집으로 직접 배송하는 새로운 서비스를 론칭할 계획을 선언했다. 인홈 딜리버리(InHome Delivery)라고 불리는 이 서비스는 문을 열기 위한 스마트 도어 록과 고객들이 실시간으로 배송되는 것을 볼 수 있는 카메라를 사용할 것이다.

월마트의 물류투자는 중국에 주로 집중되고 있는데, 크라우드소싱 배송 서비스인 뉴다다(NewDada)와 중국 최대의 온라인 리테일러이자 그 자체가 혁신기업인 JD.com과 같은 회사들에 투자하고 있다. JD.com의 창업자인 리처드 류(Richard Liu)는 회사가 완전히 자동화될 수 있는 미래를 상상하고 있다. 이것은 많은 사람들이 생각하는 것보다 훨씬 더 현실적이다. 상하이에 있는 이 회사의 풀필먼트센터 가운데 한 곳에서는 4명의 직원만으로 하루에 20만 건의 주문에 대해 포장과 배송을 하고 있다. JD.com의 또 다른 투자자는 구글이고 약 5억 5천만 달러를 투자했다.

JD.com과 구글은 새로운 인프라 솔루션을 만들어낼 수 있는 각자의 역량에 집중하겠다는 계획을 선언했다.

중국 최대의 온라인 리테일 플랫폼인 알리바바는 자체적인 물류기술 서비스인 차이냐오(Cainiao)를 보유하고 있다. 알리바바는 국내와 글로벌 스마트물류 네트워크에 150억 달러를 투자해서 중국 내 어느 곳이든 24시간 배송과 지구상 어느 곳이든 72시간 배송을 가능하게 하겠다고 선언했다. 또한 차이냐오는 중국 최대의 로봇으로 작동되는 창고를 운영하고 있는데, 이곳에서는 700개의 자율주행차로 택배들이 이동된다. 과거 10여 년간 알리바바는 배송, 로보틱스, 정보분석 스타트업들을 포함해 100개가 넘는 기업들을 인수하거나 투자했다.

소규모 회사들도 복합적인 유통 네트워크를 이용하기 시작하고 있다. 워싱턴 주 시애틀에 본사를 둔 스타트업인 플렉스(Flexe)는 온디맨드 창고저장과 풀필먼트 서비스를 제공한다. 인기 있는 신발 제조업체인 탐스(TOMS)는 평상시 서비스하지 않는 시장에서의 팝업스토어 네트워크를 지원하기 위하여 플렉스(Flexe)를 이용한다. 이러한 매장들은 2~3주 이내에 론칭할 수 있다. 미국 전역에 있는 플렉스의 파트너 네트워크는 탐스를 빠르고 저렴한 비용으로 수용할 수 있었다. 이 사례에서 나타나는 바와 같이, 대규모로 제품을 유통하는 비용이 점점 낮아지는 동시에, 소규모의 단기적 솔루션에 대한 수요가 증가하고 있다. 또한 소비자 트렌드와 산업공간 사이에서 불가분의 관련성도 중요시되고 있다. 2019년 2/4분기 기준, 플렉스는 타이거글로벌매니지먼트(Tiger Global Management)와 레드포인트벤처스(Redpoint Ventures)와 같은 투자자들로부터 6,400만 달러의 벤처자금을 투자받았다.

수요의 파편화

2006년 「타임(Time)」 지는 올해의 인물로 이례적인 인물을 선정했다. 그 사람은 바로… "당신(You)"이었다. 그렇다, 당신. 당시 「타임」 지가 설명한 바와 같이 "월드와이드웹은 수백만 명의 사람들의 작은 기여를 함께 모을 수 있는 도구가 되었고, 그 사람들을 중요하게 만들어주었다."2000년대 중반에는 사용자 제작 콘텐츠(user-generated contents)를 촉진하고 영향력을 높여주며 돈을 만들어주는 온라인 플랫폼들이 폭발적으로 증가했다. 가장 먼저 (2003년 구글이 인수했던) 블로거(Blogger)가 생겨났고, 그다음은 플리커(Flickr)와 페이스북, 그리고 그 이후에는 유튜브와 트위터, 텀블러, 그리고 마침내 인스타그램이 생겨났다. 콘텐츠를 생산하는 사람과 그것을 소비하는 사람 사이의 전통적 구분은 없어졌다. "당신", 우리 모두는 갑자기 그 두 가지를 함께 하게 되었다.

이러한 패러다임의 전환은 새로운 미디어 제국들을 만들어냈고, 몇몇 오래된 미디어들을 무너뜨리며, 새로운 포맷과 비즈니스 모델의 결합과 실험을 급증시켰다. 이 배경에는 생산과 유통 미디어의 비용이 엄청나게 감소했다는 사실이 있었다. 모두가 즉각적이고 무료로 기사를 쓸 수 있고, 사진을 올리고 비디오를 공유하는 일을 할 수 있게 된 것이다. 닷컴 붕괴의 여파로, 인터넷 회사를 설립하는 것이 갑자기 저렴해졌다. 닷컴버블 동안 투자되었던 모든 인프라는 그 자리에 있었고, 다양한 오픈소스들이 경쟁적으로 테스트되었으며, 수십 명의 엔지니어들을 상대적으로 저렴한 비용에 구할 수 있게 되었다.

수요 측면에서, 콘텐츠의 과잉은 롱테일(long tail)의 힘을 드러냈다. 롱테일의 개념은 하나의 히트 상품을 다수의 주류 소비자들에게 파는 것보다 수백만의 틈새시장을 공략하는 것이 더 수익성이 높을 수 있다는 것을 말한다. 새로운 검색 및 추천 기술은 스포티파이(Spotify), 아이튠즈, 넷플릭스*와 같은 새로운 유통 플랫폼에 있는 무제한의 선택들 중에서 골라내는 것을 쉽게 만들어주었다. 소비자들은 더 이상 인기 있는 노래들을 라디오로 듣거나 정해진 TV 편성대로 시청할 필요가 없어졌다. 모두가 자신들이 원하는 것을 원할 때 얻을 수 있었다. 텍스트, 음악, 비디오 등 디지털화될 수 있는 모든 상품은 이 물결을 탔다.

바이어에서 메이커로

비슷한 역학관계는 물리적 제품의 생산에서도 관찰될 수 있다. 소규모 제조 비즈니스를 설립하는 것이 그 어느 때보다도 쉬워졌다. DIY에 열광한 사람들은 세계적으로 메이커 운동(Maker Movement)의 성장을 가속화시키고 있다. 3D 프린팅 같은 신기술과 유튜브로부터 얻는 오픈소스 지식을 사용하고, MakerShare.com과 같은 전문 사이트는 사람들이 자신의 취미를 상업적 성취로 바꾸고 있다. 상품 제조자와 상품 판매자 간의 구분이 없어지고 있다.

전 세계의 수많은 메이커스페이스(Makerspace)들에서는 개인들이 각자 구입하기에는 너무나 비싼 전문 도구들을 함께 공유하고 직접 사용법을 배울 수 있다. 브루클린의 뉴랩(New Lab)과 같은 대형 하드웨어 중심 협

---

* 넷플릭스(Netflix)는 DVD 대여점에서 시작해 2007년 온라인 스트리밍으로 전환했다.

업공간은 실험용 오븐, 블라스트 캐비닛, 진공 성형기, 고급 3D프린터 등의 중장비를 필요에 따라 이용할 수 있게 하는 서비스를 하고 있다. 이러한 공간들은 회원들에게 지적재산권과 투자유치에 관한 조언과 전문 소프트웨어 사용, 그리고 투자자 및 파일럿 고객들을 만날 기회도 함께 제공하고 있다. 2018년 4/4분기 기준 뉴랩은 그 회원사들이 270개사의 투자 파트너들로부터 4억 5천만 달러가 넘는 자본을 투자받을 수 있도록 도왔고, 3억 5천만 달러의 성공적인 자본회수와 17억 달러의 가치평가를 기록했다.

3D 프린팅은 선택적 레이저 소결기술(selective laser sintering), 압출적층조형(fused deposition modeling), 광경화성 수지조형(stereolithography) 등과 같은 적층가공 기술을 말한다. 이론상으로 이 기술들은 개인들이 많은 물건들을 집에서 프린트하고 쇼핑을 하지 않게 만들 수 있다. 3D 프린팅이 리테일을 고사시킬 수 있다는 우려가 있기도 하지만, 세계경제포럼(World Economic Forum)의 보고서에 따르면 3D 프린팅이 글로벌 거래를 소멸시키지 않을 것이라는 전망이다. 현재 그리고 예측 가능한 미래에서 3D 프린팅 경제가 대량생산과 경쟁할 수 없고, 이 기술은 소량생산에서 가장 효과적이다. 소수의 고객맞춤제작과 지연생산체계(postponement)[127]에서 대량생산을 보완할 수는 있지만 이를 완전히 대체하지는 못한다.

유통 측면에서 이베이와 아마존 같은 온라인 마켓플레이스는 누구든

---

127 지연생산(postponement): 재고를 줄이고 최종소비자의 니즈에 유연하게 대응하기 위한 생산방식. 대표적인 사례로 베네통(Benetton)에서 울 스웨터를 먼저 생산하고, 소비자 기호 변화에 대응하여 의류 염색을 출시 직전까지 지연하는 전략 등이 있다. - 역자 주.

지 수천만 명의 잠재고객에게 도달할 수 있게 해준다. 인스타그램과 핀터레스트 같은 SNS 플랫폼들은 틈새시장 마케터들이 새로운 고객을 유인할 수 있도록 도와주고 기존 고객-마케터 관계도 지원한다. 자체적인 전자상거래 웹사이트의 구축을 원하는 메이커와 소규모 리테일러들은 쇼피파이(Shopify)나 우커머스(WooCommerce)와 같은 서비스형 소프트웨어(software as a service) 제공회사를 이용할 수 있다. 그리고 시포(Shippo)와 쉽밥(ShipBob) 같은 회사들은 모든 규모의 판매자들이 클릭 한 번으로 재고를 관리하고 복잡한 물류 네트워크로 진입할 수 있게 해준다.

대형 또는 소형 리테일러 양쪽 모두에서 온라인 판매제품들이 늘어남에 따라, 점점 더 많은 소비자들은 제품이 진정성 있고, 자신들의 니즈에 맞추어 제작되기를 기대하고 있다. 수제품 및 소량제품을 위한 마켓플레이스인 엣시(Etsy)는 2018년 39억 달러의 매출을 달성했는데, 이는 2017년보다 20% 성장한 것이다. 종합적으로 볼 때, 공장에서 만들어지지 않은 물건들이 전체적 공급에 유의미한 부분을 차지할 수 있다는 것을 알 수 있다. 그러나 엣시에서 판매되는 많은 제품들이 대량생산된 제품들(예를 들어, 담요, 티셔츠, 종이제품 등)을 고객 니즈에 맞게 최종 생산품으로 만든 지연생산(postponement)의 한 형태이고 제조가 아니라고 할 수도 있다. 어느 쪽이든 최초의 제조생산자에서 최종 사용자까지의 여정은 변화하고 있다고 할 수 있다.

진정성에 대한 추구는 소비자들이 환경 및 사회적 문제들에 더 민감해짐에 따라 제품의 물리적 특성을 넘어서고 있다. 벤처캐피털 투자를 받은 의류브랜드인 에버레인(Everlane)은 "극단적 투명성"을 추구하면서, 원자재 비용 인건비, 수송비, 세금, 하드웨어, 이윤 등의 상세내역을 웹사이트에 공유하고 있다. H&M이 자매 브랜드로 론칭한 아르켓(Arket)은 모든 의류마다 생산되는 공장에 관한 정보를 소비자들에게 제공하고 있다. 유니레버와 펩시코 같은 대기업들도 환경적 영향을 줄이려는 자신들의 노력을 홍보하고 있고, 최근 사회적, 윤리적, 환경적 성과를 개선하기 위한 새로운 정책을 발표했다. 그 결과로, 공급체인과 산업공간은 전례 없는 주목을 받고 있다.

메이커의 미래

이러한 사회적 윤리적 이슈들을 해결하는 방법 중 하나가 직원에 대한 전적인 의존을 줄이는 것이다. 포괄적으로 4차 산업혁명 또는 인더스트리 4.0으로 불리는 움직임 내에서 많은 신기술들이 대량생산을 탈바꿈시키고 있다. 이러한 신기술들에는 자율로봇, 컴퓨터 시뮬레이션, 사물인터넷(IoT) 연결 장치, 증강현실, 빅데이터, 정보분석, 클라우드 기반 소프트웨어, 고급 사이버보안 시스템, 3D 프린팅 등이 포함된다.

제조로봇의 매출은 2013년과 2018년 사이에 2배 넘게 성장했고, 2009년보다는 10배 가까이 성장했다. 이러한 로봇들은 현재 자동차, 전자, 금속, 화학 등 중공업에 집중되어 있다. 한국은 생산직원당 산업로봇의 집중도가 가장 높은 국가로, 싱가포르, 독일, 일본이 그 뒤를 잇고 있다. 미국은 그 순위에서 7위로 대부분의 다른 OECD 국가들보다 앞서있다. 컨설팅기업 PwC에 따르면, 미국의 로보틱스 기술 스타트업에 투자된 벤처자금은 2013년에서 2017년 사이 4배가 증가하여 14억 달러를 넘어서고 있다.

5세대(5G) 모바일 네트워크의 배치는 직접적으로 소통할 수 있고 인간 운영자들에게 의존하지 않으면서 의사결정을 하는 자동화 시스템의 채택을 촉진시킬 것으로 예측된다. 일부 애널리스트들은 5G 배치가 19세기에 철도가 등장한 것과 같은 결과를 가져올 것으로 예측하기도 한다. MIT 미디어랩의 연구교수인 케빈 슬레이븐(Kevin Slavin)에 따르면, 우리는 인간이 해석할 수 없는 알고리즘을 인간과 기계가 만들고 있는 특이한 역사적 순간을 살고 있다. 이 말의 의미는 인간들이 현재 "인간에 대한 이해가 없이 인간이 만든 물리학의 지배를 받는 생각과 행동, 노력을 하고 있다"는 것이다.

로봇은 부지런하게 일할 뿐만 아니라 사람이 할 수 없는 것까지 (예를 들면, 하늘을 나는 것까지) 할 수 있다. 로봇이 소비재의 유통과 창고업무에 영향을 미치는 것 외에도 무인항공기(UAV 또는 드론) 역시 공장들에서 점차 더 많이 사용되고 있다. 사유지에서 드론을 사용하는 것은 미 연방항공청의 규제를 받지 않는다. 그렇기 때문에 제품을 수송할 때는 허용되지 않는 용도에 대해 회사들이 실험해볼 자유를 가질 수 있다. 기업용으로 출하되는 드론의 수는 2021년까지 805,000개에 달할 것으로 예상되는데, 이는 2016년보다 8배 증가된 수치이며, 소규모 물품의 수송에 새로운 길을 열 수 있을 것으로 예측된다.

창고시설 내에서 드론이 유용한 것처럼, 일단 드론이 사유지와 공유지 전반을 날아다닐 수 있도록 허용되면 더 큰 영향이 있을 것이다. 과연 드론이 허용될지 또는 어떻게 허용될지는 아직까지 불확실한 상황이다. 이 문제에 대해서는 이번 섹션 후반부에서 다시 다루고자 한다. 그러나 먼저, 세계 최대의 산업부동산 임대권자들이 어떤 혁신 노력을 하고 있는지 살펴보자.

19
21세기의 산업부동산 임대권자

온라인 상거래의 성장으로 그 어느 때보다도 산업공간의 수요가 많아지고 있다. 그러면서도, 각 공간의 가치는 그 공간이 특별한 하드웨어 시스템을 수용할 수 있고 리테일러 특유의 유통채널과 통합할 수 있는 정도에 따라 달라진다. 그리고 일부 대형 테넌트들은 임대권자들이 수용해줄 때까지 기다리고만 있지는 않다. 테넌트들이 직접 토지를 소유하고 자체적인 맞춤형 구조를 설치하고 있다. 다른 경우에서는, 임대권자들이 새로운 온디맨드 마켓플레이스를 통해 소형 클라이언트들에게 서비스하기도 한다. 이 의미는 물리적 공간들이 점점 상품화되고 있고 고객관계는 마켓플레이스를 소유한 자가 갖게 된다는 것이다.

전통적 임대권자의 자금조달, 개발, 유지관리 능력만으로는 이제 충분한 경쟁력을 갖지 못한다. 가치창출은 이제 더 이상 각 자산의 구조나 위치의 문제가 아니라 테넌트에게 종합적인 솔루션을 제공하는 운영자 능력의 문제이다. 이 솔루션에는 새로운 기술에 대한 접근성, 여러 장소의 네트워크에 대한 접근성, 직원들을 유인하고 유지할 수 있게 도와주는 것 등이 포함된다.

물류회사 GLP의 벤처투자와 부동산 매각

일부 임대권자들은 이미 그러한 방향으로 이동 중에 있다. 물류회사 GLP의 CEO 밍메이(Ming Mei)는 GLP 창고공간이 단순한 상품이 되지 않게 한다는 목표를 가지고 있다. 그는 공간, 서비스, 기술의 생태계를 미래에도 지속 가능하도록 구축하고 싶어 한다. 2017년에서 2019년 중반까지 GLP는 10여 개가 넘는 기술과 서비스 플랫폼에 투자했다. 개인창고 서비스 기업인 리비블(Livible), 자율주행 솔루션 개발회사인 트렁크테크(TrunkTech), 크라우드소싱 배송플랫폼인 이미디다(YimiDida), AI로 작동되는 차량 이동관리 플랫폼인 G7, 화물 탁송자를 트럭운전사와 트럭회사 사이를 연결하는 기술플랫폼인 넥스트트러킹(NEXT Trucking) 등이 그 예이다.

또한 GLP는 기술을 이용하여 새로운 수익채널로 다가서고 있다. 2018년 브룩필드(Brookfield)와 함께 조인트 벤처를 론칭하여 GLP 중국창고들의 지붕에 태양광 패널을 설치하고 에너지가 부족한 산업지역에 전기를 공급하는 에너지 그리드를 만들고 있다. 이 벤처는 3억 ft^2(2,800만 ㎡) 공간을 충당할 수 있을 것으로 예상되고, 궁극적으로는 약 75만 가구의 연간 전력소비량에 해당하는 1기가와트 전력을 제공하는 것을 목표로 하고 있다.

GLP는 단지 7억 ft^2(6,500만 ㎡) 규모의 부동산을 관리하고 있는 단순한 글로벌 임대권자가 아니라, 600억 달러 자산을 운영하고 세계 최대의 부동산 펀드 관리회사 중 하나이다. 이처럼, 현재 부동산, 기술, 운영 비즈니스에 대규모 투자를 하고 있는 몇 안 되는 그룹 중 하나인 것이다. 중국에서 GLP는 알리바바와 JD.com의 임대권자이기도 하다.

GLP가 2019년 블랙스톤(Blackstone)에 187억 달러 상당의 산업부동산을 매각한 것은 많은 산업 애널리스트들을 놀라게 했다. 특별히, GLP는 그 전에 IPO를 하려 했었기 때문이다. GLP가 기술이나 기술회사들에 상당한 투자를 하고 있는 것을 고려해볼 때, GLP는 자체소유는 적게 하면서 타기업 소유 부동산 운영을 더 많이 하는 비즈니스 모델로 옮겨가고 있는 것 같다. 이러한 모델을 가지고 GLP는 기술, 고객관리, 관리 중인 부동산 네트워크를 모두 통합하여 소규모 소유주나 운영자들이 경쟁하기 어려운 서비스를 제공할 수 있을 것이다. 이는 섹션 Ⅲ(주거와 숙박)에서 우리가 살펴본 호텔 프랜차이즈를 연상시킨다. 이 책의 마지막 부분에서 호텔 운영모델과 산업부동산의 연관성을 살펴볼 것이다.

프로로지스의 기술실험과 인재양성

GLP보다 세계적으로 더 많은 점유면적을 가지고 있는 프로로지스(Prologis) 역시 기술에 대해 문을 열고 있다. 2017년 프로로지스는 벤처펀드이자 스타트업 엑셀러레이터인 플러그앤플레이(Plug and Play)와 전략적 파트너십을 맺고, 공급사슬 및 물류 수직통합 분야 혁신기업들에 멘토십을 제공하고 신기술을 시범 운영하겠다고 선언했다. 1년 후 프로로지스는 세계 최대의 부동산전문 벤처캐피털 펀드인 피프스월(Fifth Wall)의 투자자가 되었다. 피프스월은 개인창고 서비스인 클러터(Clutter), 택배서비스인 로지(Loggi), 화물관리 플랫폼인 쉽웰(ShipWell), 그리고 건물에서 전력을 생산할 수 있도록 해서 에너지 시장과 고객을 연결하는 블루프린트 파워(Blueprint Power) 등의 여러 물류 관련 스타트업의 투자자이다.

2018년 프로로지스는 신기술과 운영모델을 실험하는 "랩(Lab)"이라고 부르는 두 군데 실험실 중 하나를 공개했다. 첫 번째 랩은 샌프란시스코 만 지역에 있는 13,000ft^2(1,207㎡) 건물에 위치하고 있다. 이 랩은 새로운 사물인터넷 시스템, 적재 및 분류 장비, 창고 최적화 툴 등을 위한 샌드박스 역할을 한다. 이 회사에서는 다른 장소에 있는 테넌트들을 유치하여 그 공간에서 자신들의 툴과 시스템을 이용할 수 있게 하고 있다.

  미국 내의 물리적 공간 외에도 프로로지스는 암스테르담에 "가상 랩"을 운영하고 있는데, 이곳에서는 대규모의 물리적 공간이 필요하지 않은 혁신을 테스트하고 있다. 예를 들어, 제품의 이동을 추적하는 블록체인이나 기존 시설의 디지털 트윈을 만드는 빌딩정보 모델 등이 이에 해당한다. 이 회사의 웹사이트는 2018년 말 기준, 63개 실험들이 랩에서 가동 중이라고 설명하고 있다.

  아마도 프로로지스의 혁신 노력에서 가장 급진적인 부분은 사람에 초점을 두는 것이다. 이 회사 프로젝트의 많은 수가 WELL 빌딩표준의 엄격한 요건들을 충족하고 있다. WELL은 빌딩 내 사람들의 건강과 웰빙에 초점을 맞추고 있고, 공기질, 소음수준, 온도, 식물 및 기타 자연재료의 존재여부, 도보와 자전거 접근가능성 등의 수십 가지 기준들을 정의하고 있다. 이 표준은 주로 높은 연봉의 "지식노동자"들이 있는 테넌트들을 수용하던 오피스 빌딩들과 연관되어있다. WELL을 산업부동산에 채택하는 것은 시장의 저변에서도 직원들을 유인하고 유지하는 것이 어렵다는 것을 나타낸다.

  그러나 공간을 테넌트 직원들에게 보다 매력적으로 만드는 것만으로 충분하지가 않다. 프로로지스는 테넌트들이 사업지 인근에서 적합한 인재들을 구할 수 있게 하는 여러 사업을 구상하고 있다. 2019년 1월 플로리다의 마이애미-데이드 카운티 공립학교와 파트너십을 맺고 고등학생들을 위한 멘토십, 훈련, 인턴십 프로그램을 시작한다고 발표했다. 이 프로그램은 물류, 유통, 교통 분야에 필요한 기술들을 다루고 거의 300명의 학생들에게 프로그램을 제공하게 될 것이다. 프로로지스는 로스앤젤레스의 사우스베이 지역(South Bay Area)에서도 비슷한 프로그램을 지역의 비영리단체와 파트너십으로 운영하고 있다.

테넌트의 직원들을 훈련하는 것은 대체로 임대권자의 업무분장에 속하지 않는다. 그러나 산업공간에 대한 수요의 급격한 증가로 인해 임대권자들이 새로운 역할을 해야 하고 새로운 프로그램과 어메니티에 많은 투자를 하도록 기대되고 있다. 많은 새로운 산업부동산들은 이제 도시의 오피스 빌딩에만 있었던 특성들로 지어지고 있다. 예를 들면, 사우나, 볼링장, BBQ 파티장, 야외 헬스장 등을 포함해야 하는 것이다. 프랑스의 개발 프로젝트 중 한 곳에서 프로로지스는 육아 서비스를 제공하는 실험도 하고 있다.

콜드스토리지를 재창조하는 리니지로지스틱스

1990년대 말 닷컴 버블이 커져가고 있을 때, 부동산 기업들은 콜드스토리지(cold storage, 저온 물류센터)에 투자하고 있었다. 보네이도(Vornado), 프로로지스(당시에는 SCI Trust라는 회사명을 가지고 있었음)와 같은 대규모 리츠(REITs)사들이 이 분야에 수억 달러를 쏟아부으면서 이 전문산업이 다른 자산보다 더 성과를 낼 것이라며 돈을 걸었다.

그러나 전문화된 시설은 비싼 장비와 전문인력을 필요로 한다. 전통적 부동산 투자자들에게 이 콜드스토리지 사업은 골칫덩어리인 것으로 판명되었다. 프로로지스 SCI 수석부사장인 월트 라코비치(Walt Rakowich)는 회사가 콜드스토리지에 투자한 것에 대해, "10%만 사업이었고, 나머지 90%는 두통거리밖에 되지 못했다"고 잘라 말했다. 몇 년 후, 프로로지스와 보네이도 모두 콜드스토리지 사업을 매각하고 다시는 뒤도 돌아보지 않았다.

2019년 콜드스토리지가 다시 부상하고 있다. 이 분야는 여전히 극단적인 틈새시장으로, 일반적 영업창고(public warehouse)의 3%에 불과하다. 그러나 블룸버그 보도에 따르면 콜드스토리지가 최근 월스트리트의 "효자"로 떠오르고 있다고 한다. 그러나 전통적인 부동산 기업들은 이 사업에 뛰어들지 않고 있다. 이번에 선두주자로 나선 기업은 업력이 그리 길지 않은 기업이다.

리니지로지스틱스(Lineage Logistics)는 베이그로브캐피털(Bay Grove Capital)이 인수한 여러 창고기업들의 통합 플랫폼으로 2012년 창립되었다. CBRE의 2019년 보고서에 따르면, 이 플랫폼은 미국과 캐나다 콜드스토리지 마켓의 31.8%를 지배하고 있다. 가장 비슷한 경쟁업체인 아메리콜드(Americold Realty Trust)는 그 뿌리가 1903년으로 거슬러 올라가며 지금은 상장된 리츠이다.

그러나 리니지는 전형적인 임대권자가 아니다. 이 회사의 "응용과학팀"은 물리학자, 수학자, 생물학자, 엔지니어 등으로 이루어져있으며, 회사자산이 운영되는 방법을 최적화하고 테넌트들에게 차별화된 서비스를 제공하기 위한 방법을 연구하고 있다. 2019년 2월 리니지는 테크 전문지 「패스트 컴퍼니(Fast Company)」의 세계 50대 혁신기업에 이름을 올렸다. 50대

혁신기업 리스트에는 쇼피파이(Shopify)[128], 펠로톤(Peloton)[129], 스퀘어(Square)[130] 등의 잘 알려진 신생기업들과 함께 시장에 안착한 거대기업인 애플, 알리바바그룹, 월트디즈니, NBA 등이 포함되어있었다.

리니지는 비공개기업이기 때문에 그 기업활동에 관한 정보는 많지 않다. 여기에서 이어지는 이 회사에 관한 내용은 「패스트 컴퍼니」와 리니지의 보도자료에서 인용한 사례들이다. 2018년 리니지는 화물운반 팔레트가 정렬되는 방법을 최적화하기 위해 데이터를 사용하는 알고리즘으로 특허를 받았다. 이 알고리즘은 자율주행차에서도 사용되는 스캐닝 기술인 광선레이더(lidar) 스캐너로부터 얻는 데이터를 사용한다. 이를 통해, 80만 ft^2(74,000㎡)의 제품을 기존 건물에 추가로 더 쌓을 수 있게 한다.

또한 리니지는 창고 내에 수천 개의 연결된 온도센서를 설치하고 24시간 에너지 사용을 조절하기 위해 머신러닝[131]을 사용하고 있다. 결과적으로, 이 회사는 3년간 전체 에너지 소비량의 34%를 절감할 수 있었다. 2019년 7월 리니지는 에너지보존 혁신에 대해 미국 에너지부(Department of Energy)가 실시하는 Better Plants Program(더 좋은 산업시설 구축을 지원하는 제도)의 우수기업으로 선정되었다.

2018년 리니지는 포장, 트럭노선, 배송 관리를 위해 자체 개발한 소프트

---

128 쇼피파이(Shopify): 전자상거래 플랫폼. - 역자 주.
129 펠로톤(Peloton): 홈트레이닝 서비스를 제공하는 운동장비 판매 및 미디어 회사. - 역자 주.
130 스퀘어(Square): 모바일 결제 솔루션 기업. - 역자 주.
131 머신러닝(machine learning): 인공지능(AI)의 분야 중 하나로 컴퓨터가 데이터를 분석하고 스스로 학습하는 과정을 거쳐 인간의 학습능력과 같은 기능을 실현하는 기술 및 기법. - 역자 주.

웨어인 리니지 링크(Lineage Link)의 실험가동을 시작했다. 「패스트 컴퍼니」에 따르면, 이 새로운 소프트웨어는 몇 시간 걸리던 하역작업 프로세스를 약 45분으로 단축할 수 있게 해주었다. 이러한 새로운 효율성으로 인해 리니지는 아마존, 펩시코[132], 소닉[133]과 같은 신규 테넌트들을 유치할 수 있었다. 2019년 7월, 리니지는 고객들에게 하루 24시간 주 7일 화물배송을 보장하는 트럭운송 기반의 새로운 서비스를 발표했다.

리니지가 계속 성장할 것인지와 R&D 및 지원서비스에 투자한 것의 결실을 얻을지는 시간이 알려줄 것이다. 2018년 7월 블룸버그 보도에서 이 회사가 IPO를 하거나 상장 리츠로 전환할 가능성을 시사했다. 2019년 7월 기준 이 회사는 아직 비공개 상태로 있다. 그러나 이 기업이 부동산 자산을 리츠로 돌리고 운영과 기술활동을 상장할 가능성은 호텔기업들의 진화를 연상시킨다. 섹션 Ⅲ(주거와 숙박)에서 설명한 바와 같이 많은 호텔기업들은 자산과 운영 비즈니스를 개별 법인들로 분사하여, 각 회사가 각자의 세금구조와 투자자들을 가지고 있다.

리테일과 물류를 합병하는 릴레이티드그룹

2019년 3월 대규모 리테일, 오피스, 공동주택 개발회사이자 운영사인 릴레이티드그룹(Related Group)은 콰이엇로지스틱스(Quiet Logistics)

---

[132] 펩시코(PepsiCo): 펩시콜라로 대표되는 회사로 22개의 음료 및 식품 브랜드를 가지고 있다. - 역자 주.
[133] 소닉(Sonic) 또는 소닉 드라이브인(Sonic Drive-In): 미국 햄버거 패스트푸드 체인으로 2020년 현재 미국에 3,380개 매장을 가지고 있다. - 역자 주.

를 인수했다. 콰이엇로지스틱스는 보노보스(Bononbos), 맥웰던(Mack Weldon)[134], 어웨이러기지(Away Luggage)[135] 같은 디지털 네이티브 브랜드에 풀필먼트 서비스를 제공하는 기업이다. 섹션 I(리테일)에서 언급한 바와 같이 릴레이티드와 콰이엇로지스틱스는 테넌트들에게 오프라인 리테일 매장, 오프라인 풀필먼트센터, 그리고 여러 채널들을 통해 판매하는 데 필요한 서비스 시스템을 포함하여 더 종합적인 솔루션을 제공하는 새로운 플랫폼 사용을 계획하고 있다.

리테일 애널리스트인 리치 시걸(Richie Siegel)이 지적한 바와 같이, 많은 독립 브랜드들이 "아마존 풀필먼트 서비스를 거부하는데 그 주된 이유는 잠재적 경쟁자인 아마존과 자신들의 데이터를 공유하고 싶지 않아서"이다. (아마존은 자신의 웹사이트에서 가장 잘 팔리는 제품이 있으면 자사 상표 대체품을 론칭하는 것으로 악명이 높다.) 결론적으로 리치 시걸이 생각하는 것은 "콰이엇과 같은 독립적 물류회사들이 더 많은 가능성을 가지고 있다"는 것이다. 아마존과 달리 임대권자들은 브랜드 리테일러들과의 이해관계를 설정하는 데 있어서 좀 더 좋은 위치에 있다.

디지털 상거래나 실험적 상거래는 창고와 매장 사이의 관계를 다시 정의하고 있다. 많은 리테일 매장들은 이제 그 매장이라는 단어가 의미하는 바와 달리 더 이상 물건을 파는 곳이 아니다. 이제 매장은 고객들이 브랜드를 먼저 경험하는 곳이거나 실제로 온라인에서 이루어지는 판매를 돕고 원격으로 고객이행이 이루어지는 공간이 되고 있다. 이와 비슷하게, 많은 고

---

134 맥웰던(Mack Weldon): 남성용 내의 브랜드. – 역자 주.
135 어웨이러기지(Away Luggage): 여행용 가방 브랜드. – 역자 주.

객들이 트라이온(try-on)[136]하기 위한 방법으로 택배를 사용하고, 그다음에 그 택배를 반송하지 않고 계속 가지고 있을지에 대해 결정한다. 공급체인망의 "앞부분"과 "뒷부분"이 하는 역할이 융합되거나 재정렬되는 것은 임대권자들에게 새로운 기회를 창출한다. 그에 관해서는 이 섹션의 뒷부분과 이 책의 결론 부분에서 다시 다루고자 한다.

---

136 트라이온(try-on): 옷을 입어보거나, 시음, 시식 등 물건 구입 전 시범사용해 보는 것.
- 역자 주.

20
사물, 사람, 도시의 해방

 "누구든지 땅을 가진 자가 위로는 천당까지 아래로는 지옥까지 소유하게 된다." 이 *ad coelum et ad inferos*라고 하는 고대 법원칙은 토지소유주의 권리가 땅에서 위와 아래로 무한하게 확장된다고 규정하고 있다. 이 관념은 로마제국까지 거슬러 올라가며, 최소한 1587년부터 영국 법률에 나타나고 있다. 이 문구는 여러 형태로 살아남아 20세기까지 이어져왔고, 심지어 미국에서도 1946년까지 살아있었다. 그해 1946년에는 미 연방대법원이 마침내 "그 원칙은 현대 세계에서는 설 곳이 없다"고 판결했다. 윌리엄 더글라스(William O. Douglas) 판사가 쓴 바와 같이 "상식이 그러한 생각을 뒤집는다." 현재에 이를 적용하면 모든 항공기가 뜰 때마다 "수많은 무단침입 소송"으로 이어질 수 있다는 것이다.

 이 소송에 관계된 사람은 미군 공항에서 2,200ft(670m) 떨어진 곳에 살고 있던 양계장 주인인 토마스 커즈비(Thomas Causby)이다. 비행기가 활주로로 들어설 때마다, 비행기들이 그의 토지 위를 지나갔는데, "집 위로는 67ft(20m), 헛간 위로는 63ft(19m), 그리고 가장 큰 나무 위로는

18ft(5.5m)" 상공을 날아갔다는 것이다. 비행기들은 커즈비 가족의 잠을 방해했다. 그러나 더욱 심한 것은 닭들이었다. 거의 150마리에 이르는 닭들이 "놀라 날아오르며 벽에 부딪혀서" 말 그대로 놀라서 죽었다는 것이다. 커즈비는 미군이 자신의 토지를 사람과 동물이 살 수 없는 곳으로 만들어서 본질적으로 자신의 토지를 침해했다고 주장하며 정부에 보상을 요구했다.

법원은 이 기회를 통해 소유권이 "우주의 끝까지" 확장된다는 오래된 개념을 무효로 만들었다. 그러나 법원은 또한 항공기 비행으로 인해 "토지의 사용 및 권리"를 직접적으로 방해했다는 사실도 인정했다. 미국 정부는 양계장 주인에게 2천 달러(2019년 현재가치로 따지면 약 3만 달러)를 지불하라고 명령했다. 이 판결에서 미 연방대법원은 재산권이 위로는 천당까지 아래로는 지옥까지 확장되지 않는다며 그 원칙을 붕괴시켰지만, 이를 대신할 수 있는 명확하고 새로운 원칙은 제시하지는 못했다.

그로부터 70여 년이 지난 후에도 이 문제는 여전히 명확하지 않은 상황이다. 2015년 7월 윌리엄 메레디스의 딸은 뒷마당에서 일광욕을 하고 있을 때 윙윙거리는 소리를 들었다. 드론이 그 집 위를 배회하고 있었다. 옆집에 사는 밴미터 가족도 자기네 집 뒷마당에 있었다. 메레디스의 딸은 집 안으로 들어가서 아버지에게 이 날아다니는 이상한 물체에 대해 얘기했다. 윌리엄은 밖으로 나와서 그 드론이 "이웃집 쪽에서 10ft(3m) 정도 땅 위로 올라와서 자신들의 집을 내려다보고 있는" 것을 보았다. 나중에 윌리엄은 지역 방송국과의 인터뷰에서 이렇게 말했다. "나는 집에 들어가서 총을 들고 나와서 '저것이 내 사유지에 들어오지 않는다면, 총을 쏘지 않겠다'고 말했죠." 그런데, 그 드론은 그 집 사유지로 들어왔고, 메레디스는 총을 쏘아 드론을 격추시켰다.

드론의 주인이자 조종사인 데이비드 보그스는 메레디스를 연방법원에 제소하고, 수리비 1,500달러를 내든지 드론을 새것으로 바꿔주든지 해달라고 요구했다. 보그스는 연방법을 근거로 "항공기"가 비행할 수 있도록 허가된 "공역(navigable airspace)"을 드론이 날고 있었기 때문에 자신이 무단침입을 한 것이 아니라고 주장했다. 법원에서는 이 사건을 기각했고, 드론이 연방정부가 규제하는 공역을 날고 있었다고 하더라도 미 연방항공국이 이러한 사례에서 규제를 강제하는 목적을 가지고 있지 않은 것이 명백하다고 했다. 이 판결은 다시 한번 공중을 통한 무단침입의 문제를 해결하지 못한 상태로 남겨두었다.

현재 연방법은 "공역"을 지상과 건물 위로 "안전한 항공고도"인 "500ft(152m) 또는 1,000ft(305m) 높이"로 정하고 있다. 대부분의 드론들은 그 높이 아래로 난다. 최근 몇 년간 대규모 기업들은 드론과 새로운 모빌리티 장비들이 어떻게 그리고 어디에서 이용될 수 있는지를 명확히 하도록 정부에 압력을 가하고 있다.

하늘을 나는 택배와 택시

2013년 제프 베이조스는 당시 그가 "옥토콥터(octocopeter)"라고 불렀던 드론을 이용하여 아마존이 택배배송을 하는 방법을 실험하고 있다고 발표했다. 미국 인기 TV쇼 〈60 Minutes〉에서 찰리 로즈와 얘기하면서 베이조스는 드론이 최대 5파운드(2.27kg)의 택배를 풀필먼트센터로부터 반경 10마일(16km) 범위 내에서 배송할 수 있다고 말했다. 5파운드라는 무게는 아마존에 주문되는 물품의 86%를 충당할 수 있고, 그 10마일 반경은 대도시지역 상당 부분을 포함할 수 있는 거리라고 베이조스는 말했다. 찰리 로즈는 못 믿겠다는 듯이, 이 상상이 만일 현실이 된다면 그때까지 얼마나 걸리겠냐고 물었다. 아마존 창립자는 대답했다. "제 추측으로는 아마도 4, 5년? 그 정도 되지 않을까 생각합니다."

아마존의 발표로 인해 세계 최초로 드론배송 서비스를 개발하기 위한 경쟁에 불이 붙었다. 세계지적재산권기구(WIPO)의 데이터에 따르면, 드론 관련 특허 출원 수는 2014년에서 2018년 사이 1,700% 증가했다. 아마존 단독으로만 200개 가까운 특허를 출원했다. 월마트(Walmart)는 더 많은 특허를 출원했고, 2019년 6월까지 그 전해로부터 12개월 동안 97개의 특허를 출원했다. 베이조스의 첫 예측으로부터 5년 후인 2019년 6월, 아마존은 드론배송 서비스를 몇 달 내에 시작할 수 있다고 발표했다. 15마일(24km) 반경 내로 30분의 수송시간을 발표했지만 그 서비스가 어디에서 시작될지 또는 비용이 얼마나 소요될지에 관한 자세한 내용은 밝히지 않았다.

아마존과 월마트만 이 분야에 뛰어든 것이 아니었다. 구글 모기업인 알파벳이 소유한 배송 벤처인 윙(Wing)은 2019년 4월 미 연방항공국으로부터 "항공 수송기" 자격을 받은 최초의 드론 회사가 되었다. 이 승인으로 버지니아 주 일부 지역에 배송을 시작할 수 있게 허용된 것이다. UPS와 우버(Uber) 등의 다른 모빌리티 및 물류 기업들도 비슷한 승인을 받으려 하고 있다. 섹션 I(리테일)에서 언급한 바와 같이, 우버의 음식배달 비즈니스가 성장하고 있다.

그러나 우버의 주된 비즈니스는 아직까지 택배가 아닌 사람을 이동시키는 것에 초점을 두고 있다. 그리고 아마도 그 비즈니스도 언젠가는 하늘을 날게 될지도 모른다. 우버는 승객 이송에 사용될 수 있는 수직이착륙 운송수단(VTOL)의 실험과 개발을 위해 여러 기업들과 파트너를 맺었다. 상업용 및 군용 헬리콥터 제조사인 벨(Bell)은 2019년 1월 라스베가스에서 개최된 국제가전제품박람회(CES)에서 회전자 6개가 달린 VTOL를 선보였다. 넥서스(Nexus)로 이름 붙여진 이 VTOL은 전기로 구동되는 4인승 에어택시로 설계되었다. 이것은 마치 촬영과 오락을 위해 사용되는 드론을 확대해놓은 것처럼 생겼다. 벨은 우버의 개발 파트너 중 하나이다.

하늘을 나는 자동차와 항공택시는 공상과학에 나오는 이야기 같다. 제프 베이조스가 2014년 드론배송을 처음 언급했을 때도 그랬다. 기술적 문제와 규제의 문제를 과소평가하는 것은 아니지만, 우리는 이 자율 VTOL이 지상 자율주행차보다 도시 교통과 물류를 더 빨리 변화시킬 것으로 보고 있다. 자율항공 노선은 관리가 더 쉽고, 보행자도 없으며 기존의 지자체나 정부 인프라의 변화에 따라 달라지지도 않는다.

하늘을 나는 자동차가 많은 사람들이 생각하는 것보다 더 빨리 나타날 수 있을까? 컨설팅회사인 딜로이트가 실시한 2019년 연구에서는, "안전과 규제에 대한 장벽이 걷혀지면" 2020년에 승객드론이 도입될 수 있을 것으로 예측하고 있다. 모건스탠리에서 실시한 다른 2019년 연구에서도 "자율비행 항공기는 2040년경에는 아주 흔해질 것"으로 예측하는데, 그 이유로는 배터리 기술의 성숙, 프로세싱과 연산처리 능력, 복합시스템의 발전 등을 꼽았다.

일부 부동산 투자자들은 벌써 이러한 변화에 대비한 자본화의 방법을 찾고 있다. 영국의 스카이포트(Skyport)는 미래의 이착륙 인프라를 구축하기 위해 런던 주변의 옥상 사용권을 사들이고 있다. 미국의 부동산 거대기업인 콜로니캐피털(Colony Capital)은 하늘을 나는 택시회사인 블레이드(Blade)에 2천만 달러를 투자했다. 블레이드는 현재 헬리콥터에 의존하고 있지만 다른 유형의 VTOL들이 이용 가능해지면 전환할 생각을 가지고 있다. 한편 지상에서도 이와 비슷한 모빌리티 혁명이 일어나고 있다.

지상의 새로운 모빌리티

도시를 변화시킬 것으로 가장 많이 논의되고 있는 혁신은 자율주행차이다. GM, 포드, 닛산, 현대, BMW와 같은 대형 자동차 제조사들은 자체적인 자율주행차를 생산하려 하고 있다. 애플, 인텔, 시스코, 삼성 같은 기술거대기업들은 다양한 자동차 시스템을 실험하고 있고, 구글의 경우는 자동차 전체를 개발하려 하고 있다. 소프트뱅크 그룹은 한 부서 전체가 자율주행 대중교통 솔루션을 개발하는 데 전념하고 있고, 소프트뱅크의 비전 펀드(Vision Fund)는 자율주행 모빌리티의 다양한 측면에 초점을 맞추고 있는 벤처들에 수십억 달러를 쏟아부었다. 소프트뱅크가 투자한 곳은 우버, 뉴로(Nuro), 플렉스포트(Flexport), 디디추싱(Didi Chuxing), 도어대시(DoorDash), 나우토(Nauto), 그리고 GM의 크루즈 오토메이션(Cruise Automation) 등이다.

2019년 7월 기준으로 볼 때, 자율주행차들이 도시의 도로에 다니려면 상당한 시간이 더 필요할 것으로 보인다. 「패스트 컴퍼니(Fast Company)」가 실시한 설문조사에 따르면, 기술임원들이 "자율주행차의 미래에 대해 점점 더 비관적이 되고 있는데… 왜냐하면 최근 몇 년간의 많은 장밋빛 전망들이 아직까지도 이루어지지 않고 있기 때문이다." 「패스트 컴퍼니」가 인용한 비관적 이유 중 하나는 기업들이 "신선한 아이디어들을 구형 차대에 덕지덕지 갖다 붙여서" 자동차를 다시 만드는 일에 수억 달러를 쏟아붓고 있다는 사실이다. 그렇지만, 자율주행 모빌리티의 미래는 "우리가 오늘날 상상하는 것과는 다를 수"있다. 옛날 속담을 빗대어 말하자면, 자동차 공장을 가진 사람은 자동차 그 이상을 보지도 생각하지도 못하는 것이다.[137]

도시 모빌리티와 물류의 진정한 미래를 상상하기 위해서는, "자동차를 벗어나서 생각해야"하고 아스팔트 길을 벗어나야 한다. 위에서 언급한 바와 같이, 그렇게 하기 위한 첫 번째 방법은 하늘을 올려다보고 크고 작은 많은 드론들과 다른 VTOL들을 고려하는 것이다. 두 번째 방법은 자동차 자체를 작은 장비들로 언번들링(unbundling)하는 방법을 강구하는 것이다.

기술 애널리스트 호레이스 데디우(Horace Dediu)가 지적한 바와 같이 자동차는 본질적으로 "몇백 m에서 몇백 km에 이르는 주행들의 결합이다." 대다수의 자동차 주행은 짧고, 이를 스쿠터나 자전거, 또는 다른 작은 운송수단을 이용하는 것이 훨씬 더 쉽고, 빠르고, 비용이 절감될 것이다. 이상적인 것은, 사람들이 이동할 필요가 있을 때마다 각 목적에 맞는 최적의 장비를 온디멘드 형태로 이용할 수 있는 것이다. 그러나 예로부터, 이동을 하고자 할 때마다 새로운 장비를 찾고 신뢰하고 지불하는 데 수반되는 거

---

137   이 말은 "To a man with a hammer, everything looks like a nail(망치를 가진 사람에게는 모든 것이 못으로 보인다)."라는 속담을 다르게 표현한 것이다. 자신에게 익숙한 도구에 지나치게 의존하는 인지편향(cognitive bias)을 나타내는 뜻으로 여러 학자들에 의해 인용되었다. - 역자 주.

래비용(transaction cost)은 지나치게 높았다.

이 책에서 여러 번 살펴본 바와 같이, 기술이 삼각검증(triangulation), 이송(transfer), 신뢰(trust)의 비용을 낮추면, 비현실적인 것이 현실이 된다. 오늘날, 컴퓨팅과 내비게이팅 장비들은 수십억 개의 전화기 속에 들어갈 만큼 저렴하고, 모든 형태의 운송수단을 포함하여 수십억 개의 더 많은 장비들 속에도 들어가고 있다. 결과적으로, 이제는 거의 모든 것들을 추적, 예약, 지불하는 것이 쉬워졌다. 따라서 하나의 자동차를 통째로 선불구매해서 다양한 거리의 주행에 사용하는 대신에, 서로 다른 목적을 위해 여러 소형 운송수단을 사용할 수 있다. 애널리스트인 데디우는 이를 "마이크로 모빌리티 혁명"이라고 부른다.

이 혁명은 데디우의 상상 속 허구가 아니다. 미국도시교통관리협회(NACTO)의 데이터에 의하면, 2018년 미국에서 8,400만 건의 주행이 공유 스쿠터와 전기자전거로 이루어졌다. 여기서 공유(shared)라는 말은 사용자들이 스쿠터 하나를 같이 탔다는 것이 아니라 소유하는 대신에 온디맨드로 이용했다는 말이다. 컨설팅 기업인 맥킨지의 2019년 분석에서는 중국, EU, 미국에 걸친 공유형 마이크로 모빌리티 시장은 2030년에 5천억 달러가 될 것으로 추산하고 있는데, 이 수치는 전체적인 공유형 자율주행 시장의 1/4에 해당된다.

투자자들과 기존 사업자들은 이를 주목하고 있다. 2015년에서 2018년 사이 버드(Bird), 라임(Lime), 오포(Ofo)와 같은 마이크로 모빌리티 스타트업에 57억 달러가 넘게 투자되었다. 이와 동시에, GM, 아우디, 폭스바겐 같은 자동차 제조사들도 스쿠터와 전기자전거 개발실험을 시작했는데, 라스트마일 물류를 위해 특화되어 디자인된 모델들도 포함하고 있다. 위에서 언급한 바와 같이, 투자자들은 도시 전역으로 물건과 음식을 배달할 수 있는 자율주행 마이크로 모빌리티에도 돈을 쏟아붓고 있다. 공유형 마이크로 모빌리티의 경제는 아직까지 불확실하지만, 그에 대한 수요는 명확하다.

기존의 자동차 주행을 마이크로 모빌리티나 자율주행차로 대체하는 것은 도시 안팎에 필요한 주차장의 양을 엄청나게 감소시킬 수 있다. GM 임원이었던 로렌스 번스(Lawrence D. Burns)가 「오토노미(Autonomy): 제2의 이동혁명」[138]에서 지적한 바와 같이, 미국의 자동차들은 95%의 시간을 사용하지 않은 채 주차되어있다. 이 자동차들을 개인이 소유하건 또는 우버와 같은 회사가 소유하건, 운전자가 없는 자동차들은 "남는 시간"을 물건이나 승객을 이동시키는 데 사용할 수 있다. 특히 스스로 운전을 할 수 없는 노약자나 장애인들에게 도움을 줄 수 있다. 결과적으로 자동차들이 주차되어있는 시간이 줄어들 것이고, 특히 모빌리티 서비스 수요가 높은 밀집된 도시지역에서는 더욱 그러할 것이다.

미국주거연구소(RIHA)의 2018년 연구에 따르면, 뉴욕시 한 곳에만도 180만 개가 넘는 주차장이 있는데, 그 "대체원가"는 200억 달러가 넘는다. 밀집된 대도시지역에서는 주차장이 더 많은 공간을 차지한다. 로스앤젤레스 카운티에 있는 주차장들의 모든 표면적을 합산한 수치는 27제곱마일(70㎢)에 달한다. 이를 비교하자면, 맨해튼 총면적의 약 18%가 넘는데 여기에 지하주차장은 계산에 넣지 않은 것이다.

---

138 Lawrence D. Burns의 *Autonomy*는 국내에서는 「오토노미: 제2의 이동혁명」으로 2019년 비즈니스북스에서 출판. – 역자 주.

자율주행 또는 대체 모빌리티가 주차장의 수요를 줄이게 되면, 그 모든 공간들은 다른 용도로 전환될 수 있다. 풀필먼트센터가 그 틈을 메우기에 이상적인 후보인데, 그 이유는 건축비용이 저렴하고 빈 공간을 채우는 풀필먼트센터에 대한 수요가 크기 때문이다. 일부 물류 스타트업들은 이미 주차장 전환에 관한 실험을 하고 있다. 2019년 7월 커먼센스 로보틱스(CommonSense Robotics)는 텔아비브 도심의 낙후된 오피스 주거타워 지하에 위치한 "세계 최초의 지하 자율창고"를 착공했다. 이 18,000ft^2(1,672㎡) 공간은 원래는 주차장으로 지어졌었는데, 지금은 이스라엘 최대 슈퍼마켓 체인 중 하나의 배송기지 역할을 하고 있다.

트럭의 미래

도시 모빌리티의 미래를 생각해보는 세 번째 방법은 트럭이다. 트럭이 기차와 마차의 대체수단으로 등장한 지 100년이 지난 지금은 승용차보다 더 먼저 대규모로 자율주행이 될 가능성을 가지고 있다. 트럭은 미리 정해져있는 노선을 따라 움직인다. 대부분 고속도로를 주행하는데, 도시의 도로와 비교하여 예측 불가능한 상황이 적다. 그리고 트럭이 접근할 수 있는 용도로 지어진 시설들 사이를 오고 간다.

또한 트럭은 수요의 측면에서도 승용차보다 우위에 있는 것으로 보인다. 자율주행 트럭의 비즈니스 사례는 명확하고 매력적이다. 물류회사인 프로로지스(Prologis)와 컨설팅 회사인 세쿼이아파트너십(Sequoia Partnership)이 함께 실시한 분석에서, 현재 인건비가 리테일 공급체인 비용의 30%를 넘는 것으로 나타났다. 여기에는 창고직원과 트럭 운전사들의 인건비를 포함하고 있다. 트럭은 사람이 아닌 물건을 이동시키고 기업고객에 서비스한다. 그렇기 때문에 승객들이 운전자가 없는 자동차를 타는 것에 익숙해져야 하는 것이 자율주행을 채택할 때 문제가 되지 않는 것이다.

2019년 6월 스타스카이로보틱스(Starsky Robotics)는 플로리다의 공공 고속도로에서 무인트럭 테스트를 시작했다. 테스트 첫날 스타스카이의 트럭은 10마일(16km) 거리를 한 번에 주행했고, "성공적으로 휴게소를 내비게이션하고, 고속도로에 합류하고, 차선을 바꾸고 시속 55마일(89km)을 유지했다." 스타스카이의 트럭은 무인이지만 완전하게 자율주행은 아니다. 트럭들은 200마일(322km) 떨어진 회사 사무실의 컴퓨터 화면 앞에 앉아있는 "조종사"들에 의해 부분적으로 조종되고 있다. 르노, 다임러, 현대, 그리고 알파벳 소유의 웨이모(Waymo) 등의 다른 회사들도 전기 자율주행 트럭으로 실험을 하고 있다.

「스마트시티(Smart Cities), 더 나은 도시를 만들다」[139]의 저자 앤서니 타운센드(Anthony M. Townsend)가 지적한 바와 같이, 새로운 유형의 트럭들은 기존 트럭을 감소시킬 뿐만 아니라 전체적인 운송능력을 증가시킬 수 있을 것이다. 전기 자율주행 트럭들은 밤에 운행될 수 있다. 이 트럭들은 상당히 조용하다. 그리고 해가 지면 힘들어하거나 비용이 더 많이 드는 인력이 필요하지 않기 때문이다. 이는 한적한 시간대에 도로와 전기를 더 효율적으로 활용하는 것을 의미하기도 한다.

---

139 Anthony M. Townsend의 *Smart Cities*는 국내에서 「스마트 시티, 더 나은 도시를 만들다(4차 산업혁명이 만드는 새로운 도시의 미래)」라는 제목으로 2018년 MID에서 출판. – 역자 주.

# 21
물류와 산업부동산을 다시 생각한다

산업부동산은 대다수의 세계 최대 기관급 포트폴리오들에서 중요한 구성요소이다. 역사적으로 볼 때, 산업부동산 범주는 오피스, 리테일, 공동주택 부동산보다 소규모이면서 덜 화려했다. 그러나 산업부동산은 온라인 상거래의 성장과 빠른 배송에 대한 소비자 수요가 증가함에 따라 전면에 등장하게 된다.

최근 몇 년간 투자자들은 풀필먼트센터와 사업부지들을 빠른 속도로 인수하고, 다른 상업자산에서만 가능했던 수익률을 내고 있다. 창고와 풀필먼트 공간에 대한 수요는 전자상거래와 함께 계속 성장할 것으로 예측된다. 전자상거래는 아직 미국의 경우 전체 리테일 매출의 1/6, 그리고 중국에서는 1/3을 약간 넘는 정도를 차지하고 있다. 식품과 잡화류를 포함한 신상품 카테고리들이 온라인으로 이동하기 시작하고 있다.

산업부동산의 견인 외에도, 자본은 다른 자산들로부터 이동하고 있다. 우선, 오프라인 리테일의 난기류는 많은 투자자들을 그 카테고리에서 벗어나게 만들고 있다. 심지어 오피스와 공동주택 카테고리에서도 소유주들과 운영자들은 불안정하면서 까다롭기까지 한 테넌트들을 점점 더 많이 직면하고 있다. 이러한 맥락에서 산업부동산의 밋밋한 외양은 그 어느 때보다도 밝게 빛나고 있다. 수요는 강력하고, 임대는 길며, 구조물은 경량이고, 공급은 견고하다.

그러나 산업부동산은 보이는 것보다 훨씬 더 역동적이다. 산업부동산은 세계에서 가장 크고 가장 정교한 테넌트들을 수용하기도 한다. 급격한 성장은 노동시장을 더 경쟁적으로 만들어서, 더 매력 있고 보다 비용이 많이 드는 건물을 필요로 하게 되었다. 그리고 강력한 수요는 물류와 모빌리티의 혁신을 촉진하여 공급사슬을 변화시키고 있다. 시간이 지남에 따라, 이러한 변환은 공급, 수요, 운영비용에 관한 많은 현재의 가정들을 무용지물로 만들 것이다.

공급 측면에서, 최대의 불명확성은 물건과 사람을 이동시키는 새로운 방식이 미치는 영향이다. 고속도로와 트럭들은 창고와 제조시설을 철도와 항만으로부터 해방시켰다. 다양한 종류의 비행 장비들은 이들을 고속도로로부터 해방시키고 많은 용지가 새롭게 만들어질 가능성이 있다. 이론상으로 그리고 일부 사례에서, 드론을 이용하면 물품이 풀필먼트센터를 거치지 않을 수 있다. 판매자와 생산자로부터 구매자나 도심의 소규모 물류센터로 직접 날아갈 수 있는 것이다.

산업부동산 내에서 드론과 기타 기술들은 이미 다층시설을 운영할 수 있는 가능성을 열고 있다. 이것은 기존 소유주에게 좋은 소식이기도 하고, 산업수요를 충족하기 위해 필요한 토지규모에 관한 오래된 가정이 변하고 있다는 것을 의미하기도 한다. 지상에서는 자가용과 "프리랜서" 배송운전자들의 부대가 배송역량과 배송시간대를 늘리고 있다. 새로운 소프트웨어와 하드웨어는 배송의 흐름을 최적화하고 택배가 사람들의 집으로 잘 배달되었는지를 확인한다.

이러한 효율성의 개선은 저장에 필요한 공간을 줄일 수 있는 잠재력이 있다. 이 말은 스토리지에 대한 전반적 수요가 줄어들 것이라는 의미가 아니라 전자상거래 매출만큼 빠르게 성장하지 못할 것이라는 의미이다. 다시 말해, 수요의 특성은 성장과 함께 변화한다는 것이다. 배송역량의 증가는 자율주행과 무인트럭이 일상화되어야만 가속화될 수 있을 것이다.

트럭, 자동차, 마이크로장비, 드론 등 새로운 교통수단들은 교통비용을 급격하게 감소시킬 수 있는 가능성을 가진다. 이 말은 공급사슬 비용의 많은 부분이 임대에 책정될 수 있다는 것이다. 그러나 테넌트가 비싼 임대료를 낼 수 있는 능력은 새로운 유형의 물류용 자산과 장소를 이용할 수 있다는 말이다. 특히 밀집된 도시 내부와 인근지역은 더욱 그러하다. 이는 부동산에 전반적으로 좋은 소식일 수 있지만 실제로 많은 기존 산업부동산에 대한 수요를 감소시킬 수 있다. 오피스 빌딩을 예로 든다면, 테넌트들이 도시에서 더 비싼 임대료를 내는 것을 외곽에서 비용을 절감하는 것보다 선호한다는 것이다.

자율주행차들은 대단히 많은 주차공간들을 자유롭게 할 잠재성을 갖고 있다. 이 공간들의 많은 부분은 저장공간으로 이상적이다. (그리고 다른 용도로는 이상적이지 않다.) 자율주행 모빌리티가 도래하기 전에 이미 마이크로 모빌리티가 도시거주민들의 자동차에 대한 의존도와 자동차 소유를 감소시키고 있고, 주차에 대해서도 비슷한 효과가 일어나고 있다. 자율주행과 마이크로 모빌리티의 진화를 예측하기는 어렵지만, 그 자체로 시사하는 바는 물품을 저장하는 비즈니스가 많은 투자자들이 추정하는 것보다 훨씬 더 동적이라는 것이다.

　수요 측면에서 대형 테넌트는 점점 더 커지고 더욱 복잡해지고 있다. 또한 이들은 직접 부동산을 인수하고 개발하는 능력도 보여주고 있다. 반면, 소규모 판매자와 제조사들의 롱테일은 장기 임대차 계약을 하지 못하거나 정교한 스토리지와 풀필먼트 시스템에 투자하지 못하고 있다. 일부 생산과 유통은 전통적 산업공간에서 도시의 더 좁은 장소로 옮기거나 심지어 판매자의 집으로 옮겨가기도 한다. 이에 대한 영향력은 아직은 유의미하지 않지만, 이 트렌드는 지켜볼 필요가 있다. 새로운 오피스, 숙박, 주거 운영자들의 등장은 시장 저변에서의 변화가 주류로 갈 수도 있다는 교훈을 주고 있다.

　노동력에 대한 경쟁은 산업센터들이 인구가 밀집된 지역과 기존 대중교통에 더 가까이 위치하게 만들고 있다. 또한 직원들의 삶의 질을 향상시키는 새로운 어메니티와 시스템을 위해 디벨로퍼들이 더 많은 투자를 해야 하는 상황이 되고 있다. 단기적으로는 이러한 상황들이 계속되고 있는 한편, 풀필먼트 부문에서는 자율주행의 영향이 커지고 있는 징조가 이미 보이고 있다. 현재의 노동력 부족은 창고들이 인간 종업원들에게 – 점차적으로 그러다가 갑자기 – 의존하지 않을 수 있는 혁신을 가속화시키고 있다. 이것 역시 이상적인 위치, 접근, 시설 디자인에 관한 가정의 재조정이 필요할 것이다.

　유연성, 빌트인 시스템, 직원들을 위한 더 좋은 어메니티에 대한 수요는 임대권자들을 위한 새로운 기회를 제공하고 있다. 이 수요의 변화는 새로운 운영상의 복잡성을 제시하기도 하고, 어떤 경우에는, 일부 테넌트에게만 필요하고 다른 테넌트에게는 그렇지 않은 솔루션을 개발할 필요성도 제기한다. 이를 위한 방법 중 하나는 (콜드스토리지와 같은) 특정 틈새시장에 초점을 맞추고 교통과 창고 솔루션을 통합하는 것이다. 또 다른 방법은 공간을 확보한 후 소규모 테넌트들에게 전대(sublease)를 하고 부가서비스를 제공하는 부가가치 재판매사업자(VAR)들에게 의존하는 것이다. VAR에 관해서는 섹션 Ⅱ(오피스)에서 논의하고 있다.

일부의 대형 산업부동산 임대권자들은 기술기업에 투자하거나 자체적인 연구에 투자하기도 하고 테넌트들에게 여러 위치의 네트워크를 아우르는 종합적인 솔루션을 제공하면서 더욱 정교해지고 있다. 소규모 소유주들도 힘들게 경쟁해 나갈 것이다. 예측 가능한 미래에서 이것은 공간에서의 더 많은 통합으로 이어질 것이다. 장기적인 측면에서는 아마도 자기자산은 거의 소유하지 않으면서 대형 포트폴리오를 관리하는 특화된 운영자들의 진화를 볼 수 있게 될 것이다. 이러한 운영자들은 호텔 프랜차이즈와 비슷하게 되고 자체 기술과 물리적 유통 네트워크와의 더 견고한 통합에 의존하게 될 것이다.

5년 후를 내다볼 때, 산업부동산이 설계, 운영, 가치평가되는 방법은 도시의 오피스, 공동주택 건물, 그리고 심지어 리테일 자산보다도 더 급격하게 변화할 것이다. 현재 위치에 있는 도심 오피스, 공동주택, 리테일 부동산은 운영모델이 변화하고 일부 용도는 겹치더라도 그 수요가 없어지지 않을 것이다. 한편, 산업용도에 대한 수요가 완전히 다른 장소로 그리고 심지어 다른 유형의 자산으로 이동하는 것을 어렵지 않게 상상할 수 있다. 이 뜻은 전반적으로 수요가 강한 상태를 유지해도, 산업부동산에서 수반되는 리스크와 필수적으로 갖춰야 하는 전문성의 수준을 과소평가하는 투자자들이 많을 수 있다는 것이다. 반면, 특별한 역량에 투자하는 사람들은 전례 없이 더 많은 가치를 얻는 입장에 서게 된다.

이 책의 결론에서는, 기술이 자산군으로서의 부동산에 미치는 영향에 관해 더 깊이 살펴보고, 리테일, 오피스, 주거, 숙박, 산업부동산으로부터 얻은 통찰들을 요약해볼 것이다. 특히, 이 책에서 설명한 그 모든 변화가 초래한 결과와 부동산 전문가들이 그 변화를 최대한 활용할 수 있는 방법에 대해 지면을 좀 더 할애하고자 한다.

22
결론: 부동산의 비현실적 미래

"가장 좋은 시절이었으며, 최악의 시절이기도 했다…"

이 책은 현재와 미래에 관한 책이다. 그러나 이 책을 쓰면서 계속 과거, 특히 19세기 후반으로 가있는 것을 발견하곤 했다. 앞에서 인용한 찰스 디킨스의 1895년 소설 「두 도시 이야기(A Tale of Two Cities)」의 도입부는 우리 시대의 정신을 그 어느 글보다도 잘 압축하고 있다. 디킨스는 산업혁명 시대에 프랑스 혁명에 관한 이 소설을 썼다. 그는 리스크와 기회가 모두 비정상적으로 고조되어있던 당시에 급격한 변화의 시대를 묘사했다.

그때는 우리 시대와 참 많이 비슷한 시절이었다. 리테일 공간들이 사교적이 되고 실험적이 되고 있었다. 사람들은 커피숍과 로비에 나와서 일을 하고 있었다. 또한, 아파트먼트 빌딩과 호텔 간의 구분이 어려운 경우도 있었다. 거리는 새로운 교통수단으로 분주했다. 소비자들은 교육수준이 높았고 알고 있는 것이 많았다. 그와 동시에 경솔하기도 하고 신경질적으로 보이기도 했다. 새로운 기업들이 새로운 산업에서 등장하여 전례 없는 큰 규모에 이르기도 했다.

우리는 "희망의 봄"을 향해 가고 있는가, 아니면 "절망의 겨울"로 가고 있는가? 디킨스 시대처럼 그 답은 두 가지 모두이다. 기회를 창출하는 변화도 있고, 이 기회를 이용해 이득을 취할 수 있는 실제적 단계들도 있다. 프랑스 혁명은 어느 왕의 왕좌를 (그리고 그의 머리를) 빼앗았지만, 궁극적으로는 또 다른 황제의 대관식을 초래했다. 그 황제 나폴레옹은 최소한 한동안은 전에 있었던 어떤 왕보다도 강한 권력을 가지고 있었다. 다시 말해, 급격한 변화를 겪는 시대의 문제는 과연 가치가 창출될 것인가가 아니라 가치가 어떻게 창출될 것인가 하는 것이고, 누가 그것을 가져갈 것인가 하는 것이다. 우리가 이 두 가지 질문에 답하기 전에 먼저 그 변화를 요약해보자.

부동산의 10가지 전염병

기술은 부동산 자산의 내재가치를 약화시키고 있다. 기술은 부동산 자산이 그 운영자에 따라 더욱 달라지게 만든다. 또한 운영자들에게 특정의 고객과 활동들에 더욱 의존하게 만들기도 한다. 이 프로세스로 인해, 부동산을 기관투자자들에게 매력적으로 만들었던 많은 가정들이 위태로워지고 있다.

빌딩의 **입지(location)**는 점점 그 중요도가 약해지고 그 가치를 정의하고 방어하기에는 불충분한 요소가 되고 있다. 최소한 일정 기간 사람들은 원격으로 근무할 수 있고, 많은 사람들이 그렇게 일하는 것을 선택한다.

상거래의 상당 부분이 온라인으로 이동하고 있고, 과거에는 물리적 근접성을 필요로 했던 제품과 서비스를 더 많은 사람들이 편하게 이용할 수 있게 되었다. 한편, 기술은 다른 물리적 경험이나 공동체 경험에 대해서도 선망을 하게 만드는데, 이러한 경험들은 사람들이 어디서 살고 일할지를 선택할 때 영향을 미친다.

건물의 **가시성(visibility)**은 더 이상 오프라인 세계에 제한되어있지 않다. 온라인상에서 자산이 보여지는 방식은 그 가치에 점점 더 큰 영향을 미치고 있다. 이는 호텔이나, 공유주거 아파트, 단기대여 회의실 등과 같이 즉각적인 예약 시스템을 제공하는 자산에 있어 더욱 그러하다. 그리고 장기임대 공동주택, 오피스, 산업시설 등에도 적용된다. 소비자가 이미 물리적 공간 내에 있는 경우에도 그들은 SNS상의 친구나 팔로워들에게 공유할 때 그 공간이 어떻게 보일지를 근거로 하여 가치를 평가하기도 한다.

마찬가지로 **접근성(accessibility)**의 의미도 확장되고 있다. 사람들과 물건들을 이동시키는 새로운 방식은 과거의 교통노선을 따라 위치한 부동산의 상대적 가치를 감소시키고 있는 반면, 새로운 주변부 위치들의* 가치를 상승시키고 있다. 점점 증가하고 있는 리테일, 오피스, 숙박 그리고 산업시설 고객들에게 있어, 접근성은 더 이상 단일공간의 위치가 중요하지 않고 공간들의 네트워크 내에서 자유롭게 옮겨 다닐 수 있는가가 될 수 있다. 물리적 공간의 예약과 접근이 쉽다는 것은 많은 용도에서 중요한 차별

---

* 이 맥락에서 "주변부(peripheral)"라는 의미는 도심 밖의 장소만을 의미하는 것이 아니라, 도심의 대로변에서 떨어져있으면서 지하철이나 다른 대중교통에서 조금 먼 위치도 해당될 수 있다. 경우에 따라 그 차이는 몇백 피트의 문제일 수도 있다.

점이 되고 있다. 우리가 임대차 계약을 하고 한 공간에 입주하거나 또는 심지어 자산을 인수하는 것에 이르기까지 현재 우리가 이용하고 있는 많은 절차들이 곧 과거형이 되고 부적합하다고 느껴질 것이다.

최고의 위치를 선점한 빌딩들도 테넌트들을 유치하기 위한 종합적 솔루션을 제공할 것으로 예상된다. 이 솔루션에는 기능적 편익뿐만 아니라 경험적 편익과 상징적 편익도 포함된다. 이러한 현상은 특정 고객의 니즈에 초점을 맞추고 자산을 그에 적합하게 조정하는 브랜드 운영자들이 부상하게 만들고 있다. 이는 이미 대부분의 호텔에서 볼 수 있는 사례지만, 이제는 오피스, 공동주택, 심지어 산업용 건물에도 점점 흔해지고 있다. 결과적으로 자산, 테넌트 그리고 운영자는 **대체가능성(fungibility)**을 잃어버리고 교체가능성도 낮아진다. 많은 경우, 부동산 자산을 다른 운영자에게 맡길 때도 비용이 더 비싸지고, 운영자가 다른 테넌트 집단으로 초점을 바꾸려 할 때도 그 비용이 더 비싸진다.

고객들은 점점 더 요구가 많아지고 있고 장기계약을 할 의사나 능력이 예전보다 없어지고 있다. 차별화된 서비스와 유연성을 제공하는 것은 부동산 자산으로부터 더 많은 가치를 창출할 수 있게 해줄 것이지만, 서비스 수익과 전통적이지 않은 임대차 계약은 수입이 **예측 가능(predictable)**하지 않고 채권과 같은 특성이 없을 수 있다. 어떤 면에서, 많은 부동산이 이제 더 이상 그 자체로 자산이 되지 못하고 다른 운영 비즈니스에 투입되거나 구성요소의 역할만 하게 될 것이다. 이러한 상황은 건물의 가치를 그 어느 때보다 높일 수도 있지만, 기관급 포트폴리오 내에서 건물이 현재 역할을 제공하는 능력에도 영향을 미칠 것이다.

운영의 강도가 증가함에 따라 오피스, 공동주택, 산업부동산의 금융성과는 경제 전반의 다른 비즈니스들과 더 많은 상관관계를 가지게 될 수 있다. 예를 들어, 호텔자산의 성과는 이미 전반적인 주식시장과 상관관계가 높아져있다. 다른 자산군과 **상관관계(correlation)**가 높아지면 대체자산군으로서의 부동산의 위상에 영향을 미치게 될 것이다. 이러한 변화를 반영하여 기관급 배정은 조정될 것이다. 일관되고 안정적인 결과를 낳을 수 있는 운영자들은 수요가 높아질 것이다. 결국, 이 말은 소유주들과 투자자들이 자신의 빌딩에 대한 수입을 브랜드 운영 플랫폼과 더 많이 나눠야 한다는 것이다.

상당수의 이러한 운영사들은 새로 등장한 회사들이 될 것이다. 오래된 습관과 관계는 옆으로 비켜나게 될 것이다. 그들이 시장에 부응하거나 시장을 개척하는 투자자본수익률(ROI)을 만들어낼 수 있는 것이 아니라면 말이다. 기관급 부동산 **자본(capital)**은 테넌트들을 유치하고 유지하며 부동산 기초자산의 가치를 극대화할 수 있는 브랜드나 기술, 노하우를 가진 기업들에 투자를 하거나 파트너로 제휴하게 될 것이다. 벤처캐피털은 앞으로 언젠가 부동산 자본을 유치할 수 있을 새로운 운영사 실립에 투자하는 일을 계속할 것이다. 공유주거(coliving), 주택공유(home-sharing), 유연형 오피스, 유연형 창고 등과 같은 관리강도가 높은 운영모델을 가진 자산에 대해 전통적 대출기관들이 처음에는 주저할 수 있다. 그러나 이러한 비즈니스 모델들이 흔해지면, 대출기관들도 그 운영사에 대해 더 호의를 가지고 살펴보고 심지어 그 존재를 필요로 하게 될 것이다.

과거 일부만 독점하던 **정보(information)**는 이제 온라인으로 쉽게 접근할 수 있다. 대형 투자자들에게 독점적으로 사용되었던 툴과 기술들은 이제 상품이 되어 누구든지 합리적 가격에 구입할 수 있게 되었다. 새로운 기업들에 의해 제어되거나 수집되는 새로운 데이터 소스들의 중요성은 날로 커지고 있다. 오래된 데이터 소스들은 그것을 활용하고 분석하여 가치 있는 통찰을 만들어낼 수 있는 사람들의 손에서 더 가치가 높아지고 있다. 이 말은 새로운 경쟁자들과 서비스 파트너들은 임대인의 데이터를 임대인 자신들보다 더 잘 활용할 수 있다는 의미가 되기도 한다.

용도구분(zoning)은 그 힘을 잃어가고 있다. 새로운 벤처들은 규제기관(그리고 경쟁자들)이 움직이기 전에 이미 의미 있는 규모에 도달할 수 있다. 서로 다른 용도들 간의 경계는 흐려지고 있다. 사람들은 아파트먼트 빌딩을 숙박시설로 사용하기도 하고, 호텔에 거주하기도 하며, 레스토랑이나 쇼핑몰에 앉아서 일하기도 하고, 오피스에서 잠을 자기도 하고 사교모임을 하기도 한다. 어떤 용도(예를 들어, 리테일 등)에 대한 수요의 와해(disruption)는 다른 용도로 변경할 수 있는 수많은 인벤토리를 창출해내고 있다. 더 나아가 지상과 하늘의 새로운 모빌리티는 관례적인 용도제한 조례를 개정하게 만들고 토지의 가치를 재편할 가능성이 있다.

수많은 동력들이 모여서 **희소성(scarcity)**이라는 바로 그 개념에 의문을 제기하고 있다. 많은 경우, 최종고객들은 어디에서 어떻게 일하고 거주하며 쇼핑을 할지, 혹은 어디에 어떻게 보관할지에 관한 수많은 선택에 직면하고 있다. 여기에는 새로운 공간뿐만 아니라, 오래된 공간들이 갑자기 찾기가 쉬워지고 접근이 쉬워지거나 더 매력적인 서비스와 솔루션을 제공하는 경우도 포함된다. 또한 기술은 기존 빌딩을 더 효율적으로 사용할 수 있게 해주고, 동일한 부동산으로 더 많은 사람들을 수용하는 것을 가능하게 해주고 있다.

희소성이 전반적으로 더 이상 중요하지 않다는 주장을 하고자 하는 것은 아니다. 토지와 건물의 공급은 여전히 제한적이고, 많은 시장에서 다양한 제품들의 부족을 겪고 있다. 그러나 기술은 특정의 인원수(그리고 물건 수) 또는 특정 수준의 경제활동에 필요한 공간의 수량에 관한 많은 가정들을 변화시키고 있다. 결과적으로, 인구통계적 지표와 경제적 지표들을 기반으로 한 부동산의 미래수요를 측정하기 위해 사용되었던 대다수의 공통 모형들이 타당하지 않게 되고 있다.

과거 방식의 방어능력들이 무너짐에 따라, 부동산은 더욱 경쟁적인 비즈니스가 되고 있다. 좋은 소식은 자산이 그 어느 때보다 더 많은 가치를 창출하도록 운영될 수 있다는 것이다. 나쁜 소식은 그 자산이 반드시 이러한 방식으로 운영되어야만 한다는 것이다. 그렇지 않은 자산은 조만간 주인이 바뀌게 될 것이다. 이것은 항상 있는 일이었으나, 그 상황은 더 빠르게 발생할 것이고 시장에서 영향을 받지 않는 곳은 거의 없게 될 것이다. 새로운 경제에서 낮게 매달린 열매는 이미 누군가 따갔다. 벤처캐피털의 투자를 받은 많은 기업들이 경제의 물리적이고 어려운 부분들을 변화시키려 하고 있다. 부동산도 그 중요한 대상이다. 이 기업들은 모든 프로세스를 최적화하고 모든 차익의 기회를 발굴하려 하고 있다. 이러한 벤처캐피털 투자를 받은 몇몇 기업들은 기존의 부동산 기업들과 협력해서 일할 것이고, 다른 기업들은 직접적으로 부동산을 인수하기도 할 것이다.

부동산 투자자, 소유주, 디벨로퍼, 운영자, 그리고 기타 전문가들에게 경쟁의 장은 더 광범위해지고 더 복잡해지고 있다. 이는 개별 자산의 차원에서도 맞는 말이고, 전체 회사 및 투자 포트폴리오 차원에서도 맞는 말이다. 결과적으로 부동산은 운영의 효과성(operational effectiveness)에 의해 지배를 받던 산업에서 전략에 의해 지배를 받는 산업으로 이동해가고 있다. 잘 운영되는 자산을 기반으로 번창하던 산업에서 잘 운영되는 비즈니스를 통해 번창하는 산업으로 진화하고 있는 것이다.

운영 효과성: 필요와 와해

하버드 비즈니스스쿨의 마이클 포터(Michael E. Porter) 교수는 "비슷한 활동을 라이벌보다 더 잘 수행하는 것"으로 운영 효과성(operational effectiveness)을 정의하고 있다. 일반적으로, 부동산 산업에서의 경쟁은 여전히 운영라인을 따라 이루어지고 있다.

부동산 투자자들에게 있어서, 운영 효과성을 개선한다는 것은 인수의 정확성과 속도를 높이고 여러 시장과 자산에서의 다양성에 균형을 맞추거나, 세금을 절감하고 자기자본 이익률을 증대하기 위해 자금을 재조달하고 재구조화하는 것을 의미할 수 있다. 디벨로퍼들에게 있어서는 건설비와 시간을 줄이는 것을 의미한다. 운영자들에게 있어서는 유지비를 절감하고 테넌트들과 좋은 조건의 임대차 계약을 협상하며, 전반적인 수입이 안정적으로 유지될 수 있는 방법으로 이 임대차 계약을 유지하는 것을 의미한다.

모든 투자자, 디벨로퍼, 운영자들은 그 경쟁자들보다 더 잘하기 위해 노력한다. 이는 그 자체로 나쁘지 않다. 그러나 높은 수준의 운영 효과성이 사실상 절대적으로 중요하다. 최근 몇 년간 수백 개의 프롭테크 스타트업들에서는 부동산 전문가들에게 도움이 될 수 있는 툴들을 출시해왔다. 이 툴들은 투자기회의 파악, 설계오류와 건설사고의 감소, 에너지 관리의 최적화, 마케팅과 임대의 능률화, 고객 서비스의 개선 등을 위한 것들이었다.

이 툴들은 좋은 것이기는 하지만 모두에게 다 좋은 툴일 뿐이다. 이 툴들은 과거 큰 규모의 정교한 사업자들만 달성할 수 있었던 수준의 운영 효과성을 새로운 진입자들이 충족하거나 그 수준을 뛰어넘을 수 있게 해주고 있다. 이 툴들은 기존 사업자들이 더 잘할 수 있게 도와준다. 그러나 동일하게 잘하게 하는 것이다.

예를 들어, 2000년대 중반에 일부 공동주택 운영자들은 가격정책, 임대기간, 공실률을 최적화하기 위해 수익관리 소프트웨어를 사용하기 시작했다. 처음에는 이 소프트웨어가 여러 소유주 겸 운영자들이 비슷한 자산을 관리하는 경쟁자들보다 높은 성과를 이룰 수 있게 해주었다. (금융용어로 "알파"를 달성하게 해주었다.) 그러나 시간이 지남에 따라 다른 임대인들도 비슷한 툴을 채택하기 시작했다. 오늘날 거의 모든 대형 공동주택 임대권자들은 수익관리시스템을 이용한다. 그리고 동일한 서비스 제공자들의 제품을 사용하는 경우가 많다. 수익관리는 소규모 임대인들에게도 인기를 얻고 있고 점차 기본적인 것이 되어가고 있다. 결과적으로 공동주택 운영자들은 운영 측면에서는 나아졌지만, 굳이 수익성이 더 높아졌다고는 할 수 없게 되었다.

마이클 포터 교수는 여러 산업에서 비슷한 역학관계를 관찰했다. 운영의 효과성은 주로 경쟁자들이 모방하기 쉽거나 서드파티로부터 얻기 쉬운 사례들에 따라 달라진다. 운영을 개선하는 것에만 초점을 두는 것은 회사들이 점점 비슷해지도록 만든다. 이러한 회사들은 결국 동일한 기준점을 근거로 경쟁하기 위해 동일한 툴을 사용하게 되는 것이다.

결과적으로 "경쟁은 아무도 이길 수 없는 동일한 경로를 달리는 것이 되어버린다." 여기서 유일한 승자는 이 운영 툴을 파는 공급업자들과 더 낮은 가격에 더 나은 서비스를 이용할 수 있는 최종소비자들뿐이다.

역사적으로, 부동산 자산의 희소성과 정적인 특성은 그 소유주와 운영자들을 심한 경쟁으로부터 막아주는 방패 역할을 해왔다. 결과적으로, 운영 효과성은 넉넉하고 지속 가능한 수익을 보장하기에 대체로 충분했다.* 그러나 기술에 의해 도입된 새로운 풍요(abundane)와 역동성(dynamism)은 부동산을 다른 산업과 더욱 비슷하게 만들고 있다. 운영 효과성은 테이블 스테이크[141]이다. 그러나 이기기 위해서는 충분하지가 않다. 여기서 전략이 필요하다.

좋은 전략의 5가지 속성

운영 효과성과 대조적으로, 포터 교수는 전략을 "다른 활동을 수행하는 것" 또는 "비슷한 활동을 다른 방식으로 수행하는 것"으로 정의한다. 여기서 포터 교수는 쉽게 모방될 수 있는 특성이나 사례를 기반으로 한 단순한

---

141 테이블 스테이크(table stake)는 포커게임에서 각 게임자가 주어진 핸드를 진행하는 동안 그의 앞에 있는 돈만 사용할 수 있는 게임의 방법을 말하고, 비즈니스 용어로 사용될 때는 시장이나 비즈니스 협상에서 신뢰할 수 있고 경쟁적인 시작점을 차지하기 위해 필요한 최소한의 요건(가격, 비용모델, 기술, 기타 역량 등)을 말한다. - 역자 주.

* 이는 호텔의 경우에도 해당된다. 호텔업계는 주로 큰 회사들이 여러 브랜드를 가지고 경쟁하는데, 대부분 비슷한 방법과 서비스, 가격정책을 쓰고 있다.

제품 차별화에 대해 말하는 것이 아니다. 또한, 소비자들이 제품을 어떻게 인식하는가에 초점을 두는 마케팅 포지셔닝에 대해서 말하는 것도 아니다. 포터 교수는 좋은 전략을 구성하는 5가지 속성을 설명한다(표 22.1 참고). 앞의 장들에서 나타난 사례들을 생각하면서 각 속성들에 대해 살펴보기로 하자.

표 22.1 마이클 포터가 말하는 좋은 전략의 속성들

1. 고유한 가치제안을 전달한다
2. 고유한 가치사슬을 기반으로 한다
3. 명확한 트레이드오프(trade-off)를 수반한다
4. 고유한 방식으로 함께 잘 어울리는 상호의존적인 가치활동에 대해 기대를 가진다
5. 유의미한 기간 동안 지속적으로 실행되어왔다

첫째, 좋은 전략은 **고유한 가치제안**(unique value proposition)을 전달하고 특정 고객집단 또는 고객의 니즈를 해결한다. 브루클린의 크라운 하이츠에서 시작한 커먼리빙(Common Living)은 전통적 방식의 임대차 계약을 혼자 할 수 없는 젊은 전문직들을 위한 솔루션을 제공했다. 커먼(Common)은 고객들에게 공유아파트의 가구가 구비된 방을 제공하고, 청소와 물품충전 서비스, 여러 커뮤니티 활동들, 그리고 다양한 기타 지원 서비스들을 제공한다. 이 모든 것들이 인기지역의 가구가 없는 빈방과 같은 가격으로 제공된다. 이것이 고유한 가치제안이다.

둘째, 좋은 전략은 **고유한 가치사슬**(unique value chain)을 기반으로 한다. 섹션 Ⅲ(주거와 숙박)에서 언급한 바와 같이, 가치사슬은 한 회사가

"그 제품을 설계, 생산, 판매, 배송, 지원"하기 위해 수행하는 일련의 활동들이다. 손더(Sonder)는 전통적 호텔이나 서비스드 아파트먼트 운영자들과 직접적으로 경쟁하기 위해 고유한 일련의 활동들을 하고 있다. 손더는 주로 주거용도로 설계되었던 기존 부동산을 이용하고, 손님들의 체크인과 서비스 이용 및 지원을 모바일 앱으로 한다. 그리고 유통은 처음부터 자체 브랜드 디지털 플랫폼을 통해 이루어졌다. 이와 비교할 때, 전통적 호텔의 가치사슬은 매우 다른 활동들로 구성되어있다. 건물의 설계(때로는 건물의 소유권)부터 시작하여 영업, 예약 프로세스, 현장의 직원배치 및 서비스까지 손더와는 많이 다르다.

셋째, 좋은 전략은 **명확한 트레이드오프(clear trade-offs)**를 수반한다. 트레이드오프는 비즈니스가 그 전략을 이행하기 위해서는 잠재고객이나 수익을 어느 정도 상실해야 한다는 것을 의미한다. 위워크(WeWork) 공간은 브리더(Breather)나 노텔(Knotel)과 같은 다른 유연형 오피스 제공자나 전통적 임대인, 시설관리자들이 운영하는 공간보다 더 개방적이고, 밀집도가 높으며 더 활기찬 경향이 있다. 무엇보다도 위워크 고객들은 회사의 커뮤니티에 가입하고, 그 이벤트에 참여하며, 전 세계 지점들의 공용공간을 이용하기 위해서 돈을 지불한다. 또한 위워크는 그 대상 고객들과 공감할 수 있는 사회적·환경적 이슈들에 대한 입장을 제시한다. 가장 눈길을 끈 것은 위워크 공간에서 육류를 제공하지 않겠다거나 직원들이 육식을 한 경우 그 비용을 지불하지 않겠다는 결정이었다.

위워크 브랜드와 경험은 어떤 고객들에게는 사랑받고 칭찬받지만, 다른 고객들에게는 거부당하고, 놀림 당하고, 심지어 혐오를 당하기도 한다. 회사의 다른 고충에도 불구하고 이것은 좋은 징조다! 명확한 전략은 어떤 고객들에게는 가치를 제공하지만, 모든 사람들을 기쁘게 하려 애쓰지 않는 것을 필요로 한다. 포터 교수의 유명한 말처럼, "전략의 본질은 하지 않는 것을 선택하는 것이다." TOG(The Office Group)는 동일한 역학관계에서 좀 더 온건한 사례를 제공한다. TOG는 런던의 창작계층과 공감하는 라이프스타일 브랜드와 호스피탈리티 경험을 구축한다. TOG의 공유오피스나 프라이빗 오피스의 구성방식, 커뮤니티 이벤트, 출판물은 모든 사람들에게 인기를 얻을 목적을 가지고 있지는 않지만, 대단히 가치 있는 고객인 특정 그룹에게는 엄청난 인기를 끌고 있다.

모든 오피스 빌딩이 "모두를 위한 것은 아니다"라고 항변할 수 있을 것이다. 맞는 말이다. 그러나 대부분의 빌딩들은 가격에 따라 다르거나, 사무실의 크기와 모양, 또는 공용공간 등의 물리적 특성과 같은 기능적 편익을 근거로 차이가 난다. 위워크는 어느 빌딩에 위치하는가와 상관없이 특유의 활동들의 결과로 생기는 명확하고 차별화된 기능적, 경험적, 상징적 편익을 제공한다. 위워크의 트레이드오프는 이 회사의 다른 활동들과 잘 어울린다.

여기서 이어지는 좋은 전략의 네 번째 속성은 **잘 어울림(fit)**이다. 회사의 가치사슬 내의 활동들은 다른 경쟁자들이 전략을 모방하기 어렵게 만드는 방식으로 상호의존적일 필요가 있다. 커먼과 올리(Ollie)는 단순히 테넌트들에게 유연한 조건으로 방을 임대하는 옵션만 제공하는 것이 아니다. 커먼과 올리의 물리적 제품들은 서로 모르는 사람들끼리 공유할 수 있도록 디자인되었다. 이들은 잘 맞는 룸메이트를 찾아주고, 공유 임대계약의 서명과 승인을 간소화하는 고유의 툴을 개발했다. 그들은 룸메이트들이 잘 지내고 청구서나 청소 문제 등으로 다투지 않게 만드는 서비스를 제공한다. 커먼과 올리 두 기업 모두 전통적 경쟁자들이 제대로 서비스하지 않는 특수한 니즈를 가진 고객들을 유인하는 브랜드를 구축했다. 이 두 회사들의 브랜드와 마케팅 채널은 전통적 임대권자들보다 낮은 가격으로 테넌트를 구하고 교체할 수 있게 해준다. 이를 통해 테넌트들에게 특정 수준의 유연성을 제공하는 것이 더 쉬워진다.

표면적으로, 커먼과 올리의 전략들은 모방하기 쉬워 보인다. 어느 임대인이라도 아파트먼트를 룸메이트들에게 임대할 수 있다. 그러나 이를 수익성 있고 규모 있게 하려면 일련의 상호의존적인 활동들이 필요하다. 전통적 임대인은 기존의 이점들을 포기하지 않고서는 동일한 전략을 채택할 수가 없었다. 명확한 브랜드가 없다면, 적절한 고객을 유인하는 데 비용이 더 많이 들 수 있다. 잠재적 테넌트들을 연결시키고 여러 관련 없는 개인들 간에 하나의 임대차 계약에 서명하도록 조정하는 일은 귀중한 시간을 낭비하는 것이 될 수 있다. 중개수수료, 앱, 그리고 기타 수수료 등의 비용이 너무 많이 들어서 테넌트들이 임대차 계약 하나를 채우기 전에 떠나버릴 수도 있다. 또한 임대인의 기존 테넌트들은 공유주거 테넌트들이 건물에 가져올 실제적인 혹은 예상되는 "분위기"와 활동들이 늘어나는 것을 좋아하지 않을 수도 있다.

리니지로지스틱스(Lineage Logistics)는 활동들이 잘 어울려 모방하기 힘든 전략을 만들어내는 방법의 또 다른 사례를 보여주고 있다. 이 회사는 대단히 특별한 용도를 제공하기 위해 부동산을 인수하고 운영한다. 리니지는 냉장비용을 절감하고 콜드스토리지 선반의 조직을 최적화하는 연구와 개발을 진행한다. 이곳에서는 냉장제품의 하역작업을 관리하는 시스템을 개발하고 있다. 다른 곳에서는 찾을 수 없는 유연성을 테넌트들에게 제공하는 냉장화물 운송회사와 파트너십도 맺고 있다. 리니지의 가치사슬 활동들은 상호의존적이다. 10년도 안 되어 리니지의 전략은 리니지가 세계 최대 콜드스토리지 부동산의 소유주와 운영자가 될 수 있게 하였다. 이 회사가 계속적으로 수익성 있게 성장할지 두고 볼 일이다.

포터 교수가 말하는 다섯째 속성은 **지속성(continuity)**이다. 위에서 살펴본 바와 같이, 좋은 전략은 모든 사람들에게 모든 것을 다 해주는 것이 아니라 특정 고객을 대상으로 하고 독특하고 상호의존적인 활동들로 특화하는 것이다. 이는 프로세스와 제품을 개발하는 데 있어서 비용이 많이 소요되고 다시 뒤집거나 바꾸기 어려운 리스크를 감당한다는 의미이다. 이러한 이유로 좋은 전략은 항상 돈을 거는 내기인 것이다. 여기에는 헌신과 장기적인 관점이 필요하다. 위의 사례들에서 살펴본 많은 회사들은 상대적으로 신생기업이고 앞으로 많은 것들을 증명해내야 한다. 그러나 이들은 차별화된 비즈니스를 구축하기 위해 노력하고 있고, 현대 부동산 최종 사용자들의 니즈에 맞는 솔루션을 제공하고 있다.

전략은 천천히 그리고 심사숙고하면서 구축되어야 한다. 전략이 일단 선택되면, 규율과 끈기를 가지고 실행되어야 한다. 방향을 바꿀 단기적인 이유들은 항상 있을 수 있다. 전략을 선택하는 과정에는 많은 이해관계자들의 의견이 들어갈 수 있지만, 최종 계획은 조직 내의 모든 사람을 만족시키는 타협이 되어서는 안 된다. 정의하자면, 좋은 전략은 전체론적이고 상호의존적 부분들로 구성되어있다. 불필요하거나 충돌되는 활동들을 가치사슬에 넣는 것은 전체 비용구조를 바꿀 수 있고 고객에 대한 가치제안을 헝클어뜨릴 수 있다.

전략적 결행의 전형적 사례는 아마존이다. 이 회사는 10년 넘게 운영수익을 일련의 통합된 역량을 구축하는 데 투자하여 가격이나 서비스, 경험에서 다른 회사들이 아마존과 경쟁하기 어렵게 만들었다. 아마존은 그 전략을 결행하고 있었고, 한동안 큰 금액의 계속적인 손실을 보면서 투자자들과 언론의 비난을 감당하고 있었다.

전략의 결행은 비즈니스가 진화를 계속하는 것을 막지 말아야 한다. 사실상, 전략을 결행하려면 진화가 필요하다. 어떤 비즈니스는 기존 전략을 수행하기 위한 더 좋은 방법을 계속적으로 찾아야 한다. 그리고 어떤 비즈니스는 운영의 효과성을 개선하는 것도 계속해야 한다. 왜냐하면 운영 효과성이 없으면 전략은 의미가 없기 때문이다. 예를 들어, 만약 커먼이나 리니지(Lineage)가 기본적인 유지보수나 관리업무를 수행하는 것에서 수준 이하였다면, 그들의 독특한 활동들은 다른 비용들 때문에 실패했을 가능성이 높다.

요약하면, 좋은 전략은 고유한 가치제안을 특정의 고객들에게 상호의존적 활동들의 조합을 기반으로 하여 전달하는 것이다. 그 본질은 일시적으로는 쉽고 수익성이 있으나 궁극적으로 수익이 낮아지거나 없어질 수 있는 활동들과 기회들을 거부하는 데 있다. 모든 전략은 명확성과 결행이 요구되는 내기와 같은 것이다.

부동산 전략의 난제들

위에서 살펴본 모든 사례들은 부동산 자산을 운영하는 회사들에 관한 것이다. 이는 자산이 그 운영자들에 더 의존적이 되고 있다는 우리의 광범위한 관점과 맥을 같이한다. 그러나 이는 부동산 "먹이사슬"의 모든 "동물"들 – 투자자, 디벨로퍼, 시설관리자, 중개인, 서비스 제공자가 자체 브랜드의 운영 플랫폼을 구축해야 한다는 의미가 아니다. 또한 그들이 운영 플랫폼을 인수하거나 인수당해야 한다는 의미도 아니다.

오히려, 각각의 주체는 이 책에서 설명된 변화가 먹이사슬 내의 위치에 어떤 영향을 미치는지를 고려해야 하고, 리스크가 조정된 수익을 최적화하기 위해서 어떤 부동산 관련 활동들에 집중해야 하는지를 고려할 필요가 있다. 이 문제에 대한 답은 각 회사의 역량, 자원, 자본구조, 리스크 선호도에 따라 달라진다.

변화는 쉽지 않다. 그리고 부동산 회사들은 그 변화를 더 어렵게 만드는 난제들을 직면하고 있다. 그 난제들은 아래의 내용들을 포함한다.

1. 실제 물리적 자산에만 투자해야 한다는 투자지침
2. 수익은 재투자되지 않고 분배되어야 한다는 법적 요건
3. 회사 전체가 아닌 특정 자산의 성과에 초점을 맞추는 회사 내 사람들을 유지하는 인센티브 계획
4. 회사의 미래가 아닌 현재 포트폴리오의 성과에 초점을 맞추는 파트너들과 직원들을 유지하는 인센티브 계획
5. 고위 경영진이 가진 배경 및 능력(그리고 성별, 연령 등)의 다양성 부족
6. 새로운 것을 회피하는 전반적 문화

여기서 전략에 관해 살펴보면서도, 대부분의 부동산 회사들은 운영 효과성 측면에서도 뒤떨어지고 있다는 것을 지적할 필요가 있다. 많은 최상의

실행사례(best practice)와 새로운 툴들은 신속히 채택되지 않거나 아예 채택되지도 않고 있다.

긍정적으로 말하면, 부동산 투자자들과 디벨로퍼, 운영자, 그리고 심지어 중개인들도 대담한 장기적 투자를 하는 것에 문외한은 아니다. 지금이 이 대담성과 확신을 새로운 유형의 비즈니스 활동들로 가져올 때다. 이 책을 마무리하기에 앞서, 이 책에서 다루었던 다양한 회사들과 사례들을 근거로 하여 당신의 비즈니스나 경력에서 어떻게 변환을 시작할 수 있는지에 관한 시사점들을 짧게 정리해보았다. 필자는 이를 10가지 부동산의 전염병을 상쇄할 수 있는 "십계명"이라 부르고 싶었지만, 하다 보니 15가지가 되어버렸다. 그 내용은 아래와 같다.

1. **뒤를 돌아보라.** 당신이 다루고 있는 자산의 역사를 살펴보라. 그리고 스스로에게 물어보라: 왜 이 부동산들은 그 위치에 있는 것일까? 왜 이렇게 디자인되었을까? 이렇게 만들어진 기본적 가정은 무엇일까? 그 가정은 변화하고 있는가? 변화하려고 하는가?
2. **옆을 보라.** 부동산 자산이 설계, 운영, 가치평가되는 방식에 미치는 가장 큰 영향은 산업 내부에서 나오거나 부동산에 초점을 맞춘 혁신으로부터 나오는 것이 아니다. 반면에 그것은 다른 분야들로부터 온다. 즉, 사람들이 살고, 일하고, 먹고, 쇼핑하고, 심지어 죽는 방식에 영향을 미치는 분야로부터 나온다. 많은 기술과 행동들은 대다수의 부동산 전문가들이 거의 관심을 기울이지 않는 분야, 즉 방위산업, 게임, SNS 등에서 등장한다. 옆을 보는 것에는 부동산 산업의 다른 부분들이 어떻게 변하는지를 계속 파악하는 것도 포함된다. 숙박, 리테일, 공동주택, 오피스, 산업부동산 전문가들은 서로 배울 것이 많다.
3. **거래비용(transaction cost)이 어떻게 변해왔는지, 어떻게 변화할 것인지를 점검하라.** 현재와 같은 구조의 산업, 기업, 제품들은 삼각검증

(triangulation), 이송(transfer), 신뢰(trust)에 의해 지배되고 있다. 이러한 비용들 가운데 하나가 변할 때는 새로운 방식으로 가치를 전달하는 기회가 생긴다. 당신의 업계에서 거래비용의 변화가 나타날 때까지 기다리지 말라. 새로운 기술들을 살펴보고 이들이 당신의 업계에 어떤 영향을 미칠지를 스스로에게 물어보라.

4. **기회들을 번들링(bundling)하고 언번들링(unbundling)하는 것을 고려하라.** 기술은 새롭고 수익을 내는 방식으로 서비스와 활동들을 분리하거나 결합하는 기회를 창출한다. 고객들이 놓치고 있는 아이템이나 서비스 중에 당신이 추가로 제공할 수 있는 것이 있는가? 당신의 기존 회사를 다른 투자자들로 이루어진 별도의 주체들로 분리할 이유가 하나라도 있는가? 새로운 유형의 상품을 출시하기 위해 더욱 수직적으로 통합해야 하는 시점이 지금인가? 예를 들어, 리테일 임대인들은 물류공간을 통합하고 더 종합적인 솔루션을 테넌트에게 제공해야 되는가? 리테일 임대인들이 소규모 브랜드를 큐레이트하는 것에 관여하고 과거 백화점에서 제공하던 지원서비스를 제공해야 되는가? 오피스 임대인들은 자체적인 공유오피스 브랜드를 론칭해야 되는가? 또는 기존의 운영 비즈니스들을 분사하고 재무적 소유권에만 집중해야 되는가? 위의 모든 번들링과 언번들링 기회들은 기술의 영향을 받는다. 그 답은 각 회사에 따라 다를 것이며, 경영진이 자체적으로 생각해봐야 할 필요가 있다.

5. **역동적으로 생각하라.** 당신의 비즈니스와 자산의 미래를 생각할 때, 정적인 분석 함정에 빠지지 말라. 수요와 공급의 상호작용만 보지 말아야 한다. 수요의 특성이 어떻게 변하는지 그리고 공급의 정의가 어떻게 변하는지를 봐야 한다. 오피스 테넌트들이 직원당 더 좁은 공간만 필요하거나 과거 오피스에서는 없었던 활동들을 위한 공간을 더 필요로 할 수도 있다. 산업공간에 대한 수요는 증가하고 있다. 그러나 산업적 용도 역시 과거 리테일이나 기타 재활용 부지로 사용되던 용지에서도 가능해지고 있다. 어떤 트렌드는 정체되어있을 수도 있고 심지어 방향이 바뀌고 있을 수도 있다. 상호연결된 지금의 세계에서는 변화가 더 빠르게 일어날 수도 있다. 모든 것을 미리 고려할 수는 없

지만, 현재 모델의 신뢰수준을 조정하거나 새로운 가정과 분석을 통해 증가시킬 수 있다.

6. **고객의 "해결과제(jobs to be done)"*를 생각하라.** 누구도 "공터(space)"를 원하지 않는다. 모든 고객은 무엇인가를 성취하기 위해 노력한다. 리테일러들은 더 많은 고객을 유치하고, 배송을 간소화하며, 다양한 채널을 통해 매출을 증대시키기를 원한다. 기업 테넌트들은 가장 좋은 사람들을 유치하고 유지하기를 원한다. 그리고 이 사람들은 건강하고 감동을 느끼며 의미를 찾고 싶어 한다. 혹은 완전히 다른 것을 원할 수도 있다. 당신이 해야 할 일 중 하나는 그들이 무엇을 성취하고자 하고 현재 그것을 성취하는 데 방해가 되는 것이 무엇인지를 파악하는 것이다. 심지어 당신이 "단지" 부동산만 소유하고 있거나 "일개" 중개인이라 하더라도 당신이 할 수 있는 역할이 있고, 잡을 수도 있고 놓칠 수도 있는 기회들이 존재한다. 고객을 더 많이 이해할수록 그들에게 더 나은 서비스를 제공할 수 있다.

7. **고객 여정을 성찰하라.** 훌륭한 오피스 공간, 좋은 아파트먼트, 괜찮은 창고를 제공하는 것만으로 충분하지 않다. 고객들은 당신의 테넌트가 되는 과정에서 어려움이나 간격을 느낄 수 있다. 이 간격이 당신의 비즈니스와 관련이 없어 보이더라도 궁극적으로는 당신의 경쟁자가 될 수도 있는 새로운 비즈니스가 등장하는 길을 열어준다. 임대인들은 룸메이트를 찾아주거나 단기임대를 위한 시장을 조성하거나 또는 테넌트들이 잘 사용하지 않는 공간을 다시 임대하도록 돕는다거나 사용하기 좋은 온라인 중개 및 예약 사이트를 구축하는 것을 자신들의 일로 생각하지 않았다. 이 각각의 활동들은 이제 수백 개의 빌딩을 소유하거나 운영하는 신생기업들을 위한 발판이 되었다.

8. **고객을 다시 생각하라.** 현재 당신과 임대차 계약을 하는 주체 하나만을 생

---

* 기업들이 고객들의 "해결과제(jobs to be done)"를 발견하고 서비스하는 방법에 관한 사례들을 더 보려면 Clayton M. Christensen(2016)의 *Competing Against Luck: The Story of Customer Choice* 참고. (이 책은 국내에서 「일의 언어, 새로운 미래를 발견하는 문제의식의 틀」이라는 제목으로 2017년 알에이치코리아에서 출간 – 역자 주)

각해서는 안 된다. 당신의 부동산 자산을 사용하는 모든 사람을 고려해야 한다. 그것은 당신 테넌트의 직원일 수도 있고 그들을 방문하러 오는 사람들일 수도 있다. 또는 당신 테넌트의 비공식적인 룸메이트이거나 서브테넌트일 수도 있다. 당신의 빌딩 내에서 일어나는 비공식적 활동들은 자본화할 수 있는 새로운 비즈니스 기회에 대한 힌트를 제공한다.

9. **새로운 희소성을 이용하라.** 일부 사물에 대한 접근이 풍부해지면서 다른 사물은 희소해지고 있다. 우리 세계에서 가치 속에서 성장하는 사물은 기술로 생산될 수 없는 것들이다. 또는 기술에 의해 실질적으로 파괴되는 것들이다. 인간 상호작용에 대한 갈망도 있고, 침묵, 덜 선택할 권리, 그리고 연결되지 않을 권리에 대한 갈망도 있다. 또한, 신체적으로 활동적인 것에 대한 갈망, 유기농적인 재료와 소리, 그리고 의미에 대한 갈망도 있다. 이렇게 인간의 선호도가 많다는 것이 의미하는 바는 많은 새로운 아이디어와 비즈니스들이 등장할 여지가 있다는 것이다. 그리고 인간들이 이러한 많은 니즈들을 제공하는 비즈니스들에 의존하는 사실에 대한 우울감도 있다. 그러나 이에 관해서는 다른 책에서 논의하도록 하겠다.

10. **데이터와 프라이버시를 강화하라.** 새로운 희소성에 대해 얘기하자면, 프라이버시보다 빠르게 사라지는 것은 없는 것 같다. 인간의 활동을 지속적으로 추적하는 것이 처음에는 온라인 현상이었다. 그러나 이제는 오프라인으로 가고 있다. 물리적 공간은 새로운 센서, 카메라, 그리고 전례 없이 많은 양의 데이터를 수집하는 장비들로 가득 차있다. 이 데이터들은 개인적인 것이며, 그중 많은 부분이 물리적 공간을 운영하는 사람들의 소유이며 책임이다.

이는 공간을 더욱 쾌적하고 수익성 있게 만들어주는 새로운 기회를 창출한다. 또한 점점 더 많은 금융적, 평판적, 정치적 리스크를 끌어들이고 있다. 투자자들과 운영자, 기업가들은 이러한 이슈에 관해서 선제적으로 생각할 필요가 있다. 지난 2년간 필자는 ProperPrivacy.org에 참여해왔는데, 이것은 물리적 공간을 이용하는 사람들의 존엄과 신뢰를 침해하지 않으면서 그 공간을 더 안전하고, 더 건강하며, 더 생산적으로 만드는 기술의 채택을 촉진하기 위한 비영리 활동이다.

11. **네트워크 효과를 추구하라.** 부동산 자산과 그 최종 사용자들이 더 광범위한 네트워크로 통합되는 것에서 어떤 편익을 얻을 수 있는지 고려해야 한다. 단순한 규모의 경제 측면에서만이 아니라 네트워크 내의 모든 다른 접점들의 가치에 기여하는 각 접점의 측면에서 고려해야 한다. 예를 들어, 오피스 빌딩의 가치제안은 그 빌딩이 공용공간과 다른 오피스 빌딩의 비즈니스 서비스를 이용할 수 있도록 허용하면 더 증가한다. 당신이 빌딩 하나만을 소유하고 있어도 다른 소유주나 운영자들과의 파트너십을 통해 하나의 네트워크로 통합함으로써 가치를 증대시키는 방법이 있을 수 있다.

12. **기업구조와 인센티브를 점검하라.** 당신의 현재 기업구조, 펀드 투자지침, 또는 리츠(REITs)의 자격이 자산에 대한 수익을 혁신하고 최대화할 수 있는 능력을 제한하고 있지는 않는가? 당신의 직원들이나 관리파트너는 당신 조직의 전략적 이해관계와 장기적 성공을 위해 일할 때 인센티브를 받는가? 어떤 구조적 한계들은 변경이 어렵거나 불가능하다. 이를 명확하게 이해하고 공개적으로 논의하는 것은 당신의 조직을 위해 가장 잘 작동하는 전략이 만들어지는 데 도움이 된다.

13. **다양하게 채용하라.** 독특한 배경과 능력을 가진 사람들을 채용해야 한다. 그리고 그들이 당신 조직에 영향을 미칠 수 있도록 권한을 주어야 한다. 프로덕트 매니저는 고객 여정과 경험을 개선할 수 있도록 도울 수 있고, 데이터 사이언티스트는 패턴을 파악하고 더 나은 결정을 할 수 있도록 도울 수 있다. 다양한 유형의 디자이너들은 고객에게 일관된 경험을 전달하도록 도울 수 있다. 행동과학자는 당신의 부동산 자산 내에서 낮과 밤을 보내는 사람들의 웰빙과 생산성에 당신의 선택이 어떤 영향을 미치는지를 알려줄 수 있다. 인적 전문성을 활용하기가 이보다 쉬웠던 적이 없었다.

14. **새로운 기술과 비즈니스 모델에 대해 계속 연구하라.** 이것은 생각보다 쉽다. 이를 위한 가장 좋은 방법은 흥미로운 것을 하거나 그에 관해 글을 쓰는 사람들과 어울리면서 그 일부가 되는 것이다. 모든 대도시에는 매년 가볼 만

한 가치가 있는 수십 개의 소규모 밋업(meet-up)과 대규모 행사들이 개최된다. 특히 부동산의 경우, CRETech, Unissu, Propmodo, MIPIM PropTech 등과 같은 이벤트 및 콘텐츠 플랫폼은 흥미로운 사람들을 만날 수 있고 새로운 벤처, 실무, 정책에 대한 이야기를 들을 수 있는 좋은 기회를 제공한다.

새로운 트렌드에 대해 공부하기 위해 대도시에 살거나 굳이 찾아갈 필요도 없다. 팟캐스트는 당신이 운동을 하는 동안이나 출퇴근길에서도 다른 사람들의 경험에 대해 배울 수 있게 해준다. 부동산 테크와 기술 전반에 관한 뉴스레터도 많이 있다. 하루에 30분을 트위터에 쓰면, 당신 경쟁자의 99%보다 아는 것이 많아진다. 언제든지 필자의 트위터(@drorpoleg)를 팔로우해도 좋고 팔로우할 만한 흥미로운 사람들과 기업들을 더 많이 찾아볼 수 있다. 새로운 트렌드를 공부하지 않을 이유가 없다.

15. **벤처캐피털 투자를 탐구하라.** 새로운 트렌드를 공부하는 또 다른 좋은 방법은 어떤 스타트업들이 설립되고 벤처캐피털 투자자들이 어디에 투자하는지를 보는 것이다. 만일 대기업이라면, 부동산과 도시기술에 초점을 맞춘 여러 벤처캐피털 펀드 중 하나의 펀드출자자(LP 또는 수동적 투자자)가 될 수 있다. 잠재적인 금융적 이익 외에도, 기업가나 벤처투자자들과 상호작용하는 기회를 얻고 매년 수십, 수백 개의 투자제안서를 볼 수 있다. 각 투자제안서는 기업가의 미래에 대한 비전을 담고 있는데, 당신에게 정보와 영감을 줄 것이다. 소규모 투자자나 개인이라면 AngelList와 같은 웹사이트가 스타트업에 직접 또는 더 경험이 많은 투자자들과 함께 투자할 수 있는 기회를 제공한다.

두 세계 이야기

필자가 브루클린에서 이 책의 마지막 부분을 쓰고 있는 현재, 뉴욕시의 다른 지역에서는 전례 없는 이벤트가 개최되고 있다. 퀸즈에 있는 아서애쉬 스타디움(Arthur Ashe Stadium)이 사람들로 가득 차있다. 2만 3천 명의 남자, 여자, 아이들로 꽉 찬 관중석은 포트나이트 월드컵(Fortnite World Cup)의 결승게임에 환호하고 있다. 더 많은 수백만 명의 사람들은 유튜브와 트위치 생방송으로 게임을 보고 있다.

포트나이트는 키보드와 헤드폰을 통해 컴퓨터에서 게임이 이루어진다. 선수들은 관중의 소리를 거의 듣지 못하지만, 관중들은 스타디움의 여러 스크린을 통해 게임을 지켜보고 있다. 게임이 종료되었다. 새로운 세계 챔피언은 카일 "Bugha" 기어스도프로, 펜실베니아 포츠그로브에서 온 16살 소년이다. 상금은 300만 달러이다. 이보다 약 2주 전에 윔블던 테니스 토너먼트를 우승한 노박 조코비치가 탄 상금보다 조금 더 많은 돈이다. 포트나이트 월드컵은 상금으로 3천만 달러를 내놓았다.

십 대 게이머들은 물리적 세계에서 디지털 세계로의 이동을 보여주는 전형적인 사례다. 그들은 온라인에서 수많은 시간을 보내면서 "Psalm", "Ninja", "Twizz" 등의 닉네임과 그래픽 아바타 뒤에 숨은 친구들과 채팅을 하며 게임을 한다. 그들은 가상의 물건과 컴퓨터 장비에 돈을 쓴다. 그리고 수만 명의 게임에 열광하는 사람들이 다른 사람들과 물리적 공간을 함께하기 위해 50~150달러를 지불하기로 선택한다. 그들은 세계에서 가장 큰 도시 중 하나인 이곳 뉴욕의 심장부에 위치한 실제 건물에서 노래하고, 박수 치고, 먹고, 물건을 사는 기회를 위해 돈을 낸 것이다. 그들은 현실의 어떤 것을 다른 사람들과 함께 경험하는 기회를 위해 지불한 것이다.

이런 종류의 이벤트들은 점점 많아지고 있다. 골드만삭스는 2022년에 온라인게임의 글로벌 관중이 2억 7,600만 명이 될 것으로 예측하고 있다. 이 숫자는 미국에서 가장 인기 있는 스포츠 리그인 NFL(미국프로풋볼)을 보는 사람들과 거의 비슷한 숫자이다. e스포츠로 알려진 멀티플레이어 비디오게임 경기를 위한 전용 경기장들이 세계 곳곳에 생겨나고 있다. 2019년 6월 세계 최대의 리츠 가운데 하나인 사이먼프로퍼티스(Simon Properties)는 e스포츠 경기장 운영자인 얼라이드이스포츠(Allied Esports International)에 500만 달러를 투자했다.

지금은 가장 좋은 시절인가, 아니면 최악의 시절인가?

부동산 산업이 지금처럼 역동적이고 새로운 아이디어에 개방적이었던 적은 없었다. 향후 10년은 모든 것, 특히 우리가 당연하게 생각했던 것들에 대해 다시 생각해보는 전례 없는 기회를 부동산 전문가들에게 주고 있다. 여기 모여계시라. 참여하시라. 믿을 수 없는 일이 시작될 것이니….

2019년 7월 브루클린에서.

저자 참고문헌(Bibliography)

Introduction(서론)

"4Q 2018 – Pitchbook–NVCA Venture Monitor."PitchBook Data. Last modified January 9, 2019. https://pitchbook.com/news/reports/4Q–2018–pitchbook–nvcaventure–monitor.

Black, Garrett James. "Trillion–Dollar Question: What Does Record Dry Powder Mean for PE & VC Fund Managers?"PitchBook. Last modified March 15, 2018. https://pitchbook.com/news/articles/the–trillion–dollar–question–what–doesrecord–dry–powder–mean–for–pe–vc–fund–managers.

Block, Aaron, and Zach Aarons. PropTech 101: Turning Chaos into Cash through Real Estate Innovation. Place of Publication Not Identified: Advantage Media Group, 2019.

Bockmann, Rich. "Public Pension Funds Looking for More Exposure to High–Risk Real Estate."The Real Deal. Last modified November 26, 2018. https://therealdeal.com/2018/11/26/public–pension–funds–looking–for–more–exposureto–high–risk–real–estate/.

Duffell, Thomas. "To Be Able to Copy & Paste Content to Share with Others Please Contact Us at Subscriptions@Peimedia.Com to Upgrade Your Subscription to the Appropriate Licence."Pere News. Last modified March 23, 2017. https://www.perenews.com/cbre–1–7trn–global–dry–powder–available–for–real–estate/.

Funk, David L. "Real Estate Takes Its Place as the Fourth Asset Class."NAOIP. Last modified Spring, 2015. https://www.naiop.org/en/Magazine/2015/Spring–2015/Development–Ownership/Real–Estate–Takes–Its–Place–as–the–Fourth–Asset–Class.aspx.

Gillers, Heather. "U.S. Pension Funds Turn to Riskier Real–Estate Bets."Wall Street Journal. Last modified November 26, 2018. https://www.wsj.com/articles/u–spension–funds–turn–to–riskier–real–estate–bets–1543233600.

"Global Unicorn Club."CB Insights. Accessed March 14, 2019. https://www.cbinsights.com/research–unicorn–companies.

Herm, Gunnar, Zachary Gauge, Melanie Brown, Sean Rymell, and Brice Hoffer. "Core Real Estate in a Disruptive Environment."UBS. Last modified September 20, 2018. https://

www.ubs.com/global/en/asset-management/insights/asset-classresearch/real-assets/2018/core-real-estate-in-a-disruptive-environment.html.

Lanza, Joseph. Elevator Music: A Surreal History of Muzak, Easy-Listening, and Other Moodsong. Rev. and expanded ed. Ann Arbor: University of Michigan Press, 2004.

Lim, Vernia. "Are Alternative Assets the Next Big Thing in Real Estate?" Jones Lang LaSalle. Last modified March 29, 2018. http://www.ap.jll.com/asia-pacific/en-gb/news/446/are-alternative-assets-the-next-big-thing-in-real-estate.

McKeown, Kieran. "Marx's Theory of Rent." In Marxist Political Economy and Marxist Urban Sociology: Review and Elaboration of Recent Developments, edited by Kieran McKeown, 56-69. London: Palgrave Macmillan, 1987.

Preqin. Preqin Quarterly Update: Real Estate, Q2 2018. London: Preqin, 2018.

Sharma, Pulkit, and Michael Buchenholz. "The Role of Core Real Assets in Liability-Aware Portfolios." JPMorgan Chase & Co. Last modified July 20, 2018. https://am.jpmorgan.com/us/institutional/library/the-role-of-core-real-assets.

Smith, Adam. An Inquiry into the Nature and Causes of the Wealth of Nations. London: W. Strahan & T. Cadell, 1776.

Syrjanen, Mikko, and Travis Masters. "Commentary: 10 Years after the Housing Crisis – Opportunities in U.S. Single-Family Residential." Pensions & Investments. Last modified May 30, 2018. https://www.pionline.com/article/20180530/ONLINE/180539982/commentary-10-years-after-the-housing-crisis-8211-opportunities-in-us-single-family-residential.

Willis Towers Watson. "Global Alternatives Survey 2017." Willis Towers Watson. Last modified July 17, 2017. https://www.willistowerswatson.com/en-US/insights/2017/07/Global-Alternatives-Survey-2017.

Retail(섹션 I: 리테일)

Abelson, Elaine S. "Invention of Kleptomania." Signs 15, no. 1 (1989a): 123-143.

———. When Ladies Go A-Thieving: Middle-Class Shoplifters in the Victorian Department Store. New York: Oxford University Press, 1989b.

Bhuiyan, Johana, and Theodore Schleifer. "Travis Kalanick Is Buying a New Company That Rehabs Real Estate and Will Run It as CEO." Recode. Last modified March 20, 2018. https://www.recode.net/2018/3/20/17145032/travis-kalanick-ubernew-job-ceo-real-estate-startup-city-storage-systems.

"A Dying Breed: The American Shopping Mall." CBS NEWS. Last modified March 23, 2014. https://www.cbsnews.com/news/a-dying-breed-the-american-shoppingmall

Carbonara, Peter. "Walmart, Amazon Top World's Largest Retail Companies." Forbes. Last modified June 6, 2018. https://www.forbes.com/sites/petercarbonara/2018/06/06/worlds-largest-retail-companies-2018/#d84c0c613e66.

Ceron, Ella. "Jeff Bezos Wants to Sell You Some More Beauty Products." The Cut. Last modified January 23, 2019. https://www.thecut.com/2019/01/amazon-findbeauty-products.html.

Coase, Ronald H. Firm, the Market, and the Law. Chicago: University of Chicago Press, 1988.

Cooper, Mark. "Playing the Generation Game in Retail." PEI Media. Last modified July 2, 2018. https://www.perenews.com/retail-generation-game/.

"Cover Page, Wednesday November 11, 1896." New York Times. Accessed July 18, 2019. https://timesmachine.nytimes.com/timesmachine/1896/11/11/issue.html.

Crets, Stephanie. "Beauty Retailers Grow US Online Sales 24%." Digital Commerce 360. Last modified December 26, 2018. https://www.digitalcommerce360.com/article/beauty-ecommerce-sales/.

Cummins, Carolyn. "Steven Lowy's OneMarket Facing Investor Wrath amid Cash Burn." The Sydney Morning Herald. July 07, 2019. Accessed July 22, 2019. https://www.smh.com.au/business/companies/steven-lowy-s-onemarket-facinginvestor-wrath-amid-cash-burn-20190707-p524uy.html.

de la Merced, Michael J. "Walmart to Buy Bonobos, Men's Wear Company, for $310 Million." New York Times. Last modified June 16, 2017. https://www.nytimes.com/2017/06/16/business/walmart-bonobos-merger.html.

Diduch, Mary. "Travis Kalanick Sets Sights on Europe, Asia with New Venture." Real Deal. Last modified February 17, 2019. https://therealdeal.com/2019/02/17/travis-kalanick-sets-sights-on-europe-asia-with-new-venture/.

Division of Occupational Employment Statistics. "Charts of the Largest Occupations in Each Area, May 2018." U.S. Bureau of Labor Statistics. Last modified May 2018. https://www.bls.gov/oes/current/area_emp_chart/area_emp_chart.htm.

Dunn, Andy. "Book of DNVB." Medium. Last modified May 9, 2016. https://medium.com/@dunn/digitally-native-vertical-brands-b26a26f2cf83.

Evans, Judith. "IKEA Plans €5.8bn Real Estate Investment." Financial Times. Last modified November 14, 2018. https://www.ft.com/content/a9ebc78a-e80e-11e8-8a85-04b8afea6ea3.

Farrell, Maureen, and Dana Mattioli. "Peloton Interviews Banks for IPO." Wall Street Journal. Last modified February 11, 2019. https://www.wsj.com/articles/pelotoninterviews-banks-for-ipo-11549924952?cx_testId=16&cx_testVariant=cx&cx_artPos=0&cx_tag=contextual&cx_navSource=newsReel#cxrecs_s.

"Future of Beauty." Nielsen Company. Last modified 2018. https://www.nielsen.com/content/dam/nielsenglobal/de/images/WP-CH/Nielsen_2018_the-futureof-beauty-report.pdf.

Good Looks. "Sephora Just Launched a Clean-Beauty Seal — Here's Why That's a Big Deal (and Our 8 Faves to Shop Now)." Well+Good. Last modified June 3, 2018. https://www.wellandgood.com/good-looks/sephora-clean-beauty-seal/.

Green, Dennis. "Amazon Bringing 2-Hour Delivery to Whole Foods Is a Sneaky Change in Strategy, and It Could Mean a Big Change Is Coming." Business Insider. Last modified June 16, 2016. https://www.businessinsider.com/amazon-2-hour-delivery-whole-foods-is-change-in-strategy-2018-6.

Gillespie, Todd. "Going Down? What the Future Holds for the Department Store." Financial Times. Last modified August 22, 2018. https://www.ft.com/content/9971a05c-a16f-11e8-b196-da9d6c239ca8.

Halzack, Sarah. "Digital Brands Are Booming, But Can They Save Malls?" Bloomberg.

Last modified February 15, 2019. https://www.bloomberg.com/opinion/articles/2019-02-15/brandbox-is-bringing-digital-brands-to-malls.

Harford, Tim. "How Department Stores Changed the Way We Shop." BBC World Service. Last modified August 14, 2017. https://www.bbc.com/news/business-40448607.

Hirleman, Daniel. "Wal-Mart as a Sum of the Parts – Part #1: A REIT Worth More Than the Current Price of the Stock."Seeking Alpha. Last modified February 28, 2017. https://seekingalpha.com/article/4050744-wal-mart-sum-parts-part-1-reit-worth-current-price-stock

Hobson, Jeremy, Mary Dooe, and Samatha Raphelson. "Inside the Biggest Private Real Estate Development in U.S. History."WBUR. Last modified August 13, 2018. https://www.wbur.org/hereandnow/2018/08/13/hudson-yards-real-estatenew-york.

Hollister, Sean. "Spotify, the Leading Music Streaming App, Is Finally Profitable."The Verge. Last modified February 6, 2019. https://www.theverge.com/2019/2/6/18214331/spotify-earnings-financial-announcement-profits-musicstreaming-podcast

"How Many Products Does Amazon Sell Worldwide – January 2018."ScrapeHero. Last modified January 15, 2018. https://www.scrapehero.com/how-manyproducts-amazon-sell-worldwide-january-2018/.

Howland, Daphne. "Digitally Native Brands Set to Open 850 Stores in 5 Years."Retail Dive. Last modified October 10, 2018. https://www.retaildive.com/news/e-commerce-pure-plays-set-to-open-850-stores-in-five-years/539320/.

International Health Racquet & Sportsclub Association. IHRSA 2018 Global Report: State of the Health Club Industry. Boston: IHRSA, 2018.

Jacobs, Sam. "Westfield's Tech Spinoff Onemarket Announces Staff Cuts as Cash Pressures Mount."Stockhead. Last modified February 13, 2019. https://stockhead.com.au/tech/westfields-tech-spinoff-onemarket-announces-staffcuts-as-cash-pressures-mount/.

Kahn, Howie. "The Hotel Where You'll Be 'Sleep-Coached'into Bed."Wall Street Journal. Last modified March 27, 2019. https://www.wsj.com/articles/thehotel-where-youll-be-sleep-coached-into-bed-11553689674.

Kapner, Suzanne. "Department Store of the Future: Selling Art Off the Walls and Car Insurance at Checkout."Wall Street Journal. Last modified December 24, 2018. https://www.wsj.com/articles/department-store-of-the-future-selling-artoff-the-walls-and-car-insurance-at-checkout-11545647400.

Kelly, Heather. "Amazon Reveals It Has More Than 100 Million Prime Members."CNN. Last modified April 19, 2018. https://money.cnn.com/2018/04/18/technology/amazon-100-million-prime-members/index.html.

Keynes, John Maynard. The Economic Consequences of the Peace. New York: Harcourt, Brace and Howe, 1920.

Leach, William R. "Transformations in a Culture of Consumption: Women and Department Stores, 1890—1925."Journal of American History 71, no. 2 (1984): 319-342. https://doi.org/10.2307/1901758.

Macerich Company. "Macerich Launches Brandbox to Bridge Digital and Physical Retail."PR Newswire. Last modified November 16, 2018. https://www.prnewswire.com/news-releases/macerich-launches-brandbox-to-bridgedigital-and-physical-retail-300751832.html.

"Ma8rket Brief — 2018 Digital Games & Interactive Entertainment Industry Year in Review."SuperData Research Holdings. Accessed April 5, 2019. https://www.superdataresearch.com/market-data/market-brief-year-in-review/.

McDonald's Corporation. 2017 Annual Report. Oak Brook, IL: McDonald's Corporation, 2018.

Monaghan, Christine, and Lizzie Garlinghouse. "iTunes Store Sets New Record with 25 Billion Songs Sold."Apple. Last modified February 6, 2013. https://www.apple.com/newsroom/2013/02/06iTunes-Store-Sets-New-Record-with-25-Billion-Songs-Sold/.

Munger, Michael C. Tomorrow 3.0: Transaction Costs and the Sharing Economy. Cambridge Studies in Economics, Choice, and Society. New York: Cambridge University Press, 2018.

Najberg, Adam. "Future of Retail Is Happening Right Now in China."Alizila. Last modified May 25, 2018. https://www.alizila.com/future-of-retail-happeningin-china/.

National Council of Real Estate Investment Fiduciaries. "NCREIF Property Index (NPI)."NCREIF. Accessed April 5, 2019. https://www.ncreif.org/data-products/property/

Nielsen. "Changes in the Number of Open Retail Stores in the US from 2007 to 2017."Marketing Charts. Last modified April 9, 2018. https://www.marketingcharts.com/industries/retail-and-e-commerce-83023/attachment/nielsen-retail-open-store-changes-2007-2017-apr2018.

nillabyte. "Apple's Steve Jobs Comments on Music Subscription Model 2003 10 16."YouTube. Last modified September 5, 2009. https://www.youtube.com/watch?v=Avt7GEpHYtI

O'Brien, Patricia. "Kleptomania Diagnosis: Bourgeois Women and Theft in Late Nineteenth-Century France."Journal of Social History 17, no. 1 (1983): 65-77.

Office of Inspector General. Riding the Returns Wave: Reverse Logistics and the U.S. Postal Service. Report Number RARC-WP-18-008. Washington, DC: United States Postal Service, 2018.

Ollinger, Catherine. "Interview with Melissa Gonzalez: Why Storytelling Is the Future of the Physical Retail Experience."PSFK. Last modified February 15, 2019. https://www.psfk.com/2019/02/melissa-gonzalez-interview-lionesquegroup.html.

Ong, Thuy. "Amazon Patents a Mirror That Dresses You in Virtual Clothes."Verge. Last modified January 3, 2018. https://www.theverge.com/circuitbreaker/2018/1/3/16844300/amazon-patent-mirror-s-clothes-fashion

Owsinski, Bobby. "Marshmello Concert on 'Fortnite'May Show the Next Realm for Artists."Forbes. Last modified February 9, 2019. https://www.forbes.com/sites/bobbyowsinski/2019/02/09/marshmello-fortnite/#522369671e03.

PFSweb. "Simon and PFSweb Launch New Mall-Based Ecommerce Fulfillment Platform."Associated Press. Last modified January 10, 2019. https://www.apnews.com/ae235aaeeec2c9597670e89c9f64912d.

"Pop-up Guru Appear Here, Led by Ross Bailey, Branches Out."Sunday Times. Last modified February 17, 2019. https://www.thetimes.co.uk/edition/business/pop-up-guru-appear-here-led-by-ross-bailey-branches-out-bxvrcvzrb.

"Powering up Your Brick and Mortar Presence."Brookfield Properties Retail. Accessed April 5, 2019. https://www.brookfieldpropertiesretail.com/leasing/businessresources/digital-support/powering-up-your-brick-and-mortar-presence.html.

Purdy, Chase. "McDonald's Isn't Just a Fast-Food Chain — It's a Brilliant $30 Billion Real-Estate Company."Quartz. Last modified April 25, 2017. https://qz.com/965779/mcdonalds-isnt-really-a-fast-food-chain-its-a-brilliant-30-billionreal-estate-company/.

REIT Indexes. "Performance by Property Sector/Subsector."NAREIT. Last modified March 31, 2019. https://www.reit.com/data-research/reit-indexes/historical-reitreturns/performance-property-sector-subsector.

Robehmed, Natalie, and Madeline Berg. "Highest-Paid YouTube Stars 2018: Markiplier, Jake

Paul, PewDiePie and More."Forbes. Last modified December 3, 2018. https://www.forbes.com/sites/natalierobehmed/2018/12/03/highest-paid-youtube-stars-2018-markiplier-jake-paul-pewdiepie-and-more/#22e86c20909a.

"Ronald H. Coase: Facts."Nobel Media AB. Accessed April 5, 2019. https://www.nobelprize.org/prizes/economic-sciences/1991/coase/facts/.

Safdar, Khadeeja. "Casper, a Web Pioneer, to Open 200 Stores."Wall Street Journal. Last modified August 8, 2018. https://www.wsj.com/articles/casper-a-web-pioneerto-open-200-stores-1533769600.

Savills World Research. Global Real Estate: Trends in the World's Largest Asset Class. London: HSBC Group, 2017.

Schaffel, Chaiel. "No Cash Needed at This Cafe, Students Pay the Tab with Their Personal Data."NPR. Last modified September 29, 2018. https://www.npr.org/sections/thesalt/2018/09/29/643386327/no-cash-needed-at-this-cafe-studentspay-the-tab-with-their-personal-data.

Seritage. "Investor Relations."S&P Global Market Intelligence. Accessed April 5, 2019. http://ir.seritage.com/CorporateProfile

Smiley, Lauren. "Stitch Fix's Radical Data-Driven Way to Sell Clothes – $1.2 Billion Last Year – Is Reinventing Retail."Fast Company. Last modified February 19, 2019. https://www.fastcompany.com/90298900/stitch-fix-most-innovativecompanies-2019.

Soper, Spencer. "Amazon Will Consider Opening up to 3,000 Cashierless Stores by 2021."Bloomberg. Last modified September 19, 2018. https://www.bloomberg.com/news/articles/2018-09-19/amazon-is-said-to-plan-up-to-3-000-cashierless-stores-by-2021.

Teuben, Bert, and Hanskumar Bothra. Real Estate Market Size 2017. New York: MSCI, 2018.

The Crown Estate. Integrated Annual Report 2017/18. London: The Crown Estate, 2018.

The We Company. "The We Company Debuts Made by We."WeWork Companies. Last modified January 22, 2019. https://www.wework.com/blog/posts/the-wecompany-debuts-made-by-we.

"This Playroom Is Paying Its Way."Dry Goods Economist, June 5, 1926.

Thompson, Ben. "Airbnb and the Internet Revolution."Stratechery. Last modified July 1, 2015. https://stratechery.com/2015/airbnb-and-the-internet-revolution/.

———. "Amazon Go and the Future."Stratechery. Last modified January 23, 2018a. https://stratechery.com/2018/amazon-go-and-the-future/.

———. "Lessons from Spotify."Stratechery. Last modified March 5, 2018b. https://stratechery.com/2018/lessons-from-spotify/.

———. "The Value Chain Constraint."Stratechery. Last modified February 26, 2019. https://stratechery.com/2019/the-value-chain-constraint/.

Tostevin, Paul. "How Much Is the World's Commercial Property Worth?"Savills Group. Last modified June 18, 2018. http://www.savills-studley.com/blog/article/246253/commercial-property/how-much-is-the-world-s-commercialproperty-worth.aspx.

Veblen, Thorstein. Theory of the Leisure Class. Salt Lake City, UT: Project Gutenberg, (1899) 2008.

Walmart. Walmart 2018 Annual Report. Bentonville, AR: Walmart Inc., 2018.

Weinswig, Deborah. "Silver Series IV: Retail Reconfigurations for Seniors."Fung Global Retail & Technology. Last modified August 25, 2016. https://www.fbicgroup.com/sites/default/files/Silver%20Series%204%20Retail%20Reconfiguration%20for%20the%20Silver%20Generation%20%20by%20Fung%20Global%20Retail%20Tech%20August%2025%202016.pdf.

Whitlock, Tammy. "Gender, Medicine, and Consumer Culture in Victorian England: Creating the Kleptomaniac."Albion: A Quarterly Journal Concerned with British Studies 31, no. 3 (1999): 413-437. https://doi.org/10.2307/4052958.

"Why Related Should Be Louder About Its Acquisition of Quiet Logistics."Loose Threads. Last modified March 21, 2019. https://loosethreads.com/espresso/2019/03/21/why-related-should-be-louder-about-its-acquisition-of-quietlogistics/.

Williams, Champaign. "Convene Partners with New Stand to Bring Retail Experiences to Coworking."Bisnow. Last modified November 26, 2018. https://www.bisnow.com/national/news/office/boutique-convenience-storenew-stand-forms-partnership-with-convene-to-bring-retail-experiences-tocoworking-95325.

"松坂屋ことはじめ [Matsuzakaya Beginning]."Matsuzakaya. Accessed April 5, 2019 https://www.matsuzakaya.co.jp/corporate/history/honshi/index.shtml.

Office(섹션 Ⅱ: 오피스)

Acemoglu, Daron, and Pascual Restrepo. Artificial Intelligence, Automation and Work – NBER Working Paper 24196. Cambridge, MA: National Bureau of Economic Research, 2018.

"AI and Real Estate."Antony Slumbers. Last modified June 4, 2018. https://www.antonyslumbers.com/theblog/2018/6/4/ai-and-real-estate.

Anthony, Scott D., S. Patrick Viguerie, and Andrew Waldeck. "Corporate Longevity: Turbulence Ahead for Large Organizations."Innosight. Last modified Spring, 2016. https://www.innosight.com/wp-content/uploads/2016/08/Corporate-Longevity-2016-Final.pdf.

Bacevice, Peter, Gretchen Spreitzer, Hilary Hendricks, and Daniel Davis. "How Coworking Spaces Affect Employees'Professional Identities."Harvard Business Publishing. Last modified April 17, 2019. https://hbr.org/2019/04/howcoworking-spaces-affect-employees-professional-identities.

Bain, Mick, Peter Buckland, and David D. Gammell. □Venture Capital Report."Harvard Law School Forum on Corporate Governance and Financial Regulation. Last modified May 30, 2017. https://corpgov.law.harvard.edu/2017/05/30/2017-venture-capital-report.

Baker Library. "Railroads: First Big Business."Harvard Business School. Accessed May 23, 2019. https://www.library.hbs.edu/hc/railroads/first-big-business.html.

Batha, Emma. "WeWork Goes Meat-Free 'to Leave a Better World'."Reuters. Last modified July 18, 2018. https://www.reuters.com/article/us-environment-meatban/wework-goes-meat-free-to-leave-a-better-world-idUSKBN1K82AF.

Baum, Andrew E. Real Estate Investment: A Strategic Approach. Third edition. Abingdon, Oxon: Routledge, 2015.

Becker, Franklin. "Workplace Planning, Design, and Management."In Advances in Environment, Behavior, and Design, edited by Erwin H. Zube and Gary T. Moore, 115-151. Boston, MA: Springer, 1991.

Berger, Warren. "Lost in Space."Wired. Last modified February 1, 1999. https://www.wired.com/1999/02/chiat-3/.

Bernard, Andreas. Lifted: A Cultural History of the Elevator. New York: New York University Press, 2014.

Bestall, Joanne. "JLL Reveals Top Markets Primed for Flexible Space Growth."JLL. Last modified January 23, 2019. https://www.us.jll.com/en/newsroom/flexiblespace-office-markets-2019.

Bosa, Deirdre. "WeWork CEO Neumann Says the Company Hit $2.5 Billion in Annualized Revenue and Has Plenty of Cash."CNBC. Last modified January 10, 2019. https://www.cnbc.com/2019/01/10/wework-ceo-says-company-hit-2point5-billion-in-annualized-revenue.html.

Brown, Eliot. "Lyft Leading Wave of Startups That Will Make Debuts with Giant Losses."Wall Street Journal. Last modified March 25, 2019a. https://www.wsj.com/articles/lyfts-ipo-to-test-investors-appetite-for-money-losing-startups-11553515201.

———. "WeWork's Annual Loss Doubles to Nearly $2 Billion Amid Rapid Expansion."Wall Street Journal. Last modified March 25, 2019b. https://www.wsj.com/articles/weworks-annual-loss-doubles-to-nearly-2-billion-amidrapid-expansion-11553552216.

———. "Henry Wood House."Architizer. Accessed May 23, 2019c. https://architizer.com/idea/1519366/.

Byrnes, Nanette. "As Goldman Embraces Automation, Even the Masters of the Universe Are Threatened."MIT Technology Review. Last modified February 7, 2017. https://www.technologyreview.com/s/603431/as-goldman-embracesautomation-even-the-masters-of-the-universe-are-threatened/.

Centre for the New Economy and Society. Insight Report: Future of Jobs Report 2018. Geneva: World Economic Forum, 2018.

Chandler, Alfred D. Strategy and Structure: Chapters in the History of the Industrial Enterprise. Washington, DC: Beard Book, 2003.

Christensen, Clayton M. Innovator's Dilemma: When New Technologies Cause Great Firms to Fail. The Management of Innovation and Change Series. 1st HarperBusiness ed. New York: HarperBusiness, 2003.

Clifton, Jim, and Jim Harter. It's the Manager: Gallup Finds the Quality of Managers and Team Leaders Is the Single Biggest Factor in Your Organizations Long-Term Success. New York: Gallup Press, 2019.

Cook, James D., Scott Homa, and Keisha McDonnough Virtue. "Can Coworking Work at the Mall?: Retail Research Point of View."JLL. Last modified 2018. http://img04.en25.com/Web/JLLAmericas/%7B500680c7-4f42-479a-b7fc-5fa0356a822a%7D_Co-Working_in_Retail_Report_FNL_LR.pdf.

Costello, Jim. "Fed Raises Again but Cap Rates Aren't Budging."Real Capital Analytics. Last modified June 14, 2018. https://www.rcanalytics.com/usct-previewcap-rates/.

Davidson, Adam. "What Hollywood Can Teach Us About the Future of Work."New York Times Magazine. Last modified May 5, 2015. https://www.nytimes.com/2015/05/10/magazine/what-hollywood-can-teach-us-about-the-future-ofwork.html?_r=0.

Day One Staff. "Peek inside Workspaces at Amazon's Headquarters."Blog About Amazon. Last modified January 16, 2018. https://blog.aboutamazon.com/working-at-amazon/recharge-and-reset.

Dimock, Michael. "Defining Generations: Where Millennials End and Generation Z Begins."Pew Research Center. Last modified January 17, 2019. https://www.pewresearch.org/fact-tank/2019/01/17/where-millennials-end-and-generationz-begins/.

Dix, David. "Virtul Chiat."Wired. Last modified July 1, 1994. https://www.wired.com/1994/07/chiat/.

Thompson, Ben. "Dollar Shave Club and the Disruption of Everything."Stratechery. Last modified July 20, 2016. https://stratechery.com/2016/dollar-shave-club-andthe-disruption-of-everything/.

Eggers, William D., Schatsky David, and Peter Viechnicki. "AI-Augmented Government: Using Cognitive Technologies to Redesign Public Sector Work."

Deloitte Insights. Last modified April 26, 2017. https://www2.deloitte.com/insights/us/en/focus/cognitive-technologies/artificial-intelligence-government.html.

Feng, Eric. "Stats-Based Look Behind the Venture Capital Curtain."Medium. Last modified September 23, 2018. https://medium.com/@efeng/a-stats-based-lookbehind-the-venture-capital-curtain-91630b3239ae.

Formica, Piero. "Innovative Coworking Spaces of 15th-Century Italy."Harvard Business Publishing. Last modified April 27, 2016. https://hbr.org/2016/04/the-innovative-coworking-spaces-of-15th-century-italy.

Foster, Richard N., and Sarah Kaplan. Creative Destruction: Why Companies That Are Built to Last Underperform the Market, and How to Successfully Transform Them. 1st ed. New York: Currency, 2001.

Fruhlinger, Joshua. "Remote and Work-from-Home Job Listings Have Grown 151% since 2018."Thinknum. Last modified April, 2019. https://media.thinknum.com/articles/remote-job-listings-at-the-worlds-largest-companies-have-grown-151-since-2018/.

Gelles, David. "Softbank Bets Big on WeWork. Again."New York Times. Last modified January 7, 2019. https://www.nytimes.com/2019/01/07/business/softbankwework.html.

Geltner, David, Norman G. Miller, Jim Clayton, and Piet Eichholtz. Commercial Real Estate Analysis and Investments. 2nd ed. Mason, OH: Thompson South-Western, 2007.

"Global Unicorn Club."CB Insights. Accessed March 14, 2019. https://www.cbinsights.com/research-unicorn-companies.

Grace, Katja, Salvatier John, Allan Dafoe, Baobao Zhang, and Owain Evans. "Viewpoint: When Will AI Exceed Human Performance? Evidence from AI Experts."Journal of Artificial Intelligence Research 62 (2018): 729-754. https://doi.org/10.1613/jair.1.11222.

Greenwood, Revathi. "On the Road*: A Futuristic Look at Self-Driving Vehicles and CRE."CBRE Research. Last modified April 4, 2016. http://wdcep.com/wp-content/uploads/2016/04/2016_SelfDrivingCars_Final.pdf.

Guirguis, Hany, and Joshua Harris. "Forecasting Office Space Demand."NAIOP Research Foundation. Last modified 2016. https://www.naiop.org/-/media/Research/Research/Research-Reports/Office-Space-Demand-Forecast/NAIOPForecasting-Office-Space-Demand-Research-Report.ashx?la=en.

Hascher, Rainer, Simon Jeska, and Birgit Klauck. Office Buildings: Design Manual. Basel: Birkhauser, 2002.

"History of Google."Wikipedia. Last modified May 19, 2019. https://en.wikipedia.org/wiki/History_of_Google#cite_note-washpost-36.

History.com Editors. "Home Insurance Building."A&E Television Networks. Last modified August 21, 2018. https://www.history.com/topics/landmarks/homeinsurance-building.

―――. "Railroads Create the First Time Zones."A&E Television Networks. Last modified February 22, 2019. https://www.history.com/this-day-in-history/railroadscreate-the-first-time-zones.

Huet, Ellen. "WeWork Will Renovate UBS Office In Its Biggest Design Deal."Bloomberg. Last modified July 30, 2018. https://www.bloomberg.com/news/articles/2018-07-30/wework-will-renovate-ubs-office-in-its-biggest-design-deal.

In Design Live. "One Person Who Worked at the Famed Chiat/Day Office Said: 'It Was Like Working Inside a Migraine'."Indesignlive. Last modified February 23, 2017. https://www.indesignlive.com/the-ideas/kitsch-please-danger-kitsch-workplace.

Isaacson, Walter. Steve Jobs. New York: Simon & Schuster, 2011. "Jeff Bezos on Leading for the Long-Term at Amazon."Harvard Business Publishing. Last modified January, 2013. https://hbr.org/2013/01/jeff-bezos-onleading-for-the.

Katz, Lawrence F., and Alan B. Krueger. Understanding Trends in Alternative Work Arrangements in the United States – NBER Working Paper No. 25425. Cambridge, MA: National Bureau of Economic Research, 2019. https://doi.org/10.3386/w25425.

Keller, Kevin Lane. "Conceptualizing, Measuring, and Managing Customer-Based Brand Equity."Journal of Marketing 57, no. 1 (1993): 1–22. https://doi.org/10.2307/1252054.

Kilpi, Esko. "New Commons of Work."Medium. Last modified January 15, 2019. https://medium.com/@EskoKilpi/the-new-commons-of-work-39bdaa4d6796.

Knowles-Cutler, Angus, and Harvey Lewis. "Talent for Survival: Essential Skills for Humans Working in the Machine Age."Deloitte. Last modified 2016. https://www2.deloitte.com/content/dam/Deloitte/uk/Documents/Growth/deloitte-uktalent-for-survival-report.pdf.

Kopf, Dan. "Almost All the US Jobs Created Since 2005 Are Temporary."Quartz Membership. Last modified December 5, 2016. https://qz.com/851066/almostall-the-10-million-jobs-created-since-2005-are-temporary/.

Lash, Herbert. "WeWork Starts $2.9 Billion Property Platform with Canada's CDPQ."Reuters. Last modified May 15, 2019. https://www.reuters.com/article/us-wework-investment/wework-starts-29-billion-property-platform-withcanadas-cdpq-idUSKCN1SL1BZ.

Lee, Louise. "Decline of the IPO."Stanford Graduate School of Business. Last modified April 12, 2018. https://www.gsb.stanford.edu/insights/decline-ipo.

"Locations."Spotify Jobs. Accessed May 23, 2019. https://www.spotifyjobs.com/locations/.

Louise Ensign, Rachel, Christina Rexrode, and Coulter Jones. "Banks Shutter 1,700 Branches in Fastest Decline on Record."Wall Street Journal. Last modified February 5, 2018. https://www.wsj.com/articles/banks-double-down-on-branchcutbacks-1517826601.

Maechem, John. "GOOGLEPLEX: A New Campus Community."Clive Wilkinson Architects. Accessed May 23, 2019. https://clivewilkinson.com/case-studiesgoogleplex-a-new-campus-community/.

Manyika, James, Susan Lund, Michael Chui, Jacques Bughin, Jonathan Woetzel, Parul Batra, Ryan Ko, and Saurabh Sanghvi. "Jobs Lost, Jobs Gained: Workforce Transitions in a Time of Automation."McKinsey Global Institute. Last modified December 6, 2017. https://www.mckinsey.com/~/media/McKinsey/Featured%20Insights/Future%20of%20Organizations/What%20the%20future%20of%20work%20will%20mean%20for%20jobs%20skills%20and%20wages/MGI-Jobs-Lost-Jobs-Gained-Executive-summary-December-6-2017.ashx.

McLuhan, Marshall, and W. Terrence Gordon. Understanding Media: The Extensions of Man. Critical ed. London: Gingko Press, 2011.

Molla, Rani. "Facebook, Google and Netflix Pay a Higher Median Salary Than Exxon, Goldman Sachs or Verizon."Vox. Last modified April 30, 2018. https://www.recode.net/2018/4/30/17301264/how-much-twitter-google-amazon-highestpaying-salary-tech.

"NCREIF Property Index (NPI)." National Council of Real Estate Investment Fiduciaries. Accessed May 23, 2019. https://www.ncreif.org/data-products/property/.

Neumann, Adam. "Beginning of a New Story." WeWork. Last modified January 8, 2019. https://www.wework.com/newsroom/posts/wecompany.

O'Neill, Michael, and Tracy D. Wymer. "The Metrics of Distributed Work." Knoll. Last modified 2011. https://www.knoll.com/media/466/356/WP_DistributedWork.pdf.

Ouroussoff, Nicolai. "Workplace through the Looking Glass." Los Angeles Times. Last modified January 31, 1999.http://articles.latimes.com/1999/jan/31/entertainment/ca-3282.

Partnoy, Frank. "Death of the IPO." The Atlantic. Last modified November, 2018. https://www.theatlantic.com/magazine/archive/2018/11/privateinequity/570808/.

"Performance by Property Sector/Subsector." FTSE NAREIT U.S. Real Estate Index Series. Last modified April 30, 2019. https://www.reit.com/data-research/reitindexes/historical-reit-returns/performance-property-sector-subsector.

Perrow, Charles. Organizing America: Wealth, Power, and the Origins of Corporate Capitalism. Princeton, NJ: Princeton University Press, 2002.

Phillips, Mike. "WeWork Property Fund Raises $400m, Giving It Huge War Chest to Buy Buildings." Bisnow. Last modified May 30, 2018. https://www.bisnow.com/national/news/office/wework-property-fund-raises-400m-givingit-huge-warchest-to-buy-buildings-88970.

Picard, Lisa. "Why Real Estate Needs Agility to Survive." Medium. Last modified March 14, 2019. https://medium.com/@lmpicard/why-real-estate-needs-agility-tosurvive-64b7d88a18ff.

"Pigeons Use Foster Home." New York Times, April 27, 1941, 33.

Pink, Daniel H. Whole New Mind: Moving from the Information Age to the Conceptual Age. New York: Riverhead Books, 2005.

Ponsen, Adrian. "Trends in Square Feet Per Office Employee: An Update." NAIOP Research Foundation. Last modified Fall, 2017. https://www.naiop.org/en/Magazine/2017/Fall-2017/Marketing-Leasing/Trends-in-Square-Feet-per-Office-Employee-An-Update.

Popper, Nathaniel. "Robots Are Coming for Wall Street." New York Times. Last modified February 25, 2016. https://www.nytimes.com/2016/02/28/magazine/the-robots-are-coming-for-wall-street.html?_r=0.

Prang, Allison. "Thousands of Bank Branches Are Closing, Just Not at These Banks." Wall Street Journal. Last modified June 15, 2018. https://www.wsj.com/articles/the-bank-branch-is-dyingjust-not-at-these-banks-1529055000.

Rassia, Stamatina Th. "Office Building: A Brief Historical Overview." In Workplace Environmental Design in Architecture for Public Health, edited by Stamatina Th.

Rassia, 9–15. New York: Springer Berlin Heidelberg, 2017.

Saval, Nikil. Cubed: A Secret History of the Workplace. First edition. New York: Doubleday, 2014.

Savills World Research. "Global Real Estate: Trends in the World's Largest Asset Class." HSBC Group. Last modified 2017. https://internationalservices.hsbc.com/content/dam/hsbcis/pdf/HSBC_Global_Real_Estate_Report_July2017.pdf.

Schwartz, Evan. "Oxygen: Breathing Space for Virtual Communities." Wired. Last modified November 1, 1994. https://www.wired.com/1994/11/oxygen-breathingspace-for-virtual-communities/.

Smith, Mark. "Deloitte: Automation Set to Transform Public Services."Deloitte. Last modified October 25, 2016. https://www2.deloitte.com/uk/en/pages/pressreleases/articles/automation-set-to-transform-public-services.html.

Society for Human Resource Management. "2017 Employee Benefits."SHRM. Last modified June, 2017. https://www.shrm.org/hr-today/trends-and-forecasting/research-and-surveys/Documents/2017%20Employee%20Benefits%20Report.pdf.

Society for Human Resource Management. "2018 Employee Benefits."SHRM. Last modified June, 2018. https://www.shrm.org/hr-today/trends-and-forecasting/research-and-surveys/Documents/2018%20Employee%20Benefits%20Report.pdf.

Stokel-Walker, Chris. "From Egg-Freezing to Sabbaticals, Workplace Perks Are Big Business."Wired. Last modified April 22, 2019. https://www.wired.co.uk/article/work-smarter-productivity-perks.

Stoll, John D. "Why Investors Don't Care That Snap and Lyft Are Hemorrhaging Money."Wall Street Journal. Last modified April 26, 2019.https://www.wsj.com/articles/why-investors-dont-care-that-snap-and-lyft-are-hemorrhaging-money-11556289952.

Sullivan, Mark. "This Algorithm Might Design Your Next Office."WeWork. Last modified July 31, 2018. https://www.wework.com/newsroom/posts/this-algorithmmight-design-your-next-office.

———. "Using Lasers to Capture the Tiniest Details of a Workspace."WeWork. Last modified January 16, 2019. https://www.wework.com/newsroom/posts/using-lasers-to-capture-the-tiniest-details-of-a-workspace.

Swenson, Alfred, and Pao-Chi Chang. "Construction."Encyclopædia Britannica. Last modified April 22, 2019. https://www.britannica.com/technology/buildingconstruction/Early-steel-frame-high-rises#ref105122.

Taylor, Frederick Winslow. Principles of Scientific Management. New York: Harper & Brothers, 1911.

Teuben, Bert, and Hanskumar Bothra. "Real Estate Market Size 2017."MSCI. Last modified June, 2018. https://www.msci.com/documents/10199/6fdca931-3405-1073-e7fa-1672aa66f4c2.

"Timeline of Computer History."Computer History Museum. Accessed May 23, 2019. https://www.computerhistory.org/timeline/networking-the-web/#169ebbe2ad45559efbc6eb35720dd0b6.

Tostevin, Paul. "How Much Is the World's Commercial Property Worth?"Savills Group. Last modified June 18, 2018. http://www.savills-studley.com/blog/article/246253/commercial-property/how-much-is-the-world-s-commercialproperty-worth.aspx.

"Trends for 2019: Global Real Estate Trends Set to Shape the Next 12 Months."PGIM Real Estate. Last modified December, 2018. https://www.pgim.com/pgimdoc/getdoc?file=5D71D2EBC628DECB85258267004EF0DF

Uttal, Bro. "Inside the Deal That Made Bill Gates $350,000,000."Fortune, July 21, 1986, 14-23.

Vincent, Roger. "Office Walls Are Closing in on Corporate Workers."Los Angeles Times. Last modified December 15, 2010. https://www.latimes.com/archives/laxpm-2010-dec-15-la-fi-office-space-20101215-story.html.

"What It's Like to Work 'the Spotify Way'."Corporate Rebels. Last modified September 27, 2016. https://corporate-rebels.com/spotify-1/.

Weber, Max. Economy and Society: An Outline of Interpretive Sociology. New York:

Bedminster Press, 1968.

Wilhelm, Alex. "A Look Back in IPO: Amazon's 1997 Move."TechCrunch. Last modified June 28, 2017. https://techcrunch.com/2017/06/28/a-look-back-atamazons-1997-ipo/.

Willis, Katharine S. Netspaces: Space and Place in a Networked World. Farnham, Surrey: Ashgate, 2015.

Housing and Lodging(섹션 Ⅲ: 주거와 숙박)

Airbnb. "Airbnb Launches Global Hotel Technology Partnership to Support Boutique Hotels, Bed and Breakfasts."Airbnb. Last modified February 7, 2018. https://press.airbnb.com/airbnb-launches-global-hotel-technology-partnershipto-support-boutique-hotels-bed-and-breakfasts/.

"Airbnb Economic Part."Airbnb Blog. Accessed 2019. https://blog.atairbnb.com/economic-impact-airbnb/.

Andreessen, Marc. "Hour and a Half with Barack Obama."Pmarchive. Last modified March 3, 2008. https://pmarchive.com/an_hour_and_a_half_with_barack_obama.html.

"Anti-Jewish Discrimination in American Hotels Declines Sharply (January 31, 1964)."Jewish Telegraphic Agency. Accessed July 18, 2019. https://www.jta.org/1964/01/31/archive/anti-jewish-discrimination-in-american-hotelsdeclines-sharply.

Barnes, Yolande. "Eight Things to Know About Global Real Estate Value."Savills. Last modified June 20, 2019. https://www.savills.com/impacts/market-trends/8-things-you-need-to-know-about-the-value-of-global-real-estate.html.

Barthel, Jill, and Sophie Perret. OTAs – a Hotel's Friend or Foe. London: HVS, 2015.

Becker, Jeffrey. "Roman Domestic Architecture: The Insula."Smarthistory. Last modified February 27, 2016. https://smarthistory.org/roman-domestic-architectureinsula/.

Benjamin, John D., Peter Chinloy, and G. Donald Jud. "Why Do Households Concentrate Their Wealth in Housing?". Journal of Real Estate Research 26, no. 4 (2004): 329-344.

Bernard, Zoe. "Opendoor Lays Off 50 Employees, Cuts Free Lunch."Information. Last modified July 2, 2019. https://www.theinformation.com/briefings/a8f903?

Biesiada, Jamie. "In Homesharing, Booking Holdings Right up There with Airbnb."Travel Weekly. Last modified March 21, 2019. https://www.travelweekly.com/Travel-News/Travel-Agent-Issues/Booking-Holdings-right-up-there-with-Airbnb.

"Blackstone Creates National Single-Family Rental Home Platform."Blackstone Group. Last modified November 9, 2012. https://www.blackstone.com/media/press-releases/article/blackstone-creates-national-single-family-rentalhome-platform.

Bledsoe, Chris. "Telephone Interview with the Author."By Dror Poleg (July 27, 2019).

Board of Governors of the Federal Reserve System (US). "Delinquency Rate on Single-Family Residential Mortgages, Booked in Domestic Offices, All Commercial Banks."Federal Reserve Bank of St. Louis. Last modified May 23, 2019. https://fred.stlouisfed.org/series/DRSFRMACBS.

"Breakthrough Ideas for 2004."Harvard Business Review. Last modified February, 2004. https://hbr.org/2004/02/breakthrough-ideas-for-2004.

Calhoun, Arthur W. A Social History of the American Family from Colonial Times to the

Present. Vol. 3. 3 vols. Cleveland: Arthur H. Clark, 1919.

Carr, David. "How Obama Tapped into Social Networks'Power."New York Times. Last modified November 9, 2008. https://www.nytimes.com/2008/11/10/business/media/10carr.html.

Carvell, Steven A., Linda Canina, and Michael C. Sturman. "Comparison of the Performance of Brand-Affiliated and Unaffiliated Hotel Properties."Cornell Hospitality Quarterly 57, no. 2 (2016): 193-201. https://doi.org/10.1177/1938965516631014.

Chanchani, Madhav. "Ritesh Agarwal's Journey from Being a Sim-Seller to the Helm of OYO Rooms."Economic Times. Last modified August 3, 2015. https://economictimes.indiatimes.com/small-biz/entrepreneurship/ritesh-agarwals-journeyfrom-being-a-sim-seller-to-the-helm-of-oyo-rooms/articleshow/48322588.cms.

Christensen, Clayton M., Michael E. Raynor, and Rory McDonald. "What Is Disruptive Innovation?"Harvard Business Review. Last modified December, 2015. https://hbr.org/2015/12/what-is-disruptive-innovation.

Corgel, Jack B., Robert Mandelbaum, and R. Mark Woodworth. "Hospitality Property Ownership: Where You Fit In."In Cornell School of Hotel Administration on Hospitality: Cutting Edge Thinking and Practice, edited by Michael C. Sturman, Jack B. Corgel and Rohit Verma. Wiley Online Books, 245-269. Hoboken, NJ: Wiley, 2012.

Cowan, Ruth Schwartz, and Matthew H. Hersch. A Social History of American Technology. Second edition. ed. New York: Oxford University Press, 2018.

Cromley, Elizabeth Collins. Alone Together: A History of New York's Early Apartment's. Ithaca, NY: Cornell University Press, 1992.

Curbed Staff. "From Utopia to Scandal to Luxury, the History of the Ansonia."Curbed New York. Last modified February 13, 2013. https://ny.curbed.com/2013/2/13/10273862/from-utopia-to-scandal-to-luxury-the-history-ofthe-ansonia.

Cutler, Kim-Mai. "Keith Rabois'Homebuying Startup Opendoor Raises $9.95m from Everyone."TechCrunch. Last modified July 7, 2014. https://techcrunch.com/2014/07/07/opendoor/.

───. "Thiel Fellow Raises $25m for OYO Rooms, a Network of Branded Budget Hotels in India."TechCrunch. Last modified April 6, 2015. https://techcrunch.com/2015/04/06/oyo-rooms/.

Dell Computer Corporation. Annual Report 1997. Round Rock, TX: Dell Computer Corporation, 1998.

DelPrete, Mike. "Will ibuying Become Mainstream?: Speech at InMan Connect Conference, New York."YouTube. Last modified February 19, 2019. https://www.youtube.com/watch?v=l2OmyguHNQE.

DePastino, Todd. Citizen Hobo: How a Century of Homelessness Shaped America. Chicago: University of Chicago Press, 2003.

Dietz, Robert. "Housing Share of GDP."National Association of Home Builders. Last modified April, 2018. http://eyeonhousing.org/2018/04/housing-share-of-gdp/.

Dillet, Romain. "Accorhotels Acquires Onefinestay for $170 Million."TechCrunch. Last modified April 4, 2016. https://techcrunch.com/2016/04/04/accorhotelsacquires-onefinestay-for-170-million/.

Downie, Mary-Lou, and Gill Robson. Automated Valuation Models: An International Perspective. London: Northumbria Research Link, 2008.

Editors of Encyclopaedia Britannica. "Ellsworth Milton Statler."Encyclopædia Britannica. Last modified April 12, 2019. https://www.britannica.com/biography/Ellsworth-Milton-Statler.

———. "Insula."Encyclopædia Britannica. Last modified February 29, 2012. https://www.britannica.com/technology/insula.

———. "Model T."Encyclopædia Britannica. Last modified March 28, 2019. https://www.britannica.com/technology/Model-T.

Federal Highway Administration, and Office of Highway Information Management. FHWA Highway Statistics Summary to 1995. Washington, DC: BiblioGov, 1997.

FTSE Nareit U.S. Real Estate Index Series. "Investment Performance by Property Sector and Subsector."Nareit. Last modified June 30, 2019. https://www.reit.com/sites/default/files/returns/prop.pdf.

Fyall, Alan, Patrick Legoherel, Isabelle Frochot, and Youcheng Wang. Marketing for Tourism and Hospitality: Collaboration, Technology and Experiences. Abingdon, Oxon: Routledge, 2019.

Gaines, Steven S. The Sky's the Limit: Passion and Property in Manhattan. 1st ed. New York: Little, Brown and Company, 2005.

Gooptu, Biswarup. "Accor in Advanced Talks to Invest up to $40m in Treebo."Economic Times. Last modified May 11, 2019. https://tech.economictimes.indiatimes.com/news/startups/accor-in-advanced-talks-to-invest-up-to-40m-intreebo/69275751.

Green, Victor H. Negro Traveler's Green Book: The Guide to Travel and Vacations. New York, NY: Victor H. Green & Co., 1955.

Groth, Paul Erling. Living Downtown: The History of Residential Hotels in the United States. Berkeley: University of California Press, 1994.

Gudell, Svenja, and Zillow. "Total Value of All U.S. Homes: $31.8 Trillion."Forbes. Last modified January 3, 2018. https://www.forbes.com/sites/zillow/2018/01/03/total-value-of-all-u-s-homes-31-8-trillion/#3ab2c4a43ca8.

Hancock, Alice. "Airbnb Seeks to Lure More Hotels with New Fee Structure."Financial Times. Last modified June 4, 2019. https://www.ft.com/content/4df4293c-86dc-11e9-a028-86cea8523dc2.

HNN Newswire. "STR: US Hotels Post Another Record Year in 2018."Hotel News Now. Last modified January 18, 2019. http://www.hotelnewsnow.com/Articles/292373/STR-US-hotels-post-another-record-year-in-2018.

Hobbes, Thomas. Leviathan. Reprinted from the Edition of 1651, with an Essay by the Late W.G. Pogson Smith. Oxford, UK: Clarendon Press, 1909.

"Home Value Explorer."Freddie Mac. Accessed 2019. http://www.freddiemac.com/hve/hve.html.

Hotel News Now. Big Brands Report. Ohio: HNN, 2015. "Hotel Portfolio as of December 31, 2018."Accor. Last modified February 25, 2019. https://group.accor.com/en/investors/events-and-announcements/annual-and-halfyearly-information.

Ivanov, Stanislav, Maya Ivanova, Vincent P. Magnini, and Routledge (Firm). Routledge Handbook of Hotel Chain Management. London: Routledge, 2016.

Jackson, Kenneth T. Crabgrass Frontier: The Suburbanization of the United States. New York: Oxford University Press, 1985.

Julian, Kate. "Why Are Young People Having So Little Sex?"Atlantic. Last modified December, 2018. https://www.theatlantic.com/magazine/archive/2018/12/thesex-recession/573949/

Kawase, Kenji. "China's Housing Glut Casts Pall over the Economy."Nikkei Asian Review. Last modified February 13, 2019. https://asia.nikkei.com/Spotlight/Cover-Story/China-s-housing-glut-casts-pall-over-the-economy

Kin. "Tishman Speyer and Common Launch Kin, First-of-Its-Kind Housing for Families."PR Newswire. Last modified March 19, 2019. https://www.prnewswire.com/news-releases/tishman-speyer-and-common-launch-kin-first-of-itskind-housing-for-families-300814783.html.

Klinenberg, Eric. Going Solo: The Extraordinary Life and Surprising Appeal of Living Alone. London: Duckworth, 2012.

Laskow, Sarah. "French Invented the Apartment."CityLab. Last modified October 22, 2014. https://www.citylab.com/equity/2014/10/the-french-inventedthe-apartment/381770/.

Leadon, Fran. Broadway: A History of New York City in Thirteen Miles. New York: W.W. Norton & Company, 2018.

Lee, Hee Andy, Basak Denizci Guillet, and Rob Law. "Examination of the Relationship between Online Travel Agents and Hotels: A Case Study of Choice Hotels International and Expedia.com."Cornell Hospitality Quarterly 54, no. 1 (2012): 95–107. https://doi.org/10.1177/1938965512454218.

Leffet, Chelsey. "HVS Market Pulse: Washington, D.C."HVS. Last modified November 20, 2018. https://hvs.com/article/8390-HVS-Market-Pulse-Washington-DC.

Litman, Julie. "As More Investors Buy into Co-Living, Starcity Seeks New Opportunities."Bisnow. Last modified June 26, 2018. https://www.bisnow.com/san-francisco/news/multifamily/starcity-investors-90021.

Lodging Stuff. "Ten Most Valuable Hotel Brands in the World."Lodging Magazine. Last modified May 13, 2019. https://lodgingmagazine.com/the-10-most-valuablehotel-brands-in-the-world/.

Loizos, Connie. "Ambitious Real Estate 'Unicorn'Opendoor Just Made Its First Acquisition, Snapping up Open Listings."TechCrunch. Last modified September 11, 2017. https://techcrunch.com/2018/09/11/the-ambitious-real-estate-unicornopendoor-just-made-its-first-acquisition-snapping-up-open-listings/.

Lyons, Nancy J. "Disruptive Start-Up: Clayton Christensen on How to Compete with the Best."Inc. Last modified February 1, 2002. https://www.inc.com/magazine/20020201/23854.html.

Magretta, Joan. Understanding Michael Porter: The Essential Guide to Competition and Strategy. Boston, MA: Harvard Business Review Press, 2012.

Mantell, Ruth. "Home Prices Off Record 18% in Past Year, Case-Shiller Says."Market Watch. Last modified December 30, 2008. https://www.marketwatch.com/story/home-prices-off-record-18-in-past-year-case-shiller-says.

Marcus, Sharon. Apartment Stories: City and Home in Nineteenth-Century Paris and London. Berkeley: University of California Press, 1999.

Marriott International. Annual Report Pursuant to Section 13 or 15(D) of the Securities Exchange Act of 1934. For the Fiscal Year Ended December 31, 2018. Washington, DC: United States Securities and Exchange Commission, 2019.

McLean, Steve. "Brookfield Lays out Its Niido/Airbnb Partner Strategy."Renx. Last modified

September 6, 2018. https://renx.ca/brookfield-strategy-niido-airbnbpartnership/.

"Modularity Theory." Clayton Christensen Institute. Accessed 2019. https://www.christenseninstitute.org/interdependence-modularity/.

Morgan Stanley Global Insight. Internet, Lodging, Leisure and Hotels: Global Insight: Who Will Airbnb Hurt More – Hotels or OTAs? New York: Morgan Stanley, 2015.

Muro, Mark, and Jacob Whiton. "Geographic Gaps Are Widening While U.S. Economic Growth Increases." Brookings Institution. Last modified January 23, 2018. https://www.brookings.edu/blog/the-avenue/2018/01/22/uneven-growth/.

Nagourney, Adam, and Jeff Zeleny. "Obama Forgoes Public Funds in First for Major Candidate." New York Times. Last modified June 20, 2008. https://www.nytimes.com/2008/06/20/us/politics/20obamacnd.html.

Nair, Radhika P. "Ritesh Agarwal, a Young Indian Entrepreneur Selected for 'Thiel Fellowship'." Economic Times. Last modified May 11, 2013. https://economictimes.indiatimes.com/small-biz/entrepreneurship/ritesh-agarwal-a-young-indianentrepreneur-selected-for-thiel-fellowship/articleshow/20003560.cms.

National Council of Real Estate Investment Fiduciaries. "NCREIF Property Index (NPI)." NCREIF. Accessed 2019. https://www.ncreif.org/data-products/property/.

O'Neill, John W., and Qu Xiao. "Role of Brand Affiliation in Hotel Market Value." Cornell Hotel and Restaurant Administration Quarterly 47, no. 3 (2006): 210–223. https://doi.org/10.1177/0010880406289070.

Official Catalogue and Guide Book to the Pan-American Exposition: With Maps of Exposition and Illustrations, Buffalo, NY, May 1st to Nov. 1st, 1901. Buffalo, NY: Charles Ahrhart, 1901.

"Opendoor: A Startup Worth Emulating." Stratechery LLC. Last modified December 7, 2016. https://stratechery.com/2016/opendoor-a-startup-worth-emulating/.

"Oravel Shuts Down: Founder Launches OYO Rooms." NextBigWhat. Last modified June 11, 2014. https://nextbigwhat.com/oravel-shuts-down-launchoyorooms/.

"Origination Activity." Consumer Financial Protection Bureau. Accessed 2019. https://www.consumerfinance.gov/data-research/consumer-credit-trends/mortgages/origination-activity/.

Ortiz, Raquel. "How Full-Service Independents Compare to Full-Service Chain-Affiliated Hotels." Lodging Magazine. Last modified September 17, 2018. https://lodgingmagazine.com/how-full-service-independents-compare-to-fullservice-chain-affiliated-hotels/.

Peterson, Harold F. "Buffalo Builds the 1901 Pan-American Exposition." In Niagara Land – the First 200 Years: Reprinted from the Series Featured in Sunday, the Courier-Express Magazine, edited by Buffalo courier express, 67. Buffalo, NY: Courier-Express, 1976.

Phillips, Mike. "Medici Living Raises $1.1b to Become 'the WeWork of Co-Living'." Bisnow. Last modified December 12, 2018. https://www.bisnow.com/national/news/multifamily/medici-living-raises-11b-to-become-the-wework-of-coliving-95710.

Plunz, Richard, and Kenneth T. Jackson. History of Housing in New York City: Dwelling Type and Social Change in the American Metropolis. Columbia History of Urban Life. Revised edition. ed. New York: Columbia University Press, 2016.

Porter, Michael E. Competitive Advantage: Creating and Sustaining Superior Performance: With a New Introduction. 1st Free Press ed. New York: Free Press, 1998.

Pownall, Augusta. "Space10 and Effekt Develop Subscription Housing Where You Share with Your Neighbours."DeZeen. Last modified June 4, 2019. https://www.dezeen.com/2019/06/04/urban-village-project-space10-effekt-sustainabledesign-built-environment/.

Reuters. "Blackstone's Invitation Homes Raises $1.54 Billion in IPO: Source."CNBC. Last modified January 31, 2017. https://www.cnbc.com/2017/01/31/invitation-homes-raises-154-billion-in-ipo-source.html.

Rothstein, Matthew. "Airbnb Partners with RXR Realty to Carve Hotel Rooms out of Midtown Manhattan Office Building."Bisnow. Last modified May 1, 2019. https://www.bisnow.com/new-york/news/hotel/airbnb-rxr-realty-75-rockefeller-hotel-deal-98765.

Russell, Jon. "Softbank Leads $100m Investment in India-Based Budget Hotel Network OYO Rooms."TechCrunch. Last modified August 3, 2015. https://techcrunch.com/2015/08/03/softbank-oyo-rooms/.

"RXR Realty & Airbnb Launch Hospitality Partnership for New York City."RXR. Last modified April 29, 2019. https://www.rxrrealty.com/2019/04/rxr-realtyairbnb-launch-hospitality-partnership-for-new-york-city/.

Sandoval-Strausz, Andrew K. Hotel: An American History. New Haven, CT: Yale University Press, 2009.

Scaggs, Alexandra. "Morgan Stanley Says We're Reaching Peak Airbnb."Financial Times. Last modified November 10, 2017. https://ftalphaville.ft.com/2017/11/10/2195745/morgan-stanley-says-were-reaching-peak-airbnb/.

Shanesy, Lauren. "Lennar's Miller on Opendoor Home Trade-in Program: 'It'll Be as Easy as Trading in a Car'."Builder Online. Last modified June 25, 2018. https://www.builderonline.com/builder-100/marketing-sales/lennars-miller-onopendoor-home-trade-in-program-itll-be-as-easy-as-trading-in-a-car_o.

Small, Eddie. "Simon Baron Gets $240m Refi for What's Billed as Country's Largest Co-Living Project."The Real Deal. Last modified June 25, 2019. https://therealdeal.com/2019/06/25/simon-baron-gets-240m-refi-for-whatsbilled-as-countrys-largest-co-living-development/.

Smith, Aaron. "Internet's Role in Campaign 2008."Pew Research Center. Last modified April 15, 2009. https://www.pewinternet.org/2009/04/15/the-internets-role-incampaign-2008/.

Solomont, E. B. "Equity Residential Flouting Law by Running Airbnb-Style Hotel in Midtown: Lawsuit."The Real Deal. Last modified August 8, 2016. https://therealdeal.com/2016/08/08/equity-residential-flouting-law-by-runningairbnb-style-hotel-in-midtown-lawsuit/.

Stathaki, Ellie. "Airbnb Launches Backyard, an Innovative Home Design Initiative."Wallpaper. Last modified November 29, 2018. https://www.wallpaper.com/architecture/airbnb-joe-gebbia-housing-initiative-backyard.

Stewart, James B. "Birthday Party: How Stephen Schwarzman Become Private Equity's Designated Villain."New Yorker. Last modified February 4, 2008. https://www.newyorker.com/magazine/2008/02/11/the-birthday-party-2.Stone, Brad. "The $99 Billion Idea: How Uber and Airbnb Won."Bloomberg Businessweek. Last modified January 26, 2017. https://www.bloomberg.com/features/2017-uber-airbnb-99-billion-idea/.

―――. Upstarts: Uber, Airbnb, and the Battle for the New Silicon Valley. New York Back Bay Books, 2018.

Sturman, Michael C., Jack B. Corgel, and Rohit Verma. Cornell School of Hotel Administration on Hospitality: Cutting Edge Thinking and Practice. Hoboken, NJ: Wiley, 2011.

Tchernina, Maya. "Week of Oct. 26, 2009."Foodservice and Hospitality. Last modified November 3, 2009. https://www.foodserviceandhospitality.com/week-of-oct-26-2009/.

The Cardinals. Ansonia Images & Memories: One of the Largest, Handsomest and Most Complete Apartment Hotels in the World. New York: Campfire Networks, 2015.

Ting, Deanna. "Airbnb Hires Aviation Industry Veteran to Lead New Transportation Division."Skift. Last modified February 7, 2019a. https://skift.com/2019/02/07/airbnb-hires-aviation-industry-veteran-to-lead-new-transportation-division/.

―――. "Airbnb Is Buying Hotelonight: Here's What That Means."Skift. Last modified March 7, 2019b. https://skift.com/2019/03/07/airbnb-is-buyinghoteltonight-heres-what-that-means/.

―――. "U.S. Hotel Occupancy Projected to Hit New Record in 2019 Despite Recent Softness."Skift. Last modified November 29, 2018. https://skift.com/2018/11/29/u-s-hotel-occupancy-projected-to-hit-new-record-in-2019-despite-recent-softness/.

"U.S. And World Population Clock."U.S. Census Bureau. Accessed 2019. https://www.census.gov/popclock/.

U.S. Census Bureau. "Housing Inventory Estimate: Renter Occupied Housing Units for the United States."Federal Reserve Bank of St. Louis. Last modified April 25, 2019a. https://fred.stlouisfed.org/series/ERNTOCCUSQ176N.

―――. "Housing Inventory Estimate: Total Housing Units for the United States."Federal Reserve Bank of St. Louis. Last modified April 25, 2019b. https://fred.stlouisfed.org/series/ETOTALUSQ176N.

Vespa, Jonathan. "Marrying Older, but Sooner?"U.S. Census Bureau. Last modified February 10, 2014. https://www.census.gov/newsroom/blogs/random-samplings/2014/02/marrying-older-but-sooner.html.

Westcott, Morgan, ed. Introduction to Tourism and Hospitality in BC. Victoria, BC: BCcampus, 2015.

Whitman, Walt. "New York Dissected (August 16, 1856)."The Walt Whitman Archive. Accessed 2019. https://whitmanarchive.org/published/periodical/journalism/tei/per.00273.html.

Whyte, Patrick. "Accorhotels Takes $288 Million Hit on Onefinestay and John Paul Investments."Skift. Last modified July 26, 2018. https://skift.com/2018/07/26/accorhotels-takes-288-million-hit-on-onefinestay-and-john-paul-investments/.

Wiggin, Take. "How Opendoor Makes 'Instant Offers'on Properties."Inman. Last modified September 10, 2015. https://www.inman.com/2015/09/10/how-opendoor-makes-instant-offers-on-properties/.

Young, Mark. "Inside Inn Was the World's Largest Hotel During the 1904 St. Louis World's Fair – Then It Was Torn Down."Lodging Magazine. Last modified October 30, 2018. https://lodgingmagazine.com/inside-inn-offered-magnificentaccommodations-1904-st-louis-worlds-fair-torn/.

Logistics and Industrial(섹션 Ⅳ: 물류와 산업)

"The 1919 Transcontinental Motor Convoy."Eisenhower Library. Accessed July 16, 2019. https://www.eisenhowerlibrary.gov/research/online-documents/1919-transcontinental-motor-convoy

"About GLP." GLP. Accessed June 18, 2019. https://www.glprop.com/about-glp.html.

Abril, Danielle. "Postmates Has a New Autonomous Rover That Will Bring You Deliveries." Fortune. Last modified December 13, 2018. http://fortune.com/2018/12/13/postmates-autonomous-rover-serve/.

Abt, Neil. "Starsky's First Unmanned Test in Live Traffic Lasted for over 9 Miles on the Florida Turnpike." Fleet Owner. Last modified June 28, 2019. https://www.fleetowner.com/autonomous-vehicles/starsky-robotics-testing-unmannedtrucks-live-traffic?mod=article_inline.

Ahmad, Ali. "RIHA Releases New Report: Quantified Parking – Comprehensive Parking Inventories for Five Major U.S. Cities." Mortgage Bankers Association. Last modified July 9, 2019. https://www.mba.org/2018-press-releases/july/rihareleases-new-report-quantified-parking-comprehensive-parking-inventories-forfive-major-us-cities.

"Alibaba Group." CrunchBase. Accessed June 17, 2019. https://www.crunchbase.com/organization/alibaba.

Amazon.com INC. Annual Report Pursuant to Section 13 or 15(D) of the Securities Exchange Act of 1934. For the Fiscal Year Ended December 31, 2018. Washington, DC: United States Securities and Exchange Commission, 2019.

Anderson, Chris. "Long Tail." Wired. Last modified October 1, 2014. https://www.wired.com/2004/10/tail/.

Bain, Marc. "H&M's New Brand, Arket, Names the Factory That Made Its Clothes. But the Name Isn't Enough." Quartz. Last modified August 30, 2017. https://qz.com/1064098/hms-new-brand-arket-is-fashions-transparency-conundrumin-a-nutshell/.

———. "Uniqlo Replaced 90% of Staff at Its Newly Automated Warehouse with Robots." Quartz. Last modified October 10, 2018. https://qz.com/1419418/uniqlo-cut-90-of-staff-at-one-warehouse-by-replacing-them-with-robots/.

Baker, Linda. "'Not Your Grandfather's Warehouse': Prologis Workforce Initiative Takes Aim at Labor Shortage." FreightWaves. Last modified January 22, 2019. https://www.freightwaves.com/news/economics/prologis-workforce-initiative.

Bodnar, Kipp. "Happy Customers Are the Biggest Marketing Opportunity of 2019." HubSpot. Last modified February 5, 2019. https://blog.hubspot.com/marketing/happy-customers-marketing-opportunity.

Boggs v. Merideth, Civil Action No. 3:16-CV-00006-TBR (W.D. Ky. Mar. 21, 2017).

Brasse, Jonathan. "GLP Breaks into Infrastructure with $2bn China Solar JV." PERE News. Last modified March 21, 2018. https://www.perenews.com/glp-breaksinfrastructure-2bn-china-solar-jv.

"Brookfield and GLP Establish Partnership to Pursue Rooftop Solar Opportunities in China." GLP. Last modified March 21, 2018. https://www.glprop.com/newsreleases/536-brookfield-and-glp-establish-partnership-to-pursue-rooftop-solaropportunities-in-china.html.

Bui, Quoctrung. "Map: The Most Common＊ Job in Every State." National Public Radio. Last modified February 5, 2015. https://www.npr.org/sections/money/2015/02/05/382664837/map-the-most-common-job-in-every-state.

Burns, Lawrence D., and Christopher Shulgan. Autonomy: The Quest to Build the Driverless Car – and How It Will Reshape Our World. First edition. ed. New York: Harper Collins, 2018.

CBRE Research. 2018 U.S. Real Estate Market Outlook. Los Angeles: CBRE Global Investors, 2017.

———. "Global Investor Intentions Survey 2019." CBRE Global Investors. Last modified March, 2019. https://www.cbre.com/research-and-reports/Global-Investor-Intentions-Survey-2019.

Chiland, Elijah. "In LA, Land Dedicated to Parking Is Larger Than Manhattan." Curbed LA. Last modified November 8, 2018. https://la.curbed.com/2018/11/30/18119646/los-angeles-parking-lots-total-size-development.

Coulter, Martin. "Walmart Outpaces Amazon in Drone Patent Race." Financial Times. Last modified June 16, 2019. https://www.ft.com/content/7cd22fb6-8e79-11e9-a24d-b42f641eca37.

Cutter, Chip. "Amazon to Retrain a Third of Its U.S. Workforce." Wall Street Journal. Last modified July 11, 2019. https://www.wsj.com/articles/amazon-to-retrain-athird-of-its-u-s-workforce-11562841120?mod=hp_lead_pos5.

Dediu, Horace. "Part 2: Disruption." Micromobility. Last modified January 22, 2019. https://micromobility.io/blog/2019/1/22/part-2-disruptionnbsp.

"Drive Sustainability." CSR Europe. Accessed June 18, 2019. https://drivesustainability.org.

Enchassi, Nadia Judith. "Amazon Delivery Driver Arrested after Stealing Package Off Porch." Oklahoma's News Channel 4. Last modified November 30, 2017. https://kfor.com/2017/11/30/amazon-delivery-driver-arrested-after-stealing-packageoff-porch/.

Etsy. 2017 Annual Report. Brooklyn: Etsy, 2018.

Fairs, Marcus. "London Rooftops Snapped up for 'Vertiports' as Drone Travel Moves Closer." DeZeen. Last modified August 23, 2018. https://www.dezeen.com/2018/08/23/skyports-barr-gazetas-london-rooftops-vertiports-dronetechnology/.

Fischel, William A. Zoning Rules!: The Economics of Land Use Regulation. Cambridge, MA: Lincoln Institute of Land Policy, 2015.

Gara, Antoine. "Billionaire Bruce Flatt Reveals Brookfield's Huge Bet on China's Ascendance." Forbes. Last modified April 15, 2018. https://www.forbes.com/sites/antoinegara/2018/04/15/bruce-flatt-brookfield-china/#66082f203666.

Global Logistic Properties. Leading with Innovation: Global Logistic Properties Annual Report for the Financial Year Ended March 31, 2017. Singapore: GLP, 2017.

Gopal, Prashant. "Wall Street's Great Ice Cream Buyout." Bloomberg. Last modified July 16, 2019. https://www.bloomberg.com/news/articles/2019-07-16/wall-streets-great-ice-cream-buyout.

Grant, Peter. "Cold Snap: Developers Pour Money into Cold Storage in China." Wall Street Journal. Last modified January 3, 2017. https://www.wsj.com/articles/cold-snap-developers-pour-money-into-cold-storage-in-china-1483476867.

Greenwood, Revathi. "U.S. Marketbeat Reports Q3 2018." Cushman & Wakefield. Last modified October 17, 2018. http://www.cushmanwakefield.com/en/research-and-insight/2018/us-q3-2018-marketbeat.

Grossman, Lev. "You — Yes, You — Are Time's Person of the Year." Time. Last modified December 25, 2006. http://content.time.com/time/magazine/article/0,9171,1570810,00.html.

GT Stuff. "Lineage Logistics Recognized for Exemplary Energy Management Project." Global Trade. Last modified July 8, 2019. https://www.globaltrademag.com/global-trade-daily/

lineage-logistics-recognized-for-exemplary-energymanagement-project/.

Hagel, John, John Seely Brown, Duleesha Kulasooriya, Craig A. Giffi, and Mengmeng Chen. "Future of Manufacturing: Making Things in a Changing World."Deloitte Insights Last modified March 31, 2015. https://www2.deloitte.com/insights/us/en/industry/manufacturing/future-of-manufacturing-industry.html.

Harris, Philip, Michele Hendricks, Eric A. Logan, and Paul Juras. Reality Check for Today's C-Suite on Industry 4.0: The Time for Experimentation Is Ending. Atlanta: KPMG International, 2018.

Hass, Morgan. "TOMS Used Flexe Pop-Up Fulfillment to Expand to New Markets."FLEXE. Last modified October 10, 2017. https://www.flexe.com/case-studies/toms-used-flexe-pop-fulfillment-expand-new-markets.

Heineke, Kersten, Benedikt Kloss, Darius Scurtu, and Florian Weig. "Micromobility's 15,000-Mile Checkup."McKinsey Insights. Last modified January, 2019. https://www.mckinsey.com/industries/automotive-and-assembly/our-insights/micromobilitys-15000-mile-checkup.

"Hillview Man Arrested for Shooting Down Drone; Cites Right to Privacy."WDRB. Last modified July 28, 2015. https://www.wdrb.com/news/crime-reports/hillview-man-arrested-for-shooting-down-drone-cites-right-to/article_f22f00b3-b3a1-5e1b-9829-8e7ea914628c.html.

Hoad, T. F. The Concise Oxford Dictionary of English Etymology. Oxford Paperback Reference. Oxford: Oxford University Press, 2004.

Hudson, Kris. "Cold Storage Industry Likely to See Demand for Another 100m Sq Ft from Online Grocery Sales."CBRE. Last modified June 5, 2019. https://www.cbre.us/about/media-center/cold-storage-industry-likely-to-see-demandfor-another-100m-sq-ft-from-online-grocery-sales.

"In Defense of Highways."Brown Political Review. Last modified July 25, 2015. https://www.brownpoliticalreview.org/tag/federal-aid-highway-act-of-1956/.

"Innovation, Disruption and the Value of Time: The Next 10 Years in Logistics Real Estate."Prologis. Last modified September, 2018. https://www.prologis.com/logistics-industry-research/innovation-disruption-and-value-time-next-10-years-logistics-real.

"Investor Presentation Fall/Winter 2017."STAG Industrial. Last modified November, 2017. http://www.snl.com/interactive/newlookandfeel/4263385/STAG%20Industrial%20Presentation%20-%20DEC4%20-%20FINAL.pdf.

Jackson, Kenneth T. Crabgrass Frontier: The Suburbanization of the United States. New York: Oxford University Press, 1985.

JD.com. "JD.com and Google Announce Strategic Partnership."GlobeNewswire. Last modified June 18, 2018. https://globenewswire.com/news-release/2018/06/18/1525514/0/en/JD-com-and-Google-Announce-Strategic-Partnership.html.

Jet Technology. "Associate Delivery."Walmart. Last modified August 1, 2017. https://www.walmartlabs.com/case-studies/associate-delivery.

Jew, Victor. "George Sutherland and American Ethnicity: A Pre History to 'Thind'and 'Ozawa'."Centennial Review 41, no. 3 (1997): 553-564.

Kharpal, Arjun. "Firm Linked to Alibaba Opens China's Biggest Robot Warehouse to Help Deal with Singles Day Demand."CNBC. Last modified October 28, 2018. https://www.cnbc.com/2018/10/30/alibaba-cainiao-chinas-biggest-robotwarehouse-for-singles-day.html.

Kitroeff, Natalie. "Warehouses Promised Lots of Jobs, but Robot Workforce Slows Hiring."LA Times. Last modified December 4, 2016. https://www.latimes.com/projects/la-fi-warehouse-robots/.

Klein, Herbert David. "Cujus Est Solum Ejus Est… Quousque Tandem."Journal of Air Law and Commerce 26, no. 3 (1959): 237-254.

Lai, Anjali. "Data Digest: The Values-Based Consumer."Forrester Research. Last modified March 17, 2017. https://go.forrester.com/blogs/17-03-17-the_data_digest_the_values_based_consumer/.

Larsen, Paul B., Joseph C. Sweeney, and John E. Gillick. Aviation Law: Cases, Laws and Related Sources. 2nd ed. Leiden: Martinus Nijhoff Publishers, 2012.

Laskow, Sarah. "Eisenhower and History's Worst Cross-Country Road Trip."Slate. Last modified August 24, 2015. https://slate.com/human-interest/2015/08/in-1919-eisenhower-took-a-disastrous-road-trip-that-led-to-his-support-of-themodern-paved-highway.html.

Lecher, Colin. "How Amazon Automatically Tracks and Fires Warehouse Workers for 'Productivity'."Verge. Last modified April 25, 2019. https://www.theverge.com/2019/4/25/18516004/amazon-warehouse-fulfillment-centersproductivity-firing-terminations.

Lehmacher, Wolfgang, and Martin Schwemmer. "3D-Printing Might Not Kill Global Trade after All. Here's Why."World Economic Forum. Last modified October 5, 2017. https://www.weforum.org/agenda/2017/10/3d-printing-globaltrade-supply-chains/.

LeVine, Steve. "In China, a Picture of How Warehouse Jobs Can Vanish."Axios. Last modified June 13, 2018. https://www.axios.com/china-jd-warehouse-jobs-4-employees-shanghai-d19f5cf1-f35b-4024-8783-2ba79a573405.html.

Lineberger, Robin, Aijaz Hussain, Siddhant Mehra, and Derek M. Pankratz. "Elevating the Future of Mobility: Passenger Drones and Flying Cars."Deloitte Insights. Last modified January 18, 2018. https://www2.deloitte.com/insights/us/en/focus/future-of-mobility/passenger-drones-flying-cars.html.

Lloyds Loading List. "Heathrow Underground Warehousing Plan Approved."BIFA. Last modified July, 2017. https://www.bifa.org/news/articles/2017/jul/heathrowunderground-warehousing-plan-approved.

Loizos, Connie. "New Venture Firm Focused on Real Estate Has Raised $212 Million from Real Estate Industry Giants."TechCrunch. Last modified May 2, 2017. https://techcrunch.com/2017/05/02/a-new-venture-firm-focused-on-realestate-has-raised-212-million-from-real-estate-giants/.

McVeigh, Karen. "Cambodian Female Workers in Nike, Asics and Puma Factories Suffer Mass Faintings."Guardian. Last modified June 25, 2017. https://www.theguardian.com/business/2017/jun/25/female-cambodian-garment-workersmass-fainting.

Meola, Andrew. "Drone Market Shows Positive Outlook with Strong Industry Growth and Trends."Business Insider. Last modified July 13, 2017. https://www.businessinsider.com/drone-industry-analysis-market-trends-growthforecasts-2017-7.

Moody's Analytics. "Industrial Capital Market Update, Q4 2018."REIS. Last modified March 11, 2019. https://www.reis.com/industrial-capital-market-updateq4-2018/.

Morgan Stanley Research. "Are Flying Cars Preparing for Takeoff?"Morgan Stanley. Last modified January 23, 2019. https://www.morganstanley.com/ideas/autonomous-aircraft.

Mulholland, Sarah, and Sarah Syed. "Blackstone Bets $7.6 Billion More on the Amazon

Revolution."Bloomberg. Last modified May 7, 2018. https://www.bloomberg.com/news/articles/2018-05-07/blackstone-to-acquire-gramercyproperty-trust-for-7-6-billion.

National Association of City Transportation Officials. "Million Trips Taken on Shared Bikes and Scooters across the U.S. In 2018."NACTO. Last modified April 17, 2019. https://nacto.org/2019/04/17/84-million-trips-on-shared-bikesand-scooters/.

National Council of Real Estate Investment Fiduciaries. "NCREIF Property Index (NPI)."NCREIF. Accessed 2019. https://www.ncreif.org/data-products/property/

Ostrower, Jon. "Why Amazon Is Buying 210 Acres near a Kentucky Airport."CNN Business. Last modified January 18, 2018. https://money.cnn.com/2018/01/18/news/companies/amazon-hq-prime-air-cvg-expansion/index.html.

Phillips, Erica E. "E-Commerce Companies Get Creative in Quest for 'Last Mile'Space."Wall Street Journal. Last modified December 9, 2018. https://www.wsj.com/articles/e-commerce-companies-get-creative-in-quest-for-last-mile-space-1544364000.

Pimentel, Joseph. "To Combat Shortage of Industrial Workers, Prologis Internship Program Aims to Attract High School Kids."Bisnow. Last modified November 14, 2018. https://www.bisnow.com/los-angeles/news/industrial/to-combat-shortageof-workers-prologis-internship-program-aims-to-attract-high-school-kids-toindustrial-workforce-94797.

"Prologis Labs, an Innovation Center, Opens in Northern California."Prologis. Last modified May 20, 2019. https://www.prologis.com/logistics-industry-feature/prologis-labs-innovation-center-opens-northern-california.

"Prologis Partners with Plug and Play to Support Startups in Supply Chain and Logistics."Prologis. Last modified June 29, 2017. https://www.prologis.com/logistics-industry-news/press-releases/prologis-partners-plug-and-play-supportstartups-supply.

Putz, Adam. "M&A Flashback: Amazon Announces $775m Kiva Systems Acquisition."Pitch Book. Last modified March 19, 2018. https://pitchbook.com/news/articles/ma-flashback-amazon-announces-775m-kiva-systems-acquisition.

Rapier, Graham. "People Are Attacking Waymo's Self-Driving Cars in Arizona by Slashing Tires and, in Some Cases, Pulling Guns on the Safety Drivers."Business Insider. Last modified December 12, 2018. https://www.businessinsider.com/waymos-self-driving-cars-are-getting-attacked-in-arizona-2018-12.

REIT Indexes. "Performance by Property Sector/Subsector."Nareit. Last modified March 31, 2019. https://www.reit.com/data-research/reit-indexes/historical-reitreturns/performance-property-sector-subsector.

Roberts, Siobhan. "Yoda of Silicon Valley."New York. Last modified December 17, 2018. https://www.nytimes.com/2018/12/17/science/donald-knuth-computersalgorithms-programming.html

"Robotic Revolution."Raconteur – Future of Manufacturing. Last modified August 22, 2018. https://raconteur.uberflip.com/i/1017254-future-of-manufacturing-2018/7?m4=.

Rose, Charlie. "Amazon's Jeff Bezos Looks to the Future."CBS News. Last modified December 1, 2013. https://www.cbsnews.com/news/amazons-jeff-bezos-looksto-the-future/

Rothfeder, Jeffrey. "For Years, Automakers Wildly Overpromised on Self-Driving Cars and Electric Vehicles – What Now?"Fast Company. Last modified October 7, 2019. https://www.fastcompany.com/90374083/for-years-automakers-wildlyoverpromised-on-self-driving-cars-and-electric-vehicles-what-now.

Rothstein, Matthew. "Amazon Reportedly Building Multistory Distribution Centers All over the Country."Bisnow. Last modified September 18, 2018. https://www.bisnow.com/national/

news/industrial/amazon-multistory-distribution-centersplanned-92978.

Rusli, Evelyn M. "Amazon.com to Acquire Manufacturer of Robotics."New York Times. Last modified March 19, 2012. https://dealbook.nytimes.com/2012/03/19/amazon-com-buys-kiva-systems-for-775-million/.

Scalabre, Olivier. "Embracing Industry 4.0 and Rediscovering Growth."Boston Consulting Group. Accessed June 18, 2019. https://www.bcg.com/en-us/capabilities/operations/embracing-industry-4.0-rediscovering-growth.aspx.

Selyukh, Alina. "Optimized Prime: How AI and Anticipation Power Amazon's 1-Hour Deliveries."National Public Radio. Last modified November 21, 2018. https://www.npr.org/2018/11/21/660168325/optimized-prime-how-aiand-anticipation-power-amazons-1-hour-deliveries.

Sharf, Samantha. "Amazon's Landlord: How the E-Commerce Boom Is Propelling Warehouse King Prologis to New Heights."Forbes. Last modified December 12, 2017. https://www.forbes.com/sites/samanthasharf/2017/11/21/amazons-landlordhow-the-e-commerce-boom-propelled-warehouse-king-prologis-to-newheights/#36703d6c4bd9.

Shijia, Ouyang. "Alibaba's Cainiao to Create Smart Logistics Network."China Daily. Last modified May 31, 2018. http://www.chinadaily.com.cn/a/201805/31/WS5b0fa0a0a31001b82571d739.html.

Sorokanich, Lara. "This Cold-Storage Company That Works with Walmart and McDonald's Cut Its Energy Consumption 34% and Saves Millions of Dollars a Year."Fast Company. Last modified February 19, 2019. https://www.fastcompany.com/90299025/lineage-logistics-most-innovative-companies-2019.

Spiegel, Joel R., Michael T. McKenna, Girish S. Lakshman, and Paul G. Nordstrom. Method and System for Anticipatory Package Shipping. US Patent 8,615,473 B2, filed August 24, 2012, and issued December 24, 2013.

Spillett, Tony. "Drone Patents Jump 34% as Businesses Worldwide Adopt Drone Technology."BDO UK. Last modified June 17, 2019. https://www.bdo.co.uk/en-gb/news/2019/drone-patents-jump.

Sulavik, Chris, Craig Scalise, and Tom Waller. "Robot-Ready: Adopting a New Generation of Industrial Robots."PwC. Last modified June, 2018. https://www.pwc.com/us/en/industrial-products/publications/assets/pwc-industrial-robotready.pdf.

Supply Chain Technology. "Crowdsourced Delivery."Walmart. Last modified January 15, 2018. https://www.walmartlabs.com/case-studies/crowdsourceddelivery-for-online-grocery.

Tapiero, Dafna, Meredith Balenske, and Jennifer Friedman. "Blackstone to Buy U.S. Logistics Assets from GLP for $18.7 Billion."Blackstone. Last modified June 2, 2019. https://www.blackstone.com/media/press-releases/article/blackstone-tobuy-u.s.-logistics-assets-from-glp-for-$18.7-billion.

Thomas, June Manning, and Marsha Ritzdorf. Urban Planning and the African American Community: In the Shadows. Thousand Oaks, CA: Sage Publications, 1997.

"Top Solutions to Source, Train and Retain Labour in Logistics Facilities."Prologis. Last modified March, 2019. https://www.prologis.com/logistics-industryresearch/top-solutions-source-train-and-retain-labour-logistics-facilities.

Townsend, Anthony M. "Telephone Interview with the Author."By Dror Poleg (July 11 2019).

"Truck Transportation: NAICS 484."U.S. Bureau of Labor Statistics. Last modified July 16, 2019. https://www.bls.gov/iag/tgs/iag484.htm.

Turner, Amy-Mae. "Amazon.com Facts: 10 Things You Didn't Know About the Web's Biggest Retailer."Mashable. Last modified July 22, 2011. https://mashable.com/2011/07/22/facts-amazon-com/#rvxQIyVI.qqg.

United States v. Bhagat Singh Thind, 261 U.S. 204 (1923).

United States v. Causby, 328 U.S. 256 (946).

United States v. National City Lines, 186 F.2d 562 (7th Cir. 1951).

Village of Euclid, Ohio, Et al. v. Ambler Realty Company, 272 U.S. 365 (1926).

Vincent, James. "Amazon's Vision for the Future: Delivery Drone Beehives in Every City."Verge. Last modified June 23, 2017. https://www.theverge.com/2017/6/23/15860668/amazon-drone-delivery-patent-city-centers.

"Visionary Companies Reshaping the Built World."Fifth Wall. Accessed June 18, 2019. https://fifthwall.vc/companies.

"Walmart Announces Acquisition of Social Media Company Kosmix."Walmart. Last modified April 18, 2011. https://corporate.walmart.com/_news_/newsarchive/2011/04/18/walmart-announces-acquisition-of-social-media-companykosmix.

"Warehousing and Storage: NAICS 493."U.S. Bureau of Labor Statistics. Last modified July 16, 2019. https://www.bls.gov/iag/tgs/iag493.htm#workforce.

"We Believe We Can All Make a Difference."Everlane. Accessed June 17, 2019. https://www.everlane.com/about.

"Why Related Should Be Louder About Its Acquisition of Quiet Logistics."Loose Threads. Last modified March 21, 2019. https://loosethreads.com/espresso/2019/03/21/why-related-should-be-louder-about-its-acquisition-of-quietlogistics/.

Wiggers, Kyle. "CommonSense Robotics Announces 'World's First'Underground Micro-Fulfillment Center."Venture Beat. Last modified July 11, 2019. https://venturebeat.com/2019/07/11/commonsense-robotics-announces-worlds-firstunderground-micro-fulfillment-center/.

Wright, Emily. "Techtalk Radio: Prologis on Its Foray into Real and Virtual Labs."EG. Last modified November 20, 2018. https://www.egi.co.uk/news/techtalkradio-prologis-on-its-foray-into-real-and-virtual-labs/.

Conclusion(결론)

Fung, Esther. "Retail Landlords Look to Esports to Lure Young Gamers."Wall Street Journal. Last modified July 30, 2019. https://www.wsj.com/articles/retaillandlords-look-to-esports-to-lure-young-gamers-11564484401.

Magretta, Joan. Understanding Michael Porter: The Essential Guide to Competition and Strategy. Boston, MA: Harvard Business Review Press, 2012.

Merwin, Christopher D., Masaru Sugiyama, Piyush Mubayi, Toshiya Hari, Heath P. Terry, and Alexander Duval. "The World of Games."Goldman Sachs. Last modified October 12, 2018. https://www.goldmansachs.com/insights/pages/infographics/e-sports/report.pdf.

Porter, Michael E. "What Is Strategy?"Harvard Business Review. Last modified November-December, 1996. https://hbr.org/1996/11/what-is-strategy.

감사의 글

먼저, 내가 좋아하는 일에 나의 시간을 전념할 수 있도록 건강과 힘, 그리고 은혜를 주신 신께 감사드린다.

이 책은 지난 20년간 4개 대륙에 걸친 기술 및 부동산 벤처들의 생존, 연구, 노력을 다루고 있다. 이 책은 비즈니스를 위한 책이지만, 대단히 개인적인 책이기도 하다. 부동산은 사람들의 거주방식과 행동방법에 관해 연구하는 이유가 된다. 모든 건물들은 역사, 인류학, 경제학, 정치학, 비즈니스 전략, 디자인을 포함하여 다양한 분야의 이해관계를 조율할 수 있는 충분한 공간을 가지고 있다. 또한 부동산 자산은 가장 안정적인 구조 내에서도 갈라진 틈을 찾아내고자 하는 나의 강박에 완벽하게 들어맞는 대상이기도 했다.

나의 부모님은 열심히 일하지 않고 얻어지는 것은 하나도 없다고 나를 가르치셨다. 그래서 나는 최선을 다했다. 그럼에도 불구하고 이 책은 (또한 그 외의 많은 것들은) 나의 조부모님과 부모님의 크나큰 희생 없이는 가능하지 않았을 것이다. 그분들은 많은 것을 잃기도 하셨고 또 더 많은 것들을 만들어내기 위해 애쓰면서 살아오셨다. 어머니, 아버지 이 두 분에 관해서는 책 한 권을 다 채울 만큼 쓸 이야기들이 많을 것 같다. 그리고 언젠가는 꼭 두 분의 얘기를 책으로 쓰고자 한다. 현재로서는 그냥, 감사하다고 말하고 싶다. 모든 것이 감사하다. 나의 누나와 형인 Dana와 Tamir는 항상 내 곁에 있으면서 나를 가르쳐주었고 내가 모든 것을 알고 싶어 하도록 영감을 줘서 고맙게 생각한다. 그리고 내가 역사와 책에 대해 관심을 갖게 해준 Michael 삼촌에게도 특별한 감사를 드린다.

나의 가족 중 이들은 나에게 생존하는 법과 항상 모든 것에 관심을 갖도록 가르쳐주신 한편, 또 다른 한 명은 힘든 가운데서도 내가 책을 쓰기 시작한 것을 끝낼 수 있도록 도와주었다. 나의 아내 Tamara의 지지와 인내 그리고 교정을 해준 것에 고마움을 표한다. 기쁨과 슬픔으로 길었던 지난 1년 동안 그녀의 사랑은 내가 이전에는 한 번도 성취해보지 못했던 것을 내가 할 수 있게 해주었다. 다시 한번 감사의 마음을 전한다.

이 책을 편집한 Wanching Leong은 그동안 꾸준하게 노력을 기울이면서 매주 확인을 하고 지속적인 식견과 통찰을 주었으며 이 프로젝트를 완성할 수 있는 나의 능력을 믿어주었기에 나는 그녀에게 평생의 빚을 졌다. 바로 앞의 문장은 좀 길고 복잡한데, 유일하게 그녀가 차마 리뷰하지 않은 부분이다. Wanching에게 깊은 감사를 전한다. 그녀가 없었다면 이 책을 출간하지 못했을 것이다. 또한, Palgrave Macmillan 출판사의 Marcus Ballenger와 Jacqueline Young에게 이 프로젝트에 대한 끝없는 인내와 지원을 해준 것에 대해 감사를 전한다. 그리고 참고문헌을 정리하고 형식에 맞게 구성해준 Balša Delibašić에게도 감사를 전한다.

너무나 많은 사람들이 내가 이 책을 쓸 수 있도록 도움을 주고 내게 영감을 주었다. 이 책이 땅에 관한 것이기 때문에, 아마도 지리적 순서로 감사를 전하는 것이 좋을 것 같다. 먼저 호주부터 시작하면, Michael Danby에게 감사를 하고 싶다. 그는 중동의 젊은 학생인 나를 호주 국회에서 일할 수 있도록 초청해주었고, 그로 인해 나는 세계가 어떻게 돌아가는지에 대해 일찍 관심을 가질 수 있었다. 그리고 Esther Milne 박사는 내가 의견을 공유하고 영어로 글을 쓸 수 있는 자신감을 주었다.

중국에서는 Alon Shlank와 Erez Applerot에 감사를 전한다. 그들은 나를 멋진 이 여정에 참여할 수 있게 해주었고 기관투자자들의 부동산 세계로 나를 안내했다. 또한, 나의 동료들인 Eli Ginossar, Akiva Pearlman, Audrey Chew, Samuel Hibel, Joseph Chieng, Yuki Cai, 그리고 Matan Elipaz에게 감사를 전한다. 그들은 건설, 설계, 금융, 대출, 영업에 관한 지식을 나에게 공유해주었다. 또한, David Galil에게 깊이 감사를 전한다. 그는 수백 권의 책과 기사들에 관해 나와 토론하며, 내 원고를 가장 열심히 읽으면서 내가 스스로를 과소평가하도록 내버려두지 않았다.

런던에서는 Jack Sibley가 이 책의 너무나 많은 부분에 대해서 그의 사려 깊은 의견을 준 것에 대해 감사하고, Antony Slumbers는 대서양을 건너 나의 "지적인 분신"이 되어준 것에 감사를 전한다. 그리고 Juliette Morgan은 내 작업에 대해 처음부터 관심을 가져주었고, 마이크와 프로젝터도 보내주었다. 정말 감사드린다. Charlie Green의 통찰력에도 감사드린다. 그는 영국 청중들에게 라이브로 이 책의 일부 내용을 들려주고 반응을 얻을 수 있는 기회를 주었고, 나의 수많은 질문들에 언제나 즉각적인 답변을 해주었다. 또한, 런던의 프라이빗 에쿼티 세계로 나를 안내해준

Nicholas Lyons에게도 감사한다. 그리고 끝없는 열정으로 오랜 세월 많은 논의를 같이 해준 David Orman에게 감사를 전한다.

뉴욕에서는 Bruce Stachenfeld, Elsa Ben Shimon, Guy Blachman, Ben Rollert, 그리고 Jerry Kestenbaum에게 내가 이 책의 주제에 집중할 수 있도록 지지와 응원, 우정을 보내준 것에 감사를 전한다. Packy McCormick는 나에게 끊임없는 격려와 빠른 피드백, 그리고 귀중한 제안을 해주었기에 특별한 감사를 드린다. David Friedlander는 이 책에 계속적인 관심을 가지고 내가 계속 글을 쓸 수 있도록 영감과 격려를 보내주었고, 또한 그러한 다른 많은 사람들까지 함께 모아주었다. 그들은 Harley Courts, Dr. Jeff Wilson, Adam Chaloeicheep, Roger Krulak 등이다. 모두 감사드린다.

이스라엘에서도 내가 이 프로젝트에 집중할 수 있도록 도와준 친구들이 있다. Yoni Segev, Roy Travin, Nir Duek, Iftach Yaari, Lior Berrebi, Omri Peled, Guy Rahamim, 그리고 Alexandra Segev – 모두 감사드린다! 그리고 내 아이디어들을 종이에 옮기고… 마침내 출판에 이르기까지 나에게 확신을 심어준 Tal Melamed에게 특별한 감사를 드린다.

그 외에도 이 책의 많은 통찰에 기여했고, 직접적 또는 간접적으로 지원해준 다른 많은 친구와 동료, 클라이언트들 – Aaron Block, Adi Biran, Aharon Friedman, Anja Jamrozik, Anthony M. Townsend, Blake Nucci, Brad Hargreaves, Chris Bledsoe, Chris Brooke, Duke Long, Ed Walters, Eliad Benari, Eliot Baum, Emanuel Luria, Ernest Muller, Franco Faraudo, Gil Shefler, Guy Vardi, Helen Lewer, James Hawkey, Jamie Cameron, Jonathan Sattler, Jonathan

Wasserstrum, Karen Hollinger, Laura Kozelouzek, Leigh Speakman, Lenny Rozental, Lisa Picard, Matt Boras, Michael Beckerman, Michael Kupin, Mike DelPrete, Mike Miklavich, Nikki Greenberg, Ofer Yardeni, Or Bokobza, Philippe Weissberg, Rabbi Levi Shmotkin, Ron Mosseri, Ryan Simonetti, Salomon Tenenbaum, Sam Silverman, Shmuel Salviati, Yitzhak Samun, Zac Aghion, Zach Aarons, Zachary J. Valenta, 그리고 Zachary Shull에게 감사를 전한다. 여러분 모두가 실질적이고 눈에 보이는 차이를 만들어준 것에 감사드린다. 마지막으로, 사랑하는 나의 벗이며 응원자이자 나의 장인인 Fred Sager에게 감사드린다. 그는 이 책을 정말로 읽고 싶어 했지만 그러지 못했다.

Dror Poleg

역자 후기

한국 사회에서 부동산은 언제나 큰 화두가 되어왔다. 4차 산업혁명과 코로나 팬데믹 쇼크를 거치면서 과연 부동산은 어떻게 변화할 것인지에 대해 다시 생각해야 할 시점에 와있다. 그런 점에서 Dror Poleg의 「Rethinking Real Estate」의 번역서를 출간하게 된 것은 매우 시의적절하다는 생각이 든다.

올해 초 미국에서 출간된 Dror Poleg의 저서를 우리말로 번역하기로 정해진 이후 많은 사람들의 손을 거쳐 이 책이 세상에 나오게 되었다. 이 책이 출간되기 전부터 많은 분들이 원고를 읽으면서 깊은 관심을 가지고 다양한 의견을 주셨고, 번역원고와 원서를 동시에 읽으면서 수정의견을 주셔서 이 책의 모양을 갖추게 해주신 분들도 많다. 말하자면, 이 책은 부동산의 개발, 투자, 자산운용, 프로젝트 관리 등 부동산 관련 여러 분야의 현업에 종사하고 있는 사람들의 기획, 번역, 리뷰를 통해 마침내 출간된 책이다. 그만큼 Dror Poleg의 「Rethinking Real Estate」가 주는 통찰과 식견이 대단했다.

번역작업을 진행하면서 계속 저자에 대한 궁금증이 커져서 인터넷에서 저자가 출연했던 유튜브나 다른 매체들을 자주 찾아서 듣거나 읽어보게 되었다. Dror Poleg는 이스라엘 출신으로 제대 후(이스라엘도 우리나라처럼 징병제를 실시하고 남녀 모두가 그 대상임) 유학자금도 마련할 겸 정부에서 실시하는 주택건설 프로젝트에 참여하여 처음으로 그 작업을 해보게 되었다고 한다. 당시에 주택건설 일은 젊은이들이 기피하는 일이었기 때문에 정부지원이 여러 가지로 많아서 그 일을 시작하게 되었는데, 하다 보니 집 짓는 일이 너무 재미있어서 주택과 부동산에 깊은 관심을 가지게 되었다. 그 후 호주와 중국, 영국 등 여러 나라에서 공부도 하고 여러 회사들에서 IT와 부동산 프로젝트 컨설팅 업무를 했고 현재는 뉴욕에 거주하면서 관련 업무를 계속 해오고 있다.

  무엇보다도 저자에 대해 감탄했던 것은 그의 독서력과 다양한 분야에 대한 지식과 통찰이었다. 문득, 같은 나라 출신의 젊은 역사학자이자 철학자이며 작가인 유발 하라리(Yuval Noah Harari)가 떠오르면서 이스라엘의 교육제도와 시스템이 궁금해지기도 했다. 또한, 번역을 하면서 저자와 책에 깊이 감정이입 되었던 시간들도 있었다. 책 전반을 통해 부동산 분야뿐만 아니라 IT에서부터 경영, 경제, 역사, 철학, 문학, 온라인게임에 이르는 저자의 이토록 방대한 지식과 관심사의 끝은 도대체 어디일까 하는 것이 궁금해질 때도 그랬고, 원서가 인용출처와 참고문헌의 정리형식을 학술적으로 철저하게 지키면서도 위트와 구어적 표현을 사용하여 마치 현장에서 강연을 듣고 있는 느낌을 받을 때도 그랬다. 역자들이 가졌던 그 모든 다양한 느낌들을 앞으로 이 책을 읽게 될 독자들도 함께 느꼈으면 좋겠다고 생각하며 각 페이지마다 역자 각주를 추가했다. 한국에서는 아직 널리 알려지지 않은 브랜드와 기업들, 최근 쏟아지고 있는 IT기술용어 등에 대해 독자들의 이해를 도울 수 있으면 좋겠다.

출판번역 전문가라기보다 현업에서 영어를 더 많이 접해온 역자들이 번역을 하면서 가장 어려웠고 많은 고민을 했던 부분은 용어의 선택과 이를 어떻게 독자들에게 전달할지에 관한 것이었다. 사실상 현업에서는 업무에서도 그렇고 고객이나 정부부처에 대한 제안 작업을 하면서도 영어를 무척 많이 사용한다. 그 개념을 정확하게 대체할 우리말 용어를 찾기 어렵기 때문이다. 어쩔 수 없이 이 책에서도 외래어 표기 형태로 된 용어들을 많이 사용할 수밖에 없었다. 가급적 각주를 통해 설명하고자 노력했다. 그리고 번역을 하면서는 기존에 알고 있던 맥락에 대한 편견에서 자유롭지 못하면 오역의 늪에 빠질 수 있다는 교훈도 얻게 된 귀중한 시간들이 되었다.

부동산 자산의 투자 측면에서 투자의 안전성과 리스크를 파악하기 위해서는 과거의 역사, 지금의 현재 그리고 미래는 어디로 가고 있는가의 맥락을 이해하는 것이 중요하다. 저자가 말하고 있는 것처럼 전통적 산업구조의 와해로 인해 안전한 자산이라는 개념이 이제는 없어졌다. 그렇기 때문에 최종소비자들의 니즈를 충족하는 종합적인 수요중심의 솔루션을 제공하는 것이 부동산의 새로운 가치가 되고 있다.

통계청과 한국은행에서 2020년 7월에 발표한 국민대차대조표에 따르면, 2019년 말 기준으로 한국의 국민순자산은 1경 6,921조 5,000억 원으로 국내총생산(1,919조 원)의 8.7배에 달한다. 그리고 2019년 연간 국민순자산의 구조는 건설 및 토지자산 등 부동산 85%, 설비자산 및 지식재산 생산물 9%, 순금융자산 3.5%로 나타나고 있다. 그만큼 부동산 자산은 우리나라에서 개인뿐만 아니라 국가 경제적으로도 큰 비중을 차지하고 있다.

　최근 정부에서 부동산 안정화를 위한 여러 가지 정책들을 지속적으로 내놓고 있음에도 불구하고 시장과 최종소비자들은 계속 혼란에 빠져있다. 오죽하면 영끌로(영혼까지 끌어모아) 대출받아 내 집을 마련했는데, 왜 내 집값만 오르지 않느냐는 한탄이 나오겠는가?

　자산으로서의 부동산을 우리는 어떻게 볼 것인가? 시대가 변하고 있고 시장도 변하고 있다. 더욱이 코로나19로 인해 세상은 더욱 급격한 변화를 겪고 있다. 사람들이 거리두기를 시작하면서, 부동산과 관련된 생활, 문화, 경제의 모든 패턴에 변화가 생겼고, 프롭테크와 제반 기술은 이를 더욱 가속화시키고 있다. IT기술과 비즈니스 모델이 자산으로서의 부동산에 어떤 영향을 미치는가와 현재 일어나고 있는 변화의 흐름을 알고자 하는 독자들에게 이 책이 도움이 되기를 기대한다.

　그리고 이 책이 나오기까지 도움을 주신 분들께, 앞의 Dror의 감사의 글에서처럼 모든 분들의 이름을 거명하지 못하는 점을 죄송스럽게 생각하며 깊은 감사를 드린다. 특히, 미약한 상태의 번역원고를 열심히 읽고 번역 투의 어체, 용어 등에 관해 피드백을 주신 모든 분들께 깊은 감사를 드린다. 또한, 마지막까지 꼼꼼하게 교열, 출판디자인, 제작에 심혈을 기울여 주신 도서출판 지식과감성# 여러분들께도 감사드린다. 그리고 이 책의 출간을 기획하고 기꺼이 감수를 맡아 애써주신 이동호 강원도청 투자유치자문관님께 깊은 감사를 드린다.

　마지막으로 원서의 저자인 Dror에게 감사의 마음을 전한다. 책이 나오기까지 저자와 자주 이메일을 주고받았다. 번역 중 궁금했던 부분에 대해서도 친절하게 설명해주었고, 기쁜 마음으로 "한국의 독자들에게" 원고를 써주었다. 원서내용 중 번역본에서 제외한 부분은 저자의 인용노트(Notes)와 찾아보기(Index)이다. 저자의 원서는 대단히 학술적인 형식을 띠고 있다. 부동산 분야에 학술적 접근을 하고자 하는 독자들은 원서인 「Rethinking Real Estate」도 같이 읽어보는 것을 권한다. 그리고 Dror의 블로그인 https://rethinking.re/blog/ 역시 구독하면서 함께 읽어보면 많은 도움이 될 것으로 보인다.

역자 강재준 · 문은경

저자 소개

드로르 폴렉 Dror Poleg

혁신기술이 부동산에 미치는 영향에 관해 세계 유수의 투자사들을 자문하고 있다. 주요 클라이언트로는 브리티시랜드(British Land), 두바이홀딩(Dubai Holding), 아발론베이커뮤니티(AvalonBay Communities), 리버티뮤추얼(Liberty Mutual), 쿠시먼 & 웨이크필드(Cushman & Wakefield), 미국공동주택협회(National Multifamily Housing Council), INREV(유럽비상장부동산투자자협회), EPRA(유럽상장부동산협회) 등 수십억 달러 규모의 공기업 및 민간기업, 기관 등이 있고, 브리더(Breather), 벤(Venn), 카슨(Carson), 범블비스페이스(BumbleBee Spaces), 빌딩링크(BuildingLink)와 같은 기술벤처기업도 자문하고 있다. 또한, 국제적 부동산 연구기관인 어반랜드연구소(Urban Land Institute) 뉴욕본부의 기술혁신자문회의(Technology & Innovation Council)의 공동의장을 맡고 있다.

저자 및 역자 소개

저자가 과거 20년간 개발에 참여한 상업 및 주거공간의 규모는 3천만 ft^2(약 280만 ㎡)에 달하고, 30억 달러 규모의 포트폴리오를 감독했다. 또한, 블랙록(BlackRock), HSBC(영국계 다국적 투자은행), PAG(중국계 다국적 투자기업), 프레이저(Frasers), 중국건설은행(China Construction Bank), GIC(싱가포르 투자기업), 자라(Zara), H&M, 유니클로(Uniqlo), LVMH(루이비통 모에 헤네시) 등의 세계적 규모의 금융기관, 부동산 운영사 및 테넌트들과의 수백 건의 협상에 참여했다.

저자의 저서는 실무적 경험뿐만 아니라 런던정경대, 프랑스 INSEAD 경영대학원, 호주 스윈번공과대학에서의 학문적 훈련을 통해 이루어진 것이다. 그리고 KPMG, PwC, MIPIM Proptech, JLL, PERE, 뉴욕대학교, Savills, Estates Gazettes, RICS, CRETech 등의 간행물과 행사에서 기고 또는 발표한 바 있다.

역자 소개

강 재 준

홍익대 건축학과와 텍사스주립대 대학원을 졸업하고, 미국 공인회계사(AICPA)로 딜로이트와 아더앤더슨 컨설턴트를 거쳐 홍익대 건축도시대학원 겸임교수를 역임한 바 있다. 국내 복합단지 개발을 선도해오고 있으며 영등포 타임스퀘어, 상암DMC, 여의도 IFC몰, 판교테크노밸리 등 수많은 실적을 보유하고 있다.

문 은 경

고려대 영문과와 국제영어대학원대학교(IGSE)를 졸업하고, IT기업과 법률회사, 부동산 컨설팅펌 등에서 사업기획과 마케팅 업무를 주로 담당해왔다. 다수의 번역작업에 참여하였고, 편저한 저서로 「개화기의 영어 이야기」(2007, IGSE출판부)가 있다.

미국 부동산 언론인협회(NAREE) 선정
2020년 최고의 책!

부동산을 다시 생각한다

초판 1쇄 발행 2021년 2월 2일
2쇄 발행 2022년 1월 3일

저자 드로르 폴렉
역자 강재준 · 문은경
펴낸이 장길수
펴낸곳 지식과감성#
출판등록 제2012-000081호

기획 이동호
디자인 장홍은
편집 장홍은
검수 정은지, 이현
교정 양수진
마케팅 고은빛, 정연우

주소 서울시 금천구 벚꽃로298 대륭포스트타워6차 1212호
전화 070-4651-3730~4
팩스 070-4325-7006
이메일 ksbookup@naver.com
홈페이지 www.knsbookup.com

ISBN 979-11-6552-680-1(93320)
값 25,000원

• 이 책의 판권은 지은이와 지식과감성#에 있습니다.
• 이 책 내용의 전부 또는 일부를 재사용하려면 반드시 양측의 서면 동의를 받아야 합니다.
• 잘못된 책은 구입하신 곳에서 바꾸어 드립니다.

지식과감성#
홈페이지 바로가기